佛教研究叢書15

二萬五千頌般若經合論記要
（一）

李森田 記要

蘭臺出版社

《現觀莊嚴論》

彌勒菩薩造・法尊法師譯

《二萬五千頌般若波羅蜜多經》

玄奘譯《大般若波羅蜜多經》第二會

目 次

第三冊

二萬五千頌般若經合論科判

(大般若經第二會現觀莊嚴論合編)

1.1 助伴欲相應(如大地)	1.2 意樂相應(如純金)
1.3 增上意樂相應(如初月)	1.4 加行相應(如猛火)
1.5 布施相應(如寶藏)	1.6 持戒相應(如寶源)
1.7 安忍相應(如大海)	1.8 精進相應(如金剛)
1.9 靜慮相應(如山王)	1.10 般若相應(如良藥)
1.11 方便相應(如善知識)	1.12 大願相應(如如意寶)
1.13 力相應(如日輪)	1.14 妙智相應(如歌音)

[丁二] 獨覺之道相智

大師品卷 434

[乙三] 一切智   一切智品第四
[第三事] 一切智

2.加行過失　　[第 34 義]加行過失 (四十六種) 34-1

魔事品卷 440，不和合品卷 440、441

1.辨諸魔事 34-4

　　1.依自違緣 (二十種)

　　(1)依辯才生 (34.1~34.2)

(1)依說法時辨 34-4

　　(2)由粗重生 (34.3~34.5)

(2)依書寫時辨　　　　　　(3)依受持讀誦等時辨 34-5

(4)不得滋味厭捨般若 34-5

　①厭捨因緣　　②厭捨般若之過失

　　(3)退失大乘因 (34.6~34.12)

　③退轉般若之因

(5)捨般若學二乘 34-7

　　(4)散失大乘因 (34.13~34.20)

(6)書寫般若時起下劣尋伺　　(7)於般若執著無所有 34-10

(8)執著依文字、無文字是般若　(9)書寫乃至修行般若時，起國土等作意 34-11

(10)愛著名聞利養　　(11)捨般若著魔所與世俗二乘經 34-12

　　2.依自他順緣 (二十三種)

　　(1)依說者過失 (34.21~34.34)

(12)明師弟不和合 34-13

　①懈怠　　　　②欲不欲相離　　　③多欲少欲

　④行不行杜多　　⑤信戒　　　　　⑥施慳

　⑦受不受供　　　⑧利鈍根　　　　⑨知不知十二分教

　⑩具不具六波羅蜜　⑪有無方便善巧　⑫得不得陀羅尼

　⑬欲不欲書持般若　⑭離不離五蓋

　　(2)依自過失 (34.35~34.36)

　　①聲聞人生滅疑　　　　　　②破始行菩薩有見無見執

　　③中道行：以自相空方便不著有無

7.化他功德無邊

　　2.引發三身之殊勝道

　　　(1)法身因　　[第 39 義]生死涅槃平等加行　　　

　　　　　夢行品卷 451

1.論夢中起行義　　　　　　　　　　　　　　

　(1)夢中行三三摩地有益無益　　(2)夢中業集不集成

　(3)夢中迴向成不成　　　　　　(4)明所證法甚深

　　　(2)受用身因 [第 40 義]嚴淨佛土加行　　　　

　　　　　願行品卷 451

2.為有情起淨佛土願　　　　　　　　　　　　

　(1)別修六波羅蜜之願　　　　　　(2)具修六波羅蜜之願

　(3)願說法令有情證知生死解脫皆空　(4)殑伽天女興淨土行願

　　　(3)化身因　　[第 41 義]方便善巧加行　　　

　　　　　習近品卷 452

[第七事]剎那加行

[甲四] 廣釋法身　　　　　　法身品第九

[乙一] 身建立

[第八事]果法身

眾德相品卷 468、469、470、471

[乙二] 法身事業　　　　　　　　　　　　67-11

[甲五] 釋餘略義 　　　　攝品第十
　　　　1.攝為六義
　　　　2.攝為三義

[論後義]

李森田　編
初版 2018.4

自 序

般若經之學習與《現觀莊嚴論》

在印度，大乘佛教的興起約在公元前一、二世紀到公元後一、二世紀間。由於當時印度政經及社會環境與佛教初起時不同，因此佛教的發展，除了承續原阿含時代、部派佛教時代的教法外，另加上了大乘新的元素，信仰層面已由出家眾擴充到在家眾，期望包含所有人類，其經典顯示了強烈的在家佛教性格。

般若經典之流傳

大乘佛教的興起，伴隨諸多大乘經典的問世，傳承大乘佛教的思想。般若經可說是最早的大乘經典之一，前後發展超過一千年。若以大部般若經之發展而言，先有《八千頌般若經》，後有《二萬五千頌般若經》，逐漸形成《十萬頌般若經》之流傳。

《八千頌般若經》雖然最早，但大乘思想之發展要能完備，是在發展至《二萬五千頌般若經》時才全部顯露。此時之思想是立足於菩薩觀，重視六波羅蜜之實踐，具菩提心之自覺，獨有的三身佛陀觀，重視空、三昧、般若智、陀羅尼門等，三智成立，著重利他主義及在家佛教等。此中說法之根本在於主張無分別性，此無分別性在智的面向，即是般若波羅蜜，在理法的面向，即是空。衡量經之廣畧及大乘經典思想之完備，在諸多般若經中，研習《二萬五千頌般若經》似乎最為恰當。

般若經典之註釋

對於《二萬五千頌般若經》之註釋，流傳於漢地的有《大智度論》，其主要在解釋經文；另有《現觀莊嚴論》(由法尊法師譯藏為漢)，此是以「道」為其要旨，採用科判式之註釋。《現觀莊嚴論》之註解研究，六至八世紀在印度有聖解脫軍、賢解脫軍、師子賢等人之推動。此中，八世紀之師子賢在印度密教已趨於全盛期時，仍盡其力獨自弘揚般若學，其思想對後世影響甚大，此後在藏地般若修道派的存在即是特別顯著。《現觀莊嚴論》之研修在藏傳佛教是必學之科目。師子賢依據《現觀莊嚴論》之科判，註釋《八千頌般若經》，而完成其「大註」，單獨對論作註解的有「小註」，另有《二萬五千頌般若經合論》(藏譯本)。

經論合編

本書之經論合編，主要目的是隨順《現觀莊嚴論》之科判來學習般若經，而經文之解釋則參考《大智度論》。

1. 《二萬五千頌般若經》
   引用玄奘譯《大般若波羅蜜經》第二會，卷 401~478。(大正藏 T07，P.1~426) 並比對藏譯本 sher phyin V.26~28。(中華藏 26~28 冊)。

2. 《現觀莊嚴論》
   引用法尊法師譯之論文及略釋。

3. 經論合編
   比對師子賢《二萬五千頌般若經合論》藏譯本。(中華藏 50~51 冊上半)

般若經以「空」之宣說為其第一義，廣採大小乘所有教理德目，並無一定之編集秩序，而是反覆地羅列，藉以述說空的教理。《現觀莊嚴論》是就《二萬五千頌般若經》所作之科判，其內容次第全依據般若經。若能依此導引而學習般若經則能清楚了解「道」之組織及其思想。

學習記要

本書是般若經之學習記要，學習過程分為三階段。

1. 《現觀莊嚴論》
   先是以法尊法師譯之《現觀莊嚴論》及略釋為核心，並參考師子賢之《明義釋》及其他藏地之註解書。此段之學習過程約二年。

2. 經論合編

在眾多般若經中，二萬五千頌係與《現觀莊嚴論》在內容上與組織次第上最為吻合。而二萬五千頌系之漢譯本，又以玄奘譯《大般若經》第二會最適合與《現觀莊嚴論》合編。經論合編時逐段比對師子賢《二萬五千頌般若經合論》（藏譯本）。經論合編及漢藏比對過程的時間約一年半。

3.廣釋經論

廣採《大智度論》以及瑜伽行派諸論典，對般若經作詳細之註解。在一切相智之所修正行及道相智上更包含深入之聲聞教法。此階段從文獻整理到深入學習的時間約五年。此中亦借助真野龍海、副島正光及其他現代學者之研究。此書即是長時間學習的學習記要，所呈現的資料希望能給予有意深入研習般若經者作有用的參考。

李森田
2024 年 1 月于台北

前　言

一.般若經典之成立與其發展

[1]般若經典之成立

1.般若經之分類

在眾多般若經中可大分為二類，將與《大般若經》初會至五會相應者視為第一類，稱<u>大部般若經典</u>；而其他的為第二類，稱為<u>小部般若經典</u>。

(1)大部經典 (梵、漢、藏共 18 部)

應有一最初<u>根源性</u>的部份，作為般若經所要實現之本質，而從此最初原形隨時空之遷移呈現出種種樣態。如能詳研一經，即能了知全體。

此中以 S2PPP《二萬五千頌般若經》為代表，以其較接近原形，而且於彼時大乘之發展大致已完成。

(2)小部經典

可分為三個時期：

①與大部平行或更早，以《金剛般若經》為代表。

②大部的簡約擇要或作為附加者，以《般若心經》為代表。

③以大部為基礎發展而成，以《理趣般若》為代表。

梵　　本 (S)	漢　譯　本 (C)	藏譯本 (T)
1.ŚPP (十萬頌)	1.大般若(1)(玄奘)	1.ŚPP
2.PPP 　(二萬五千頌)	1.大般若(2)(玄奘) 2.放光般若(無羅叉) 3.光讚經(竺法護) 4.大品般若(鳩摩羅什)	2.PPP
3.ADPP 　(一萬八千頌)	1.大般若(3)(玄奘)	3.ADPP

	1.大般若(4)(玄奘)	4.DPP (一萬頌)
4.APP (八千頌)	1.大般若(5)(玄奘) 5.道行般若(支婁迦讖) 6.大明度經(支謙) 7.般若鈔經(曇摩蜱等) 8.小品般若(鳩摩羅什) 9.佛母出生般若(施護)	5.APP
5.PPRA (偈)	10.寶德般若(法賢)	6.PPRA
	11.真實般若(施護)	23.PaŚ
	1.大般若(6)(玄奘) 12.勝天般若(月婆首那)	
6.SaPP	1.大般若(7)(玄奘) 13.文殊般若(曼陀羅仙) 14.文殊般若(僧伽婆羅)	8.SaPP
	1.大般若(8)(玄奘) 15.濡首般若(翔公)	
7.VaPP	1.大般若(9)(玄奘) 16.金剛般若(鳩摩羅什) 17.金剛般若(菩提流支) 18.金剛般若(真諦) 19.金剛般若(笈多) 20.金剛般若(義淨)	10.VaPP
8.AdPP	1.大般若(10)(玄奘) 21.理趣般若(菩提流支) 22.理趣般若(真諦) 23.理趣般若(施護) 24.理趣般若(不空) 25.理趣般若(法賢)	21.AdPP
	1.大般若(11)(12)(13)(14)(15)(玄奘)	
9.SuPP	1.大般若(16)(玄奘)	7.SuPP
10.PPHṛ	31.般若心經(鳩摩羅什) 32.般若心經(玄奘) 33.般若心經(法月)	18.PPHṛ

	34.般若心經(般若)	
	35.般若心經(智惠輪)	
	36.般若心經(法成)	
	37.般若心經(敦煌本)	
	38.般若心經(施護)	
11.SvPP	39.小字般若(天息災)	19.SvPP
12.KaPP	30.帝釋般若(施護)	20.KaPP
	28.了義般若(施護)	
	29.五十般若(施護)	11.PPPa
	40.觀想般若(天息災)	
	41.開覺般若(惟淨等)	9.PaPP
	42.六波般若(般若)	
	26.仁王般若(鳩摩羅什)	
	27.仁王般若(不空)	
		12.EkPP
		13.PPSu
		14.CaPP
		15.PPSa
		16.PPVa
		17.PPVj
		22.PñPP

S1　ŚPP　　śatasāhasrikā prajñāpāramitā　(十萬頌般若)

S2　PPP　　pañcaviṃśatisāhasrikā prajñāpāramitā　(二萬五千頌般若)

S3　ADPP　aṣṭādaśasāhasrikā prajñāpāramitā　(一萬八千頌般若)

S4　APP　　aṣṭāsāhasrikā prajñāpāramitā　(八千頌般若)

(C26、C27 可能是漢地之撰述)

2.般若經典之成立

(1)般若經成立之時間

　　初期般若經成立年代有說是西元前二世紀、西元前一世紀、西元後一世紀或說是西元後一至二世紀。最初在南印度成立,爾後轉至西印度,最後移至北印度,在貴霜帝國治理下,急劇增廣。般若經典是最早成立的大乘經典。

般若經典中顯示強烈的在家佛教性格，其信仰層面已由出家眾擴充到在家眾，期望包含所有人群。

有說所有經典都是佛陀所說，有說並非所有經典都是佛說。大乘經典中之般若經典是由其根源性的原形，隨著時空的變化而以各種不同形態呈現。

(2)發展之順序

大部般若經發展之順序是從道行系 → 放光系 → 十萬頌般若經。

原始般若經 → 道行經系 → 放光經系 → 大般若經初會系。

文殊般若經 → 大般若經第八會。

金剛般若經 (AD150~200) → 大般若經第九會。

(梶芳光運認為《道行般若經》道行品之一部份(大正 T8, P.425 c1~P.427 a4)是原始般若之原形，其他般若經是以此為基礎發展而成。)

3.般若經之思想內容

(1)原始形態

般若經之原初形態，相對應於佛本生自性行、願行、隨順行、不退轉行，而分為善男女、初發心菩薩、久行菩薩與不退轉菩薩四品。(此即四菩薩行位：種性位、發心位、隨順修行位、不退轉位)

將特定人格(佛及諸弟子)一般化，從善男女成為菩薩之實踐過程，即是般若經之原始形態。特定人格之特徵即是佛塔，在家出家人以此塔為中心而環繞之，即是般若經成立時代之現實環境。般若經之著眼處雖以佛塔為中心，然而卻是以般若經內涵為其之所依據。

(2)般若經與大乘之關係

般若經典乃是大乘佛教之先驅經典。

初期大乘佛教之特徵是指：

①立足於菩薩觀 (與本生故事中之菩薩不同)。

②重視六波羅蜜之實踐；

③具菩提心之自覺；

④獨有的報身佛等之佛陀觀；

⑤重視空、(大乘)三昧、般若智、陀羅尼門等；

⑥利他主義；

⑦在家佛教等。

(3)般若經之內容

　　①原始般若經所論述的是般若波羅蜜、六度相攝、二諦、三乘、不可
　　　得、一切智(薩婆若、一切智智)、慧、菩薩行、空、三昧、陀羅尼等。
　　②般若經一再述說般若波羅蜜、空、道，而不安住「此即是般若波羅
　　　蜜」、「此即是空」、「此即是菩薩道」。
　　　般若經不否定法，而是否定法之可得性。不可得即是不可掌握、不
　　　執著。

(4)空及其同義語

　　般若經初期只述及空，爾後以無自性說明空，進而至般若經末期，則
　　以緣起作為空的基礎。

　　①此三概念之論理基礎順序為：緣起 → 無自性 → 空 (及其同義詞)。
　　②然而初期大乘佛教實踐發展之順序為：空 (及其同義詞) → 無自性 →
　　　緣起。

(5)三智之成立

　　道行系般若說一切智，到了放光系般若則說三智，分別為佛、菩薩、
　　聲聞所屬。

(6)六波羅蜜之菩薩行

　　般若經述說在家出家總合之菩薩行，發展出以出家之戒定慧三學，與
　　在家之布施、忍辱、精進總合之六波羅蜜行。

[2]大部般若經之發展

1.有關《二萬五千頌般若經》之深入探討

　　由經典成立史來看，般若經典的發展順序是：

　　S4APP《八千頌般若經》 → S2APP《二萬五千頌般若經》 →
　　S1ŚPP《十萬頌般若經》

　　當發展至《二萬五千頌般若經》時，可以說大乘的性格已全部顯露。

(1)最早之《八千頌般若經》

　　大部般若經根源上之形態及內容，可從最早之般若經典得知。此類可
　　稱為「原始般若經」，包含 C5《道行般若經》、C7《般若鈔經》、C8《小
　　品般若經》、C1《大般若經(5)》、C1《大般若經(4)》、S4APP《八千頌
　　般若經》。

　　①原始般若經之內容 (以 S4APP 為主)

　　　❶世尊使須菩提為諸菩薩(求道者)說般若波羅蜜。

　　　❷菩薩名、五蘊、一切智智不可得。

1.不見菩薩法，不見般若波羅蜜法；聽聞此等說法心不驚恐。

2.菩薩(求道者)之心非心，即是無心性。

無心性中，既無存在性，亦無非存在性。所謂無心性，是指無變化、無分別。

3.菩薩名、五蘊及一切知者性等皆不可得。

能如是學，即是菩薩學習般若波羅蜜。

❸應以無所求、無執著而學

1.若菩薩不離般若波羅蜜，即知五蘊、般若波羅蜜、一切知者性皆無自性。

2.菩薩學習般若波羅蜜，即是趣向一切知者性，此因於一切事物無生無作故。

3.若人以分別追求五蘊、菩薩、般若波羅蜜，實乃追求其相而已。

應以無所求方式(超越分別)，此即無執著於三昧，依此而至於覺。

依此而學即是學習般若波羅蜜。

②六點根本思想

可歸納成六點思想：

❶弟子說法

弟子依於佛之教說而覺，其說法不異於佛說法。

❷無分別性

說法之根本在於主張無分別性(avikalpa)。

❸般若波羅蜜

無分別性智之面向，即是般若波羅蜜。

❹空

無分別性理法之另一面向，即是空。(亦有以不生、不可得說明空)

❺菩薩

菩薩即是追求與實踐無分別性、般若波羅蜜與空者。

❻世尊印可弟子說法。

③般若與空

般若經典之重要概念是：

1.prajñā：般若、智慧、無分別智。

2.prajñāpāramitā：般若波羅蜜、智慧完成、無分別智完成。

3.śūnyatā：空、空性、空無體性。

4.śūnya：空、無實體的。

prajñā 是從智的面向而得名，相對於 vijñāna(識、分別智)而言；
śūnyatā、śūnya 是從理的面向而得名，相對於 ātman(我、實體)而言。

❶否定法之實有

prajñā(無分別智)是在否定由 vijñāna(分別智)所成立的一切 ātman(實體)，是在 śūnyatā(無實體性)中認知一切，且將此視為真實。

般若經典所否定的是法的實有(法的實體性)，而經過 prajñā(無分別智)認知之後的法，仍是給予承認，且給予新的意義。

❷無分別智與無分別後智

無分別性就智的面向說是 prajñā，就理法的面向說是 śūnyatā。此中否定的不是經無分別性認知之後的分別性，此分別性稱為無分別後分別性，就其智的面向稱無分別後分別智，就對象之面向說，稱為無分別後分別體。

（空不是空去諸法本身，也不是空去對諸法之妄執，而是諸法本來是空）

❸三個重要論點

1.分別智 vijñāna 是指擅於分辨事物之能力，然只有分別智，並不能掌控存在的真實。此外分別智所構築之實體 ātman 世界並非真實的世界。

2.若以無分別智 prajñā(否定分別智)及無實體性 śūnyatā(否定實體)，則能掌握真實之存在。無分別智否定分別智及實體，對於實有之否定後，實相即能呈現。

3.並不否定無分別後分別智及其對象之無分別後分別體。

(2)朝向《二萬五千頌般若經》開展

S4APP 在述說原始經之般若波羅蜜、空、無自性、求道者(菩薩)等之後，進而就六度、大乘、利他行、在家性格、勸導般若經之讀誦書寫以及為他人解說，並述其功德、般若波羅蜜乃至般若經典咒法化、禪定等項目，再予以論述。此等皆是大部般若經典之共通內容。由於此等內容都相當接近，自第三世紀以降對於般若經原形，有不同之認定。對於原形追求史，比較多的共識認為般若經之發展是朝 S4APP→S2PPP→S1ŚPP 方向發展。

①在形式上

C8 大品般若經 S4APP	C4 大品般若經 S2PPP	
	序　品　1	

	↓	添加之總序及目錄
	舌相品 6	
初品 1 　　　　(相當⇒)	三假品 7	
	↓	
	無生品 26	主體相同
釋提桓因品 2	問住品 27	
↓ 　　　　(相當⇒)	↓	
見阿閦佛品 25	無盡品 67	
	攝五品 68	
	↓	擴展添加部份
	如化品 87	
隨知品 27		
薩陀波崙品 27	薩陀波崙品 88	
↓ 　　　　(相當⇒)	↓	囑付弘通部份相同
囑　累　品 29	囑　累　品 90	

由此表，可看出 S2PPP 是在 S4APP 之基礎上再加發展而成，而其間之基本架構是相當的。

②在內容上

大部般若經典彼此之間幾乎有同一之內容，但若仔細探究，亦可見其間思想內容上的發展差異。此中最重要的是有關智性思想之發展。

❶S4APP 所說的一智(sarvajñatā 一切智者性)，在 S2PPP 發展成三智。此三智成為《現觀莊嚴論》之主要架構，此為增強大乘性格而產生的。

❷S4APP 只述及一切智，S2PPP 又添加道智、一切相智而且述及一切相智屬於佛，道智屬於菩薩，一切智則屬於聲聞獨覺。佛也同時擁有道智及一切智，菩薩也同時擁有一切智，而聲聞獨覺僅只擁有一切智。由此顯然更具大乘佛教性格。

(3)朝向《十萬頌般若經》開展

無論形式或內容上，S2PPP 朝向 S1ŚPP 之發展上，都沒有變動。

由於 S2PPP 與 S1ŚPP 僅有部份梵文本，故以漢譯本進行比對。在形式上，彼此完全得以對應。

在內容份量上 C1 大般若(2)是 C4 大品之二倍多，而 C1 大般若(1)是 C1 大般若(2)的五倍。雖然 C1(1)有添加新的要素，如極喜地等十地，但沒

有改變 C1(2)之性格及基本線。增加的份量主要是將原來總括性之敘述——予以分離而作個別的論述，此點在六波羅蜜上可明顯看出。

般若經典一再強調對於般若經典之書寫、受持、讀誦、為他人解說之功德。將般若經內容一一分離論述，即是為他人詳細解說之表現。

當 S4APP 朝向 S2PPP 開展時，是就 S4APP 進行研究，而且強烈意圖就 S4PPP 進一步論述而求超越之。而從 S2PPP 往 S1ŚPP 開展時並無意圖超越，只著眼於詳細分離而為他說，因此無論在形式上或內容上並無實質之改變。

2.般若經典之根本思想

般若經典是一群成書時間長達 1,300 年的龐大文獻，故其根本思想無法一概而論。此中較重要的應屬作為大乘佛教全體先驅的初期般若經典。

初期般若經的特色，在於般若波羅蜜 prajñāpāramitā、空 śūnyatā、六波羅蜜 ṣaṭ-pāramitā 以及在家主義之強調。

般若經反對部派佛教之論點，尤其是反對說一切有部「法實有」之說，而提出「諸法空」。(阿毗達磨時代論議法體之有無，大乘佛教則重諸法實相是空。)般若經非僅只排他性，而是超越對立，具有統一之思想，故強調般若波羅蜜(從而是六波羅蜜)，以及添加在家主義。

S2PPP 所重的大乘道是什麼？

大乘道是承受自古所傳諸道法，再加上新的元素。

此新的元素是從諸法中揀擇並加以重新組織之六波羅蜜、內空等諸空以及首楞嚴三昧等三昧。

此為 S2PPP 在佛教思想上之特色指標。

(1)般若 prajñā

般若經典的根本思想，是空的論理(空法)。

此乃依智慧說明物體、現象與實踐的應有狀態。

①與 C4〈序品 1〉相應部份

❶面對廣大求道者全體

此為大乘之基本性格，面對出家眾、在家眾及無量菩薩(求道者)全體。

❷十方世界諸佛為所有眾生說六波羅蜜，聞者皆能得無上菩提。

❸求道者欲學內空乃至無性自性空，當學般若波羅蜜多。

欲令眾生於無餘涅槃界般涅槃時，欲令止於布施乃至般若中，當

學般若波羅蜜多。

②與 C4〈奉鉢品 2〉相應部份

❶諸天加護求道者

此中求道者有三種：在家者(有父母妻子者)、自始修童貞行者、有妻子而出家者。

❷不見菩薩、不見般若波羅蜜

求道者行般若波羅蜜時，

　1.不見求道者、求道者名、般若波羅蜜，從而不見依分別智(識)所立一切名。

　2.不見五蘊，從而是不見諸法全體。

　　五蘊(色(物質現象)、受(感覺)、想(表象)、行(意志)、識(分別智)亦不見。(從而是諸法全體)

何以故？求道者無實體(空)、般若波羅蜜無實體(空)，本性爾故。

❸不見一切名、不起執著

求道者(菩薩)唯有名，般若波羅蜜唯有名，色受想行識唯有名。行般若波羅蜜之求道者，不見生、滅、垢、淨，

　　此因名是因緣和合作法，但分別憶想假立名說。

求道者不見一切名，因不見而不執著。(不見一切名，即是強調無分別性。)

❹般若經所說之般若，是指了知無分別性的智慧，此無分別性即是諸法實相。(無分別智相對於分別智 vijñāna)

③與 C4〈習應品 3〉~〈囑累品 90〉相應部份

「一切和合法，皆是假名。…一切有為法但有名相，凡夫愚人於中生著。菩薩摩訶薩行般若波羅蜜，以方便力故於名字中教令遠離。…是名但有空名，…此事本來皆無自性空故，智者所不著。」

由分別智 vijñāna 所構成之概念(菩薩、般若波羅蜜等)與佛法(四諦八正道、五蘊等)，在般若經典中，是直接予以否定。般若經所否定的是被視為實體之名、法。然而若經過無分別智洗禮而使用之名、法則不被否定，此智為無分別後分別智。

④S2PPP 用 prajñā-pāramitā 以區別印度自古以來普遍使用之 prajñā。

　1.賦予新義：智慧的完成(般若波羅蜜)。如同 śūnya、śūnyatā 除空外，亦指無分別性。

　2.以複合詞表示：如 dāna-pāramitā(布施波羅蜜)，不只承認原來之布

施，還予以超越。

此中 prajñā-pāramitā 音譯為「般若波羅蜜」，意譯為「無分別智之完成」。

《攝大乘論》依慧學勝相品中「此無分別智，即是般若波羅蜜，名異義同」，所指相同。

(2)空 śūnyatā

不同經本有關空之數目亦不同，S2PPP 十九空、C1(2)二十空、C4 十八空(《大智度論》相同)。

由於 S2PPP 內容只有與 C4〈無生品 26〉以前相當之文，故此改以 C4《大品般若經》之內容論述。與 C4〈奉鉢品 2〉相應部份，即是 S2PPP 空說之主要論述，與〈序品 1〉相應部份是其準備，與〈習應品 3〉相應部份是其後續之論述。

①與 C4〈序品 1〉相應部份

諸空之思想，於此採用龍樹《大智度論》有關之說明。

❶空之定義

龍樹在不同處所，對於空有七種不同之解釋。

1.無我、無我所

在內空處，以無我、無我所說明空。

沒有實體 ātman 存在，此為原始佛教時代已有之重要思想。

2.因緣和合　3.無自性

在有為空、無為空時，是以因緣和合、無自性等說明空。

諸法皆因緣和合而成，無其本有之性。

4.無常

在畢竟空時，係以無常解釋空。

無我是就存在的構造作空間性的解釋，無常則是對於存在作時間性的解釋，此二者乃佛教之根本原理。

空則包攝時空之根本原理。

5.不可得　6.散　7.無始

在不可得空、散空、無始空處，述及諸法無實(無我)，故說不可得，此不可得也是無我之延伸。散空、無始空亦如是。

無我、無常是自原始佛教即有之思想，也是佛教之特色。因緣和合、無自性、不可得、散、無始都屬同一思想體系。

所謂空，是事物之根本性原理，就空間言，是無實體性(無我)，就

時間言，是無常性。藉由包含時空之擴大概念的空，否定由觀念所成的「一切法實有」，乃是般若經之主張。

❷空與涅槃

涅槃 nirvāna 意指(煩惱火)熄滅之狀態。從而若無迷，則無涅槃。

1.將物事、法視為空，即是涅槃；不知物事、法是空，即是迷。

雖知一切無常，仍有些許以此為常之心；雖知眾緣和合，卻仍有追求我的心，如此之心即是迷界之根源。若將無常視為無常，將無我視為無我，即是涅槃界之心。

心是一，然依其作用而有迷與涅槃界之別。

此二種心之作用，就智方面而見，即是分別智 vijñāna 與無分別智 prajñā。

2.藉由迷而說涅槃，藉由涅槃而說迷。迷與涅槃皆滅去時，言忘慮絕的勝義涅槃自能顯現。

S2PPP 提出，在正確理解空之外，並無涅槃。

②與 C4〈奉鉢品 2〉相應部份

❶云何應行般若波羅蜜？

菩薩行般若波羅蜜時，不見菩薩、菩薩名，不見菩薩行般若波羅蜜，亦不見五蘊等法。

般若波羅蜜的特色在於否定分別性；空是般若波羅蜜另一面向，亦否定分別性。

❷菩薩、般若波羅蜜、五蘊皆唯名，空無實體。

此中非依空而色成空，若無色即無空，以色即是空，空即是色故。

諸法唯名無實(空)，名但因緣和合作法，憶想分別假說。諸法如幻，即無生滅染淨。

菩薩行般若波羅蜜時，不見生滅染淨，不見一切名，以不見故不著。

般若經主張無分別性是其特色。

所謂空 śūnyatā，是指物事根本原理的無分別性，在空間上是無實體性，在時間上是無常性。

3.實踐思想

三千大千世界諸佛皆說六種波羅蜜多相應之法，有情聞之必得無上正等菩提。此即顯示六波羅蜜乃成佛之道。初期大乘佛教徒以求道者(菩薩)自稱，

不論在家眾或出家眾皆同行此菩薩道。

(1)與 C4〈序品 1〉相當之 S2PPP 六波羅蜜

　　①修持六種波羅蜜之基本態度

　　　「菩薩摩訶薩以不住法，住般若波羅蜜中。」

　　　　　以無所捨法，應具足檀那波羅蜜。(施者、受者及財物不可得故)

　　　　　罪不罪不可得故，具足尸羅波羅蜜。心不動故，具足羼提波羅蜜。

　　　　　身心精進不懈怠故，具足毗梨耶波羅蜜。不亂不味故，具足禪那波羅蜜。於一切法不著故，具足般若波羅蜜。」

　　②修持一波羅蜜能圓滿六波羅蜜。

(2)與其他品相當之 S2PPP 六波羅蜜

　　①修持六波羅蜜行者，他人當予以讚助。　　　　　　　　〈奉鉢品 2〉

　　②修持六波羅蜜行時，亦應勸他人修持。　　　　　　　　〈滅諍品 31〉

　　③修持六波羅蜜行時，亦迴向薩婆若。　　　　　　　　　〈尊導品 36〉

　　④檀那波羅蜜乃至般若波羅蜜不縛不解，以無所有性故。〈信毀品 41〉

　　⑤修持六波羅蜜，能得他人供養、諸天諸佛護持。　　　　〈奉鉢品 2〉

　　⑥六波羅蜜是菩薩母、是諸佛母。欲得無上菩提，當學六波羅蜜。

　　　　　　　　　　　　　　　　　　　　　　　　　　　　〈囑累品 66〉

(3)結說實踐

　　①六波羅蜜是重視在家佛教立場之實踐德目。二利相即、慈悲平等。

　　②S2PPP 強調智(無分別智)悲(利他)一體。

　　　連結原始佛教以來所重視之出家三學(戒定慧)以及在家之布施、安忍、精進而成六波羅蜜。

　　　此中布施波羅蜜強調慈悲利他性，般若波羅蜜重視連結證悟之智慧，悲智調和。(此中指同一次元有情世界間之慈悲)

　　③原始佛教與部派佛教是出家為中心之佛教，重視智慧。大乘佛教(含般若經系統)是在家主義立場較強之佛教，重視智慧與慈悲。此中之慈悲亦是同一次元。

　　④爾後之大乘佛教強調慈悲，但將救者與被救者明確分化。就救者而言，如阿彌陀佛、彌勒菩薩的超人化、神格化極為明顯；被救者仰賴救濟者，故相較於智，更重視信的傾向明顯可見。如此階段的慈悲，從同次元移轉至異次元之慈悲。

　　⑤六種波羅蜜之性格是是平衡的，雖以自主、獨立為基調，更強調慈

悲不可缺。是重視法之思想，而非只尊重特定救度者之思想。

[3]般若經典在佛教思想史上之位置

1.般若經典之發展背景

(1)大乘佛教的源流並非只有一種因素。

有說是從大眾部系統發展而成。有說是因為懷念佛陀將佛陀理想化、神格化而成，有說是佛塔信仰的在家菩薩眾流傳而成，有說是超越佛塔信仰另有重視經典、教法之其他在家性質的信眾流傳而成。這些都可能是大乘佛教思想形成的因素。

(2)公元一、二世紀的歐亞，有歐洲的羅馬帝國、印度的貴霜帝國以及中國的後漢帝國。此三大帝國政治友好，文化接觸、經濟往來密切。從而史上最初具有世界規模的東西密切關係時代自此開始。此時經濟發達、社會開放，具有國際觀之商人規模逐漸壯大。

(3)除了沿續原始佛教與部派佛教之基本思想外，般若經典主張在家主義，從出家眾擴充至在家眾，乃至全體人群去實現佛教之理想。此點與想形成開放社會、開發國家之貴霜王朝所期望的社會相吻合。

(4)在貴霜王朝迦膩色迦王之護持，以及眾多在家眾(含眾多商人)之協力支持下，包括般若經典在內之大乘佛教有著飛躍性的發展。

2.般若經典在印度思想史上之位置

(1)印度思想之發展

①吠陀(Veda)時代

始自於《梨俱吠陀》(Ṛg-veda)成立四種本集(saṃhitā)以及古奧義書(Upaniṣad)包含在內時期。自西元前 1500 至前 500 年，約 1000 年期間，由遊牧進入以農耕為主時代，與種姓的農村社會時期平行。

②自由思想家時代

不再受婆羅門教傳統思想限制，不承認其權威且自由發展各自思想的時代。此一時代，以佛教為首，耆那教與六師哲學相繼問世。自西元前 500 年至西元後 320 年，約 800 年，都市興隆與笈多王朝時期平行。

③印度教居優勢地位之時代

印度教是一種一方面承認吠陀，一方面將民間信仰、風俗、先住民信仰，乃至佛教與耆那教思想收納而成之新宗教。從西元 320 年直

至現代，社會方面大致與都市化、國際化平行，此時伊斯蘭教、基督教以及西洋種種思想都有流傳。

(2)奧義書與般若經

「存在物何以如此？存在物是誰所作？」

奧義書述說一切存在是從唯一之阿特曼(ātman)流出，而阿特曼又處於人類的身體中，也可以說是宇宙一體觀。

古奧義書通常將藉由智而證悟「梵(宇宙原理與生命)我一如」視為解脫。此實異於《吠陀本集》乃至《梵書》所說解脫乃至幸福之道需要藉由種種祭祀不同。奧義書轉變其解脫的路徑需藉由智，此點較近似原始佛教及般若經典所說。

般若經典對於存在之根據及起源不予討論，只說及存在之構造是「空」。從而般若經典之哲學根本上可以說是「空說」，與奧義書之「流出說」不同。「空說」得以與原始佛教之無我、無常、緣起相結合。原始佛教否定奧義書強調的阿特曼，而強調無我(anātman)。空(śūnyatā)即是承繼原始佛教的此一立場。

「流出說」是回答存在之根據與起源，皆從自我意欲的唯一阿特曼所流出。至於般若經典，對於存在的根據與起源，自始不當作問題，更且否定自我意欲的唯一阿特曼，主張存在的構造即是「空」。

(3)耆那教與般若經

在印度思想史上，這是最為多彩多姿的時代。但得以留存至今的文獻資料僅存耆那教與佛教而已。

耆那教的根本哲學在於提出命(jīva)、法(dharma)、非法(adharma)、空間(ākāśa)、補特伽羅(pudgala)等根本五要素，據此說明人包括在內的全部宇宙。Jīva(命、靈魂)是永遠不變的實體，且將構成 pudgala(個身、物質)的最終單位說為是永遠不變的極微。

般若經不立生命的實體，也不立物質的實體，僅以「空」說明一切。耆那教不問存在之根據或起源，只問存在之構造，此點與般若經典相同。但彼此構造不同，耆那教是要素說，般若經典是空說。

3.般若經典在佛教思想史上之位置

(1)印度佛典之傳承

①佛教在印度之傳承已斷，文獻亦多散失。現今可見的是流傳於錫蘭之上座部巴利語佛典，一世紀以降之漢譯佛典，七世紀以降之藏譯

　　佛典，以及在印度周邊與古寺書庫所發現之少數梵文佛典。

　　印度佛教歷經原始佛教、部派佛教、大乘佛教、秘密佛教四個階段。般若經典屬於初期大乘佛教，不能說是出自部派佛教中的某一部派，而是與部派佛教平行發展而成。

②為了給予般若經典於佛教界適當的定位，必須對原始佛教及部派佛教有充分認識。但現今只有上座部流傳的巴利語佛典，以及一世紀以降被譯為漢文的說一切有部所屬之佛典。其他部派經典幾乎不存在。

　　梵語佛典如同巴利語佛典，並非固定是某一時代之產物，而是隨著時代不同而有不同之版本，現存的是最新最後面留下的版本。

　　而翻譯佛典，在某一時點被翻譯即固定下來，可以反應那個時代之思想。

③大乘佛教大抵開始於西元紀元前後百年之間。後漢時代(西元25~220AD)所譯佛典，已呈現多種部派及大乘佛教初期之時代風貌。藏譯佛典則主要涵蓋大乘中後期及秘密佛教之文獻。

④二種不同類型之佛典

　❶存在有不同類型之佛典

　龐大之佛典中，可明顯看出不同類型。

　　1.以內容之構成看

　　　所譯佛典有前後一貫不相矛盾者，有前後含有相互矛盾之要素難以一貫理解者，而以後者居多，尤其是大部頭之經典。後者有部份為神格化，又非以統一或同一想像觀點所完成。大部頭經典集成時間長，極有可能含有後世添加的成份，無法是為同一想像或同一思想。

　　2.以思想內容看

　　　可發現有兩種不同之根本構想，大多的經典由此二種根本構想或其混合形態而成，故難以有一貫之理解。

　　3.對於矛盾處之理解

　　　對於單一佛典本身所含之矛盾，或佛典彼此間矛盾，有二種不同之理解。

　　　(1)以前漢傳佛教地區，普遍認為所有經典都是佛陀住世時所說，並無矛盾，經中所出現矛盾皆理解為應機而作之方便說。

　　　(2)近代有就佛教歷史之發展比對佛典，有說並非所有經典都是

佛陀住世所說。大乘佛教運動興起後成立了諸多經典，同一
佛典前後部份及佛典之間很難作一貫之理解。

(2)安世高之漢譯佛典

安世高所譯佛典範圍相當廣，可分為第一類部派佛典、第二類部派佛
典、第一類大乘佛典與第二類大乘佛典。

①就根本思想差異說

❶第一類：以無常無我為根底，否定「我」(ātman)。在印度思想史
上是獨創，前所未見。

❷第二類：以輪迴為根底，導入某種意義的「我」。與印度傳統思想
相似，但加入佛教新要素。

②就道德、倫理說

❶第一類：自主獨立風潮較強，主張平等，否定來世。
含第一類部派佛教、第一類大乘佛教，後者更添加利他
性與慈悲，基於平等理念而不殺生。

❷第二類：傾向於個人的幸福，連結來世之升天或墮地獄。
在利他方面，分化為救度者與被救度者，基於來世善惡
報而不殺生、基於現在牛羊可能是過去世父母而不殺生。

(3)支婁迦讖譯典之佛教

支婁迦讖所譯皆大乘經典。

其《般若經》之傳譯在中國佛教史或中國思想史上是一大貢獻。

《道行般若經》

《阿閦佛國經》

《佛說無量清淨平等覺經》

《佛說般舟三昧經》

《般舟三昧經》

《文殊師利問菩薩署經》

《佛說伅真陀羅所問如來三昧經》

①第一類大乘佛教

❶初期般若經典即屬於此類，以般若、空、六波羅蜜視為基本思想。

1.般若與空二者根本上是相同的，般若是從智命名，空是從理命
名。空實與無常無我思想無異，故可說初期般若經典具有第一
類佛教之特色。

2.第一類佛教若依其時代性,可分為第一類部派佛教及第一類大乘

佛教，後者比前者較強調利他性。初期般若經典以布施波羅蜜
當作六波羅蜜之首，即是強調利他性。

 3.支婁迦讖所譯《道行般若經》C5，屬於 S4APP(小品系)系統，具
有古早之形態。

❷般若波羅蜜乃六波羅蜜之最勝，五波羅蜜從般若波羅蜜生。菩薩
與佛皆由此生。般若所持的理法是空，般若與空是一非二。

❸空兼有無常無我。在時間上，空是無常；在空間上，是無我。

❹道行般若的空說，思想型態上隸屬第一類部派佛教的無常無我系
譜，更揭出一切法空與慈悲不捨十方人二事。

❺第一類大乘佛教之根本思想以空為代表。《道行般若》的根本思想
就是空。而其實踐則以六波羅蜜為其代表，在社會上著重利他，
個人上則嚴格自律。六波羅蜜實是出家之戒定慧，融合在家眾之
布施忍辱精進而成。

空思想無異於無常無我思想，屬於第一類佛教的系譜。安世高所
譯第一類部派佛教教偏於出家佛教，而般若經所代表之第一類初
期大乘佛教，較偏於在家佛教。前者自主獨立傾向較強，後者強
調慈悲。

②第二類大乘佛教

❶其特徵在於根本思想上是立於輪迴說立場，個人與社會實踐方
面，則與依輪迴說導出的來世思想連結。

《阿閦佛國經》揭示阿閦佛國土之莊嚴及往生該佛國之方法。

 1.對於來世予以理想化，並詳述其主宰之佛及佛土之莊嚴。

  (第二類部派佛典只言及輪迴及來世，並未詳述，亦未言及天國與地獄之
主宰者。)

 2.來世升天或墮地獄除了個人努力外，強調救度者之力。

  (第二類部派佛典言及行善升天，作惡墮地獄，個人行為決定其生處。)

 3.分別救度者與被救度者，強調救度者之意識強力高漲。

  (第二類部派佛者，不分別救度者與被救度者，主要在於個人之修行。)

《佛說無量清淨平等覺經》

無量清淨佛身為菩薩時，立二十四願，願拔一切眾生苦，令往
生佛國。

此經以本願思想為其中心，立本願者不只一人，而有種種佛國
土。

此二經指出，此世眾生應以往生阿閦佛國或極樂淨土作為目標，因此可說是立足於輪迴思想。

❷第二類部派佛教往第二類大乘佛教思想之發展，都有來世思想的初起乃至成熟，其間經過若干階段。

　1.只述及來世。

　2.將此世之喜樂延長於來世，對於來世之說明逐漸詳細，也出現地獄之說明。往生淨土或地獄主要取決於個人倫理及道德之實踐。

　3.本願思想開始萌芽。

　4.本願思想與來世理想佛國結合。生往理想佛淨土的原因，不在個人倫理道德的實踐，是否相信願主(佛)成為決定的原因。

　　佛(覺者)非一，故往生之佛淨土亦非只有單一。

　由本願思想完成的淨土思想，產生救度者與被救度者之間的分化。救度者將自利與利他融合，而被救度者自主獨立的精神變得較為薄弱。

(4)其他譯者所譯佛典

　後漢時代之翻譯者，除了安世高、支婁迦讖外，還有康孟詳、支曜、曇果、竺大力、安玄、嚴佛調、竺佛朔等七人。

①第一類部派佛教以無常無我為根本思想，在個人上自主獨立精神較強；在社會上以平等為根本，不同意弱肉強食之文化。

　《舍利弗摩訶目連遊四衢經》

　《佛說阿那律八念經》

　《佛說馬有三相經》

　《佛說馬有八態譬人經》

②第一類大乘佛教以空說為根本思想，在個人及社會上，除自主獨立外，更強調利他。慈悲的利他行中，戒律之開遮有其彈性。

　《法鏡經》

③第二類佛教

　以輪迴思想為根本，對於社會之客觀理解遂難以生起。

❶佛的神格化、超人化顯現

　　三十二相、八十種好、十八不共法、十力、四無所畏等。

❷男尊女卑思想出現

　　比丘尼應守「八敬法」。

女人有五處不能得作：不得作如來至真等正覺、不得作轉輪聖王、不得作忉利天帝釋、不得作魔天王、不得作梵天王。

❸善因善果、惡因惡果是綿亙三世，持續不斷。

從此輪迴思想難以生起對社會客觀理解。個人幸與不幸完全歸於個人自己的行為，來自社會原因的幸與不幸或給予他人的幸與不幸被忽略。

《中本起經》

《修行本起經》

(5)般若經典在佛教思想上的位置

若將大乘佛教之前的印度佛教，依思想的根本型態以及時間的經過，作為四種分類，則般若經典是屬於第一類大乘佛教。

①思想上：繼承原始佛教無常無我及緣起思想發展而成。

反對部派佛教「有」的觀點，尤其說一切有部「法實有」之主張。

②社會上：繼承原始佛教以來的自由、平等、慈悲的思想。

③個人上：繼承原始佛教重視解脫的思想。以重視六波羅蜜的形態予以強調。

般若經典所具有的高度理想及目標，並非僅只出家眾得以完成，而是以在家身分也可以實現。般若經典所呈現的強烈倫理性意欲是，欲以所有人群(全人類)之規模來實現佛教的高度理想。

二.《現觀莊嚴論》之註解與思想

[1]前言

相傳為彌勒所造的《現觀莊嚴論》abhisamayālaṃkāra，全書二七三頌，共八事與二結頌所成，是以科判性方式，就《二萬五千頌般若經》作註釋。龍樹的《大智度論》也是該經之註釋，主要在解釋經文。而《現觀莊嚴論》則以道 mārga，亦即以修道為主要，而歸納整理其道程之德目。既不是立於空的立場，也不是基於瑜伽行唯識，而是以「道」為其要旨。

此論之註釋書，就印度而言，有無著、世親、聖解脫軍、賢解脫軍、師子賢等人之撰述。到目前為止，無著、世親之撰述內容不明，但大抵是基於唯識立場，而非基於道與現觀立場而述作。聖解脫軍是六~七世紀，賢解脫軍是七世紀，師子賢則為八世紀人。

師子賢註釋《現觀莊嚴論》，並依用其科判與內容，對《八千頌般若經》也作註釋。後者即是《依準現觀莊嚴論的八千頌般若波羅蜜多經註釋》，略稱「大註」。而前者是將「大註」中，凡是註釋《般若經》而與論無直接關係部份予以省略，對於較長的說明，則作總括性解說，此略釋即是「小註」，或稱《明義釋》。

藏傳佛教對於《現觀莊嚴論》之註解研修，可以說是其主流，是僧道必學之科目。

[2]《現觀莊嚴論》之註解

1.著者

(1)《現觀莊嚴論》是以八事 273 偈頌，對《二萬五千頌般若經》作科判性的註釋。此論是以道 mārga，亦即以修道為其要旨而述及道程之德目等，所以只是概要性之論述。此中之偈頌，若不借助註解書，實難以理解其義及全體架構。此等註解書在印度及西藏頗見盛行，但在漢地不得見。

(2)一般認為本論之作者是彌勒。

①本論與《大乘莊嚴經論》關係密切。師子賢在其註解書中，多處引用《大乘莊嚴經論》。故有說本論作者與藏地所傳「彌勒五論」之作者是相同的。

②有說本論作者與「彌勒五論」作者不同，以其年代有異故。

❶《二萬五千頌般若經》漢譯本有《光讚般若經》(286AD)、《放光般若經》(291AD)、《摩訶般若經》(羅什大品，404AD)、《大般若經第二

會、第三會》(玄奘 660~663AD)。漢譯本通常比原典晚 50~100 年。
就原典而言，小品系般若出現於西元一、二世紀，其後才出現大
品系般若，故推論《大品般若經》應成書於二世紀末。

❷就內容看，本論偈頌與玄奘譯之般若經較接近，故推論本論之作
者應是西元五、六世紀之人。而「彌勒五論」作者應是西元三、
四世紀之人(據宇井伯壽推論是為 270~350AD)。

③師子賢之註解書中指出彌勒造偈(kārikā)，無著作「諦決擇」
(tattva-viniścaya)釋論，世親作「本疏」(paddhati)，聖解脫軍(ārya
vimuktisena)造疏(vṛtti)，賢解脫軍(bhadanta vimuktisena)造「大疏」
(vārtika)。但並未發現有無著、世親註釋之漢譯本。

2.註解者

(1)註解書

本論是《二萬五千頌般若經》之要釋，而《二萬五千頌般若經》則是
《八千頌般若經》之增廣與發展而成。在西藏大藏經(北京版)中，有許
多註解書，有與《二萬五千頌般若經》有關，有與《十萬頌般若經》、
《八千頌般若經》有關，有與般若經無關，只作為《現觀莊嚴論》之
註解者。有關《二萬五千頌般若經》有聖解脫軍及賢解脫軍之註解，
師子賢有《八千頌般若經》註解(略稱「大註」)與《現觀莊嚴論》註解(略
稱「小註」)。宗喀巴亦有論釋書。

①《聖二萬五千(頌)般若波羅蜜多優波提舍論現觀莊嚴註》聖解脫軍，
北京版 5185

②《聖二萬五千(頌)般若波羅蜜多優波提舍論現觀莊嚴頌釋》賢解脫軍，
北京版 5186

③《聖八千(頌)般若波羅蜜多釋現觀莊嚴明》師子賢「大註」，北京版
5189

④你《名為般若波羅蜜多優波提舍論現觀莊嚴之註》師子賢「小註」，
北京版 5191

(或譯為《名為現觀莊嚴論的般若波羅蜜多經要釋論之註》)

⑤《般若波羅蜜多優波提舍論現觀莊嚴及其註解之廣釋的善釋金鬘》
宗喀巴

師子賢之「大註」是依據《現觀莊嚴論》之科判，註釋《八千頌般若
經》其經文，又於其註釋中，完全引用其經文。「小註」是只摘錄其論

釋部分而編輯的，其文句頗多與「大註」相同。

(2)「小註」作者師子賢

①傳記

　根據《多羅那他佛教史》，師子賢出身王族，曾從那爛陀寺寂護聽聞中道義及諸多優波提舍，又從邁羅迦那巴多拉聽聞《般若經》與《現觀莊嚴論》。爾後受達磨波羅王招請，晉住多利卡多卡伽藍為千人講述般若，撰述《八千頌大註》等論書。於達磨波羅王即位後二十餘年示寂。布頓所傳則說其師是賢解脫軍、邁羅迦那巴多拉等二人。(在傳記中提到師子賢曾師事寂護，但於其註疏中引用並不多。寂護於 747AD 入藏。)

②年代

　根據傳記推測，師子賢大約是活躍於西元 730~795 年間之人。在印度密教趨於全盛期的八世紀末，盡其全力於般若研究的師子賢，是繼護法、勝軍、戒賢、親光、調伏天、法稱，或月稱、寂天、寂護、蓮華戒等論師之後，獨自發展其弘法活動者。

③學系

　西元五、六世紀，大乘佛教出現對立的中觀、瑜伽兩派。在西元七、八世紀隨著密教的傳播，這時的大乘二派逐漸融合。

　師子賢屬於哪一學系？從其所論，並非絕對的空觀，而瑜伽行派五姓各別、阿賴耶識說亦不得見。無論所引之論師及經論都不偏於一方，無法斷定屬於哪一派。而其所屬時代，兩派對立氛圍漸弱，般若崇拜的般若學派或般若宗的思想彌漫於道俗之間，而師子賢是居於其中之大勢力者。布頓所撰傳記明確指出此事。在藏傳佛教，此般若修道派的存在特別顯著。

　要言之，在教理方面，師子賢是立於般若中觀；在修道方面，則擷取自瑜伽行派從五世紀以降諸論師及其論典，以成其權威。

3.師子賢主張之教理 (行論)

(1)師子賢有關般若經之註解

　師子賢主張之教理，主要的可從其對般若經之註解中，有關「道」的組織與思想，了解其對於行論的觀點。

①《現觀莊嚴論》是彌勒立於道(mārga)之立場，就《二萬五千頌般若經》所作之科判，其內容次第全依據般若經。然而般若經以「空」之宣說為其第一義，廣採大小乘所有教理德目，並無一定之編集秩

序，而是反覆地羅列，藉以述說空的教理。具有如此內容之科判，雖已分章段編列細目予以整理，但很難說是具有秩序之「道」或「行論」。

②佛教初期「行」被當作教理之一部份，而後代則將「行」視為即是「證」。

《八千頌般若》之增廣，即是《二萬五千頌般若》。師子賢依據《現觀莊嚴論》之科判，引用參照《二萬五千頌般若》，為《八千頌般若》作註解(包括《大註》、《小註》)。

其註解中修道論之章節、綱目、形式完備，但所揭項目相互交錯，屢見重複。此處著重在師子賢之造釋意圖，尤其是其第一章的「行」以及「修道」中，有關《八千頌般若》註解對於「行」之註解，以了解師子賢之行論。

(2)師子賢對於「行」之立場

般若經所說是依聞慧而受持，依思慧而決定，依修慧而修行，依世俗諦勝義諦而積集六度之善，其自利利他之意是經順決擇分行位之證得次第，於一切行相現證，強調具體的、實踐的行位方法，此乃稱為隨順方便。師子賢之般若經釋以思、修為中心，而其行論則以瑜伽系為依據。

《八千頌般若》之道行品具有般若經之原始內容。《現觀莊嚴論》〈一切相智(性)品〉(sarvākārajñatā)所釋之範圍，不外於《八千頌般若》之道行品。羅什譯《摩訶般若》道行品 72，用「道行」名，其同種異本則為「菩薩行」，玄奘譯亦載為「菩薩行」。此「道行」應是 caryā(行)之譯。八千頌系諸本第一品，幾乎是以「行」為其品名，此因以「行般若波羅蜜」為重要內容有關。

師子賢之經釋第一品名 sarvākārajñatācaryā(一切相智性之行)，其註釋中指出「一切相智性，就實踐而言，是即(eva)是行(caryā)，此係依發心等實踐德目，以及因果等理法，依一切行相，遍知一切實事，與如來結合而一再於此品轉，故有此品。」

此「一切相智是即與行」，而《大品》所載「佛所屬之智透過實踐之行」，即是師子賢所要闡明「行般若波羅蜜」的立場。「行」是最高之佛智，此佛智依修行之德目化，或依行之實踐而得。

(3)師子賢之行論

①依據《現觀莊嚴論》一切相智品

❶〈一切相智品〉主要科判

　1.發心 (內藏空悲，大願發趣為體)

　2.教授 (二諦自性、四聖諦、三寶、無著、無倦怠、道攝受、五眼、六通、見
　　道、修道)

　3.順決擇分 (修教授果) (2.3.包括二乘四善根及見修二道)

　4.修行所依 (菩薩，自性住種姓)

　5.修行所緣 (善不善、世出世、有漏無漏一切法)

　6.修行所為 (菩薩之三大性：心大、能斷大、能證大) (4.5.6.與修行者(菩薩)
　　有關)

　7.菩薩行

　　(1)披甲正行；(2)發趣正行；(3)資糧正行(十七種，含入十地說)；

　　(4)出離正行(包含小乘、大乘及瑜伽系五位之種種行位說，都是菩薩所行)。

　此中可作為行論的是 7.菩薩行。

❷行

　行之定義：

　1.依止白法之行

　　為殊勝菩薩之三大性，所謂「行」是總括性的依止三種一切智
　　性的白法。

　　　此中之白法，是指以六度為依據之行(作 kriyā)，或說依大乘
　　　教理之大乘行。

　2.四種現等覺(現觀)

　　一切相現觀(第四事)、頂現觀(第五事)、漸次現觀(第六事)、剎那現
　　觀(第七事)。

　　一一都是依止六度之行。

❸菩薩行

　1.被甲行：本質是精進，六度中各度皆含其他五度。

　2.發趣行：本質是依證得次第，有正決定相而進趣大乘。始於發
　　　　　　趣，漸次昇進殊勝。

　3.資糧行：此為「行說」之中心。依所說次第，不超越世俗勝義
　　　　　　二諦，實踐證得一切乘，累積大菩提之行。

　　　　　　　就世俗言，是行位之設定，依實踐而累積菩提，無
　　　　　　拘泥於勝義。

　4.出離行：是果位。

就「行論」而言，資糧行是其中心。行論的特色是實踐，就其德目，一再次第而行。

❹見道與修道行位

1.就師子賢而言，將資糧行配於修道，是屬於瑜伽系之修道五位說，故就「行論」言之，修道成為「行論」之中心。依據師子賢，修道所緣無異於見道，故可說與見道無異，如同有為無為一體，無有差別。修行者觀修道所斷，是依據緣起法性而對治。所緣相同，不同的是相對於見道之無我智，修道之智是緣起法性。在《現觀莊嚴論》中，修道之資糧行含有十地行位之菩薩行，而見道作為四諦十六行相，是以小乘無我之教理為主。

2.菩薩之道相智

在《現觀莊嚴論》第二事道相智中，有關菩薩之修道分為有漏修與無漏修，前者又分為勝解、迴向、隨喜作意修，後者分為引發(加行)與清淨修。

②依據《八千頌般若經釋》道行品

❶行

1.「行般若」之行

此中「行」是√car，是「行為」之義，般若通常是於格(處格)，但也有業格。與此同義的有「修」bhāvayati(√bhū 使役法)，般若是業格。

若經文中「行」「修」並列，通常「行」是依不入三昧之智，是依加行後得心。「修」則為依入三昧之智，依根本心。

2.「行施」「行難行」「得菩提行」之行

此中行是 caryā，是實際行為之義，又含有斷煩惱等積極的精神活動之義。

❷修習

修習 bhāvanā 主體是心，又是如幻的不二智，其對象是善巧方便、慈悲等、隨喜作意、三種一切智性、佛母、真實義、能對治、利益行、一境性等。

經文中說「對於般若應住(加行時)、應學(見道時)、應行(pratipattavya，修道時)」，「行」與「修習」有不可分離之關係。

❸觀修與行修

行或修可分為觀修與行修二方面，二者互為表裏，成為一體。

觀修是指「觀念的實踐」，主體是心，是不二智，其對象是般若波羅蜜、三種一切智、佛母、真實義等。

行修是指「身體的實踐」，主體是行之依處的菩薩，其對象是六度、善巧方便、利益行等。

③次第修與長時修

「大乘不超越世俗勝義相而行」，如此行論是指經長時修習，前後漸次關連而得殊勝，此與修行中之頓證、漸證有關，也與根基勝劣有關。

漸現觀是《二萬五千頌般若經》漸次品(三次第行品)之內容，剎那現觀是無相品(一念品)之內容。

❶漸現觀 (第六事)

為令次第堅固證得總別之義而修習，「作漸次業，修漸次學，行漸次行」，是為漸現觀之義。

❷剎那現觀 (第七事)

修漸觀者為更進一步修習，於一剎那證得，即是剎那現觀義。

「菩薩行深般若波羅蜜多時，一心現起則能攝受六波羅蜜多，如是乃至亦能攝受三十二大士相、八十隨好」、「一切法無相」、「用一剎那相應般若」、「速能圓滿一切佛法、疾證無上正等菩提」等，是依發心、二乘、菩薩之次第，修行圓滿得果位。換言之，是指經長時修行，而得果之一剎那。(剎那現觀不是指時間性的，而是指一段一段修證堅固的那一階段。)

以四種現觀階段做說明：

1.證一切智之剎那現觀

此一剎那，是以一即多、多即一的橫向價值關係而見其「一」。若於一剎那認識一法，即同時證得全智，如水輪(井轆轤)一部分啟動，則全體皆動。此現觀是從一而見全法界。

2.證般若智之剎那現觀

調熟法性之位，於一剎那出生般若。

最後心菩薩，於最後無間道生起，如同離障白法之般若波羅蜜，一剎那能證菩提。

3.證諸法無相之剎那現觀

依施等六度行，住於如夢幻法(諸法如幻而成滿資糧)，一剎那知諸法無相性。

4.證不二智之剎那現觀

　　菩薩無間長時修習斷主客之顯現，於最後心智現見能取所取無二(夢與見夢無二)。

四種剎那現觀依序證一切智、般若智、諸法無相及不二智，此等與漸現觀無異，是為堅固漸現觀的內容而加上的，雖說是剎那現觀，而實是建立在長時修習與一即多的法界背景上，是以修習次第為中心之行論。

④結說

❶此行論是從師子賢之《般若經釋》及論中所推求而來的。

❷其行論之中心，應從與修道相當的資糧行中探求。

❸「行」之外在是作為行(pratipatti)，行自利利他，內在是作為內觀之修習(bhāvanā)。

❹「行」是以大小乘為對象，經由階位持續修而漸次殊勝。

❺此行論之性格，與瑜伽系頗多共通之處。

❻一般是從世俗諦之立場，依設定實踐階位而與「智」作關連。而如同此處以「知」與「行」關係之論述者不多。

❼「次第」在《俱舍論》作現觀次第說，以見道為主；同時代蓮華戒之修習次第，是以修道為中心。爾後在西藏則成為「道次第」而持續發展。

4.《現觀莊嚴論》之立場與架構

(1)般若經之綱要書

　　《現觀莊嚴論》是《二萬五千頌般若經》之優波提舍(綱要書)。

　　僅以 273 偈作般若經之科判，若不仰賴註釋書，不可能了解；若不與般若經作對照，亦不具任何意義。

　　立於般若經之本質皆空論，同時將經文內容依序整理的是《現觀莊嚴論》。原先只作為般若經之科判而已，往後在西藏佛教藉由註解書而大為發展，乃至具有其獨特之內容。

(2)道論之立場

①從般若經中所含聲聞、獨覺、菩薩與佛之「道」，亦即從道論的立場來作論述，對一再重述之經文予以彙整或許是不可能，但依統一之見地而作科判是可能的。

　　由論之序品前二偈頌可知造論之所為義。般若經所述說的是「一切

相智之道」，菩薩若憶持般若經義，則能行十種法行。此中之道是含有菩薩之道智性、聲聞獨覺之一切智性之三乘道。菩薩依觀修此等之道而行法行。法行中各各項目，在大乘經典中，尤其般若經中，隨處強調是以經典之護持、傳道、觀修為要。此前二偈所述就是「道」與「行」。

②般若經之行者是新興大乘佛教的僧侶與菩薩。菩薩修三智中之道相智，是指一切道之實踐，聲聞、獨覺、菩薩、佛的「道」之實踐。此道相智在《大品般若經》中被提出，大乘佛教所否定或不重視之二乘及其學習對象的四諦、十二因緣等，完全是菩薩之所應行。般若經之內容，含有大量小乘佛教之教法，菩薩道相智統攝一切道，則將般若經視為「道」之開展是極其自然的。在內容上，是由小乘、阿毘達磨之「道」作為主要部份，再加上瑜伽行的「行位」所組成。

③本論是從菩薩道相智統攝一切道之見地來彙整《般若經》，認為《般若經》既是始教，也是終教，與其他漢譯佛教視《般若經》為始教，《法華經》與《華嚴經》為終教者有別。

(3)本論之架構

分成八事及其下之七十項目，而成八事七十義。

其總義是以八句義說般若波羅蜜多。

全論 273 偈頌，最前之十七頌揭其立論之所為及其總義。第三、第四頌是總說，第五頌至第十七頌為別說。

①本論之結構分為：

❶三智

1.一切相智性(佛)

(1)發心；　　　　　(2)教授；　　　(3)順決擇分(修教授果)；

(4)修行之所依(菩薩)；　(5)修行所緣；

(6)修行所為(菩薩之三大性：心大、斷大、證大)；

(7)菩薩行：①披甲正行，②發趣正行，③資糧正行，④出離正行。

2.道相智性(菩薩)

(1)天光隱蔽；　　　(2)聲聞道；　(3)獨覺道；

(4)菩薩道相智之見道；　　(5)菩薩道相智之修道

①有漏修(勝解作意、迴向作意、隨喜作意)，

②無漏修(引發修、清淨修)。

3.一切智性(聲聞、獨覺)

(1)遠近道之理(依慧而不住三有、依悲而不住涅槃)；

(2)成立遠近道理(依無方便而遠、依有方便而非遠)；

(3)所治能治差別；

(4)一切智加行(加行差別、加行平等性)；

(5)二乘之見道(修加行之果)。

❷四加行 (方法)

　1.一切相現觀(前說三智之綜合)

　(1)加行自性(智相差別、勝加行)；

　(2)加行德失(功德、過失)；

　(3)加行性相(諸智相、殊勝相、作用相、自性相)；

　(4)生起次第(順解脫分、順決擇分、有學不退轉、法身因(生死涅槃平等加
　　行)、受用身因(嚴淨佛土加行)、化身因(方便善巧加行))；

　2.頂現觀 (最勝證得)

　(1)加行道頂加行(煖頂加行(標性相)、頂頂加行(增進)、忍頂加行(堅固)、
　　　　　　　　世第一法頂加行(心安住))；

　(2)見道頂加行(四種分別、四種能對治)；

　(3)修道頂加行(四種分別、四種能對治)；

　(4)無間道頂加行(無間三昧、除邪執)。

　3.漸次現觀 (為已修決定)

　(1)~(6)六度漸次加行；　(7)念佛漸次加行；　　(8)念法漸次加行；

　(9)念僧漸次加行；　　(10)念戒漸次加行；　　(11)念捨漸次加行；

　(12)念天漸次加行；　　(13)無性自性漸次加行。

　4.剎那現等覺

　(1)非異熟剎那加行；　(2)異熟剎那加行；　(3)無相剎那加行；

　(4)無二剎那加行。

❸果法身

　1.勝義：(1)自性身(體性身)；　　(2)智法身。

　2.世俗：(3)受用身　　　　；　(4)化身(勝應身)。

　3.法身事業。

②上述是本論將般若經之內容與次第予以系統化所呈現之結果。

　又可略攝其義為三或為六：

❶略攝為六義：

　1.自性相：三智性 (一切相智、道相智、一切智)

2.加　行：一切相現觀 (三智之修習)

3.最勝性：頂現觀 (依修習而至最勝)

4.次　第：漸次現觀 (證得之決擇)

5.決　定：剎那現等覺 (三智之究竟)

6.成　就：果法身 (三智之果)

❷略攝為三義：

1.對境：三智。

2.因：四加行，一切相現觀、頂現觀、漸次現觀、剎那現觀等覺。

3.果：果法身及其事業。

(4)結說

本論之思想立場是以般若經之空觀為其基底，不含有唯識、阿賴耶識之思想，而所引用之論書及所用語又多屬瑜伽行派，尤其是其修道論，都是瑜伽系的。師子賢有關之註解書中，唯識思想雖不被採用，但其修道論卻與瑜伽行派類同。因此，可說其立場是與瑜伽行中觀派相同。宗喀巴稱此論屬中觀「依自起派」之說。

作為《大品般若經》綱要書的本論，其內容與理論都是依據該經，著眼在菩薩之道相智，而「其道具一切道」，故以道之立場將《般若經》之全部內容彙整說為三乘道。

[3]現觀思想

1.現觀的意義

現觀 abhisamaya 出自 abhi-sam-√i，主要是用於佛典，有明解、直證、洞見、會得等義，尤其對於四諦之理解。至於《現觀莊嚴論》等，是當作法的直觀、趨向直證之道，亦即當作道 mārga 之意思使用。在佛典中，一般譯為現觀、證、無間等。

《顯揚聖教論》從唯識說立場，將現觀視為能知所知、識境和合，將√i視為到(究竟到所知)。

《俱舍論》現觀視為現等覺(玄奘譯)或趨向正覺(真諦譯)義。

《順正理論》現等覺故立現觀名。

(1)巴利經典中之現觀

始見於相應部《無礙解道論》、《論事》、《那先比丘經》、《清淨道論》等。當初是指「如實見」，是指斷煩惱。

《轉法輪經》中「中道是如來所現等覺，作眼作智，導向寂靜、勝

智、正覺、涅槃。」指可導向涅槃。

相應部之「現觀相應」中「見具足聖弟子，達於現觀之人，其滅盡之苦多，所餘之苦少。」

《論事》中之「漸現觀論」，是次第之學、次第之作、次第之道。

《無礙解道論》指出現觀主體是心，是智，是八正道，是修道，有斷煩惱之作用。

《清淨道論》指出一剎那現觀四諦，由於現觀，遍知、捨斷、修習、作證四種作用同時進行。

(2)般若經典中之現觀

般若經中之《八千頌》、《二萬五千頌》成書是在西元 1~2 世紀左右，經過百年，在西元 3~4 世紀左右始被漢譯。

《八千頌》種種異本中，「現觀」見於梵本，《道行》、《明度》、《小品》、《佛母》等中，很少甚至不見現觀相當之用語，其中梵本最新，約在十世紀以降。

《二萬五千頌》雖是《現觀莊嚴論》成書之依據，但經中「現觀」也不多見，僅集中在《大般若經》第二會漸次品前後，《現觀論》第六事漸次現觀及第七事剎那現觀。

《放光般若》、《大品般若》無「現觀」語，《大般若》及梵本有「現觀語」，但是被當作修道之同義語。

《現觀莊嚴論》成書較晚，與《大般若》、《大品》較相似，而與《放光》較遠。

《現觀論》雖以現觀為名，但其論文中卻僅出現一次。

「現觀」一語主要是見於《二萬五千頌》，尤其是《現觀論》中之漸次現觀與剎那現觀二事中，此因「現觀」一語中含有「漸」與「剎那」之概念。由於剎那是以漸為其內容，故此中關係可說是「漸」與「現觀」之關係。

(3)《大毘婆沙論》與《俱舍論》書中之現觀

《大毘婆沙論》言及漸，並探討其與四諦次第之關係。〈卷五十一〉引《雜阿含》說四諦漸觀。〈卷七十八〉細說四諦之次第是 1.生起次第；2.易說次第；3.現觀次第。現觀是伴隨四諦之觀察而發展的。

《俱舍論》分別賢聖品，詳述四諦現觀之次第，如同《婆沙論》依四階四隥梯論述漸次修。另說三現觀，見現觀以智為主體，緣現觀以境為對象，事現觀趣向苦集滅道的徧智、斷、現證、修習而作說明。

(4)瑜伽系論書中之現觀

《顯揚聖教論》成現觀品述及六至十八種現觀。相對於從來的將四諦見道視為現觀，此處是以唯識說之修道為內容。

《雜集論》13，述及聲聞菩薩之十一種現觀。

(5)《現觀莊嚴論》中之現觀

現存的註解書有聖解脫軍、賢解脫軍及師子賢三人所撰，其製作年代推定約在四世紀以降，七世紀以前。

《二萬五千頌》與《摩訶般若經》中，將「道」與「現觀」並列，視為同義詞，而作為其科判的《現觀莊嚴論》亦取其相同之說法。造論原意若不透過註解難予了解，但若過分依據註解，又恐失去原意。

①依據註解書，「現觀」一語有多種說法。

❶依註解八句義、八事，用以配對八現觀。

❷依註解品名立，(第四事)圓滿一切相現觀品、(第五事)頂現觀品、(第六事)漸次現觀品。

❸頂現觀、漸次現觀、剎那現觀三事，詳論頓漸(尤其是漸)，以<u>次第現觀</u>為其內容。

❹依本論偈頌立頂現觀(頌序16)、漸次現觀(頌序17ab)。

②依據師子賢註解

現觀是八現觀之次第，是道，是現等覺。

般若波羅蜜多分為真假，真是指般若本身，假是指成就其真的經典與修行道。道之頓漸，於第六事第七事論述，而道是大小乘(三乘)之所有德目。《般若經》所揭德目之行修，即是此中之現觀。

③結說「現觀」之特色

❶初期佛教經過一段時期之發展，依據如實知見的體驗性的反省，一方面是知見之細目化，另一方面是將知見向解脫作用推進，並急速發展。

❷「觀」與「行」之關係，一方面是當初觀察對象的四諦從縱向的關係，另一方面是佛教本來的「漸」尤其是承繼《大品般若》三次第行品的《現觀莊嚴論》所重視之次第。

❸縱向開展的結果，「現觀」一語網羅種種根基及修業道，往後逐漸發展為以《現觀莊嚴論》全面註解般若經。

❹「現觀」與「現等覺」同義，是所謂次第現等覺。

❺「現觀」與「道」也是同義語，從中可看出佛教之實踐性特色。

2.如來之思想

(1)《八千頌般若》中之如來

如來 tathāgata，如以梵文之分解，其義有八種。

①tathā-āgata　　　　　　如實而來之人　(如來)

②tathā-gata　　　　　　　如實而去之人　(如去)

③tathā-agada, gada　　　述說真如之人　(如說)

④tathā-gata　　　　　　　如實而行之人　(如行)

⑤tathā-gata　　　　　　　了知真如之人　(如覺)

⑥tathā-gata　　　　　　　如實而知之人　(如實覺)

⑦tathā-gata　　　　　　　如實存在之人　(如在)

⑧tathā-ā(gamya)-gata　　如實學習(般若)而了知真如之人　(如覺)

①② 《小品般若經》沒有①與②，不認為有所謂「來」(āgata)或「去」(gata)。

　　　(立於空之立場，如來是真理，說為去來是不合理的。)

③如來是成就說法者，如實述說諸法。

　　「如來得是相故即無所住，是故佛說諸法無作相。」《佛母般若》(得(覺)相、說(gada)相)

　　「如來現等覺說此如實之真實。」

④「行」指不可說有「行」真如之自體。(此不見於《小品般若經》)

⑤如來覺知真如，名為如來。

　　(如來覺知真如，了知世界之真如，了知非虛妄者，了知無別之真如。將 tathā-gatā 分解為 tathata(真如)與 gata(覺)(=adhigata=abhisaṃbuddha)。)

⑥「如來依此般若波羅蜜多，如實了知眾生無量無數。」

　　「如來如實了知色等之真如。」

　　(將「如」視為般若波羅蜜，將「來」āgata 視為「依」āgamya，由此發展成「如實知」。)

⑦「如來無所住無住心名為如來」。(tatha-a-gata，tha 解為 stha(住)，a-gata(無住)。)

　　「如來非住非不住，亦即是如在(如實存在)。」(非從某處來，亦非去，真如不動。)

　　將如來解釋成不住、不執著者，從而菩薩亦應如是持無住之心。

⑧將如來分解為 tathā-ā-gata，對於 tathatā(真如)，是依(ā-gamya)而知

(gata)。

(2)《八千頌般若》與如來相關之概念

關於如來之內容，有其相關之同義語。

①如(tathatā)

如來與一切法之如互不相離，故稱為如來之如。

②佛

一般將如來與佛當作同義語，但在 tathāgata 中，並沒有使用「佛」之語詞。

此中是立於般若空之立場而強調「如」，不言及「佛」而採用「如來」。

③般若波羅蜜

菩薩依止般若而覺悟，持如來者不離般若。師子賢引用陳那「般若是不二智，是如來」之偈，而說「般若即是如來」。

④菩薩

「菩薩摩訶薩依如而現等覺等正覺時，得如來之名。」

由此經文可知，初以如來為重點，已逐漸移至以經典中之般若與實踐者之菩薩，重視「如」之本質。

⑤形容詞的 tathāgata

「勝義言之，如來之智(tathāgatamjñānam)是般若婆羅蜜多。」

此中 tathāgatam 當作形容詞使用，是為「如來之…」。

(3)如來思想之展開

從《八千頌》至師子賢之間，如來思想之內容產生變化。

①小品系般若

「敢佛弟子所說皆乘如來大士之作。」《大明度經》1

(善業依如來之力說法。)

「所問般若波羅蜜菩薩云何行？亦不可從色中行，亦不可離色行。」《道行般若經》1

(般若之真理與色等世間之存在，有不即不離之關係。)

②大品《摩訶般若經》

「言是佛神力，離無受處相如來不可得，離如如來亦不可得，如中如來不可得，色如中如來如不可得…。」

(此中如來之力被理念化，被視為等同於「如」，其本質之「如」被抽象，是離於「色」的。)

「般若波羅蜜…不應色中。」

(將般若波羅蜜與色作區別。)

③梵本《二萬五千頌般若經》

「如來於色真如中不可得，色真如於如來中不可得。」梵本《二萬五千頌般若經》

(此係將色如與如來作區分。)

「色真如中如來不可得，如來中色真如不可得。色真如以外如來不存在，如來以外色真如不存在。」(師子賢所引)

(色如與如來有不即不離之關係。)

④《現觀莊嚴論》

「如來與佛二者彼此無能持與所依性故。」

(此中明確表現「如之能持 ādhāra 與如來之所依 adheya」二者對立之概念。)

(在《大品》諸異本中，此一用語與後代版本較為接近，此處之能持、所依持，與玄奘譯之能依持、所依持頗為一致。)

⑤大品《大般若經》第三分

「是佛神力故…是故如來非能依持，非所依持，但為隨順世俗法故說為依持…即色如來不可得，離色如來不可得…」《大般若經》卷 500

(在④之能依持、所依持上，添加「世俗法」loka-saṃvṛtti。)

⑥師子賢之註解書

前說①有二個主題：❶善業(善現)依如來神力說法；❷般若與色等不離。此二主題原本各別獨立，但隨著思想發展成《大品》時，如來❶被抽象化、被理念化，而納入❷之論述中，發展成如來與色等的關係。

師子賢依據陳那之偈頌「般若是不二智，是如來」，巧妙地表現被理念化的如來即是般若。進而依據《中論》「緣起性空」之說，而說明「緣起的色等也有真如性，色真如以空為媒介，而說如來即是真理。」又進一步對於《現觀莊嚴論》偈頌所說之能依所依，指出「色等之真如性是能依，如來是所依，故不應求如來，亦不應求其他。」「如來或色等真如性不可求，此外亦無可求。」

(4)結說

依據《八千頌》所載，如來思想之發展如下：。

①在《八千頌》中，善現之立足點是如來，與般若、色等無關。

②在《大品》中，如來之立足點是「如」，「如來」與「如」不可分，而與「色等」是對立的。

③在梵本《二萬五千頌》中，如來與色如是對立的。(後代賢解脫軍所引經

文，也是對立的。)

④《現觀莊嚴論》揭出此二者之對立，亦即如來與其立足點之如，是能持與所持之關係。

⑤師子賢所引《二萬五千頌》中，二者有不即不離之關係。

⑥師子賢承繼《大品般若》所述，以及陳那及《中論》之偈，結合前文所揭之發展，指出如來與般若波羅蜜實為一體。

3.菩薩之思想

(1)種姓論

①種姓

《現觀莊嚴論》將實行現觀之修行者之論述置於種姓之下。此行者是以具菩薩思想之般若經行者為主。

種姓 gotra 是指牝牛或指柵欄、地之保護者，故具有牛族、種族、家族、血統等義。在佛教中，種姓特指菩薩修行成佛之特質。

師子賢將種姓分為真實與世俗二種立場。(聖解脫軍、賢解脫軍並無此說。)

❶種姓是持行者，是以法界為自性之菩薩。(《現觀莊嚴論》無此說。)

❷就真實立場說，以佛法為所依之菩薩以法界為自性，是超越依處者，故可稱為無種姓。(《瑜伽論》所說五種種姓之無種姓，是指不能開悟者。)

師子賢之無種姓，指的是遠離種姓之種別以及差別性之思惟的。此說是依經文「菩薩句義是無句義」，是離語義，不可言說的，將無句義註釋為無種姓。

❸雖是以法界為自性的菩薩，但從世俗之立場說，《現觀莊嚴論》說有十三種行法之階位。

1.～6.大乘四順決擇分及見、修道六種行法，7.對治逆品之能治修行，8.斷除逆品之能斷修行，9.永盡逆品之解脫道修行，10.雙破生死涅槃之慧悲修行，11.不共聲聞之修行，12.次第利他之修行，13.智無功用轉之修行。

此為十三種行者的形相，不是種姓有十三種。

說為種姓的是法界，菩薩隨從修行道進展，遂漸次功德殊勝。

②本性清淨說

識論者說「人之本性本來清淨，然為塵所染，應努力斷除塵垢。」

師子賢在註解中之看法不盡相同。

❶如人性本來清淨，則菩薩無需努力修行，道亦無用。

❷若為塵所染，努力斷除雜染，則有能除(能對治)與所除(所對治)對立之問題。若不斷能所對立之思惟，則其清淨將是有限制的。

能所對立是世俗，並非真實義。

❸識論者離(六識等)一多之自性，不依無自性而修習，認為人之特質(種姓)中，有作為其自性的識，則有主客對立的分別作用。師子賢對此論說予以否定。

③種姓無差別說

「法界無差別，種姓不應異，由能依法異，故說彼差別。」　(頌1-22)

師子賢指出「種姓之種種差別，尤其是本性種姓、修成種姓、決定種姓與未決定種姓之區別」是不合理的。

法界是證聖法之因，故以此法界為本質的菩薩，是本具無上佛法之種姓。法界是普遍存在，故將種姓限定為菩薩是不合理的。法界之所存都是菩薩，並無種姓之區別。

法界是證得聖法之因，依聲聞等證得之順序，對應其對象、能力、修行階位，一一予以定位，為行者作證得之標記，名之為種姓。因此，是依實踐與道之階位而說有種姓差別。

對於種姓同義語「依持」ādhāra，可以容納物品之器皿作譬喻。相同的泥土，燒成作為容器 ādhāra 的瓶等，依其所容納之蜜或糖而成蜜瓶或糖瓶之差別。種姓本質同一，然依奉持、證得、依用 ādheya 之法而有種別，故(行)持者有種別。

④結說

師子賢之種姓論所得的現觀修道之主體，條列如下：

❶瑜伽系之種姓說，以心性本淨、客塵煩惱、轉妄識而覺發真識本性為主。師子賢則認為全人格的菩薩即是種姓。

❷菩薩以法界(性)為自性。

❸菩薩是「具有藉由修道而漸次功德殊勝」之發展特性的種姓。

❹種姓無先天決定性的差別，僅依其行法而有差別。

種姓之理論並無組織化，主要是依據經典之內容。

(2)菩薩

《小品般若》初品相當於《現觀莊嚴論》第一事，其對於菩薩及摩訶薩之說明，可說是「菩薩論」。

①不見菩薩

「世尊！所言菩薩菩薩者，何等法義是菩薩？我不見有法名菩薩。」
對此師子賢以五點解釋：

❶菩薩是發心求道者。　　　　　　　　❷積累施等淨福資糧。

❸菩薩是諸佛世尊說法之等流者，聽聞說法而歸依之。

❹以菩提為所緣，以眾生為所緣，以自利利他之完成為其對象，故
　稱菩薩。

❺依勝義諦言，非是以遍計等三性為體之言說所顯之名。(並非是有唯
　識覺之主體。)

②菩薩唯有名

「世尊！我不見菩薩之名，亦無知覺，亦無所得。」

菩薩以名為自性，故本來不可得。

③聞般若波羅蜜教不驚怖

菩薩是般若之信奉者，對於唯有名、唯以施設為自性、無依所之「甚
深性」不驚怖。

④無執著學一切法

菩薩的發心是無心之心，其心無執、無住。

⑤菩薩無句義

無句義(離語義、不可說)是無依止處之義，如空中鳥跡。

「菩薩無句義」可見於《佛母》、梵本《八千頌》與大品系經，但不見
於《道行經》。

就般若經言，菩薩的說明常以否定式(不同於從來所稱之菩薩)，以般若經為
中心的新大乘信奉者，是此中所說之「菩薩」，如同小乘僧團中之「比
丘」，不見有神格化的菩薩。般若經中之菩薩若與「摩訶薩」分開，則
無法得知其完整之意義。

(3)摩訶薩

摩訶薩與菩薩併用，才具有大乘佛教實踐者之性格。

菩薩摩訶薩併用，不見於較早初期之般若經，也不見於初期之淨土教
經典，只出現於大乘教理已趨發展之經典中。「摩訶薩」是與大乘意識
之增進並行的。

①諸經論所用語

❶《大智度論》將菩薩與摩訶薩當成同義語。

❷師子賢說：「對於菩提，對於一切諸法無執著而自利成就之薩埵，
　亦即有意樂者，即是菩薩。有大利他成就之薩埵者，是摩訶薩。」
　「有正智的是菩薩，有一切方便的是摩訶薩。」

❸巴利之本生談中，菩薩之稱呼非常多，且與摩訶薩混用，但沒有併用。

❹《異部宗輪論》說大眾部等四部中，菩薩多有所見，但不見「摩訶薩」語。

②《道行般若》摩訶薩五義

❶心大性：是大人、最尊、上首義。

❷斷大性：知悉廣大一切事，無執著。「為斷廣大之我見…為斷見應說法。」

❸證大性：有大而無等、無執著之心。「心無執，無繫屬。」

❹摩訶僧那僧涅

亦即有度脫眾生之大誓願，且無令般涅槃之固執。(《金剛般若經》同此)

所持的理由是：

《道行經》記為「本無故」(a-sat-tvāt)；異本記為法性故；

《金剛般若經》記為「實無有法名為菩薩」故。

❺摩訶衍拔致 sampatti：是大乘發趣之義。

③「摩訶薩」是優秀的，是知曉一切，是救度一切，是不執著一切的大乘佛教行者，是堅定奉持般若波羅蜜教理的人。

摩訶是大之義，薩埵是眾生、是勇心、是勇心之義，此人之心能作大事，是不退不還大勇之心，又於諸多眾生中是為上首。

4.智慧之思想

(1)三智

三智之形態齊備是在《大品般若經》。

「佛說一切智、道種智、一切種智。…薩婆若是一切聲聞辟支佛智，道種智是菩薩摩訶薩智，一切種智是諸佛智。」《大品般若經》三慧品 (ākara 譯為種、相)

「菩薩摩訶薩欲具足道慧，當習行般若波羅蜜；菩薩摩訶薩欲以道慧具足道種慧，當習行般若波羅蜜；菩薩摩訶薩欲以道種慧具足一切智，當習行般若波羅蜜；欲以一切種智斷煩惱習，當習行般若波羅蜜。」《大品般若經》序品

故其順序應是道慧→道種慧→一切智→一切種智，但三智之差別，在《大品般若經》當初尚未明確。若欲予以確定，有必要溯及於原始佛

教。

(2)原始部派佛教

①原始佛教不說三智，只說一切智，雖有「道種」，但指的是四諦中之道諦。如來得正覺時，具足一切智，一切智被當作佛之本質而論述。

②《大毗婆沙論》於一切智外，又說一切種智。大眾部等認為一切智是聲聞獨覺之智，是知諸法共相，而一切種智唯佛獨有，知諸法之共相與自相，將兩者明確區別。菩薩與一切智有關，但未顯道慧。

《俱舍論》指出佛是「一切法中智自在」，是一切智。

《宗輪論》「一剎那了一切法」之說，是採用《般若經》一切智性之說法。

(3)小品系般若經

經中只有「一切智」(sarvajña)之說，漢譯為「一切智」、「薩云若」、「薩婆若」，意指高度之智慧。《大般若經》第四會、第五會及《佛母經》等所說，本質上只說一切智，並無改變，但將「法身」說為「一切智智」，是佛之屬性。稍晚之梵本，則出現被抽象化之「一切智性」sarvajñatā之語。

大體而言，對於智，是以「般若波羅蜜」表述，此即是佛、是菩薩之智，是一切智。小品系是以一切智為中心，到了大品時代，此被分析成三智。

(4)《大品般若經》

①先前所見之「一切智」、「一切種智」，再加上菩薩獨有之「道智」，形成三智。此中《放光般若經》載有「薩云若」，《摩訶般若經》載有「一切種智」，《大般若經》載有「一切智智」。

②三智之順序

首先是道智→一切智→一切種智，以道智為重點。

爾後為一切智→道智→一切種智。

③道種智

《大品般若經》遍學品

❶稱為「一切道種智清淨」，以各種事物，亦即以道為對象。

❷從而現證一切諸法之行相、所相與標相，又證知聲聞、辟支佛、菩薩、佛等之道。

❸屬於菩薩位，故應化導眾生，為之說法，如谷響。

❹知眾生深心，令迷界眾生入佛道。

經中包含阿毘達磨種種德目，對於二乘行道予以擴大而不否定，顯示菩薩亦具足其種種德目。大乘初期之《法華經》只見「一切智」、「一切種智」，尚未發展成三智。

(5)《大智度論》

道種智是遍知修道及六道等一切道，為眾生而遍知一切有漏無漏，亦即包含道的全體，以化他作為內容。

《大品般若經》前半(序品)說「但用道種智得一切智」，亦即「道種在前，一切智在後」；《大品般若經》後半(三慧品)說「一切智是聲聞辟支佛，一切種智是佛」。《大智度論》試圖會通《大品般若經》前後半之不合處，作「六波羅蜜是道，知其道而行其道，於道種之後行一切智，故無矛盾」。

(6)《現觀莊嚴論》與註疏

①該論第一事〈一切相智〉含括《大品般若經》第一品至第二十六品所說；

　　第二事〈道相智〉含括《大品般若經》第二十七品至第四十二品前半；

　　第三事〈一切智〉含括《大品般若經》其次之第四十三品。

同時對於三智，予以反覆的說明，將二乘、菩薩與佛之德性都包括在三智之中。其重點在於總合智的佛母般若波羅蜜多，據此指出二乘是依一切智而立於寂靜、真空；菩薩是依道智而立於化他；佛是立於悟一切相。聖解脫軍與師子賢在其註疏中有更明確的說明。

總括三智的說明，《大品般若經》所載的是：

❶一切種智是菩薩之目標，是佛位；

❷菩薩有遍知諸道的道智性；

❸二乘由於知一切實事，故有一切智性。

②有漏、無漏

一切智性之無漏是二乘，有漏是菩薩；

道智性只是有漏，是不斷煩惱之菩薩；

一切相智性是真諦，是煩惱與所知等二障以及習氣同斷之佛。

　　由此可知從初期般若經以空為中心，轉向以「妙有」或「菩薩」為中心。

(此中《八千頌般若經》所說之「一切智」，即是《大品般若經》中所說之「一切種智」。)

③《小品般若經》初品可說是原始的般若部份，此中說明般若波羅蜜、無心之心、菩薩、摩訶薩之定義等。亦即與「般若波羅蜜」及「實踐般若波羅蜜之菩薩」有關，此部份在《大品般若經》中被增廣，而以「一切種智性」作為代表。

此一切相智是佛所屬，是菩薩之果，又是目的，是般若波羅蜜。相對於此，道智所顯示的是菩薩之行為。

(7)結說

①三智中，一切智是佛之本質，用於作為正覺之本體。

②一切種智是同義語，或用以表示佛性，而原來的「一切智」遂說為二乘所有。

③如此之變化，在大乘中，尤其在般若經中特為顯著，經由般若波羅蜜與菩薩思想之發展，在大品系中提出菩薩獨有之「道慧」。

④此意謂菩薩亦含有佛本來有的「一切相智」。

⑤要言之，三智是菩薩之智，一切智是下位初步之智，道智是實踐化他之智，一切相智是其果，是體。

論前義—序品第一

論題

現觀莊嚴般若波羅蜜多教授論

1. 此論題，在梵語為abhisamayālaṃkāranāma
   prajñāpāramitopadeśaśāstra。華語譯abhisamaya為現觀，alaṃkāra為莊
   嚴，nāma為名曰，prajñāpāramita為慧到彼岸，upadeśa為教授，śāstra
   為論。
2. 謂《般若波羅蜜多經》廣（初會）、中（二會）、略（四會）三部
   中難通達義，此論能令容易瞭解，故名教授。
3. 此具整治、救拔二種功德故名為論。
4. 此復現前親證，故名現觀。喻如世人容儀端嚴，復著眾多妙莊嚴具，
   用鏡照顯，倍生歡喜，如是般若自體甚深微妙即自體莊嚴。復以七
   十義莊飾，照顯於此論之中，能令智者倍生歡喜，故此論名曰莊嚴
   （即明顯莊嚴也）。

敬禮

敬禮一切諸佛菩薩！

翻梵為藏諸譯師等，為令息滅一切留難，為令翻譯事業圓滿，令知此
論屬經藏攝，及為證得無上菩提，故於翻譯前敬禮一切諸佛菩薩也。

造者志願

[求寂聲聞由遍智，引導令趣最寂滅，諸樂饒益眾生者，道智令
　成世間利，]
[諸佛由具種相智，宣此種種眾相法，具為聲聞菩薩佛，四聖眾
　母我敬禮。] (皈敬頌)

1. 慈尊於造論之前先禮讚三智者，為令所化於此般若佛母發生淨信，
　由此因緣當得解脫及一切種智。現在正申敬禮兼明造論誓令究竟，
　如諸善士雖至命難亦不棄捨所發願故。**此釋敬禮所為。**

　皈敬頌文，義分兩段，為稱讚與敬禮。讚又分二，正讚三智之功德，
　次讚為四聖之母。

　初讚一切智謂能引導所化趣證寂滅，讚道相智能成辦三種所化所求
　義利，讚一切相智謂能轉法輪。如其次第，即頌前三句（漢文譯成
　前六句）；最後一句（譯成兩句）即讚為聲聞、獨覺、菩薩、如來
　四聖之母。

　初句正標聲聞亦兼取獨覺，以彼為求自利而趣涅槃與聲聞同故未分
　說。

2. 我敬禮者，即明三業至誠敬禮彼四聖之母般若波羅蜜多也。**此釋敬
　禮略義。**

　慈尊造論之前，先讚禮三智，以就所依補特伽羅聲聞、獨覺，諸求
　寂滅苦集二諦者，由能遍知蘊、處、界法皆是補特伽羅無我之一切
　智，能引導彼令趣有餘依、無餘依寂滅涅槃妙果，而禮彼智故。

　又就所依補特伽羅，謂求饒益諸眾生之菩薩，由通達三道無我之道
　相智，成辦世間三類種性眾生之利益，而禮彼智故。

3. 又謂諸佛由具一切相智通達一切相悉皆無我，為說法之增上緣，宣
　說種種法藏詮一切相，而於彼智三業敬禮故。**此釋敬禮文義。**

論所為義

[大師於此說，一切相智道，非餘所能領，於十法行性，] (頌序1)
[經義住正念，具慧者能見，為令易解故，是造論所為。] (頌序2)

1. 如是讚禮為先而造正論。此論所釋為廣中略三部般若，其釋經之儀

式，如世親云：[演說經義者，當先說所為、略義及文義、結合
與答難]，為令易解故，以五支方便而解釋也。

此中[大師於此說]至[是造論所為]二頌，是明造論之所為義，即造
論之用或果也。

[般若波羅蜜]至[四相正宣說]凡有十五頌，是明全論之略義。

[發心為利他]至第八品最後之[許法身事業，有二十七種]止是明
全論七十義之文義。

又論中[次一切智性]及[次由入獅子]等之「次」字即是明結合義，
結合前後文義，令相貫澈。

又論中[法界無差別]及[若誰於何義]及[不可說義中]等文，皆是顯
示答難。

2.由此五支釋經，能令聽者恭敬易了，斷疑生信。如世親云：

　　[由聞經勝利，若聽聞受持，聞者起恭敬，故先說所為。]

　　[成此由略義，略義由文知，次第前後理，由餘二無違。]

謂諸欲求經義者，由見現前究竟勝利，乃於文義恭敬受持，為令於
經發起希求，故先說所為。若以正量成立彼所為義者，必須粗知略
義方可。若欲詳知所說略義，則須依論廣學文義。欲使論文前後貫
屬，則賴結合之文。欲釋前後所許無違，則須解釋妨難也。

3.初釋所為義中，[大師於此說，一切相智道]二句明所詮法。

[非餘所能領]者，明此法之差別。其次三句明究竟所為果。最後二
句正明造論之意，即為令末法有情，容易瞭解如來所說般若之甚深
義也。

繫屬之義，文中暗述。

總謂此論所詮，即佛在此廣、中、略三部《般若經》中，分為八種
現觀所說一切相智之道：發心等十法也。

此所詮之八種現觀，非外道、小乘等所能領受，以彼等未於方廣　大
乘經典勤聞思故。此論亦有究竟所為之果，以於發心等十法行為體
性之經義，安住聞思正念，其聰慧菩薩即能現見證得故。今　造此論
與經無重復之過，以依此論易解經義，即造論之所為義故。

[論正義]

全論總義

[甲一]全論總義
[乙一]略標論體

[般若波羅密,以八事正說。](頌序3ab)

《現觀莊嚴論》以能詮八品及所詮八事,正釋廣、中、略三部《般若經》之義故。亦可釋為教、道、果三種般若,即文字、方便、究竟般若也。

[遍相智道智,次一切智性,](頌序3cd)
[一切相現觀,至頂及漸次,剎那證菩提,及法身為八。](頌序4)

此論所詮之義,謂一切相智、道相智、一切智、圓滿證一切相加行、至頂加行、漸次加行、一剎那現證菩提加行,及法身果。

[乙二]隨標廣釋
[丙一]三智體 (對境)
1.一切相智 (佛)

[發心與教授,四種決擇分,正行之所依,謂法界自性,](頌序5)
[諸所緣所為,甲鎧趣入事,資糧及出生,是佛遍相智。](頌序6)

表示一切相智之體者有十法:

1.誓願意樂,謂發心。
2.成辦誓願之方便,謂教授。
3.最初通達空性之修得正行,謂四順決擇分。
4.大乘修行所依之根本,謂法界自性住種性。

5.大乘修行斷除增益之所依，謂諸所緣。

6.大乘正行之究竟所修，謂所為。

7.此行須發廣大心，謂擐甲正行。

8.加行須廣大進趣，謂趣入正行。

9.又須二種廣大資糧，謂資糧正行。

10.決定出生一切相智，謂出生正行。

是為表示一切相智之十法。

2.道相智　(菩薩)

[令其隱暗等，弟子麟喻道，此及他功德，大勝利見道，] (頌序7)

[作用及勝解，讚事並稱揚，迴向與隨喜，無上作意等，] (頌序8)

[引發最清淨，是名為修道，諸聰智菩薩，如是說道智。] (頌序9)

表示道相智之體者，謂：

1.由如來自性光明，令諸天光隱暗不現等，是道相智之支分。

2.了知聲聞弟子道之道相智。

3.了知麟喻獨覺道之道相智。

了知菩薩道之道相智中，有見道、修道二種：

4.初者，謂具足現法後法廣大勝利之大乘見道。

5.第二，謂修道之作用，〔謂〕由修習修道之力，所得之勝利。

6.信解般若為三利隨一本源之勝解修道。

7.勝解修道之勝利，謂讚美、承事、稱揚之修道。

8.能轉自他所有善根為大菩提支分之迴向修道。

9.於自他善根深修歡喜之隨喜作意無上修道。

此勝解、迴向、隨喜三種修道，是有漏修道（即後得有分別智）。

10.能得究竟智德之因，謂引發修道（或譯正行修道）。

11.能得究竟斷德之因，謂最清淨，即清淨修道。

諸聰智菩薩之現觀道相智，以如是十一法表示而說。

3.一切智　(聲聞、獨覺)

[智不住諸有，悲不滯涅槃，非方便則遠，方便即非遙。] (頌序10)

[所治能治品，加行平等性，聲聞等見道，一切智如是。] (頌序11)

表示一切智之體者，謂：

1.觀待世俗事，是能破有邊現觀種類之大乘聖現觀，即由「智不住諸有」之道相智。

2.又觀待世俗事，是能破〔寂邊〕現觀種類之大乘聖道，即由〔悲不滯涅槃〕之道相智。

3.遠離殊勝方便智慧者，即「非方便遙遠」之一切智。

4.殊勝方便智慧所攝持者，即「方便非遙遠」之一切智。此二如其次第，亦即是：

5.所治品之一切智；

6.與能治品之一切智。

7.此正修對治實執之中，正所說者謂菩薩加行。

8.破除實執智慧所攝持之加行，即加行平等性。

9.大乘之諦現觀，即見道。

就建立所依，謂聲聞、獨覺等聖者身中所立之一切智，即以九法如是解釋也。

[丙二]四加行體 (因)
1.相加行 (三智之修習)

[行相諸加行，德失及性相，順解脫抉擇，有學不退眾。] (頌序12)
[有寂靜平等，無上清淨剎，滿證一切相，此具善方便。] (頌序13)

圓滿一切相加行之體者，謂：

1.所修之行相；

2.及能修之諸加行；

3.加行功德；

4.加行過失；

5.加行之性相；

6.大乘順解脫分；

7.大乘順決擇分；

8.有學不退轉僧眾之不退相；

9.安立法身之三有寂滅平等加行；

10.安立受用身之嚴淨無上佛土加行；

11.安立化身之善巧方便加行。

此即表示圓滿一切相加行之十一法也。

2.頂加行　(依修習而至最勝)

[此相及增長，堅穩心遍住。見道修道中，各有四分別。] (頌序14)
[四種能對治，無間三摩地，並諸邪執著，是為頂現觀。] (頌序15)

頂加行之體者，謂：

1.得頂加行十二相中隨得一相之初順決擇分。
2.較供三千大千世界有情數佛所得功德尤為增上之十六種增長第二順決擇分。
3.通達三智隨順之慧，及於利他不可破壞獲得堅穩之第三順決擇分。
4.引發見道之功能成熟，心能遍住無邊三摩地之第四順決擇分。
5.6.見道頂加行與修道頂加行，謂彼二道中，各有四種分別之四種真能對治。
7.次謂無間三摩地之頂加行；
8.及所應遣除之邪行。

以此八法而表示頂加行也。

3.漸次加行　(次第證得之決擇)

[漸次現觀中，有十三種法。] (頌序16ab)

漸次加行之體有十三種，謂：

1.- 6.六波羅蜜多之六種漸次加行；
7.- 9.隨念三寶之三種漸次加行；
10.- 12.隨念天、捨、戒之三種漸次加行；
13.及無性自性之漸次加行。

是為表示漸次加行之十三法也。

4.剎那加行　(三智之究竟)

[剎那證菩提，由相分四種。] (頌序16cd)

剎那加行體唯有一，就相不同而分為四，謂：

1.異熟剎那加行；
2.非異熟剎那加行；
3.無二剎那加行；
4.無相之剎那加行。

[丙三]法身體　(三智之果)

[自性圓滿報，如是餘化身，法身並事業，四相正宣說。](頌序17)

正說法身有四種法，謂：
1.自性身；
2.圓滿受用身；
3.如是所餘之化身；
4.並智慧法身及所作事業。

第一事

第 1 義

[甲二]廣釋三智
[乙一]一切相智　　　　　　　一切相智品第二

【第一事】一切相智 (佛智)

〔義相〕：現證發心等十法之究竟智，是一切相智之相。
〔界限〕：唯在佛地。

[丙一]所發誓願

【第 1 義】：發心　(為求一切相智)　1
〔義相〕：為利他而希求大菩提欲相應所起入大乘道門所顯之最
　　　　　勝第六意識心王，是大乘發心之相。
〔界限〕：從大乘資糧道乃至佛地。

[發心為利他，求正等菩提，彼彼如經中，略廣門宣說。](頌1-1)
[如地金月火，藏寶源大海，金剛山藥友，如意寶日歌，](頌1-2)
[王庫及大路，車乘與泉水，雅聲河流雲，分二十二種。](頌1-3)

發心所緣之菩提彼，及所為之利他彼，廣、中、略三部《般若》皆就略、
廣二門宣說，如《二萬頌般若經》所說，餘二《經》亦說故。

(發心乃是為利他而希求正等覺。希求正等覺乃是追求欲樂於善法，而三種佛母皆具般若波羅
蜜多以及於布施等之義理，令眾生如實依善緣修持而涅槃。此發心有願、行二種本質。)

如是發心，依譬喻、助伴相同門中，分為二十二種，謂：

1.1.與助伴欲相應之發心，是一切白法之所依處，猶如大地。

1.2.意樂相應者，乃至菩提而不改變，猶如純金。

1.3.增上意樂相應者，能增長四念住等一切善法，猶如初月。

1.4.與修三智隨順加行相應者，能燒障礙三智之柴，猶如猛火。

1.5.布施相應者，能滿足眾生願，猶如寶藏。

1.6.持戒相應者，是一切功德之生源，猶如寶源（寶礦）。

1.7.安忍相應者，雖遇逆緣不能擾亂，猶如大海。

1.8.精進相應者，他不能破壞，猶如金剛。

1.9.靜慮相應者，散亂所不能動，猶如山王。

1.10.般若相應者，能除二障重病，猶如良藥。

1.11.方便相應者，不捨利他，猶如善友（善知識）。

1.12.大願相應者，如願成辦，猶如如意寶珠。

1.13.力相應者，能成熟所化，猶如日輪。

1.14.妙智相應者，以愛語調伏所化，猶如歌音。

1.15.神通相應者，勢力無礙，猶如國王。

1.16.二資糧相應者，具足無量福慧資糧，猶如倉庫。

1.17.三十七菩提分相應者，三世諸佛皆行此道，猶如大路。

1.18.悲及毗缽舍那相應者，不墮生死涅槃(故易行)，猶如車乘。

1.19.總持辯才相應者，能持已聞未聞諸法，猶如泉水（或池沼）。

1.20.四法嗢柁南相應者，發揚眾生解脫生死之妙音，猶如雅音。

1.21.唯一共道相應者，饒益眾生等無有異，猶如河流。

1.22.法身相應之發心，能示現住睹史多天及從彼沒等，猶如大雲。

<u>如是二十二種發心之界限：</u>

　　初三發心，如其次第，是大乘資糧道下、中、上品所攝。

　　加行相應者一種，是大乘加行道所攝。

　　其後十種發心，即極喜等十地所攝。

　　再次，神通相應等五種發心，三清淨地所攝。

　　最後三種發心，佛地所攝。

《大乘莊嚴經論》云：(發心品，卷2)

　　[發心於諸地，勝解意樂淨，許餘為異熟，後永斷諸障。]

　　此說資糧、加行位者，名勝解發心。　　　　　（信行發心：信行地）

　　七未清淨地者，名增上意樂清淨發心。　　　（淨依發心：前七地）

　　三清淨地者，名異熟發心。　　　　　　　　（報得發心：後三地）

　　佛地者，名障斷發心。　　　　　　　　　　（無障發心：如來地）

　　又說如地之發心為下品資糧道所攝者，是說最下界限，非說以上便無彼發心。如金、如月等發心界限，准此應知。

【第一事】一切相智

[丙一]所發誓願　　【第 1 義】：發心

1.二十二種發心*1

(1)具欲(願)之發心 (願)

1.1 與助伴欲相應之發心是一切白法之所依處猶如大地

sher phyin: v26, pp. 58^{20}- 59^{13} 《合論》: v50, p. 60^{02}-61^{21}

卷 402〈歡喜品 2〉：

「爾時，世尊知諸世界諸有緣眾一切來集，諸天、魔、梵、若諸沙門、若婆羅門、若健達縛、若阿素洛、若諸龍神、人非人等、若諸菩薩摩訶薩眾住最後身紹尊位者，皆來集會。

便告具壽舍利子言：

「若菩薩摩訶薩，欲於一切法等覺一切相，當學般若波羅蜜多。」*2

時，舍利子歡喜踊躍即從座起，頂禮雙足偏覆左肩，右膝著地合掌恭敬，而白佛言：

「世尊！云何菩薩摩訶薩欲於一切法等覺一切相，當學般若波羅蜜多？」

(2)具意樂之發心 (樂)

1.2 意樂相應者乃至菩提而不改變猶如純金

卷 402〈歡喜品 2〉：「佛告具壽舍利子言：

「諸菩薩摩訶薩應以無住而為方便，安住般若波羅蜜多，所住、能住不可得故；*3(1)(2)

①以無捨行布施

應以無捨而為方便，圓滿布施波羅蜜多，施者、受者及所施物不可得故；*3(3)

②以無護行淨戒

應以無護而為方便，圓滿淨戒波羅蜜多，犯、無犯相不可得故；*3(4)

③以無取行安忍

應以無取而為方便，圓滿安忍波羅蜜多，動、不動相不可得故；*3(5)

④以無勤行精進

應以無勤而為方便，圓滿精進波羅蜜多，身心勤、怠不可得故；*3(6)

⑤以無思行靜慮

　應以無思而為方便，圓滿靜慮波羅蜜多，有味、無味不可得故；*3(7)

⑥以無著行般若

　應以無著而為方便，圓滿般若波羅蜜多，諸法性、相不可得故。」*3(8)

　(CBETA, T07, no. 220, p. 7, b2-13)

　sher phyin:　v26, pp. 59¹³- 60⁰³　《合論》：　v50, p. 62¹-62⁰⁹

(3)具增上意樂之發心

1.3 增上意樂相應者能增長四念住等一切善法猶如初月

卷 402〈歡喜品 2〉：

「舍利子！諸菩薩摩訶薩安住般若波羅蜜多，

①三十七菩提分法

　以無所得而為方便，應修習四念住、四正斷、四神足、五根、五力、七等覺支、八聖道支，是三十七菩提分法不可得故；*4

②空三摩地等八種定法

　以無所得而為方便，應修習空三摩地、無相三摩地、無願三摩地，是三等持不可得故；以無所得而為方便，應修習四靜慮、四無量、四無色定，靜慮、無量及無色定不可得故；以無所得而為方便，應修習八解脫(八背捨)、八勝處、九次第定、十遍處，解脫、勝處、等至、遍處不可得故；*5

③九想

　以無所得而為方便，應修習九想，謂膨脹想、膿爛想、異赤想、青瘀想、啄噉想、離散想、骸骨想、焚燒想、滅壞想，如是諸想不可得故；

④十隨念

　以無所得而為方便，應修習十隨念，謂佛隨念、法隨念、僧隨念、戒隨念、捨隨念、天隨念、入出息隨念、厭隨念、死隨念、身隨念，是諸隨念不可得故；

⑤十想

　以無所得而為方便，應修習十想，謂無常想、苦想、無我想、不淨想、死想、一切世間不可樂想、厭食想、斷想、離想、滅想，如是諸想不可得故；

⑥十一智

　以無所得而為方便，應修習十一智，謂苦智、集智、滅智、道智、盡智、

無生智、法智、類智、世俗智、他心智、如說智，如是諸智不可得故；
*5

⑦三三摩地

以無所得而為方便，應修習有尋有伺三摩地、無尋唯伺三摩地、無尋無
伺三摩地，三三摩地不可得故；*5

⑧三無漏根

以無所得而為方便，應修習未知當知根、已知根、具知根，三無漏根不
可得故；

⑨如來十力等佛法

以無所得而為方便，應修習不淨處觀、遍滿處觀、一切智智、奢摩他、
毘鉢舍那、四攝事、四勝住、三明、五眼、六神通、六波羅蜜多、七聖
財、八大士覺、九有情居智、陀羅尼門、三摩地門、十地、十行、十忍、
二十增上意樂、如來十力、四無所畏、四無礙解、十八佛不共法、三十
二大士相、八十隨好、無忘失法、恒住捨性、一切智、道相智、一切相
智、一切相微妙智、大慈、大悲、大喜、大捨，及餘無量無邊佛法，如
是諸法不可得故。」(CBETA, T07, no. 220, p. 7, b^{14}-c^{20})

sher phyin:　v26, pp. 60^{03} -62^{03}　《合論》：　v50, pp. 62^{10}-64^{21}

(4)具加行之發心

1.4 與修三智隨順加行相應者能燒障礙三智之柴 如猛火

「舍利子！若菩薩摩訶薩，

①欲疾證得一切智智，當學般若波羅蜜多；

②欲疾圓滿一切智、道相智、一切相智，當學般若波羅蜜多；

③欲疾圓滿一切有情心行相智、一切相微妙智，當學般若波羅蜜多；

④欲拔一切煩惱習氣，當學般若波羅蜜多；

⑤欲入菩薩正性離生，當學般若波羅蜜多；

⑥欲超聲聞及獨覺地，當學般若波羅蜜多；欲住菩薩不退轉地，當學般
若波羅蜜多；

⑦欲得六種殊勝神通，當學般若波羅蜜多；

⑧欲知一切有情心行所趣差別，當學般若波羅蜜多；

⑨欲勝一切聲聞、獨覺智慧作用，當學般若波羅蜜多；

⑩欲得一切陀羅尼門、三摩地門，當學般若波羅蜜多。」

(CBETA, T07, no. 220, p. 7, c^{21}-p. 8, a^{4})

sher phyin: v26, pp. 62^{03} -62^{21} 《合論》: v50, p. 65^{01}-65^{19}

(5)~(10)具六波羅蜜之發心

> 1.5 布施相應者能滿足眾生願猶如寶藏
>
> 1.6 持戒相應者是一切功德之生源猶如寶源（寶礦）
>
> 1.7 安忍相應者雖遇逆緣不能擾亂猶如大海
>
> 1.8 精進相應者他不能破壞猶如金剛
>
> 1.9 靜慮相應者散亂所不能動猶如山王
>
> 1.10 般若相應者能除二障重病猶如良藥

①菩薩以隨喜心過二乘六事功德

❶布施

卷 402〈歡喜品 2〉：

「欲以一念隨喜之心，超過一切聲聞、獨覺所有布施，當學般若波羅蜜多。」

(CBETA, T07, no. 220, p. 8, a$^{4-6}$)

sher phyin: v26, pp. 62^{21}-63^{03} 《合論》: v50, pp. 65^{20}-66^{06}

❷淨戒

「欲以一念隨喜之心，超過一切聲聞、獨覺所有淨戒，當學般若波羅蜜多。」(CBETA, T07, no. 220, p. 8, a$^{6-7}$)

sher phyin: v26, pp. 63^{03} -63^{04} 《合論》: v50, p. 66$^{07-12}$

❸定、慧、解脫、解脫智見

「欲以一念隨喜之心，超過一切聲聞、獨覺定、慧、解脫、解脫智見，當學般若波羅蜜多。*6

②菩薩以隨喜心過二乘靜慮、解脫、等持等

欲以一念隨喜之心，超過一切聲聞、獨覺靜慮、解脫、等持、等至及餘善法，當學般若波羅蜜多。」*6

(CBETA, T07, no. 220, p. 8, a$^{7-11}$)

sher phyin: v26, pp. 63$^{04-11}$ 《合論》: v50, p. 67$^{11-16}$

(11)具方便波羅蜜之發心

> 1.11 方便相應者不捨利他猶如善知識

①行少施等，以方便力迴向，得無量功德

卷 402〈歡喜品 2〉：

「欲以一念所修善法，超過一切異生、聲聞、獨覺善法，當學般若波羅蜜多；欲行少分布施、淨戒、安忍、精進、靜慮、般若，為諸有情方便善巧，迴向無上正等菩提，便得無量無邊功德，當學般若波羅蜜多。

②欲行前五度，當學般若

「復次，舍利子！若菩薩摩訶薩欲令所行布施、淨戒、安忍、精進、靜慮、般若波羅蜜多，離諸障礙速得圓滿，當學般若波羅蜜多；欲得生生常見諸佛，恒聞正法得佛覺悟，蒙佛憶念教誡教授，當學般若波羅蜜多；

③欲具足佛身相好，當學般若

欲得佛身具三十二大丈夫相，八十隨好圓滿莊嚴，當學般若波羅蜜多；欲得生生常憶宿住，終不忘失大菩提心，遠離惡友親近善友，恒修菩薩摩訶薩行，當學般若波羅蜜多；欲得生生具大威力，摧眾魔怨伏諸外道，當學般若波羅蜜多；欲得生生遠離一切煩惱業障，通達諸法心無罣礙，當學般若波羅蜜多；欲得生生善心、善願、善行相續常無懈廢，當學般若波羅蜜多。」

(CBETA, T07, no. 220, p. 8, a^{11}-b^{1})

sher phyin: v26, pp.63^{11} -65^{09}　《合論》： v50, p. 67^{17}-69^{01}

(12)具願波羅蜜之發心

①生菩薩家，得童真地，不離諸佛

1.12 大願相應者如願成辦猶如如意寶珠

卷 402〈歡喜品 2〉：

「欲生佛家入童真地，常不遠離諸佛菩薩，當學般若波羅蜜多；欲得生生具諸相好端嚴如佛，一切有情見者歡喜，發起無上正等覺心，速能成辦佛地功德，當學般若波羅蜜多；

②欲以諸善根供養諸佛

欲以種種勝善根力，隨意能引上妙供具，供養恭敬、尊重讚歎一切如來、應、正等覺，令諸善根速得圓滿，當學般若波羅蜜多。」

(CBETA, T07, no. 220, p. 8, b$^{1-7}$)

sher phyin: v26, pp. 65^{09} -66^{03}　《合論》： v50, p. 69^{02}-70^{03}

(13)具力波羅蜜之發心

1.13 力相應者能成熟所化猶如日輪

卷 402〈歡喜品 2〉：

①欲滿一切有情所願衣服等物

「欲滿一切有情所求飲食、衣服、床榻、臥具、病緣醫藥、種種花香、
燈明、車乘、園林、舍宅、財穀、珍寶、嚴具、伎樂及餘種種上妙
樂具，當學般若波羅蜜多。

②欲使有情立於六波羅蜜

復次，舍利子！若菩薩摩訶薩欲善安立盡虛空界、法界、世界一切
有情，皆令安住布施、淨戒、安忍、精進、靜慮、般若波羅蜜多，
當學般若波羅蜜多；欲得發起一念善心所獲功德，乃至無上正等菩
提亦不窮盡，當學般若波羅蜜多；欲得十方諸佛世界一切如來、應、
正等覺及諸菩薩共所稱讚，當學般若波羅蜜多；**欲一發心即能遍
至十方各如殑伽沙界，供養諸佛利樂有情，當學般若波羅蜜多；欲
一發聲即能遍滿十方各如殑伽沙界，讚歎諸佛教誨有情，當學般若
波羅蜜多；欲一念頃安立十方殑伽沙等諸佛世界一切有情，皆令習
學十善業道，受三歸依護持禁戒，修四靜慮及四無量、四無色定，
獲五神通，當學般若波羅蜜多；欲一念頃安立十方殑伽沙等諸佛世
界一切有情，令住大乘修菩薩行不毀餘乘，當學般若波羅蜜多；欲
紹佛種令不斷絕，護菩薩家令不退轉，嚴淨佛土令速成辦，當學般
若波羅蜜多。」**　（**部份藏譯無。）

**　（CBETA, T07, no. 220, p. 8, b^7-c^1）　（**部份藏譯無。）

sher phyin:　v26, pp. 66^{03}-68^{18}　《合論》：　v50, p. 70^{04}-71^{05}

(14)具智波羅蜜之發心

1.14 妙智相應者以愛語調伏所化猶如歌音

①欲安住二十空，當學般若

卷 402〈歡喜品 2〉：

「復次，舍利子！若菩薩摩訶薩欲安住內空、外空、內外空、空空、
大空、勝義空、有為空、無為空、畢竟空、無際空、散空、無變異
空、本性空、自相空、共相空、一切法空、不可得空、無性空、自
性空、無性自性空，當學般若波羅蜜多。

②欲知如、法性、實際，當學般若

若菩薩摩訶薩欲安住一切法真如、法界、法性、不虛妄性、不變異

性、平等性、離生性、法定、法住、實際、虛空界、不思議界,當
學般若波羅蜜多。若菩薩摩訶薩欲覺知一切法盡所有性、如所有性
無顛倒無分別,當學般若波羅蜜多。*7

③欲知四緣,當學般若

若菩薩摩訶薩欲覺知一切法因緣、等無間緣、所緣緣、增上緣性無
所有不可得,當學般若波羅蜜多。若菩薩摩訶薩欲覺知一切法如幻、
如夢、如響、如像、如光影、如陽焰、如空花、如尋香城、如變化
事,唯心所現性相皆空,當學般若波羅蜜多。若菩薩摩訶薩欲知十
方殑伽沙等三千大千世界大地、虛空、諸山、大海、江河、池沼、
澗谷、陂湖、地、水、火、風諸極微量,當學般若波羅蜜多。」

(CBETA, T07, no. 220, p. 8, c2-19)

④布施得大果報,乃至佛道等,當學般若

卷 402〈歡喜品 2〉:

「復次,舍利子!若菩薩摩訶薩修行般若波羅蜜多,能如實知如是布
施得大果報,謂如實知如是布施得生剎帝利大族,或生婆羅門大族,
或生長者大族,或生居士大族;如是布施得生四大王眾天,或生三
十三天,或生夜摩天,或生覩史多天,或生樂變化天,或生他化自
在天;依此布施得初靜慮,或第二靜慮,或第三靜慮,或第四靜慮;
依此布施得空無邊處定,或識無邊處定,或無所有處定,或非想非
非想處定;依此布施起四念住乃至八聖道支,得預流果、或一來果、
或不還果、或阿羅漢果、或獨覺菩提,或得無上正等菩提。能如實
知如是淨戒、安忍、精進、靜慮、般若,得大果報亦復如是。

⑤菩薩布施時,以慧方便力故,能具足六波羅蜜

若菩薩摩訶薩修行般若波羅蜜多,能如實知如是布施方便善巧能滿
布施波羅蜜多,如是布施方便善巧能滿淨戒波羅蜜多,如是布施方
便善巧能滿安忍波羅蜜多,如是布施方便善巧能滿精進波羅蜜多,
如是布施方便善巧能滿靜慮波羅蜜多,如是布施方便善巧能滿般若
波羅蜜多,如是淨戒、安忍、精進、靜慮、般若方便善巧皆能圓滿
六波羅蜜多。」

時,舍利子白佛言:

「世尊!云何菩薩摩訶薩修行般若波羅蜜多,能如實知如是布施方便
善巧能滿布施乃至般若波羅蜜多,如是淨戒乃至般若方便善巧能滿
淨戒乃至靜慮波羅蜜多?」

佛言：

「舍利子！以無所得為方便故，謂菩薩摩訶薩行布施時，了達一切施者、受者、所施物相不可得故，能滿布施波羅蜜多；犯、無犯相不可得故，能滿淨戒波羅蜜多；動、不動相不可得故，能滿安忍波羅蜜多；身心勤、怠不可得故，能滿精進波羅蜜多；有亂、無亂不可得故，能滿靜慮波羅蜜多；諸法性、相不可得故，能滿般若波羅蜜多。是為菩薩摩訶薩行布施時，方便善巧能滿六種波羅蜜多。如是菩薩摩訶薩行淨戒時，方便善巧能滿六種波羅蜜多，乃至行般若時，方便善巧能滿六種波羅蜜多。」

(CBETA, T07, no. 220, p. 9, a^{14}-b^{22})

sher phyin: v26, pp. 75^{20}-76^{21} 《合論》: v50, p. 71^{06}-75^{12}

(15)具神通波羅蜜之發心

1.15 神通相應者勢力無礙猶如國王

①欲於四大現希有事，當學般若

卷 402〈歡喜品 2〉：

「若菩薩摩訶薩欲知十方殑伽沙等三千大千世界大地、虛空、諸山、大海、江河、池沼、澗谷、陂湖、地、水、火、風諸極微量，當學般若波羅蜜多。若菩薩摩訶薩欲析一毛以為百分，取一分毛盡舉三千大千世界大海、江河、池沼、澗谷、陂湖中水，棄置他方無邊世界，而不損害其中有情，當學般若波羅蜜多。若菩薩摩訶薩見火劫起，遍燒三千大千世界天地洞然，欲以一氣吹令頓滅，當學般若波羅蜜多。若菩薩摩訶薩見風劫起，三千世界所依風輪飄擊上涌，將吹三千大千世界蘇迷盧山、輪圍山等諸所有物碎如穅，欲以一指障彼風力令息不起，當學般若波羅蜜多。

②欲一結跏趺坐遍滿三千世界虛空，當學般若

若菩薩摩訶薩欲於三千大千世界一結跏坐充滿虛空，當學般若波羅蜜多。

③欲以一毛舉妙高山等擲過他方無量世界，當學般若

若菩薩摩訶薩欲以一毛挶取三千大千世界妙高山王、輪圍山等諸所有物，擲過他方無量無數無邊世界，而不損害其中有情，當學般若波羅蜜多。」

(CBETA, T07, no. 220, p. 8, c^{16}-p. 9, a^{5})

(16)具福智資糧之發心

1.16 二資糧相應者具足無量福慧資糧猶如倉庫

卷 402〈歡喜品 2〉：

①欲以一食一香供養諸佛及僧，當學般若

「若菩薩摩訶薩欲以一食、一花、一香、一幢蓋等，供養恭敬、尊重
讚歎十方各如殑伽沙界一切如來、應、正等覺及弟子眾無不充足，
當學般若波羅蜜多。

②欲使一切有情悉具五分法身及聲聞四果，當學般若

若菩薩摩訶薩欲等安立十方各如殑伽沙界諸有情類，令住戒蘊、定
蘊、慧蘊、解脫蘊、解脫智見蘊，或住預流、一來、不還、阿羅漢
果、獨覺菩提，乃至或令入無餘依般涅槃界，當學般若波羅蜜多。」

(CBETA, T07, no. 220, p. 9, a$^{5\text{-}13}$)

sher phyin: v26, pp. 71^{12} -73^{16}　《合論》： v50, p. 77^{11}-79^{02}

(17)具菩提分法之發心

1.17 三十七菩提分相應者三世諸佛皆行此道猶如大路

卷 402〈歡喜品 2〉：

①欲得三世諸佛功德者，當學般若

「復次，舍利子！若菩薩摩訶薩欲得過去、未來、現在諸佛功德，當
學般若波羅蜜多。

②欲到有為、無為法彼岸，當學般若

若菩薩摩訶薩欲到一切有為無為法之彼岸，當學般若波羅蜜多。

③欲知三世之諸法如、法相、無生、實際，當學般若

若菩薩摩訶薩欲達過去、未來、現在諸法真如、法界、法性、無生、
實際，當學般若波羅蜜多。若菩薩摩訶薩欲窮過去、未來、現在生
不生際，當學般若波羅蜜多。」*8

(CBETA, T07, no. 220, p. 9, b$^{23\text{-}29}$)

sher phyin: v26, pp. 75^{20} -76^{21}　《合論》： v50, p. 79$^{03\text{-}13}$

(18)具悲心和觀慧之發心

1.18 悲及毗缽舍那相應者不墮生死涅槃猶如車乘

卷 402〈歡喜品 2〉：

①欲在聲聞獨覺前，給侍諸佛前，當學般若

「若菩薩摩訶薩欲與一切聲聞、獨覺而為導首，當學般若波羅蜜多。

若菩薩摩訶薩欲與一切如來為親侍者，當學般若波羅蜜多。若菩薩摩訶薩欲與一切如來為內眷屬，當學般若波羅蜜多。若菩薩摩訶薩欲得大眷屬，當學般若波羅蜜多。若菩薩摩訶薩欲得菩薩常為眷屬，當學般若波羅蜜多。*9

②欲不起六蔽心，當學般若

若菩薩摩訶薩欲消一切施主供養，當學般若波羅蜜多。若菩薩摩訶薩欲摧伏慳貪心，不起犯戒心，除去恚怒心，棄捨懈怠心，靜息散亂心，遠離惡慧心，當學般若波羅蜜多。

③欲立有情於諸福處，當學般若

若菩薩摩訶薩欲安立一切有情於施性福業事、戒性福業事、修性福業事、供侍福業事、有依福業事，當學般若波羅蜜多。

④欲得五眼者，當學般若

若菩薩摩訶薩欲得五眼，所謂肉眼、天眼、慧眼、法眼、佛眼，當學般若波羅蜜多。

⑤欲以天眼見佛、天耳聞法，欲知佛心念，當學般若

若菩薩摩訶薩欲以天眼，盡見十方殑伽沙等世界諸佛，當學般若波羅蜜多。若菩薩摩訶薩欲以天耳，盡聞十方殑伽沙等世界諸佛所說法要，當學般若波羅蜜多。若菩薩摩訶薩欲如實知十方各如殑伽沙界一切諸佛心、心所法，當學般若波羅蜜多。

⑥欲普聞十方諸佛說法，當學般若

若菩薩摩訶薩欲得普聞十方世界諸佛說法，乃至無上正等菩提而不斷絕，當學般若波羅蜜多。

⑦欲見三世十方諸佛國，當學般若

若菩薩摩訶薩欲見過去、未來、現在十方一切諸佛國土，當學般若波羅蜜多。」

(CBETA, T07, no. 220, p. 9, b29-c25)

sher phyin: v26, pp. 76²¹-79¹¹ 《合論》: v50, pp. 79¹⁴-82¹⁴

(19)具總持和辯才之發心

1.19 總持辯才相應者能持已聞未聞諸法猶如泉水

卷402〈歡喜品2〉：

①欲聽聞讀誦受持十二分教，當學般若

「若菩薩摩訶薩欲於過去、未來、現在十方諸佛所說契經、應頌、授記、諷頌、自說、因緣、本事、本生、方廣、希法、譬喻、論議，

諸聲聞等所未曾聞，皆能受持究竟通利，當學般若波羅蜜多。

②欲信持三世諸佛法，自行、教他，當學般若

若菩薩摩訶薩欲於過去、未來、現在十方諸佛所說法門，既自受持究竟通利，復能為他如實廣說，當學般若波羅蜜多。

③欲自行三世諸佛所說法亦勸他行，當學般若

若菩薩摩訶薩欲於過去、未來、現在十方諸佛所說法門自如實行，復能勸他如實修行，當學般若波羅蜜多。」

(CBETA, T07, no. 220, pp. 9, c^{25}-. 10, a^5)

sher phyin: v26, pp. 79^{11}-80^{10} 《合論》: v50, pp. 82^{15}-85^{21}

(20)具四法印喜筵之發心

1.20 法嗢柁南相應者發揚眾生解脫生死之妙音如雅音

卷 402〈歡喜品 2〉:

①欲持光明普照一切世界，當學般若

「若菩薩摩訶薩欲於十方殑伽沙等幽闇世界，或世界中間日月所不照處為作光明，當學般若波羅蜜多。

②欲令一切有情皆得正見、聞三寶音，當學般若

若菩薩摩訶薩欲於十方殑伽沙等無量世界，其中有情成就邪見，不聞佛名、法名、僧名，而能開化令起正見聞三寶名，當學般若波羅蜜多。」

(CBETA, T07, no. 220, p. 10, a$^{5-11}$)

sher phyin: v26, pp. 80^{11}-81^{16} 《合論》: v50, pp. 86^{01}-90^{02}

(21)具唯一共道之發心

1.21 唯一共道相應者饒益眾生等無有異猶如河流

卷 402〈歡喜品 2〉:

①欲令有情諸根完具、衣食無缺，當學般若

「若菩薩摩訶薩欲令十方殑伽沙等世界有情，以己威力，盲者能視，聾者能聽，瘂者能言，狂者得念，亂者得定，貧者得富，露者得衣，飢者得食，渴者得飲，病者得除愈，醜者得端嚴，形殘者得具足，根缺者得圓滿，迷悶者得醒悟，疲頓者得安泰，一切有情等心相向，如父如母、如兄如弟、如姊如妹、如友如親，當學般若波羅蜜多。

②欲令三惡道轉得人身，當學般若

　　　若菩薩摩訶薩欲令十方殑伽沙等世界有情，以己威力，在惡趣者皆
　　　生善趣，當學般若波羅蜜多。若菩薩摩訶薩欲令十方殑伽沙等世界
　　　有情，以己威力，習惡業者皆修善業，當學般若波羅蜜多。

③欲令有情得五分法身、三乘道果，當學般若

　　　若菩薩摩訶薩欲令十方殑伽沙等世界有情，以己威力，諸犯戒者皆
　　　住戒蘊，未得定者皆住定蘊，有惡慧者皆住慧蘊，無解脫者皆住解
　　　脫蘊，無解脫智見者皆住解脫智見蘊，未見諦者得預流果、若一來
　　　果、若不還果、若阿羅漢果、若獨覺菩提，若得無上正等菩提，當
　　　學般若波羅蜜多。

④欲學佛威儀，當學般若

　　　若菩薩摩訶薩欲學諸佛殊勝威儀，令諸有情觀之無厭，息一切惡，
　　　生一切善，當學般若波羅蜜多。」

　　　(CBETA, T07, no. 220, p. 10, a^{11}-b^{2})

　　　sher phyin:　v26, pp. 81^{16}-82^{17}　《合論》：　v50, pp. 90^{03}-100^{02}

(22)具法身之發心

1.22 法身相應之發心能示現住睹史多天從彼沒等猶大雲

卷 402〈歡喜品 2〉：

①欲得如象王視觀、足不蹈地、天眾圍繞俱至菩提樹下，當學般若

　　　「復次，舍利子！菩薩摩訶薩修行般若波羅蜜多時，作是思惟：『我何
　　　時得如象王視容止肅然為眾說法？』欲成斯事當學般若波羅蜜多。

　　　「菩薩摩訶薩修行般若波羅蜜多時，作是思惟：『我何時得身、語、意
　　　業隨智慧行皆悉清淨？』欲成斯事當學般若波羅蜜多。

　　　「菩薩摩訶薩修行般若波羅蜜多時，作是思惟：『我何時得足不履地，
　　　如四指量自在而行？』欲成斯事當學般若波羅蜜多。

　　　「菩薩摩訶薩修行般若波羅蜜多時，作是思惟：『我何時得無量百千俱
　　　胝那庾多四大王眾天乃至色究竟天，供養恭敬、尊重讚歎，導從圍
　　　繞詣菩提樹？』欲成斯事當學般若波羅蜜多。

②欲坐於菩提樹，以天衣為座，當學般若

　　　「菩薩摩訶薩修行般若波羅蜜多時，作是思惟：『我何時得無量百千俱
　　　胝那庾多四大王眾天乃至色究竟天，於菩提樹下以天衣為座？』欲
　　　成斯事當學般若波羅蜜多。

　　　「菩薩摩訶薩修行般若波羅蜜多時，作是思惟：『我何時得菩提樹下結

跏趺坐，以眾妙相所莊嚴手而撫大地，使于地神并諸眷屬俱時踊現？」欲成斯事當學般若波羅蜜多。

「菩薩摩訶薩修行般若波羅蜜多時，作是思惟：『我何時得坐菩提樹降伏眾魔，證得無上正等菩提？』欲成斯事當學般若波羅蜜多。

③得無上菩提時四威儀處皆轉為金剛，當學般若

「菩薩摩訶薩修行般若波羅蜜多時，作是思惟：『我何時得成正覺已，行住坐臥隨地方所悉為金剛？』欲成斯事當學般若波羅蜜多。

④欲出家日即成佛，即是日轉法輪度有情等，當學般若

「菩薩摩訶薩修行般若波羅蜜多時，作是思惟：『我何時得捨國出家，是日即成無上正覺，還於是日轉妙法輪，即令無量無數有情遠塵離垢生淨法眼，復令無量無數有情永盡諸漏心慧解脫，亦令無量無數有情於無上菩提得不退轉？』欲成斯事當學般若波羅蜜多。

⑤願以無量聲聞為僧，彼一聞法即得阿羅漢

⑥願以無量大菩薩為僧，彼一聞法即得不退轉

「菩薩摩訶薩修行般若波羅蜜多時，作是思惟：『我何時得無上菩提，無量無數聲聞、菩薩為弟子眾，一說法時，令無量無數有情不起于座得阿羅漢果，復令無量無數有情亦不起于座於無上菩提得不退轉？』欲成斯事當學般若波羅蜜多。

⑦欲得壽命無量、光明具足，當學般若

「菩薩摩訶薩修行般若波羅蜜多時，作是思惟：『我何時得壽量無盡，無邊光明，相好莊嚴觀者無厭，雖復行時千葉蓮花每承其足，而今地上現千輻輪，舉步經行大地震動，而不擾惱地居有情，欲迴顧時舉身皆轉，足之所履盡金剛際，如車輪量地亦隨轉？』欲成斯事當學般若波羅蜜多。

「菩薩摩訶薩修行般若波羅蜜多時，作是思惟：『我何時得舉身支節皆放光明，遍照十方無邊世界，隨所照處為諸有情作大饒益？』欲成斯事當學般若波羅蜜多。*10

2.發心得菩提、成滿諸願，諸天歡喜慶幸

(1)欲得無上菩提時成滿諸願，當學般若

①願成佛時世界無三毒，當學般若

「菩薩摩訶薩修行般若波羅蜜多時，作是思惟：『我得無上正等覺時，願所居土無有一切貪欲、瞋恚、愚癡等名，其中有情成就妙慧，由斯

慧力亟作是思：布施、調伏、安忍、勇進、寂靜、諦觀，離諸放逸，修行梵行，慈、悲、喜、捨，不惱有情，如餘佛土，豈不善哉！』欲滿斯願當學般若波羅蜜多。

②願般涅槃後，正法無滅期

「菩薩摩訶薩修行般若波羅蜜多時，作是思惟：『我得無上正等覺時，化事既周，般涅槃後正法無有滅盡之期，常為有情作大利樂。』欲滿斯願當學般若波羅蜜多。

③願十方有情得無上菩提

「菩薩摩訶薩修行般若波羅蜜多時，作是思惟：『我得無上正等覺時，願令十方殑伽沙等世界有情，聞我名者必得無上正等菩提。』欲滿斯願當學般若波羅蜜多。

「舍利子！諸菩薩摩訶薩若欲成就此等無量無邊功德，當學般若波羅蜜多。

(2)諸天歡喜慶幸

①菩薩行般若波羅蜜，四天王歡喜奉鉢

「復次，舍利子！若菩薩摩訶薩修行般若波羅蜜多，既能成辦如是功德，爾時，三千大千世界四大天王皆大歡喜，咸作是念：『我等今者當以四鉢奉此菩薩，如昔天王奉先佛鉢。』

②諸天歡喜給侍供養，請轉法輪

是時，三千大千世界三十三天、夜摩天、覩史多天、樂變化天、他化自在天皆大歡喜，咸作是念：『我等皆當給侍供養如是菩薩，令阿素洛凶黨損減，使諸天眾眷屬增益。』是時，三千大千世界梵眾天、梵輔天、梵會天、大梵天、光天、少光天、無量光天、極光淨天、淨天、少淨天、無量淨天、遍淨天、廣天、少廣天、無量廣天、廣果天、無繁天、無熱天、善現天、善見天、色究竟天，歡喜欣慶咸作是念：『我等當請如是菩薩速證無上正等菩提，轉妙法輪利樂一切。』

(3)菩薩增益六度時，諸善男子善女人樂為菩薩眷屬

「舍利子！若菩薩摩訶薩修行般若波羅蜜多，增益六種波羅蜜多時，彼世界諸善男子、善女人等皆大歡喜咸作是念：『我等當為如是菩薩作父母、兄弟、妻子、眷屬、知識、朋友。』

①諸天願令菩薩離婬欲

時，彼世界四大王眾天乃至色究竟天，歡喜慶幸咸作是念：『我等當設種種方便，令是菩薩離非梵行，從初發心乃至成佛常修梵行。所以者何？

若染色欲生於梵天尚能為障，況得無上正等菩提！」是故菩薩斷欲出家修梵行者，能得無上正等菩提，非不斷者。」

②菩薩是否必須有眷屬，菩薩學佛須斷欲否

❶有無斷欲之三種菩薩

時，舍利子白佛言：「世尊！諸菩薩摩訶薩為決定有父母、妻子、諸親友耶？」

佛言：

「舍利子！1.或有菩薩具有父母、妻子、眷屬而修菩薩摩訶薩行；2.或有菩薩摩訶薩無有妻子，從初發心乃至成佛，常修梵行不壞童真；3.或有菩薩摩訶薩方便善巧示受五欲，厭捨出家，方得無上正等菩提。

❷明第三種法身菩薩，為有情故，方便受欲而不染

「舍利子！譬如幻師若彼弟子，善於幻術幻作五欲，於中自恣共相娛樂。於意云何？是幻所作為有實不？」

舍利子言：「不也！世尊！」

佛言：

「舍利子！菩薩摩訶薩亦復如是方便善巧，為欲成熟諸有情故化受五欲，然此菩薩摩訶薩於五欲中深生厭患，不為五欲之所染污，以無量門訶毀諸欲：欲為熾然燒身心故，欲為穢惡染自他故，欲為魁膾於去、來、今常為害故，欲為怨敵長夜伺求作衰損故，欲如草炬，欲如苦果，欲如劍刃，欲如火聚，欲如毒器，欲如幻惑，欲如暗井。菩薩摩訶薩以如是等無量過門訶毀諸欲，既善了知諸欲過失，寧有真實受諸欲事？但為饒益所化有情，方便善巧示受諸欲。」*11

(CBETA, T07, no. 220, p. 10, b^3-p. 11, b^{23})

sher phyin: v26, pp. 82^{17}-91^{18}　《合論》：　v50, pp. 100^{03}-108^{21}

註解：

*1 發心

發心之主體是具希求(欲求)之思心所。為利他發取證無上菩提之希求(欲心所)，此欲心所伴隨思心所。

「欲於一切法等覺一切相」是略說，說的是「願」。

以無住為方便，安住般若波羅蜜，「具足(圓滿)六波羅蜜」是廣說，說的是「樂」。

*2 於一切法等覺一切相

(1)知一切相

以一切智慧門入一切相觀一切法，是名知一切相。

有人或以一智慧門觀，或以二、三、十、百、千、萬乃至恆河沙等智慧門觀諸法。

①三種觀：凡夫觀欲、色界麁惡、誑惑、濁重。

②八種觀：佛弟子觀無常、苦、空、無我、如病、如癰、如箭、惱患。

③四諦十六行相。

④出入息念十六勝行。

⑤六念：念佛、念法、念僧、念戒、念施、念天。

以世智、出世智，阿羅漢、獨覺、菩薩、佛智，如是等智慧知諸法，名為知一切相。

(2)一切法

一切法者若一法攝、若二法攝、若三、四、五、六法乃至無量法攝。

①一法攝者如識所緣法(眼識緣色等)、智所緣法(苦集滅道智所攝法及世智所攝法(苦、集、盡、道、虛空、非數緣滅(非擇滅無為)等法))。

②二法攝者如色、無色，有漏、無漏，有為、無為等。

③三法攝者如善、不善、無記，學、無學、非學非無學，蘊、界、處等。

④四法攝者如欲界繫、色界繫、無色界繫、不繫法，過去、未來、現在法，非過未現法等。

⑤五法攝者如色、心、心相應、心不相應、無為法等。

⑥六法攝者如見苦斷法、見集斷法、盡斷法、道斷法、思惟斷法、不斷法等。

如是乃至無量法攝一切法。

(3)菩薩發大心，普為一切有情發大智慧，是故欲以一切相知一切法。

此中若不以理求一切法，則不可得，若以理求則無不得。如析薪求火不可得，鑽火以木則火可得。凡夫欲量大地邊際不可得，若得大神通力，知世界四邊為虛空，是其邊際。而虛空無法，不可量。

*3 菩薩以不住法住般若波羅蜜中

(1)般若波羅蜜是何等法

①是無漏慧根

無漏慧根是般若波羅蜜相。

菩薩雖未斷結使清淨，但行相似無漏般若波羅蜜，故名行無漏般若波羅蜜。

菩薩雖斷結使，十地未滿，未莊嚴佛土，未教化有情，故應行般若波羅蜜。又雖斷三毒不著人天五欲，但於菩薩功德果報五欲未能捨離，應行般若波羅蜜。

②是有漏慧

　　菩薩至道樹下乃斷結，前雖有大智慧，有無量功德，但煩惱未盡斷，故是有漏慧。

③般若波羅蜜是從初發心至道樹下所有之智慧

　　從初發心乃至道樹下，其間所有智慧，名般若波羅蜜。成佛時，般若波羅蜜轉名一切相智。

④是有漏是無漏

　　菩薩之有漏、無漏智慧，總名般若波羅蜜。

⑤是無漏無為、不可見無對

　　菩薩般若波羅蜜是無漏無為，不可見無對。

⑥離四句不可得相

　　是般若波羅蜜，不可得相，若有無、常無常、空實，非蘊界處攝，非有為無為，非法非非法，無取捨，無生滅。

　　般若波羅蜜超出有無四句，離執而無所著，不可以邪見火觸，如人不可觸火。

　　上述諸說皆是般若波羅蜜。

(2)以不住法住般若波羅蜜中

　　菩薩觀一切法，非常非無常，非苦非樂，非空非實，非我非無我，非生滅非不生滅，如是住甚深般若波羅蜜中，於般若波羅蜜相亦不取，是名不住法住，若取般若波羅蜜相，是為住法住。

　　菩薩憐愍有情故，先立誓願，我必當度脫一切有情。以精進力故，雖知諸法不生不滅如涅槃相，復行諸功德，具足六波羅蜜。

(3)以無捨法具足布施波羅蜜

　　出世間布施無相，無相故無所捨，故名無捨法。

　　施者、受者及施物不可得，是時能具足布施波羅蜜。

①施物不可得故

　　施物未來、過去空，現在分別，無定法可得，故言無可捨。

②不念有施功德故

　　若捨財時，心念此施有大功德，則生憍慢、愛結等。若言無可捨故無憍慢，無憍慢故愛結等不生。

③施物、施心並捨故

　　世間人能捨財、不能捨施，出世間人能捨財，能捨施。

　　以施物及施心俱不可得故，故言具足無所捨法。

④三事不可得故

　　布施波羅中，施物、施者、受者三事不可得。

　❶施物不可得

　　1.但有名無實

　　　有無實但有名者，如兔角龜毛；有雖不如兔角無，但以因緣有故，如林、軍、車等，亦是無實。

　　2.非心生便是有

心生有二因緣，有從實生、有不從實生。如夢中所見、水中之月，雖有心生亦是無實。

3.三種有

(1)相待有：但有名無實，如長短、東西等。

(2)假名有：以色香味觸四事因緣和合假名為酪，不如因緣法有，又不如兔角之無。

(3)法　有：如極微等，若無極微，則無毛分、無毛、無氎、無縷、無疊，亦無衣。

　　　　(依分破空、十八空等觀，可破法有。)

❷施者不可得、受者不可得

1.施者四大圍虛空，名為身，是身識動作來往坐起，假名為人。若分分求之，亦不可得。

2.又一切蘊界處中我不可得，我不可得則施人亦不可得，是但有名而實法不可得。

3.是我實性，決定不可得。若常相非常相、自在相不自在相、作相不作相、色相非色相，如是等種種皆不可得。若有相則有法，無相則無法，我今無相，則知無我。

4.受者亦如是不可得。

⑤施於諸法，是如實相無所破、無所滅、無所生、無所作，然凡夫見有施者、受者、施物，是為顛倒妄見，生世間受樂，福盡轉還。

佛欲令菩薩行實道，得實果報，實果報則是佛道。佛為破妄見故，言三事不可得，實無所破。何以故？諸法從本已來畢竟空故。

如是等種種無量因緣，不可得故，名為布施波羅蜜具足滿。

⑥布施生六波羅蜜

❶布施生布施波羅蜜

從飲食麁物布施，轉增以衣服寶物布施，乃至頭、目、妻、子、國、財布施。

漸次增轉，先以外財布施，次行內財布施；先以經書布施，後廣為有情說法行法布施。

❷布施生淨戒波羅蜜

1.若行布施能生財生福，無所乏短，不為非法，則能持戒。

2.布施時，能令破戒諸結使薄，益持戒心，令得堅固。

3.布施常慈悲受者，不生殺盜破戒之心。

4.布施之報，得供養無缺，其心調柔故，能生持戒。

❸布施生安忍波羅蜜

1.我今布施欲求佛道，無有人使我布施，我自為故，云何生瞋？

2.若不忍有情瞋惱，所行布施則為不淨。

❹布施生精進波羅蜜

菩薩布施時，常行精進。何以故？以初發心時，功德未大，爾時，欲行二施，充滿一切有情之願。以物不足故，勤求財、法，以給足之。

❺布施生靜慮波羅蜜

1.布施時，能除慳貪，由此漸除五蓋，是名為靜慮。

2.心依布施，自勉修善，自斂心，以一心入禪定。

❻布施生般若波羅蜜

1.知布施必有果報而不疑，能破邪見無明。

2.知行施不同，得果各異，因果歷然。

一切智慧功德因緣，皆由布施。千佛始發心時，種種財物布施諸佛，或以華香，或以衣服，或以楊枝布施而發心。

(4)以無護法具足淨戒波羅蜜

若菩薩於犯相(罪)、無犯相(不罪)不可得故，是時能具足淨戒波羅蜜。

若捨惡行善，是為持戒，云何言罪、不罪不可得？

①以慧眼觀罪、不罪不可得

若深入諸法相行空三昧，以慧眼觀罪不可得；罪無故，不罪亦不可得。

②罪、戒皆不可得，以有情不可得故

以有情不可得，殺罪不可得，戒亦不可得。

何以故？以有殺罪故則有戒；若無殺罪，則亦無戒。

❶以慧眼觀有情不可得

肉眼所見，是為非見；若以慧眼觀，則不得有情，如布施時施者、受者不可得。

❷即蘊、離蘊，有情皆不可得

　1.破「五蘊即是有情」

　(1)一多不相即故

　　五蘊有五，有情為一，若五蘊即是有情，則五可為一，一可為五。然一不得作五故，知五蘊不得作一有情。

　(2)有情若是五蘊，則可生滅故

　　五蘊生滅無常；有情法，從先世來至後世，受罪福於三界。

　　若五蘊是有情，則有情如草生自生自滅，如是則無罪縛，亦無解脫。

　　故知五蘊非是有情。

　2.破「離五蘊有有情」

　　離五蘊則我見心不生，若離五蘊有有情，是為墮常，墮常則無生無死，以先已常有云何今復來生？若不有生則無有死。

❸破「五蘊因緣有有情法」

　1.離五蘊、十二處無別有情。

　2.五蘊無常，則有情亦應無常，不應至後世。

　3.五蘊因緣但有有情名，實無有情。

　　若有情從本已來常有，則有情應生五蘊，五蘊不應生有情；今五蘊因緣生有情名，有情實無，則無殺罪，亦無持戒事。

　4.五蘊為空，如夢所見，如鏡中像；殺夢中所見及鏡中像，無有殺罪。殺五蘊空相有情，亦復如是。

③輕慢破戒人，貪著持戒人，是起罪因緣

若人不樂罪，貪著無罪，是人見破戒罪人則輕慢，見持戒善人則受敬；如是持戒，則是起罪因緣。

以是故言「於罪、不罪不可得故，應具足淨戒波羅蜜。」

(5)以無取法具足安忍波羅蜜

動相、不動相不可得，心不動故，能具足安忍波羅蜜。

①生忍、法忍

菩薩行生忍，得無量福德；行法忍，得無量智慧。

若遇惡口、加害，思惟罪福業因緣諸法，內外畢竟空，無我我所，以三法印印諸法，不起惡心惡口業，爾時心數法生，名為忍。

❶生忍

於恭敬供養之有情不愛，於打罵加害之有情不瞋，是名生忍。

❷法忍

1.忍敬瞋法

忍恭敬供養及諸瞋惱婬欲之人及其法，名為法忍。

2.入不二法門

於內六情不著，於外六塵不受，於此二不分別。內外相俱不可得故，一相故，因緣合故，其實空故；諸法相常清淨故，真如、實際、法性相故。

不二入故，雖無二亦不一，如是觀諸法，心信不轉，是名法忍。

3.忍非心法，忍心法

非心法有內、外、寒、熱、飢渴、老病死等。心法有瞋、憂、疑等；有婬欲、憍慢等。於此二法，能忍不動，是名法忍。

4.破異不著一

一切法有無量一門，可識相、可知相、可緣相、有相等皆名為一，以一假名為千萬。如是以無量一門，破異相，不著一，是名法忍。

5.破一不著二，破一不著異

菩薩觀一切法為二、為三等。以無量二門破一不著二，以無量三門破一不著異，是名法忍。

6.能信受三法印

菩薩雖未得無漏道，能信能受三法印，所謂諸有為生法無常印、諸法無我印、涅槃實法印，是名法忍。

7.觀十四難無礙不失中道

菩薩於十四難不答法中，觀察無礙不失中道，是法能忍，名為法忍。

8.無量法門能信受

能演暢種種無量法門，一心信受不疑不悔，知病能出能忍，是名法忍。

9.了知諸法實相

為求一切智，為愍有情，了了分別諸法實相，是中能忍，是名法忍。

10.離有無見，住中道

不墮有無見，得中道實相，信心不疑不悔，能持能受，是名法忍。

11.定力、慧力能忍

禪定力故，心柔軟清淨，智慧力故，能觀諸法無一可得，是法能忍、能受，不疑不悔，是名法忍。

12.離無明，知諸法空而不著

得聖實智慧，能破諸顛倒無明，得無常苦空無我慧，棄捨不著，是法能忍，是名法忍。

13.觀諸法從本來空

觀諸法從本已來常空，今世亦空，是法能信能受，是名法忍。

②法忍清淨，住般若中具足安忍波羅蜜

法忍有三清淨：

❶不見忍辱法；❷不見己身，不見辱罵人；❸不戲論法，是時名清淨法忍。

以是故，說菩薩住般若波羅蜜中，能具足安忍波羅蜜，不動、不退故。

(6)以無勤法具足精進波羅蜜

身心勤、怠不可得，能具足精進波羅蜜。

①施、戒、忍世間常有，以精進力乃得禪、慧

施、戒、忍，得此遮一切罪，此為福德門，此中或有精進或不須精進。由精進得禪定，由禪定得智慧，此為智慧門，此門要以精進得，得此等觀生死涅槃不二。

②精進相

精進相者，身心不息故，於一切善法中勤修不懈。

身精進者，受諸勤苦，終不懈廢。心精進者，於諸善法修行信樂，不生疑悔而不懈怠，從一切賢聖，下至凡人，求法無厭，如海吞流。

③菩薩真實精進

❶菩薩行精進波羅蜜，於一切法，不生不滅，非常非無常，非苦非樂，非空非實，非我非無我，非一非異，非有非無；盡知一切法因緣和合，但有名字，實相不可得。如是觀，知一切有為皆虛誑，心息無為欲滅其心，唯以寂滅為安隱。菩薩雖知諸法虛誑，以有情不知故於五道受諸苦痛，故還行菩薩法，具足行六波羅蜜。菩薩報得神通，亦得佛道，具足相好、十力、十八不共法等。得是法時，一切有情皆得信淨，皆能受行諸佛法，能辦是事皆由精進波羅蜜力。

❷菩薩精進，不見身，不見心；身無所作，心無所念，身心一等無分別。所求佛道以度有情，不見有情為此岸、佛道為彼岸，一切身心所作皆放捨，如夢所為覺無所作，寂滅諸精進故，名為波羅蜜。知一切精進皆是邪偽故，以一切作法皆虛妄不實，如夢如幻，諸法平等是為真實。平等法中不應有所求索，是故知一切精進皆是虛妄。雖知精進虛妄，而常成就不退，是名菩薩真實精進。

❸身精進平等故得心平等，心平等故得一切諸法平等。如是種種因緣相，名為精進波羅蜜。

(7)以無思法具足靜慮波羅蜜

有亂、無亂，有味、無味不可得，不亂不味故，能具足靜慮波羅蜜。

①禪定之前方便

從呵五欲(色聲香味觸五塵)、除五蓋(貪欲蓋、瞋恚蓋、睡眠蓋、掉悔蓋、疑蓋)、行五法(欲、精進、念、巧慧、一心)能得靜慮波羅蜜。

②禪波羅蜜

❶自得禪，悲願有情得禪，依禪成佛。

❷不受禪味，不隨報生，為調心入禪，方便還生欲界度有情。

❸菩薩入深禪定，一切天人不能知其心所依、所緣，見聞覺知法中心不動。

❹菩薩但為有情，欲令慈悲心淨，不捨有情。菩薩禪中皆發大悲心。

❺菩薩知諸法實相故，入禪中心安隱，不著味。

1.菩薩盡行諸禪，麁細、大小、深淺、內緣、外緣，一切盡行。

(二乘行者雖不著味，無大悲故，不名禪波羅蜜，又復不能盡行諸禪。)

2.菩薩大集法慈念有情。

(外道禪有三患：味著、邪見、憍慢。二乘禪中慈悲薄，不以智貫諸法實相，獨善其身。)

3.菩薩行禪波羅蜜，於欲界心能次第入禪。

4.菩薩於一切法中，能別相分別離欲，餘人但以總相智慧能離欲。

5.餘人知菩薩入出禪心，不能知住禪心所緣所到、不知諸法深淺。

6.菩薩能自在超越諸禪，二乘但能超一。

❻菩薩常入禪定，攝心不動，不生覺觀，亦能為十方有情說法而度脫之。

❼菩薩觀諸法，若亂若禪定皆不二相。

1.餘人取亂相能起瞋，取定相能生著。

2.菩薩不取亂相，亦不取禪定相，亂定相一故，是名禪波羅蜜。

(1)離繫

貪欲等蓋非內非外，亦不在中間；亦不從先世來；不從諸方來，不常自有；非一分中有，非遍身中有；不從五塵來，不從五情出；非先後生，非一時生；貪欲、貪欲者非異(因緣和合生故)，亦非是一(人法應無分別)。

(2)貪欲實相與禪實相無別

如是等種種因緣，貪欲生不可得，若法無生，是法亦無滅；不生不滅故，則無定無亂。如是觀貪欲蓋與禪為一，餘蓋亦如是。

若得諸法實相，觀五蓋無所有，是時便知五蓋實相即是禪實相，禪實相即是五蓋。知五欲、五蓋、禪定及支一相，無所依入禪定，是為禪波羅蜜。

❽餘五度助成：行禪波羅蜜時，有餘五波羅蜜和合助成，是名禪波羅蜜。

❾菩薩以禪波羅蜜力得神通，一念之頃，不起於定，能供養十方佛。

❿菩薩以禪波羅蜜力，變身遍入五道，以三乘法教化有情。

⓫菩薩入禪波羅蜜，除諸惡不善法入諸禪，其心調柔，諸禪中行大慈大悲，以慈悲因緣，拔諸罪得諸法實相智，為諸佛及菩薩所念。

⓬菩薩入禪波羅蜜中，以神通見有情苦，起大悲心，為有情故勤行精進，以求佛道。

⓭不亂、不味故，名禪波羅蜜。

1.禪亂

微細亂者有三，愛多者，得禪定樂，其心樂著愛味；慢多者，得禪定時，自謂難事已得，而以自高；見多者，以我見等入禪定，分別取相。

由此因緣，於禪定退，起三毒，是為麁亂。

2.禪味

初得禪定，一心愛著，是為味。

愛與禪相似，以皆攝心專注難捨。雖有諸煩惱能染，此中但以愛名味。

(8)以無著法具足般若波羅蜜

諸法性、諸法相不可得，於一切法不著故，能具足般若波羅蜜。

①云何名般若波羅蜜

❶菩薩從初發心求一切相智，於其中間，知諸法實相慧，即是般若波羅蜜。

佛所得的智慧是實波羅蜜，菩薩以此為因，雖未到智慧邊，因中說果故，說菩薩所行亦名波羅蜜。菩薩行智慧，求渡彼岸，因中說果，故名波羅蜜。佛已渡彼岸，般若波羅蜜變名為一切相智。

❷諸法實相即是般若波羅蜜

佛已斷諸煩惱習，得慧眼淨，如實知諸法實相，諸法實相即是般若波羅蜜。菩薩智慧雖與煩惱習合，而能得諸法實相，如闇室燃燈，亦能照物；佛智慧盡諸煩惱習，亦得諸法實相，如後有大燈，倍復明了。

❸諸法實相

諸法實相，不可破壞，常住不異，無能作者。

菩薩觀諸法，非常非無常，非苦非樂，非我非無我，非有非無等，若不作如是觀，是名菩薩行般若波羅蜜。

此中捨一切觀，滅一切言語，離諸心行，從本已來不生不滅，如涅槃相，諸法相亦如是，是諸法實相。

❹能知一相、種種相，是般若波羅蜜

菩薩行般若波羅蜜時，雖知諸法一相，亦能知一切法種種相；雖知諸法種種相亦能知諸法一相。菩薩如是智慧，名般若波羅蜜。

1.菩薩觀一切法一相

菩薩觀一切法之有無、一多、有因無因、有相無相；觀諸法不合不散、無色、無形、無對、無示、無說，一相，所謂無相。如是等諸法一相。

2.菩薩觀諸法種種相

菩薩觀一法相、二法相乃至無量相、諸助道法、因緣法、諸沙門果等。如是種種無量異相法，生滅、增減、得失、垢淨悉能知之。

3.菩薩知諸法自性空，無所著，入菩薩位

菩薩知諸法已，入諸法自性空無所著，過聲聞獨覺地，入菩薩位。入菩薩位已，以大悲憐愍有情故，有以般若波羅蜜方便力，分別諸法種種名字，度有情令得三乘。

此中菩薩雖知諸法性空，而不但說其真空性；菩薩雖知不可得空，還能分別諸法，方便度脫有情，此即因於般若波羅蜜之力。

②唯大乘實相得名般若波羅蜜

世間法、外道法、聲聞法中之實相，並非般若波羅蜜。

菩薩從初發心，發弘大誓願，有大悲求一切諸法功德，供養三世十方諸佛，有大智求諸法實相。捨妄見心力諸觀，如淨、不淨觀，常、無常觀，苦、樂觀，空、實觀，我、無我觀；但觀外緣中實相，非淨非不淨，非常非無常，非樂非苦，非空非實，非我非無我，於如是等妄見諸觀不著不得，知此等為世俗法非第一義。觀緣俱寂，周遍清淨、不破不壞、聖人行處，是名般若波羅蜜。

③云何能得般若

般若體相雖是無相無得法，但佛以方便說法，行者若能如佛所說而行，則能得般若，如以梯能上絕崖嶮道，以船能渡深水。若能聞法、發心、行五度，則能生般若。依世俗諦，不

離五度，相應隨行，能得般若波羅蜜；若依勝義說，菩薩不行一切法、不得一切法，能得般若波羅蜜，以諸行皆虛妄不實，或有近過，或有遠失。

④行無著法具足般若波羅蜜

諸法實相中，受決定相不可得，諸法性、法相不可得，故名無所得。凡夫隨世間心分別世間法故有所得，菩薩以無著心行則無所得。菩薩行無行名為聖行，以諸行不離三解脫門故；而梵行、天行中，因取有情相故生，雖行時無過，後皆有失。賢聖者以無著心行此二行則無過。若能如是行無行法，皆無所得，顛倒虛妄、煩惱畢竟不生，如虛空清淨故，得諸法實相。以無所得為得，如經中說：「色等法非以空故空，從本已來常自空。色等法不以智慧不及故無所得，從本已來常自無所得。」

(註)五行《大乘義章》

　1.聖行：聖人(佛、菩薩)之行。

　2.梵行：梵為淨，利他行能為一切不善對治，離垢清淨名梵；亦可此行從果為名，初禪已上離欲果報、四無量等能生梵果、涅槃亦名梵果，此行能得故說為梵行。

　3.天行：一切禪定名為天住，天住之行名為天行；亦可從果立稱，初禪已上淨天果報，禪為彼因故名天行，又禪能得《大般涅槃》第一義天，亦名天行。

　4.病行：罪業是病，治病之行，故名病行。

　5.嬰兒行：以自利說，如嬰兒無所辦了；以利他說，凡夫、二乘、始行菩薩之化他行如嬰兒。

*4 安住般若波羅蜜，以無所得為方便修習三十七菩提分法

菩薩行般若波羅蜜，遍學一切善法、一切道，所謂乾慧地乃至佛地。

菩薩以方便力行六波羅蜜、四念住乃至十八不共法，過乾慧地乃至菩薩地九地，住於佛地。是九地應學而不取證，佛地亦學亦證。

三十七菩提分法非但是聲聞法，是法中合不捨眾生意，具足一切佛法，以不可得空智，故名菩薩法。菩薩欲知實道，故學三十七道品，然以方便故不證。菩薩求是道品實智時，以般若波羅蜜力故，能轉世間為道果涅槃，以三界世間從和合生，都無自性，無自性故空，空故不可取，不可取相即是涅槃。以是故，菩薩不住法住般若波羅蜜中。菩薩法中，以智慧深入諸法，故說世間即是涅槃，不厭世間，不樂涅槃。此三十七品是實智之地。

三十七道品以十法為根本。

	四念住	四正斷	四神足	五根	五力	七覺支	八聖道支
信				信	信		
戒							正語、正業、正命
精進		四正斷		精進	精進	精進	正精進
念				念	念	念	正念
定			欲勤心觀	定	定	定	正定
慧	身受心法			慧	慧	擇法	正見
思惟							正思惟
輕安						輕安	

喜捨						喜捨	

(1)大乘四念住

為破常樂我淨四倒，說四念住。

①身念住

觀內身無常、苦、如病、如癰；四大和合所造，無常不堅固；不自覺，無知無作；無定身相，無作者，無使作者；三際皆不可得；無量諸病、飢寒等常惱此身。

菩薩觀身如是，知非我身，亦非他有，非自在；從虛妄因緣生，是身假有；是身相不合不散，不來不去，不生不滅，不依猗。

循身觀是身無我無我所故空，空故無男女等相，無相故不作願。如是觀，得入無作智門。知身無作無作者，但從諸法因緣和合生；是諸因緣作此身者亦從虛妄顛倒故有，此因緣生亦無生相。知是身從本以來無有生相，知是身無相無可取。無生故無相，無相故無生，觀此實相時，繫心緣中，離諸染欲著，是為菩薩身念住。

觀外身、觀內外身亦如是。

②受念住

觀內受，諸受無所從來，滅無所至，但從虛誑顛倒妄想生，是報果屬先世業因緣。求諸受，不在過去、不在未來、不在現在；知諸受空、無我、無我所、無常、破壞法。

觀三世諸受，空、無相、無作，入解脫門；亦觀諸受生滅，亦知諸受不合不散，不生不滅，如是入不生門。知諸受不生故無相，無相故不生。繫心緣中，若有苦樂等來，不受不著，是名念受住。

觀外受、觀內外受亦如是。

③心念住

觀內心之生住滅相，知心無所從來，滅亦無所至，但從內外因緣和合生。

是心無定實相，亦無實生住滅，亦不在過去未來現在世中；是心不在內、外、中間；亦無性無相，無生者、使生者；外有六塵因緣，內有顛倒心相故，強名為心，而實心相不可得。

心本末無有實法，心與諸法無合無散，亦無前、後、中際，無色、無形、無對，但顛倒虛誑生；心空、無我、無我所，無常無實，是名隨順心觀。

知心相無生，入無生法中。智者觀心生滅相，亦不得實生滅法，不分別垢淨而得心清淨，不為客塵所染。

觀外心、觀內外心亦如是。

④法念住

觀內法，觀諸法不在內、外、中間，不在過去未來現在世中，但從因緣和合妄見生，無有定實。諸法中法相不可得，亦無法若合若散。諸法無所有如虛空，以諸法虛誑如幻故。諸法性淨，不相汙染。諸法無所受，諸受無所有故，諸法無所知，心心所法虛誑故。

如是觀時，不見有法若一相、若異相，觀諸法空無我。

諸法因緣生無有自性，是為實空，實空故無有相，無有相故無作。

　　　無作故不見法若生若滅，住是智慧中，入無生法忍門。爾時雖觀諸法生滅，亦入無相門，以諸法離諸相故。

　　　如是觀時，繫心緣中，隨順諸法相，不念身受心法，知是四法無處所，是為內法念住。

　　　外法念住、內外法念住亦如是。

(2)大乘四正斷、四神足

　　四正斷、四神足，亦如是應分別觀空無處所。

(3)大乘五根、五力

　　①信根

　　　信諸法從因緣生、顛倒妄見心生；信諸法不淨、無常苦無我、如病如癰，信諸法無所有；信諸法不在過去、未來、現在，無所從來，滅無所至；信諸法空、無相、無作，不生不滅，無信相；無相而信持戒、禪定、智慧、解脫、解脫知見。得是信根，不復退轉，住實道中，直心柔軟能忍，通達無礙，不動不壞，得力自在。

　　②精進根

　　　常行精進，除卻五蓋，攝護五根。若諸惡不善法起令疾滅，未生令不生；諸善法未生令生，生已令增廣。亦不惡諸不善法，亦不愛諸善法，得等精進，直進不轉。

　　③念根

　　　菩薩常一心念，欲具足施、戒、定、慧、解脫；於諸法生住異滅中，常念欲淨身口意業。常一心念苦集滅道；一心念分別根、力、覺、道、禪定、智慧、解脫，生滅入出；一心念諸法不生不滅，無作無說，為得無生智慧、具足諸佛法故；一心念不令二乘心入。

　　　常念不忘如是諸法甚深清淨，得如是自在念，名念根。

　　④定根

　　　菩薩善取定相，能生種種禪定，善知入定、住定、出定。於定不著不味，不作依止。善知所緣、壞緣，自在遊戲諸禪定，亦知無緣定，能自在出入無礙。

　　⑤慧根

　　　菩薩為盡苦，聖慧成就，觀三界無常、三衰、三毒未除。觀已，於三界中，智慧亦不著三界，轉為空、無相、無作解脫門。菩薩智慧無能壞者，於三界無所依，於隨意五欲中心常離之。慧根力故，積集無量功德，於諸法實相利入無疑無難，於世間無憂，於涅槃無喜，得自在智慧故，名為慧根。

　　⑥菩薩得是五根，善知有情諸根相，於知有情根中，得自在方便力故，名為知根。

　　⑦菩薩行是五根增長，能破煩惱，度有情，得無生法忍，是名五力。

(4)大乘七覺支

　　念覺支能集善法，能遮惡法。若心沒，念三法(擇法、精進、喜)能令起，若心散動，念三法(輕安、定、捨)能攝令定。

　　①念覺支：菩薩於一切法不憶不念。

　　②擇法覺支：一切法中，求善法、不善法、無記法不可得。

　　③精進覺支：不入三界，破壞諸界相。

　　④喜覺支：於一切作法不生著樂，憂喜相壞故。

（菩薩行喜覺支，觀是喜非實，以喜從因緣生，是作法、有法、無常法、可著法。凡夫以顛倒故心著，若生著即是無常相，無常變壞則生憂。若知諸法實空，是時心悔，覺其虛誑。若能如是觀，於實智中生喜，是為真喜。）

⑤輕安(除)覺支：於一切法中除心，緣不可得故。

（得是真喜，先除身麁，次除心麁，後除一切法相，得快樂遍身心中，是為輕安覺分。）

⑥定覺支：於一切法常定相，不亂不定。

⑦捨覺支：於一切法不著不依止，亦不見是捨心。

（既得喜、除(輕安)，捨諸觀行，所謂無常、苦、空、無我觀、生滅、不生不滅觀，有無、非有非無觀，如是戲論盡捨，以無相、無緣、無作、無戲論、常寂滅是實法相故。若不行捨則有諸諍：若以有為實，則無為虛；以無為實，則有為虛；以非有非無為實，則有無為虛。於實愛著，於虛恚憎，則生憂喜。）

(5)大乘八聖道支

①正見，⑥正精進，⑦正念，⑧正定。

②正思惟

於諸法空無所得，住如是正見中，觀正思惟相。知一切思惟乃至思惟涅槃、佛皆是邪思惟。諸思惟分別皆從不實虛誑顛倒故有，分別思惟相皆無，斷一切思惟分別，是名正思惟。住如是正思惟中，不見思惟是正是邪，過諸思惟之分別，思惟分別皆悉平等，平等故心不著，是為菩薩正思惟相。

③正語

知一切語皆從虛妄不實顛倒取相分別生，應作是念：語中無語相，一切口業滅，知諸語實相，是為正語。諸語皆無所從來，滅亦無所去。菩薩行正語法，諸有所語，皆住實相中說。

④正業

菩薩知一切業邪相，虛妄無實，皆無作相，以無有一業可得定相故，入一切諸業平等，不以邪業為惡，不以正業為善；無所作，不作正業，不作邪業，是名實智慧，即是正業。諸法等中無正無邪，如實知此等諸業，不造不休。

⑤正命

一切資生活命之具，悉正不邪。住不戲論智中，不取正命，不捨邪命，亦不住正法中，亦不住邪法中，常住清淨智中，入平等正命，不見命，不見非命。

行如是實智慧，故名正命。

*5 空、無相、無願三摩地等

(1)空、無相、無願三摩地

三十七菩提分法是趣涅槃道，行是道已，得到涅槃城。

涅槃城有三門，所謂空、無相、無願。四禪等是助開門法。

三十七品是實觀，以實觀難得故，次第說八解脫等得解觀。得解觀易得，以之為方便心柔軟，亦得實觀。

①空門

觀諸法無我無我所，諸法從因緣和合生，無有作者、受者。

②無相門

諸法從因緣生，無有實法但有相，而有情取是相著我我所。諸法無我我所故空，空故無五塵、男女、生住滅、一異等相。

又四大及所造色圍虛空為身，又由因緣和合生識種。身得是種和合作言語、起坐、去來，強名為男為女，而於地種等中乃至識種中實無男女相，和合中亦無。

③無願門

既知無相，都無所作，是名無作門。

以慧觀空、無相、無願，若不住定中則是狂慧，多墮邪疑，無所能作；若住定中，則能破諸煩惱，得諸法實相，故名三摩地。又若禪定中無此三法，不名為三摩地。行是法時得解脫，到無餘涅槃，故名三解脫門。

④大乘解脫門

❶空門

以有情空、法空二空，能觀諸法空，知世間虛誑如幻。

此中法空中亦無空相，亦無自性。

❷無相門

如是觀空，若取諸法空相，則生憍慢等結使，是時應學無相門，以滅取空相。

❸無作門

若於無相中生戲論，欲分別有所作，著是無相；應隨空、無相行，身口意不應有所作，觀無作相，滅三毒，不起三業不求三界中生身。

❹三解脫門，體是一法，以行因緣故，說有三種：

觀諸法空是名空；於空中不可取相，是時空轉名為無相；無相中不應有所作為三界生，是時無相轉名無作。

三解脫門，所緣唯一諸法實相。以是三解脫門，觀世間即是涅槃，涅槃空、無相、無作，世間亦如是。

（聲聞空解脫門，緣苦諦攝五蘊；無相門緣一法，所謂數緣盡（擇滅）；無作門緣苦集道三諦攝五蘊。）

(2)十一智

①苦、集、滅、道智：各斷四諦所屬煩惱。

②盡智、無生智

無學位之無漏智。盡智者，遍知我已知苦、斷集、證滅、修道，與漏盡之得俱生；無生智者，我已知苦復更無知等，此為與非擇滅（緣盡）之得俱生之無漏智。

③法智、類智：此為斷欲界、斷上二界煩惱之無漏智。

④世俗智：此為有漏慧之總稱。

⑤他心智：此為了知欲、色界現在心心所法、無漏心心所法之智。

⑥如說智：以無所得為方便，知一切法如說之相，為如來之一切相智。

(3)有尋有伺等三摩地

初靜慮為有尋有伺三摩地，第二靜慮以上為無尋無伺三摩地，初靜慮與第二靜慮間之中間靜慮為無尋唯伺三摩地。

*6 具六波羅蜜之發心

(1)菩薩以隨喜心過二乘六事功德

①六度與五無漏蘊相攝

六度與五無漏蘊，法一名異。

❶菩薩從一波羅蜜欲起諸波羅蜜，先說布施般羅蜜。

❷戒蘊，即淨戒波羅蜜。

定蘊、解脫蘊，即靜慮波羅蜜。慧蘊、解脫知見蘊，即般若波羅蜜。

❸行諸波羅蜜時，能忍諸惡事，是名安忍波羅蜜。

能起諸波羅蜜，不休不息，是名精進波羅蜜。 (P.50-14, *2 (3))

②先行布施及五無漏蘊因緣故，過聲聞、獨覺地，入菩薩位。

菩薩由布施故，受持戒蘊，生天人中得大尊貴；由施戒故復得定蘊；由施戒定故復得慧蘊；

由施戒定慧故，復得解脫蘊；由施戒定慧解脫故復得解脫知見蘊；由施乃至解脫智見蘊圓

滿故，超越聲聞及獨覺地，證入菩薩正性離生。 (P50-4)

③欲以隨喜心過二乘六度(五無漏蘊)，當學般若波羅蜜。

(2)菩薩以隨喜心過二乘靜慮、解脫、等持

欲以一念隨喜心過二乘靜慮、解脫、等持、等至及餘善法，當學般若波羅蜜。

此中靜慮指四靜慮。

解脫指八背捨、三解脫門、慧解脫、共解脫、時解脫、不時解脫、有為解脫、無為解脫。

等持指三摩地，包括有尋有伺等三三摩地、空無相無願三摩地。

等至指三摩缽底 samāpatti，有八勝處等至、十遍處等至、四無色等至、滅盡等至、無想等

至。

*7 欲知真如、法性、實際，當學般若

(1)釋名

①真如

諸法真如有二種。

❶各各相：如地堅相、水濕相、火熱相、風動相，如是等分別諸法，各自有相。

❷實　　相：於各各相中，求實不可得，不可破，無諸過失。

此中地若實是堅相者，何以故膠、蠟等與火會時，捨其自性？有神通人入地如水，分散木

石，皆失其堅相。又破地以為微塵，以方破塵，終歸於空，亦失堅相。

如是推求地相不可得，若不可得其實皆空，空是地之實相。

一切別相皆亦如是，是名為真如。

②法性

法性者，若言各各法空，空有差品，是為真如；若同為一空，是為法性。

法性亦有二種。

❶無著心分別諸法各自有性。

❷法性無量，是所謂諸法實相。

③實際

實際者，以法性為實證，故為際。如阿羅漢，名為住於實際。

(2)明真如、法性、實際之異同
　①第一說：三者皆是諸法實相異名
　　❶真如
　　　1.凡　夫：於一切法作邪觀，謂是常、樂、我、淨、實等。
　　　2.佛弟子：如法本相觀，不見常(是名無常)、不見樂(是名苦)、不見我(是名無我)、不見
　　　　　　　　淨(是名不淨)、不見實(是名空)。
　　　3.妄見者：見無常(不見常)、見苦(不見樂)、見無我(不見我)、見不淨(不見淨)、見空(不
　　　　　　　　見實)。
　　　　　　　　(聲聞墮斷見者，觀諸法無常，而將「無常性」實體化。斷見論與常見論者，
　　　　　　　　皆為佛陀所呵責。)
　　　如者，如本，無能敗壞。以是故，佛法三法印：一切有為法無常印、一切法無我印、涅
　　　槃寂滅印。有人著常顛倒，故捨常見，不著無常相，是名法印；非謂捨常著無常者以為
　　　法印，我乃至寂滅亦如是。般若波羅蜜中，破著無常等見，非謂破不受不著。
　　❷法性
　　　得是諸法如已，則入「法性」中，滅諸觀，不生異信，性自爾故。(諸法實相)
　　❸實際
　　　善入法性，是為「實際」。
　②第二說
　　❶真如
　　　三世平等無異，名為如。
　　　諸法如者，如諸法未生時，生時亦如是，生已過去，現在亦如是；諸法三世平等，是名
　　　為如。
　　　世間如，三世各異；出世間如，諸法實相中，三世等一、無異。
　　　「過去如、未來如、現在如、如來如，一如無有異。」
　　　過去世無始，未來世無後，現在世無住，以是故，三世平等名為如。
　　❷法性
　　　1.行是如已，入無量法性中，法性者，法名涅槃，不可壞，不可戲論。
　　　　法性名為本分種，一切世間法中皆有涅槃性。諸佛賢聖以智慧、方便、持戒、禪定教
　　　　化引導，令得是涅槃法性。利根者即知是諸法皆是法性，鈍根者方便分別求之，乃得
　　　　法性。
　　　2.諸法總相、別相皆歸法性，同為一相，是名法性。
　　　　又以智慧分別推求諸法已，直到如中，從如入自性，如本末生，滅諸戲論，是名為法
　　　　性。
　　　　又諸法有種種別異，取捨不同，得到自性乃止，無復過處，是名法性。
　　❸實際
　　　法性名為實，入處名為際。
　③第三說
　　一一法中有九相：

1.有體，2.各有法(如眼能見)，3.各有力(火以燒為力)，4.各有因，5.各有緣，6.各有果，7.各有性，8.各有限礙，9.各有開通方便。

❶真如

1.下如、中如、上如

知此法各有體，名下如；知此九法終歸變異盡滅，是中如；是法非有無、非生滅，滅諸觀法清淨為上如。

2.或言九事中有法者、名如。(如地法堅重、水法冷濕等)

❷法性

九法中之性為法性。

❸實際

九法中得果證為實際。

④第四說

❶真如

諸法實相，常住不動。有情以無明等諸煩惱，轉異邪曲，諸佛為有情方便說法，破其無明等，令得實性，如本不異，是名如。

❷法性

若破卻無明等，得諸法真性，是名法性清淨。

❸實際

實際名入法性中，知法性無量無邊，最為微妙，無有法勝於法性，心則滿足，更不餘求，是為實際。

⑤第五說

❶真如

知諸法實相中無有常法、樂法、我法、實法，亦捨是觀法。如是等一切觀法皆滅，是為諸法實相，如涅槃，不生不滅，如本末生。譬如以火熱水，若火滅熱盡，還冷如本。用諸觀法，如水得火；若滅諸觀法，如火滅水冷，是名為如。

❷法性

如實常住，以諸法性自爾故。譬如一切色法皆有空分，諸法中皆有涅槃性，是名法性，得涅槃種種方便法中皆有涅槃性。

❸實際

若得證時，如、法性則是實際。

又，法性者無量無邊，非心心數法所量，是名法性；妙極於此，是名真際。

*8 欲到彼岸得佛功德、知三界諸法真如等，當學般若

(1)菩薩欲得如三世諸佛功德，當學般若

雖說三世佛功德皆不可得(過去已滅、未來未有、現在亦不可得)，但諸佛功德皆等，菩薩自欲得如三世佛功德，無所減少，當學般若波羅蜜。

(2)菩薩欲到有為、無為法彼岸，當學般若

悉知有為法總相、別相種種，即是其彼岸；悉知從須陀洹乃至佛之無為法，即是其彼岸。

(3)菩薩欲知三世諸法真如、法相、實際，當學般若

①真如

❶三世真如非一非異

過去法如，即是未來、現在法如；現在法如，即是過去、未來法如；未來法如，即是過去、現在法如。

❷世間真如，三世各異；出世間真如，三世為一。

②法相

法相即是諸法業、所作、力、因、緣、果、報。

③實際

實際即無生際，推尋諸法入無生法中，更無過是者。

三世一相，所謂無相，如是則無生相，無生通三世。

無生名為涅槃，以涅槃不生不滅故；涅槃者，末後究竟，不復更生；而一切法即是涅槃，以是故，佛說「一切法皆是無生際」。

*9 欲給侍諸佛等，當學般若

(1)欲與二乘為導首，當學般若

菩薩功德智慧大，能利益二乘，二乘四事供養助道之具，多由菩薩得故。

(2)欲給侍諸佛、欲為諸佛眷屬，當學般若

如佛未出家時之車匿，出家後之五比丘，得道時之阿難等。

(3)欲得大眷屬、欲得菩薩眷屬，當學般若

如佛之隨世間身有以舍利弗、目犍連、摩訶迦葉、迦旃延等諸聖者，及彌勒、文殊師利等一生補處菩薩等為眷屬。

如佛之法性生身，有無量無數一生補處菩薩侍從。

(4)欲得菩薩眷屬，當學般若

有佛純以菩薩為眷屬；有佛純以聲聞為眷屬；有佛以菩薩、聲聞雜為眷屬。若欲得菩薩為眷屬，當學般若。

*10 欲得諸餘願，當學般若

(1)象王視

象王若欲迴身觀時，舉身俱轉。大人相者身心專一，是故若有所觀、若有所說，身與心俱，常不分散，身心俱迴。

(2)行時離地四指

佛陀行走時，足不著地有三因緣：

①地有虫蟻，或伏或走，以護生心恐傷其命，故離地四指；

②地有生草，草依地生長，佛欲全其生意，故行時不著地；

③現神通力，飛行自在，履空如地，故行時足不著地。　《佛說處處經》

(3)以天衣為座

佛將成道時，有情眾皆為佛敷座。

①二身有別

生身佛敷草樹下，法性生身佛以妙天衣為座。

②依供養人分

人於林中奉佛草，貴人以貴衣服為座；諸龍神天，以妙天衣為座。

③天衣有別

　　欲界天衣從樹邊生，無縷無織，譬如薄冰，光曜明淨，有種種色，上層天之天衣輕，下層
　　天則重。

　　色界天衣純金色光明，無重相，不可稱知。

④所行般若波羅蜜，有但與菩薩說者，有共聲聞、菩薩、諸天說者。此中為合聲聞諸天說者，
　　故但說諸天為佛敷衣為座。

(4)欲出家日即成佛、轉法輪者

　　一佛能變作無量身度有情，而所居世界有嚴淨者，有不嚴淨者。

　　菩薩若見若聞，或有諸佛長時行苦行成佛者、或有成佛不即轉法輪者、或有初轉法輪未即得
　　阿羅漢者、或有未得慧解脫者、或有於無上菩提未得無退轉者，是故菩薩作如是願。

(5)願以無量聲聞為僧，於聞法時即得阿羅漢

　　諸佛多以聲聞為僧，有數有量。此諸聲聞僧聞佛說法，或有得初道者，異時方證阿羅漢，如
　　五比丘、舍利弗、摩訶迦葉、阿難等。

　　以是故，菩薩有此願。

(6)願以無量大菩薩為僧，聞法即得不退轉

　　諸佛多以聲聞為僧，如佛陀無別菩薩僧，故彌勒菩薩、文殊師利菩薩等入聲聞僧中次第坐；
　　又如阿彌陀佛國，聲聞、菩薩雜以為僧，菩薩僧多，聲聞僧少。

　　以是故，願以無量菩薩為僧，而初轉法輪時，諸菩薩僧即能得不退轉。

(7)欲得壽命無量、光明具足

　　諸佛真實壽命無量、光明顯現，但為有情故壽命現有長短、光明隱藏。

　　　若於惡世，佛壽應短，於淨土即長。佛以神通力，壽雖有長短，然皆能具足佛事。

*11 菩薩學佛須斷欲否

(1)有三種菩薩

①初受人間五欲，後捨離出家 (肉身菩薩)

　　肉身菩薩初有妻子，受世間五欲，後捨離出家，得菩提道。

②初發心斷淫欲，修童真梵行 (肉身或法身菩薩)

　　菩薩從初發心乃至成佛道，離諸淫欲。是菩薩或為法身或為肉身，或已離欲或未全離欲。

③方便受五欲，後出家得菩提 (法身菩薩)

　　清淨法身菩薩，得無生法忍，住六神通。為教化有情故，與有情同事而攝取之，或作轉輪
　　聖王，或作閻浮提王、長者、剎利、隨有情所須而利益之。

(2)法身菩薩為有情故，方便受欲而不染

　　菩薩如幻師，以五神通於有情中化作五欲，共相娛樂，化度有情。或為度出家眾，現作聲聞、
　　獨覺、佛及出家外道師；或為度在家眾，現出家者而得度，或現在家同受五欲而化度之。

(3)菩薩常呵五欲，不染於欲

　　菩薩常以種種因緣，毀呰五欲：欲為熾然(以三毒火、無常火燒身心)、欲為穢惡(不得離欲樂、
　　但於不淨色欲求樂)、欲為毀害、欲為如怨等。

　　冤家之害，不過一世，著五欲因緣，墮三惡道，無量世受諸苦毒。

第一事

第2義

[丙二]方便之教授
[丁一]正釋教授

【第 2 義】：大乘教授　(為成辦誓願)　2
〔義相〕：若大乘語，開示能得大乘發心所求之方便，是大乘
　　　　　教授之相。
〔界限〕：從未入道前乃至佛地。

[修行及諸諦，佛陀等三寶，不耽著不疲，周遍攝持道。](頌1-4)
[五眼六通德，見道並修道，應知此即是，十教授體性。](頌1-5)
此（大乘教授）有十種：

2.1.修行自性，開示世俗、勝義二諦之教授。

　　(不共聲聞等，以不可得之方式趣入)

2.2.修行所緣，開示四諦之教授。

　　1.教授苦諦

　　　色等法(變為果)之空性以及般若波羅蜜多二者，於真如之本性上，
　　　其本質為一。

　　　　教授：「菩薩摩訶薩與色空(七空等)相應故，應言與般若波羅蜜多相
　　　　　　　應。」此為滅除執著所知為實有而教授。

　　　　教誡：應了知：
　　　　　　　有漏之色等法變為果之空性，以及現證彼之般若波羅蜜多，
　　　　　　　二者為諦實空，於真如之本性上本質為一。

　　2.教授集諦

　　　空性以及色等之所成因，二者無別。色等非聚集(生)、阻斷(滅)、染

汙煩惱、清淨之有法。

教授：「不見色若生法若滅法，⋯不見色若染法若淨法。」

教誡：以有漏因所聚之色等，於重新聚集、再次阻斷、染汙煩惱、清淨之有法上，並非真實存在。

彼非真實有，因為空性與色等所成因，二者勝義無差別。

(此為破集所斷為諦實。)

3. 教授滅諦

空性遠離生滅、染淨、增減等；從無色、無無明、無無明滅、無佛(證德)乃至無菩提(斷德)。

教授：「諸法空相，不生不滅，不染不淨，不增不減。」

教誡：空性遠離客塵，

有為相不諦實存在：生滅、染淨(所斷、對治)、增減以及因果等等。

其性相亦不實存在：依勝義，無色(總說染汙)、無無明(染汙性)、無無明滅(總說清淨)、無佛(清淨之證德)乃至無菩提(清淨之斷德)。

(此為破現證寂滅為諦實。)

4. 教授道諦

於布施等波羅蜜以及自己，或內空外空等，前際後際二者彼此具有、不具有上成立空性。

(1) 道

(道之)教授：「不見(真實)布施若相應若不相應。」

教誡：應證知：

於布施等波羅蜜以及菩薩自己(所修能修)，

①非具有：諦實不存在，

②非不具有：寂滅非真實有。

(2) 如、行

(如、行之)教授：「不觀空與空相應⋯以空無相應不相應故。」

(不以(真實)空性應於空性中有，因為觀行中無空性故。)

教誡：內空等三者作為境之三摩地無諦實，

外境空等三者，其對境、有境無諦實，其寂滅亦無諦實。

(3) 出

(出之)教授：「不觀色與前際若合若散。」(於色不連結或分離前際)

教誡：①前際輪迴後際涅槃，彼此是從何出離，於何出離？

其<u>所具有</u>為無自性。

②彼無自性亦無自性，故成立<u>不具有</u>之非性(空性)。

(此等是為破耽著<u>所依道為實有</u>之教授。)

2.3.<u>修行所依</u>，開示佛、法、僧等<u>三寶之教授</u>。

1.佛：佛陀與菩提性相相同，故於佛陀不可得的<u>一切相智</u>上，不與色等(法)連結，故了知所緣與能緣之平等性。

2.法：三智所攝之<u>事</u>(境)、<u>對治</u>(道)與行相(果)等，其所含攝之一切<u>法無自性</u>。

3.僧：除阿羅漢(歸屬於佛寶)外，餘七種向及果，加上獨覺等八種，以鈍根等差別而為二十種。於菩薩聖有學不退眾，應入無生。

2.3.3別說二十種僧寶。

[諸鈍根利根，信見至家家，一間中生般，行無行究竟，]

(頌1-6)

[三超往有頂，壞色貪現法，寂滅及身證，麟喻共二十。]

(頌1-7)

(各種不同之大乘不退轉菩薩，在斷惑、證果和轉生上，和小乘聖僧相似。故以小乘聖僧為喻，借用四向四果之名，施設在大乘僧眾上，成二十類大乘不退轉僧眾。每一類都有其獨特成佛之方式及歷程。)

(此二十種僧，依師子賢論師意述。)*24

1.預流

(1)預流向 (第八聖菩薩) ①②

依止道相智所攝，見道十六剎那中之前十五剎那心，安住<u>八忍</u>之聖位菩薩。名預流向。有鈍根<u>隨信行</u>、利根<u>隨法行</u>二種。

(根機之鈍利，指悟解空性之遲速和宿業是否清淨。)

(2)但住預流果 (論中隱說) ③

心住見道第十六剎那，安住見道<u>八智</u>，永盡<u>見斷</u>三結，尚未斷除欲界<u>修惑</u>。

(3)勝進預流果(人家家、天家家) ④⑤

除了「但住預流果」外，另有「勝進預流果」，分為生於欲界天之天家家，以及生於人間之人家家，斷欲界三品修惑。

2.一來 ⑥

(1)一來向

已斷欲地第五品修惑,為斷欲地第六品修惑得解脫道故,精進修行之修道菩薩。分為鈍根之<u>信解</u>及利根之<u>見至</u>。此二合一,名一來向。

(2)但住一來果 (論中隱說) ⑦

已斷欲地第六品<u>修惑</u>之聖位菩薩。

(3)勝進一來果(一間) ⑧ *24

已斷欲地第八品<u>修惑</u>之聖位菩薩,仍須再投生欲界天一次,名曰一間。

3.不還

(1)不還向 ⑨

為斷欲地第九品<u>修惑</u>得解脫道,精進修行之修道位菩薩,分信解、見至,此二合一,名不還向。

(2)不還果

已斷欲界九品修惑之聖者,即是不還果,分為六種

①中般:聖位菩薩於色界中有身而得斷隨一煩惱障之解脫道者。 ⑩

> (已斷投生色界之惑結,而形成中有之惑結未斷,在中有正生或已生時證道得盡苦際。南傳不承認中有,中般指生至淨居天後,在其生命未到一半即證阿羅漢者。)

②生般:生色界乃得彼解脫道者。 ⑪

> (投生色界和形成中有之兩種惑結未斷,必須投生色界後方得盡苦際。或言以生任一淨居天,在其生命超過一半或臨近死亡時證阿羅漢者。)

③無行般:生色界,不功用行而得彼解脫道者。 ⑬

④有行般:生色界,勤修功行而得彼解脫道者。 ⑫

⑤往色究竟者

於色究竟身而證斷隨一煩惱障之聖位菩薩,名往色究竟者。

分為三種:

❶全超:若先往梵眾天生,捨諸餘處,次生色究竟天而證彼解脫道者。 ⑭

❷半超:若從梵眾天歿,在下三淨居天隨受一生,次生色

究竟天而證彼道者。　⑮

❸遍歿：若從梵眾天乃至色究竟天漸次受生，後證彼道者。
⑯

⑥往有頂者

菩薩不求無色界生，名往有頂者，是說離色界貪之菩薩。

(若已證得最勝威德菩薩，凡所受生，皆欲利益安樂眾生，以無色界非成熟
眾生處，故不生無色界。)《雜集論》

分為二種：

❶現法涅槃：盡斷惑業結生相續者。(壞色貪者)　⑰

❷身證：證得八解脫者。　⑱

(以身現證滅盡定之菩薩，得先未得，有識身寂靜，便作是思：
此滅盡定，最為寂靜，極似涅槃，故名身證)

4.阿羅漢向　(論中隱說) ⑲

為欲盡斷煩惱障故，精進修行之七地菩薩，名阿羅漢向。

(已經斷除有頂地修所斷惑第八品，正努力斷除第九品之聖者，即阿羅漢向菩薩。)

5.麟喻獨覺：十地菩薩　⑳

(在無佛出世時，獨自修觀而證道之聖者，具麟喻獨覺名。)

是為教授三寶。

2.4.修行堅穩之因：無耽著之精進

對治貪著自身之懈怠，開示不耽著精進之教授。(精進為懈怠之對治)

(對於為成辦發心所說之利益，精進加行成就身等福報而起貪著，故教授「身等無自性」，
令不起貪著。)

2.5.修行增進之因：無倦怠之精進

對治退屈(倦怠)之懈怠，開示不疲倦精進之教授。

(對於雖經長時串習而不成就，引起倦怠而退屈，故教授「從色等乃至等正覺莫附會為真
實」，從事修行永不倦怠。)

2.6.修行不退之因：攝持大乘道之精進

對治自輕(畏縮)之懈怠，開示攝持大乘道精進之教授。

(為了利益眾生，應從十方諸佛獲得道之教說，因而心生畏縮，故攝持大乘道，教導「諸
法自性不生」對治。)

2.7.修行自在轉之因：得五眼之教授

修行能自在轉，不依仗他之因，謂得五眼。

1.肉眼：能見百踰繕那乃至三千大千以內粗細眾色。

2.天眼：從昔有漏善業所感異熟而生，能如實見眾生生死。

3.慧眼：現證諸法無實(無分別)。

4.法眼：能知一切聖者根性利鈍。

5.佛眼：能現觀一切諸法(菩提)。

(五眼之境與有境等真如一味。於名言上說五眼之見境能力，而勝義上說無自性。)

2.8.圓滿資糧之因：開示六通之教授

六神通是能速圓滿廣大資糧之因。

1.神變通：能轉變種種事。

2.天耳通：能現知世界粗細諸聲。

3.他心通：能知他善惡等心。

4.宿住隨念通：能知往昔受生。

5.天眼通：能知世界粗細諸色。

6.漏盡通：永斷煩惱障。

(應了知諸六神通於名言上如何在心續中產生，以及勝義上本來寂靜。)

2.9.、2.10.

見道、修道之教授

為令了知須斷分別與俱生之種子，故開示見道與修道之教授。

2.9.見道之教授*25

四諦所含攝，十六剎那之本質(法智與類智之忍與智之體性)中，證悟一切法無自性之瑜伽者，如幻師般對一切不耽著之彼有情，於所要斷除之實事對治善加作觀修。

2.10.修道之教授*26

如同由於有為與無為本性相同，故無法理解二者相異一樣，藉由與見道現證之事物不相異而緣見故，見修二者不成相異，故無法別立為具格(真實)之修道。然而修道乃依緣起之法性，對所要斷除之實事對治，善加作觀修。

[總說大乘教授]

當知此即是十種大乘教授之體性。

菩提心以及其所引發之法性，於修習般若波羅蜜多時，皆以此等教授而完善圓滿一切事：

1.所有行相不可得。(二諦)　　2.所緣為四聖諦。

3.所依為三寶。　　　　　　　4.不耽著精進(殊勝行之因)。

5.不倦怠精進(不離行之因)。　6.攝大乘道精進(不行他乘之因)。

7.不依他人之因為五眼。　　　8.圓滿一切相智之因為六神通。

9.10.究竟之因為見真諦以及修道。

[丙二]方便之教授

[丁一]正釋教授　　【第 2 義】：大乘教授

1.修行自性 (開示二諦之教授)

2.1 修行自性開示二諦之教授

卷 402〈觀照品 3〉:「爾時,舍利子白佛言:

「世尊!諸菩薩摩訶薩應云何修行般若波羅蜜多?」

(1)有情與諸法但有名,所說名亦不可見

佛言:

「舍利子!菩薩摩訶薩修行般若波羅蜜多時,應如是觀:『實有菩薩,不見有菩薩,不見菩薩名;不見般若波羅蜜多,不見般若波羅蜜多名;不見行,不見不行。』何以故?舍利子!菩薩自性空,菩薩名空。所以者何?色自性空,不由空故。色空非色,色不離空,空不離色,色即是空,空即是色。受、想、行、識自性空,不由空故。受、想、行、識空非受、想、行、識,受、想、行、識不離空,空不離受、想、行、識,受、想、行、識即是空,空即是受、想、行、識。何以故?舍利子!此但有名謂為菩提,此但有名謂為薩埵,此但有名謂為菩薩,此但有名謂之為空,此但有名謂之為色、受、想、行、識,如是自性無生、無滅、無染、無淨。菩薩摩訶薩如是修行般若波羅蜜多,不見生、不見滅、不見染、不見淨。何以故?但假立客名分別於法,而起分別假立客名,隨起言說,如如言說,如是如是生起執著。菩薩摩訶薩修行般若波羅蜜多時,於如是等一切不見,由不見故不生執著。

「復次,舍利子!菩薩摩訶薩修行般若波羅蜜多時應如是觀:『菩薩但有名,佛但有名,般若波羅蜜多但有名,色但有名,受、想、行、識但有名,餘一切法但有名。』舍利子!如我但有名,謂之為我實不可得,如是有情、命者、生者、養者、士夫、補特伽羅、意生、儒童、作者、使作者、起者、使起者、受者、使受者、知者、見者亦但有名,謂為有情乃至見者實不可得。以不可得空故,但隨世俗假立客名,諸法亦爾不應執著。是故菩薩摩訶薩修行般若波羅蜜多時,不見有我乃至見者,亦不見有一切法性。*1*2

(2)讚歎菩薩行般若

①菩薩行般若,用不可得空故,智慧勝二乘

「舍利子！菩薩摩訶薩如是修行般若波羅蜜多，除諸佛慧，一切聲聞、
獨覺等慧所不能及，以不可得空故。所以者何？是菩薩摩訶薩於名、
所名俱無所得，以不觀見、無執著故。舍利子！菩薩摩訶薩若能如是
行般若波羅蜜多，名為善行般若波羅蜜多。

❶舉滿贍部洲、滿四大洲喻

「舍利子！假使汝及大目犍連，滿贍部洲如稻、麻、竹、葦、甘蔗林
等所有般若，比行般若波羅蜜多菩薩摩訶薩般若，百分不及一，千
分不及一，百千分不及一，俱胝分不及一，百俱胝分不及一，千俱
胝分不及一，百千俱胝分不及一，數分、算分、計分、喻分乃至鄔
波尼殺曇分亦不及一。何以故？是菩薩摩訶薩般若，能使一切有情
趣般涅槃，一切聲聞、獨覺般若不如是故。又，舍利子！修行般若
波羅蜜多菩薩摩訶薩，於一日中所修般若，一切聲聞、獨覺般若所
不及故。

「舍利子！置贍部洲。假使汝及大目犍連，滿四大洲如稻、麻、竹、
葦、甘蔗林等所有般若，比行般若波羅蜜多菩薩摩訶薩般若，百分
不及一，千分不及一，百千分不及一，乃至鄔波尼殺曇分亦不及一。
何以故？是菩薩摩訶薩般若，能使一切有情趣般涅槃，一切聲聞、
獨覺般若不如是故。又，舍利子！修行般若波羅蜜多菩薩摩訶薩，
於一日中所修般若，一切聲聞、獨覺般若所不及故。

❷舉滿三千大千世界、滿十方如恆河沙世界喻

「舍利子！置四大洲。假使汝及大目犍連，滿一三千大千世界如稻、
麻、竹、葦、甘蔗林等所有般若，比行般若波羅蜜多菩薩摩訶薩般
若，百分不及一，千分不及一，百千分不及一，乃至鄔波尼殺曇分
亦不及一。何以故？是菩薩摩訶薩般若，能使一切有情趣般涅槃，
一切聲聞、獨覺般若不如是故。又，舍利子！修行般若波羅蜜多菩
薩摩訶薩，於一日中所修般若，一切聲聞、獨覺般若所不及故。

「舍利子！置一三千大千世界。假使汝及大目犍連，充滿十方殑伽沙
等諸佛世界如稻、麻、竹、葦、甘蔗林等所有般若，比行般若波羅
蜜多菩薩摩訶薩般若，百分不及一，千分不及一，百千分不及一，
乃至鄔波尼殺曇分亦不及一。何以故？是菩薩摩訶薩般若，能使一
切有情趣般涅槃，一切聲聞、獨覺般若不如是故。又，舍利子！修
行般若波羅蜜多菩薩摩訶薩，於一日中所修般若，一切聲聞、獨覺
般若所不及故。」　(CBETA, T07, no. 220, p. 11, b25-p. 12, b12)

②三乘智慧無生性空無別，云何菩薩智慧勝

卷403〈觀照品3〉：「觀照品第三之二

爾時，舍利子白佛言：

「世尊！若預流、一來、不還、阿羅漢聲聞般若，若獨覺般若，若菩薩摩訶薩般若，若如來、應、正等覺般若，是諸般若皆無差別，不相違背，無生無滅，自性皆空。若法無差別、不相違、無生滅、自性空，是法差別既不可得，云何世尊說行般若波羅蜜多菩薩摩訶薩，於一日中所修般若，一切聲聞、獨覺般若所不能及？」

❶菩薩欲以一切相智度一切有情故

佛告舍利子：

「於汝意云何？修行般若波羅蜜多菩薩摩訶薩，一日所修般若勝事，一切聲聞、獨覺般若有是事不？」

舍利子言：「不也！世尊！」

❷二乘無求無上菩提願，無度有情願，故不及菩薩

「復次，舍利子！於汝意云何？修行般若波羅蜜多菩薩摩訶薩，於一日中所修般若，作是念言：『我當修行一切相微妙智、一切智、道相智、一切相智，利益安樂一切有情。』彼於一切法覺一切相已，方便安立一切有情於無餘依般涅槃界，一切聲聞、獨覺般若有是事不？」

舍利子言：「不也！世尊！」

「復次，舍利子！於汝意云何？一切聲聞、獨覺頗能作是念：『我當證阿耨多羅三藐三菩提，方便安立一切有情於無餘依涅槃界。』不？」

舍利子言：「不也！世尊！」

❸菩薩欲行一切功德成圓滿覺，度一切有情故

1.先明二乘不欲求十力等佛功德，不念度無量有情

「復次，舍利子！於汝意云何？一切聲聞、獨覺頗能作是念：『我當修行六波羅蜜多，成熟有情、嚴淨佛土，滿佛十力、四無所畏、四無礙解、大慈、大悲、大喜、大捨、十八佛不共法，當證無上正等菩提，方便安立無量、無數、無邊有情於無餘依涅槃界。』不？」

舍利子言：「不也！世尊！」

2.次明菩薩能行六度，欲具足十力等佛功德，度無量有情

佛言：

「舍利子！諸菩薩摩訶薩皆作是念：『我當修行六波羅蜜多，成熟
有情、嚴淨佛土，滿佛十力、四無所畏、四無礙解、大慈、大悲、
大喜、大捨、十八佛不共法，當證無上正等菩提，方便安立無量、
無數、無邊有情於無餘依般涅槃界。』

「舍利子！譬如螢火無如是念：『我光能照遍贍部洲普令大明。』
如是一切聲聞、獨覺無如是念：『我當修行六波羅蜜多，成熟有
情、嚴淨佛土，滿佛十力、四無所畏、四無礙解、大慈、大悲、
大喜、大捨、十八佛不共法，當證無上正等菩提，方便安立無量、
無數、無邊有情於無餘依般涅槃界。』

「舍利子！譬如日輪光明熾盛，照贍部洲無不周遍。如是菩薩摩訶
薩皆作是念：『我當修行六波羅蜜多，成熟有情、嚴淨佛土，滿
佛十力、四無所畏、四無礙解、大慈、大悲、大喜、大捨、十八
佛不共法，證得無上正等菩提，方便安立無量、無數、無邊有情
於無餘依般涅槃界。』

「舍利子！以是當知一切聲聞、獨覺般若，比行般若波羅蜜多菩薩
摩訶薩於一日中所修般若，百分不及一，千分不及一，百千分不
及一，乃至鄔波尼殺曇分亦不及一。」*3

(3)菩薩過二乘、住不退轉地、淨佛道

①菩薩從初發心行六度，住三解脫門能成辦三事

爾時，舍利子白佛言：

「世尊！諸菩薩摩訶薩云何能超一切聲聞、獨覺等地，能得菩薩不退轉
地，能淨佛道？」

佛言：

「舍利子！諸菩薩摩訶薩從初發心，修行六種波羅蜜多，住空、無相、
無願之法，即能超過一切聲聞、獨覺等地，能得菩薩不退轉地，能淨
佛道。」

②明菩薩常為二乘作福田

時，舍利子復白佛言：

「世尊！諸菩薩摩訶薩住何等地，能與一切聲聞、獨覺作真福田？」

❶菩薩從初發心乃至坐道場常為二乘作福田

佛言：

「舍利子！諸菩薩摩訶薩從初發心，修行六種波羅蜜多，住空、無相、

無願之法，乃至坐于妙菩提座，常與一切聲聞、獨覺作真福田。

❷以菩薩因緣故，世間諸善法生

何以故？以依菩薩摩訶薩故，一切善法出現世間，所謂一切十善業道、五近事戒、八近住戒、四靜慮、四無量、四無色定、四聖諦智、四念住、四正斷、四神足、五根、五力、七等覺支、八聖道支、六波羅蜜多、十八空等，及佛十力、四無所畏、四無礙解、大慈、大悲、大喜、大捨、十八佛不共法、一切智、道相智、一切相智，諸如是等無量無數無邊善法出現世間。

「由此菩薩諸善法故，世間便有剎帝利大族、婆羅門大族、長者大族、居士大族；四大王眾天、三十三天、夜摩天、覩史多天、樂變化天、他化自在天；梵眾天、梵輔天、梵會天、大梵天、光天、少光天、無量光天、極光淨天；淨天、少淨天、無量淨天、遍淨天；廣天、少廣天、無量廣天、廣果天；無想有情天；無煩天、無熱天、善現天、善見天、色究竟天；空無邊處天、識無邊處天、無所有處天、非想非非想處天。

「復由菩薩諸善法故，便有預流、一來、不還、阿羅漢、獨覺、菩薩摩訶薩及諸如來、應、正等覺出現世間。」*3

③明菩薩能消受施福

❶菩薩本已淨畢施福，不復須報施主恩

時，舍利子復白佛言：「世尊！菩薩摩訶薩為復須報施主恩不？」

佛言：

「舍利子！菩薩摩訶薩不復須報諸施主恩。所以者何？已甚（具）報故。

❷菩薩為大施主，廣施十善乃至一切相智等善法

何以故？舍利子！菩薩摩訶薩為大施主，施諸有情多善法故，謂施有情十善業道、五近事戒、八近住戒、四靜慮、四無量、四無色定、四聖諦智、四念住、四正斷、四神足、五根、五力、七等覺支、八聖道支、六波羅蜜多、十八空等，及佛十力、四無所畏、四無礙解、大慈、大悲、大喜、大捨、十八佛不共法、一切智、道相智、一切相智，施諸有情如是等類無量無數無邊善法，故說菩薩為大施主，由斯已報諸施主恩，真淨福田生無量福。」*3

(CBETA, T07, no. 220, p. 12, b^{19}-p. 13, b^{22})

sher phyin: v26, pp. 91^{18}-105^{08} 《合論》: v50, pp. 109^{1}-125^{10}

2.修行所緣 (四諦之教授)

2.2 修行所緣開示四諦之教授

(1)於苦開示

(2.2.1)苦諦

卷403〈觀照品3〉:「爾時,舍利子白佛言:

「世尊!修行般若波羅蜜多菩薩摩訶薩,與何法相應故,應言與般若波羅蜜多相應?」

①與五蘊空相應

　佛言:

　「舍利子!修行般若波羅蜜多菩薩摩訶薩,與色空相應故,應言與般若波羅蜜多相應;與受、想、行、識空相應故,應言與般若波羅蜜多相應。

②與十二處空相應

　「舍利子!修行般若波羅蜜多菩薩摩訶薩,與眼處空相應故,應言與般若波羅蜜多相應;與耳、鼻、舌、身、意處空相應故,應言與般若波羅蜜多相應;與色處空相應故,應言與般若波羅蜜多相應;與聲、香、味、觸、法處空相應故,應言與般若波羅蜜多相應。

③與十八界空相應

　「舍利子!修行般若波羅蜜多菩薩摩訶薩,與眼界、色界、眼識界空相應故,應言與般若波羅蜜多相應;與耳界、聲界、耳識界空相應故,應言與般若波羅蜜多相應;與鼻界、香界、鼻識界空相應故,應言與般若波羅蜜多相應;與舌界、味界、舌識界空相應故,應言與般若波羅蜜多相應;與身界、觸界、身識界空相應故,應言與般若波羅蜜多相應;與意界、法界、意識界空相應故,應言與般若波羅蜜多相應。

④與四聖諦空相應

　「舍利子!修行般若波羅蜜多菩薩摩訶薩,與苦聖諦空相應故,應言與般若波羅蜜多相應;與集、滅、道聖諦空相應故,應言與般若波羅蜜多相應。

⑤與緣起支空相應

　「舍利子!修行般若波羅蜜多菩薩摩訶薩,與無明空相應故,應言與般若波羅蜜多相應;與行、識、名色、六處、觸、受、愛、取、有、生、老死愁歎苦憂惱空相應故,應言與般若波羅蜜多相應。

⑥與一切法空相應

「舍利子！修行般若波羅蜜多菩薩摩訶薩，與一切法空相應故，應言與般若波羅蜜多相應；與有為無為法空相應故，應言與般若波羅蜜多相應。

⑦與本性空相應

「舍利子！修行般若波羅蜜多菩薩摩訶薩，與本性空相應故，應言與般若波羅蜜多相應。

「舍利子！修行般若波羅蜜多菩薩摩訶薩，與如是七空相應故，應言與般若波羅蜜多相應。*4 （CBETA, T07, no. 220, p. 13, b²³-p. 14, a²）

sher phyin: v26, pp. 105⁰⁸-107⁰⁷ 《合論》: v50, pp. 125¹¹-128¹⁵

(2)於集開示

(2.2.2)集諦

卷 403〈觀照品 3〉:

①與七空相應時，不見五蘊相應不相應、生滅、染淨之相

「舍利子！修行般若波羅蜜多菩薩摩訶薩，與如是七空相應時，不見色若相應若不相應，不見受、想、行、識若相應若不相應；

「不見色若生法若滅法，不見受、想、行、識若生法若滅法；不見色若染法若淨法，不見受、想、行、識若染法若淨法。

②不見五蘊與五蘊合

不見色與受合，不見受與想合，不見想與行合，不見行與識合。何以故？無有少法與法合者，以本性空故。

③五蘊空中無五蘊

「舍利子！諸色空，彼非色；諸受、想、行、識空，彼非受、想、行、識。

④五蘊自相不可得

何以故？舍利子！諸色空，彼非變礙相；諸受空，彼非領納相；諸想空，彼非取像相；諸行空，彼非造作相；諸識空，彼非了別相。

⑤五蘊不異空、空不異五蘊，五蘊即是空、空即是五蘊

何以故？舍利子！色不異空，空不異色，色即是空，空即是色；受、想、行、識不異空，空不異受、想、行、識，受、想、行、識即是空，空即是受、想、行、識」*4 （CBETA, T07, no. 220, p. 14, a²⁻¹⁴）

sher phyin: v26, pp. 107.07-109.02 《合論》: v50, pp. 128¹⁶-130¹⁹

(3)於滅開示

(2.2.3)滅諦

①諸法空相，不生不滅、不染不淨、不增不減，非三世

　卷 403〈觀照品 3〉：

　「舍利子！是諸法空相，不生不滅，不染不淨，不增不減，非過去非未來非現在。

②空中無五蘊乃至無三乘果

　　如是空中無色，無受、想、行、識；無眼處，無耳、鼻、舌、身、意處；無色處，無聲、香、味、觸、法處；無眼界、色界、眼識界，無耳界、聲界、耳識界，無鼻界、香界、鼻識界，無舌界、味界、舌識界，無身界、觸界、身識界，無意界、法界、意識界；無無明亦無無明滅，乃至無老死愁歎苦憂惱亦無老死愁歎苦憂惱滅；無苦聖諦，無集、滅、道聖諦；無得，無現觀；無預流，無預流果；無一來，無一來果；無不還，無不還果；無阿羅漢，無阿羅漢果；無獨覺，無獨覺菩提；無菩薩，無菩薩行；無正等覺，無正等覺菩提。

　「舍利子！修行般若波羅蜜多菩薩摩訶薩，與如是法相應故，應言與般若波羅蜜多相應。」*4　(CBETA, T07, no. 220, p. 14, a$^{14-28}$)

　　sher phyin:　v26, pp. 109^{02}-110^{18}　《合論》：　v50, pp. 130^{20}-132^{14}

(4)於道開示

(2.2.4)道諦

①不見六度、蘊處界、三十七品、諸佛功德等相應不相應

　卷 403〈觀照品 3〉：

　「復次，舍利子！修行般若波羅蜜多菩薩摩訶薩，不見布施波羅蜜多若相應若不相應，不見淨戒、安忍、精進、靜慮、般若波羅蜜多若相應若不相應；不見色若相應若不相應，不見受、想、行、識若相應若不相應；不見眼處若相應若不相應，不見耳、鼻、舌、身、意處若相應若不相應；不見色處若相應若不相應，不見聲、香、味、觸、法處若相應若不相應；不見眼界、色界、眼識界若相應若不相應，不見耳界、聲界、耳識界若相應若不相應，不見鼻界、香界、鼻識界若相應若不相應，不見舌界、味界、舌識界若相應若不相應，不見身界、觸界、身識界若相應若不相應，不見意界、法界、意識界若相應若不相應；不見四念住若相應若不相應，不見四正斷、四神足、五根、五力、七等覺支、八聖道支若相應若不相應；不見佛十力若相應若不相應，不見四無所畏、四無礙解、大慈、大悲、大喜、大捨、十八佛不共法、一切智、道相智、一切相智若相應若不相應。舍利子！修行般若波羅

蜜多菩薩摩訶薩，與如是法相應故，應言與般若波羅蜜多相應。

②空、無相、無願非合非不合

「復次，舍利子！修行般若波羅蜜多菩薩摩訶薩，不觀空與空相應，不觀無相與無相相應，不觀無願與無願相應。何以故？空、無相、無願皆無相應不相應故。舍利子！修行般若波羅蜜多菩薩摩訶薩，與如是法相應故，應言與般若波羅蜜多相應。

③五蘊非合非不合，亦不與三際合

「復次，舍利子！修行般若波羅蜜多菩薩摩訶薩，入一切法自相空已，不觀色若合若散，不觀受、想、行、識若合若散。不觀色與前際若合若散。何以故？不見前際故。不觀受、想、行、識與前際若合若散。何以故？不見前際故。不觀色與後際若合若散。何以故？不見後際故。不觀受、想、行、識與後際若合若散。何以故？不見後際故。不觀色與現在若合若散。何以故？不見現在故。不觀受、想、行、識與現在若合若散。

④三際不與三際合

何以故？不見現在故。不觀前際與後際若合若散，不觀前際與現在若合若散，不觀後際與前際若合若散，不觀後際與現在若合若散，不觀現在與前際若合若散，不觀現在與後際若合若散，不觀前際與後際、現在若合若散，不觀後際與前際、現在若合若散，不觀現在與前際、後際若合若散，不觀前際、後際、現在若合若散。何以故？三世空故。舍利子！修行般若波羅蜜多菩薩摩訶薩，與如是法相應故，應言與般若波羅蜜多相應。*4

3.修行所依 (三寶之教授)

2.3 修行所依開示三寶之教授

(1)佛寶

(2.3.1)佛寶

①一切智不與諸法合，是名般若相應

❶一切智不與三世合

卷 403〈觀照品 3〉：

「復次，舍利子！修行般若波羅蜜多菩薩摩訶薩，不觀一切智與過去若合若散。何以故？尚不見過去，況觀一切智與過去若合若散！不觀一切智與未來若合若散。何以故？尚不見未來，況觀一切智與未

來若合若散！不觀一切智與現在若合若散。何以故？尚不見現在，
況觀一切智與現在若合若散！」(CBETA, T07, no. 220, p. 14, a^{29}-c^{23})

sher phyin:　v26, pp. 110^{19}-116^{08}　　《合論》：　v50, pp. 132^{15}-138^{21}

❷蘊、處、界不與一切智合

「不觀一切智與色若合若散。何以故？尚不見色，況觀一切智與色若
合若散！不觀一切智與受、想、行、識若合若散。何以故？尚不見
受、想、行、識，況觀一切智與受、想、行、識若合若散！不觀一
切智與眼處若合若散。何以故？尚不見眼處，況觀一切智與眼處若
合若散！不觀一切智與耳、鼻、舌、身、意處若合若散。何以故？
尚不見耳、鼻、舌、身、意處，況觀一切智與耳、鼻、舌、身、意
處若合若散！不觀一切智與色處若合若散。何以故？尚不見色處，
況觀一切智與色處若合若散！不觀一切智與聲、香、味、觸、法處
若合若散。何以故？尚不見聲、香、味、觸、法處，況觀一切智與
聲、香、味、觸、法處若合若散！**不觀一切智與眼界、色界、眼
識界若合若散。何以故？尚不見眼界、色界、眼識界，況觀一切智
與眼界、色界、眼識界若合若散！不觀一切智與耳界、聲界、耳識
界若合若散。何以故？尚不見耳界、聲界、耳識界，況觀一切智與
耳界、聲界、耳識界若合若散！不觀一切智與鼻界、香界、鼻識界
若合若散。何以故？尚不見鼻界、香界、鼻識界，況觀一切智與鼻
界、香界、鼻識界若合若散！不觀一切智與舌界、味界、舌識界若
合若散。何以故？尚不見舌界、味界、舌識界，況觀一切智與舌界、
味界、舌識界若合若散！不觀一切智與身界、觸界、身識界若合若
散。何以故？尚不見身界、觸界、身識界，況觀一切智與身界、觸
界、身識界若合若散！不觀一切智與意界、法界、意識界若合若散。
何以故？尚不見意界、法界、意識界，況觀一切智與意界、法界、
意識界若合若散！舍利子！修行般若波羅蜜多菩薩摩訶薩，與如是
法相應故，應言與般若波羅蜜多相應。**

（**部分是《合論》中沒有的部分）

❸六度、三十七道品不與一切智合

「舍利子！修行般若波羅蜜多菩薩摩訶薩，不觀一切智與布施波羅蜜
多若合若散。何以故？尚不見布施波羅蜜多，況觀一切智與布施波
羅蜜多若合若散！不觀一切智與淨戒波羅蜜多若合若散。何以故？
尚不見淨戒波羅蜜多，況觀一切智與淨戒波羅蜜多若合若散！不觀

一切智與安忍波羅蜜多若合若散。何以故？尚不見安忍波羅蜜多，況觀一切智與安忍波羅蜜多若合若散！不觀一切智與精進波羅蜜多若合若散。何以故？尚不見精進波羅蜜多，況觀一切智與精進波羅蜜多若合若散！不觀一切智與靜慮波羅蜜多若合若散。何以故？尚不見靜慮波羅蜜多，況觀一切智與靜慮波羅蜜多若合若散！不觀一切智與般若波羅蜜多若合若散。何以故？尚不見般若波羅蜜多，況觀一切智與般若波羅蜜多若合若散！不觀一切智與四念住若合若散。何以故？尚不見四念住，況觀一切智與四念住若合若散！不觀一切智與四正斷、四神足、五根、五力、七等覺支、八聖道支若合若散。何以故？尚不見四正斷乃至八聖道支，況觀一切智與四正斷乃至八聖道支若合若散！

❹佛十力乃至十八不共法，不與一切智合

「不觀一切智與佛十力若合若散。何以故？尚不見佛十力，況觀一切智與佛十力若合若散！不觀一切智與四無所畏、四無礙解、大慈、大悲、大喜、大捨、十八佛不共法、一切智、道相智、一切相智若合若散。何以故？尚不見四無所畏乃至一切相智，況觀一切智與四無所畏乃至一切相智若合若散！舍利子！修行般若波羅蜜多菩薩摩訶薩，與如是法相應故，應言與般若波羅蜜多相應。

②佛、菩提、一切智相即

「舍利子！修行般若波羅蜜多菩薩摩訶薩，不觀一切智與佛若合若散，亦不觀佛與一切智若合若散。何以故？一切智即佛，佛即一切智故。不觀一切智與菩提若合若散，亦不觀菩提與一切智若合若散。何以故？一切智即菩提，菩提即一切智故。

舍利子！修行般若波羅蜜多菩薩摩訶薩，與如是法相應故，應言與般若波羅蜜多相應。」*5　(CBETA, T07, no. 220, p. 14, c²³-p. 15, c⁷)

sher phyin: v26, pp. 116⁰⁸-120⁰⁸　《合論》： v50, pp. 139⁰¹-143⁰³

(2)法寶

(2.3.2)法寶

①菩薩於五蘊離二邊行中道，亦不著於行，是名與般若波羅蜜相應

❶離二邊、行中道

卷 403〈觀照品 3〉：

「復次，舍利子！修行般若波羅蜜多菩薩摩訶薩，不著色有性，不著色無性，不著受、想、行、識有性，不著受、想、行、識無性；不

著色常，不著色無常，不著受、想、行、識常，不著受、想、行、識無常；不著色樂，不著色苦，不著受、想、行、識樂，不著受、想、行、識苦；不著色我，不著色無我，不著受、想、行、識我，不著受、想、行、識無我；不著色寂靜，不著色不寂靜，不著受、想、行、識寂靜，不著受、想、行、識不寂靜；不著色空，不著色不空，不著受、想、行、識空，不著受、想、行、識不空；不著色無相，不著色有相，不著受、想、行、識無相，不著受、想、行、識有相；不著色無願，不著色有願，不著受、想、行、識無願，不著受、想、行、識有願。舍利子！修行般若波羅蜜多菩薩摩訶薩，與如是法相應故，應言與般若波羅蜜多相應。

❷不念行、不行、亦行亦不行、非行非不行

「舍利子！修行般若波羅蜜多菩薩摩訶薩，不作是念：『我行般若波羅蜜多。』不作是念：『我不行般若波羅蜜多。』不作是念：『我亦行亦不行般若波羅蜜多。』不作是念：『我非行非不行般若波羅蜜多。』舍利子！修行般若波羅蜜多菩薩摩訶薩，與如是法相應故，應言與般若波羅蜜多相應。

②非有所為而行般若

❶不為六度、佛十力等功德，十八空等，而行般若

「復次，舍利子！修行般若波羅蜜多菩薩摩訶薩，不為布施波羅蜜多故修行般若波羅蜜多，不為淨戒、安忍、精進、靜慮、般若波羅蜜多故修行般若波羅蜜多；不為入正性離生故修行般若波羅蜜多，不為得不退轉地故修行般若波羅蜜多；不為成熟有情故修行般若波羅蜜多，不為嚴淨佛土故修行般若波羅蜜多；不為四念住故修行般若波羅蜜多，不為四正斷、四神足、五根、五力、七等覺支、八聖道支故修行般若波羅蜜多；不為佛十力故修行般若波羅蜜多，不為四無所畏、四無礙解、大慈、大悲、大喜、大捨、十八佛不共法、一切智、道相智、一切相智故修行般若波羅蜜多；不為內空故修行般若波羅蜜多，不為外空、內外空、空空、大空、勝義空、有為空、無為空、畢竟空、無際空、散空、無變異空、本性空、自相空、共相空、一切法空、不可得空、無性空、自性空、無性自性空故修行般若波羅蜜多；不為真如故修行般若波羅蜜多，不為法界故修行般若波羅蜜多，不為法性故修行般若波羅蜜多，不為實際故修行般若波羅蜜多，不為平等性故修行般若波羅蜜多。何以故？修行般若波

羅蜜多菩薩摩訶薩，不見諸法性差別故。舍利子！修行般若波羅蜜多菩薩摩訶薩，與如是法相應故，應言與般若波羅蜜多相應。

❷不為六通而行般若

1.不為神通而行般若

「復次，舍利子！修行般若波羅蜜多菩薩摩訶薩，不為神境智證通故修行般若波羅蜜多，不為天耳、他心、宿住隨念、天眼、漏盡智證通故修行般若波羅蜜多。何以故？修行般若波羅蜜多菩薩摩訶薩，尚不見般若波羅蜜多，況見菩薩及諸如來六神通事！舍利子！修行般若波羅蜜多菩薩摩訶薩，與如是法相應故，應言與般若波羅蜜多相應。

2.不念我依神通成諸妙用

「舍利子！修行般若波羅蜜多菩薩摩訶薩，不作是念：『我以神境智證通，遍到十方殑伽沙等諸佛世界，供養恭敬、尊重讚歎爾所世界諸佛如來。』不作是念：『我以天耳智證通，遍聞十方殑伽沙等諸佛世界諸佛菩薩所說法音。』不作是念：『我以他心智證通，遍知十方殑伽沙等諸佛世界一切有情心、心所法。』不作是念：『我以宿住隨念智證通，遍憶十方殑伽沙等諸佛世界一切有情諸宿住事。』不作是念：『我以天眼智證通，遍見十方殑伽沙等諸佛世界一切有情死此生彼。』不作是念：『我以漏盡智證通，遍觀十方殑伽沙等諸佛世界一切有情漏盡不盡。』舍利子！修行般若波羅蜜多菩薩摩訶薩，與如是法相應故，應言與般若波羅蜜多相應。

③明行般若之利益(果報功德)

❶菩薩行般若波羅蜜，普慈有情故，能得五功德

「舍利子！修行般若波羅蜜多菩薩摩訶薩，如是與般若波羅蜜多相應時，則能安立無量、無數、無邊有情於無餘依般涅槃界，一切惡魔不得其便，世間眾事所欲隨意。十方各如殑伽沙界一切諸佛及諸菩薩摩訶薩眾，皆共護念如是菩薩，不令退墮一切聲聞、獨覺等地。十方各如殑伽沙界四大王眾天乃至色究竟天，皆共擁衛如是菩薩，諸有所為令無障礙，身心痛（病）惱咸得痊除，設有罪業於當來世應招苦報轉現輕受。何以故？以是菩薩於一切有情慈悲普遍故。

❷行般若疾得諸陀羅尼門、三摩地門；常值諸佛，終不離見佛

「舍利子當知！如是菩薩摩訶薩少用加行，便能引發一切陀羅尼門、

一切三摩地門皆現在前，隨所生處常得奉事諸佛世尊，乃至證得無上菩提，於其中間常不離佛。

「舍利子當知！修行般若波羅蜜多菩薩摩訶薩與如是般若波羅蜜多相應時，得如是等無量無數不可思議殊勝功德。

④菩薩行般若波羅蜜時，不見不念諸法

❶不念此法與彼法合不合、等不等

「復次，舍利子！修行般若波羅蜜多菩薩摩訶薩，不作是念：『有法與法若相應若不相應、若等若不等。』何以故？是菩薩摩訶薩不見有法與法若相應若不相應、若等若不等。舍利子！修行般若波羅蜜多菩薩摩訶薩，與如是法相應故，應言與般若波羅蜜多相應。

❷以法性非得相故，菩薩不作念：當疾得法性、不得法性

「舍利子！修行般若波羅蜜多菩薩摩訶薩，不作是念：『我於法界若速現等覺，若不速現等覺。』何以故？無有少法能於法界現等覺故。舍利子！修行般若波羅蜜多菩薩摩訶薩，與如是法相應故，應言與般若波羅蜜多相應。

❸不見有法出法性

「舍利子！修行般若波羅蜜多菩薩摩訶薩，不見少法離法界者。舍利子！修行般若波羅蜜多菩薩摩訶薩，與如是法相應故，應言與般若波羅蜜多相應。

❹不念「法性分別諸法」

「舍利子！修行般若波羅蜜多菩薩摩訶薩，不作是念：『法界能為諸法因緣。』舍利子！修行般若波羅蜜多菩薩摩訶薩，與如是法相應故，應言與般若波羅蜜多相應。

❺不念「是法能得或不得法性」

「舍利子！修行般若波羅蜜多菩薩摩訶薩，不作是念：『此法能證法界、若不能證。』何以故？是菩薩摩訶薩尚不見少法，何況有法能證法界及以不證！舍利子！修行般若波羅蜜多菩薩摩訶薩，與如是法相應故，應言與般若波羅蜜多相應。

❻法性不與空合，空不與法性合

「復次，舍利子！修行般若波羅蜜多菩薩摩訶薩，不見法界與空相應，亦不見空與法界相應。舍利子！修行般若波羅蜜多菩薩摩訶薩，與如是法相應故，應言與般若波羅蜜多相應。

❼十八界不與空合，空是第一相應

「舍利子！修行般若波羅蜜多菩薩摩訶薩，不見色與空相應，亦不見空與色相應，不見受、想、行、識與空相應，亦不見空與受、想、行、識相應；不見眼處與空相應，亦不見空與眼處相應，不見耳、鼻、舌、身、意處與空相應，亦不見空與耳、鼻、舌、身、意處相應；不見色處與空相應，亦不見空與色處相應，不見聲、香、味、觸、法處與空相應，亦不見空與聲、香、味、觸、法處相應；不見眼界、色界、眼識界與空相應，亦不見空與眼界、色界、眼識界相應；不見耳界、聲界、耳識界與空相應，亦不見空與耳界、聲界、耳識界相應；不見鼻界、香界、鼻識界與空相應，亦不見空與鼻界、香界、鼻識界相應；不見舌界、味界、舌識界與空相應，亦不見空與舌界、味界、舌識界相應；不見身界、觸界、身識界與空相應，亦不見空與身界、觸界、身識界相應；不見意界、法界、意識界與空相應，亦不見空與意界、法界、意識界相應；不見苦聖諦與空相應，亦不見空與苦聖諦相應，不見集、滅、道聖諦與空相應，亦不見空與集、滅、道聖諦相應；不見無明與空相應，亦不見空與無明相應，不見行、識、名色、六處、觸、受、愛、取、有、生、老死愁歎苦憂惱與空相應，亦不見空與行乃至老死愁歎苦憂惱相應；不見四念住與空相應，亦不見空與四念住相應，不見四正斷、四神足、五根、五力、七等覺支、八聖道支與空相應，亦不見空與四正斷乃至八聖道支相應；不見佛十力與空相應，亦不見空與佛十力相應，不見四無所畏、四無礙解、大慈、大悲、大喜、大捨、十八佛不共法、一切智、道相智、一切相智與空相應，亦不見空與四無所畏乃至一切相智相應。

⑤空行相應之勝利

❶生諸善

「舍利子！修行般若波羅蜜多菩薩摩訶薩，若能如是相應，是為第一與空相應。諸菩薩摩訶薩由與如是空相應故，不墮聲聞、獨覺等地，嚴淨佛土、成熟有情，速證無上正等菩提。

「舍利子！修行般若波羅蜜多菩薩摩訶薩諸相應中，與般若波羅蜜多相應為最第一，最尊最勝、最上最妙、最高最極、無上無上上、無等無等等。何以故？舍利子！此般若波羅蜜多相應，即是空相應、無相相應、無願相應故。

「舍利子！修行般若波羅蜜多菩薩摩訶薩，與如是般若波羅蜜多相應

時，當知即為授記作佛，若近授記。舍利子！是菩薩摩訶薩能為無量無數無邊有情作大饒益。

「舍利子！是菩薩摩訶薩不作是念：『我與般若波羅蜜多相應。』不作是念：『我得授記，定當作佛，若近授記。』不作是念：『我能嚴淨佛土、成熟有情。』亦不作是念：『我當得阿耨多羅三藐三菩提，轉妙法輪饒益一切。』何以故？是菩薩摩訶薩不見有法離於法界，不見有法修行般若波羅蜜多，不見有法得佛授記，不見有法當得無上正等菩提，不見有法嚴淨佛土，不見有法成熟有情。何以故？修行般若波羅蜜多菩薩摩訶薩，不起我想、有情、命者、生者、養者、士夫、補特伽羅、意生、儒童、作者、使作者、起者、使起者、受者、使受者、知者、見者想故。所以者何？我、有情等畢竟不生亦復不滅，彼既畢竟不生不滅，云何當能修行般若波羅蜜多？

「舍利子！是菩薩摩訶薩不見有情生故修行般若波羅蜜多，不見有情滅故修行般若波羅蜜多，達有情空故修行般若波羅蜜多，達有情非我故修行般若波羅蜜多，達有情不可得故修行般若波羅蜜多，達有情遠離故修行般若波羅蜜多，達有情本性非有情性故修行般若波羅蜜多。

「舍利子！修行般若波羅蜜多菩薩摩訶薩諸相應中，與空相應最為第一，與般若波羅蜜多相應最尊最勝。舍利子！諸菩薩摩訶薩如是相應，普能引發如來十力、四無所畏、四無礙解、大慈、大悲、大喜、大捨、十八佛不共法、一切智、道相智、一切相智。

❷滅諸惡

「舍利子！修行般若波羅蜜多菩薩摩訶薩，與如是般若波羅蜜多相應故，畢竟不起慳貪心，不起犯戒心，不起忿恚心，不起懈怠心，不起散亂心，不起惡慧心。」*6 (CBETA, T07, no. 220, p. 15, c8-p. 17, c23)

sher phyin: v26, pp. 120^{08}-132^{15} 《合論》: v50, pp. 143^{04}-162^{06}

(3)僧寶

(2.3.3)僧寶

(I)預流

①預流向 (第八聖菩薩)

①明「菩薩行般若波羅蜜，來生此間之三類菩薩」

卷404〈觀照品3〉：「爾時，舍利子白佛言：

「世尊！與般若波羅蜜多相應菩薩摩訶薩，從何處沒來生此間？從此間

沒當生何處？」

佛告舍利子：

「與般若波羅蜜多相應菩薩摩訶薩，有從餘佛土沒來生此間，有從覩史
多天沒來生此間，有從人中沒還生此間。

❶隨法行

❶從他方國土來

「舍利子！若從餘佛土沒來生此者，是菩薩摩訶薩疾與般若波羅蜜多
相應。由與般若波羅蜜多相應故，轉生便得深妙法門速現在前，從
此已後恒與般若波羅蜜多疾得相應，在所生處常值諸佛，供養恭
敬、尊重讚歎，能令般若波羅蜜多漸得增長。

❷從覩史多天來

若從覩史多天沒來生此者，是菩薩摩訶薩即為一生所繫，於六波羅
蜜多常不忘失，一切陀羅尼門、三摩地門皆得自在。

❷隨信行

❸從人中來

若從人中沒還生此者，是菩薩摩訶薩除不退轉，其根昧鈍，不能疾
與般若波羅蜜多相應，一切陀羅尼門、三摩地門皆未自在。*7 (1)

②此間終而往生之菩薩

「舍利子！汝所問『與般若波羅蜜多相應菩薩摩訶薩，從此間沒當生何
處？』者，是菩薩摩訶薩從此沒已生餘佛土，從一佛國至一佛國，在
在生處常得值遇諸佛世尊，供養恭敬、尊重讚歎，乃至無上正等菩提。

(II)一來

①一來向

❶菩薩行禪有方便、無方便

❶信解一來向

1.菩薩行禪無方便，味著生天

「舍利子！復有菩薩摩訶薩無方便善巧故，入初靜慮，入第二、第
三、第四靜慮，亦行六種波羅蜜多。是菩薩摩訶薩得靜慮故生長
壽天，隨彼壽盡來生人中，值遇諸佛，供養恭敬、尊重讚歎，雖
行六種波羅蜜多，而根昧鈍不甚明利。

2.菩薩行禪無方便，起不善心生欲界

「舍利子！復有菩薩摩訶薩，入初靜慮乃至第四靜慮，亦行六種波

羅蜜多。是菩薩摩訶薩無方便善巧故，捨諸靜慮而生欲界。當知是菩薩摩訶薩亦根昧鈍不甚明利。

❷見至一來向

3.菩薩行禪有方便，生有佛處 (賢劫中當得)

「舍利子！復有菩薩摩訶薩入初靜慮，入第二、第三、第四靜慮；入慈無量，入悲、喜、捨無量；入空無邊處定，入識無邊處、無所有處、非想非非想處定；修四念住、四正斷、四神足、五根、五力、七等覺支、八聖道支；修佛十力、四無所畏、四無礙解、大慈、大悲、大喜、大捨、十八佛不共法。是菩薩摩訶薩有方便善巧故，不隨靜慮、無量、無色勢力而生，但生有佛世界值遇諸佛，供養恭敬、尊重讚歎，常與般若波羅蜜多相應。當知是菩薩摩訶薩，此賢劫中定得無上正等菩提。*8 (1)

(I) ②但住預流果(隱說)
③勝進預流果
❶人家家

4.菩薩行禪有方便，起悲心，捨禪味生欲界三大家

「舍利子！復有菩薩摩訶薩，入初靜慮乃至第四靜慮，入慈無量乃至捨無量，入空無邊處定乃至非想非非想處定。是菩薩摩訶薩有方便善巧故，不隨靜慮、無量、無色勢力而生，還生欲界若剎帝利大族、若婆羅門大族、若長者大族、若居士大族，為欲成熟諸有情故，不為貪染後有故生。

❷天家家
1.生欲界天

5.菩薩行禪有方便，生六欲天，成熟有情，嚴淨佛土

「舍利子！復有菩薩摩訶薩，入初靜慮乃至第四靜慮，入慈無量乃至捨無量，入空無邊處定乃至非想非非想處定。是菩薩摩訶薩有方便善巧故，不隨靜慮、無量、無色勢力而生，或生四大王眾天，或生三十三天，或生夜摩天，或生覩史多天，或生樂變化天，或生他化自在天，為欲成熟諸有情故，及為嚴淨諸佛土故，常值諸佛，供養恭敬、尊重讚歎，無空過者。

2.生梵天

6.菩薩行禪有方便，作梵天王，尋佛請轉法輪

「舍利子！復有菩薩摩訶薩修行般若波羅蜜多，有方便善巧故入初靜

慮，於此處沒生梵世中作大梵王，威德熾盛勝餘梵眾多百千倍。從
自天處遊諸佛土，從一佛國至一佛國，其中有菩薩摩訶薩未證無上
正等菩提者，勸證無上正等菩提。已證無上正等菩提未轉法輪者請
轉法輪，為欲利樂諸有情故。*7 (2)

(II)②但住一來果

7.菩薩行禪有方便，是一生補處菩薩，生有佛處、覩史多天，壽終來
此成佛

「舍利子！復有菩薩摩訶薩，修行般若波羅蜜多有方便善巧故，入
初靜慮乃至第四靜慮，入慈無量乃至捨無量，入空無邊處定乃至
非想非非想處定，修四念住乃至八聖道支，於空解脫門、無相解
脫門、無願解脫門自在現前，不隨靜慮、無量、無色勢力而生。
是菩薩摩訶薩一生所繫，現前承事親近供養現在如來、應、正等
覺，於是佛所勤修梵行，從此間沒生覩史多天。盡彼壽量，諸根
無缺，具念正知，無量無數百千俱胝那庾多天眾圍遶導從，遊戲
神通來生人中，證得無上正等菩提，轉妙法輪度無量眾。

③勝進一來果　(一間) (一種、一種子)

「舍利子！復有菩薩摩訶薩修行般若波羅蜜多，雖已得四靜慮、四
無量、四無色定，已得四念住、四正斷、四神足、五根、五力、
七等覺支、八聖道支，已修佛十力、四無所畏、四無礙解、大慈、
大悲、大喜、大捨、十八佛不共法、一切智、道相智、一切相智，
心趣菩提常無懈廢，而於聖諦現未通達。舍利子當知！是菩薩摩
訶薩一生所繫。*8 (2)　*11

(III)不還

①不還向

❷菩薩得神通者

1.不生三界，但遊佛土

「舍利子！復有菩薩摩訶薩具六神通，不生欲界，不生色界，不生
無色界，遊諸佛土，從一佛國至一佛國，供養恭敬、尊重讚歎諸
佛世尊，修菩薩行至得無上正等菩提。

(1)往來無聲聞處

「舍利子！復有菩薩摩訶薩具六神通遊戲自在，從一佛國至一佛
國，所經佛土無有聲聞、獨覺之名，唯有一乘真淨行者。是菩
薩摩訶薩於諸佛土供養恭敬、尊重讚歎諸佛世尊，修行般若波

　　　　羅蜜多漸次增長，嚴淨佛土、成熟有情。

　　(2)往來壽無量處

　　　「舍利子！復有菩薩摩訶薩具六神通遊戲自在，從一佛國至一佛
　　　　國，所經佛土有情壽量不可數知。是菩薩摩訶薩於諸佛土供養
　　　　恭敬、尊重讚歎諸佛世尊，修行般若波羅蜜多漸次增長，嚴淨
　　　　佛土、成熟有情。

2.無三寶處讚歎三寶

　　　「舍利子！復有菩薩摩訶薩具六神通遊諸世界，有諸世界無三寶
　　　　名，是菩薩摩訶薩往彼讚歎佛、法、僧寶，令諸有情深生淨信，
　　　　由斯長夜利益安樂。是菩薩摩訶薩於此命終生有佛界，修菩薩行
　　　　至得無上正等菩提。

3.常生利益有情處

　　　「舍利子！復有菩薩摩訶薩從初發心勇猛精進，得初靜慮乃至第四
　　　　靜慮，得慈無量乃至捨無量，得空無邊處定乃至非想非非想處
　　　　定，修四念住乃至八聖道支，修佛十力乃至一切相智。是菩薩摩
　　　　訶薩不生欲界，不生色界，不生無色界，常生能益有情之處，利
　　　　益安樂一切有情。*9 (1)

②不還果

❸初發心已，得六度、菩提、與般若相應者

❶(中般)　❷生般

1.菩薩初發心時，便得無上菩提，轉法輪利樂有情

　　　「舍利子！復有菩薩摩訶薩先已修習六波羅蜜多，初發心已便能展
　　　　轉證得無上正等菩提，轉妙法輪度無量眾，於無餘依大涅槃界而
　　　　般涅槃。般涅槃後所說正法若住一劫、若一劫餘，利樂無邊諸有
　　　　情類。

❸無行般

2.菩薩初發心時，行六度，入菩薩位得不退

　　　「舍利子！復有菩薩摩訶薩先已修習六波羅蜜多，初發心已便入菩
　　　　薩正性離生，乃至證得不退轉地。

3.菩薩初發心時，般若相應，與諸菩薩遊諸佛國淨佛世界

　　　「舍利子！復有菩薩摩訶薩先已修習六波羅蜜多，初發心已便能與
　　　　般若波羅蜜多相應，與無量無數百千俱胝那庾多菩薩摩訶薩，前

後圍遶遊諸佛土，從一佛國至一佛國，供養恭敬、尊重讚歎諸佛世尊，成熟有情、嚴淨佛土。*9 (2)

❹有行般

❹修行安住六波羅蜜

1.久劫修證，饒益有情

(1)久劫修證 (鈍根)

「舍利子！復有菩薩摩訶薩修行六種波羅蜜多，遊諸世界從一佛國至一佛國，嚴淨佛土，安立有情於無上覺。舍利子！是菩薩摩訶薩要經無量無數大劫，乃證無上正等菩提。

(2)菩薩常精進，不說無益事

「舍利子！復有菩薩摩訶薩安住六種波羅蜜多，常勤精進饒益有情，口常不說引無義語，身、意不起引無義業。

(3)斷有情三惡道

「舍利子！復有菩薩摩訶薩修行六種波羅蜜多，常勤精進饒益有情，從一佛國至一佛國，斷諸有情三惡趣道。*9 (3)

❺往色究竟天

1.(全超)　2.(半超)

2.以六度為上首修行

(1)常以布施為上首而行

「舍利子！復有菩薩摩訶薩雖具住六波羅蜜多，常以布施波羅蜜多而為上首，勇猛修習諸菩薩行，惠諸有情一切樂具常無懈息，須食與食、須飲與飲、須乘與乘、須衣與衣，華香、瓔珞、房舍、臥具、床榻、燈明、財穀、珍寶，隨其所須資生之物皆悉給施。

(2)常以淨戒為上首而行

「舍利子！復有菩薩摩訶薩雖具住六波羅蜜多，常以淨戒波羅蜜多而為上首，勇猛修習諸菩薩行，具身、語、意殊勝律儀，勸諸有情亦令修習如是律儀，令速圓滿。

(3)常以安忍為上首而行

「舍利子！復有菩薩摩訶薩雖具住六波羅蜜多，常以安忍波羅蜜多而為上首，勇猛修習諸菩薩行，遠離一切忿恚等心，勸諸有情亦令修習如是安忍，令速圓滿。

(4)常以精進為上首而行

「舍利子！復有菩薩摩訶薩雖具住六波羅蜜多，常以精進波羅蜜
多而為上首，勇猛修習諸菩薩行，具足修行一切善法，勸諸有
情亦令修習如是精進，令速圓滿。

(5)常以靜慮為上首而行

「舍利子！復有菩薩摩訶薩雖具住六波羅蜜多，常以靜慮波羅蜜
多而為上首，勇猛修習諸菩薩行，具修一切勝奢摩他，勸諸有
情亦令修習如是勝定，令速圓滿。

(6)常以般若為上首而行

「舍利子！復有菩薩摩訶薩雖具住六波羅蜜多，常以般若波羅蜜
多而為上首，勇猛修習諸菩薩行，具修一切毘鉢舍那，勸諸有
情亦令修習如是勝慧，令速圓滿。

3.遍歿

3.化身如佛，教化有情嚴淨佛土

(1)化身入五道說法

「舍利子！復有菩薩摩訶薩修行般若波羅蜜多，化身如佛遍入地
獄、傍生、鬼界、若人、若天，隨其類音為說正法。

(2)化身至十方世界教化有情、嚴淨佛土

「舍利子！復有菩薩摩訶薩安住六種波羅蜜多，化身如佛遍到十
方殑伽沙等諸佛世界，為諸有情宣說正法、嚴淨佛土；於諸佛
所聽聞正法，供養恭敬、尊重讚歎，周覽十方最勝佛土微妙淨
相，而便自起最極莊嚴清淨佛土，於中安處一生所繫諸大菩
薩，教令速證無上菩提。*9 (4)

❻往有頂

1.現法涅槃

❺諸根明利，三業清淨

1.三清淨業

(1)以三乘度有情

「舍利子！復有菩薩摩訶薩修行六種波羅蜜多，成就大士三十二
相，諸根猛利清淨端嚴，眾生見者無不愛敬，因斯勸導，應其
根欲令漸證得三乘涅槃。如是，舍利子！菩薩摩訶薩修行般若
波羅蜜多，應學清淨身、語、意業。

(2)不自重輕他

「舍利子！復有菩薩摩訶薩修行六種波羅蜜多，雖得諸根明利，

而不自重輕他。

2.恆住施戒度

　(1)終不墮惡道

　　「舍利子！復有菩薩摩訶薩從初發心恒住施戒波羅蜜多，乃至未得不退轉地，於一切時不墮惡趣。

　(2)常不捨十善

　　「舍利子！復有菩薩摩訶薩從初發心乃至未得不退轉地，常不捨離十善業道。

　(3)作輪王，立有情於十善道，以財物施有情

　　「舍利子！復有菩薩摩訶薩安住施戒波羅蜜多，作轉輪王成就七寶，以法教化不以非法，安立有情於十善道，亦以財寶濟諸貧乏。

　(4)作輪王，常值遇多佛供養敬讚

　　「舍利子！復有菩薩摩訶薩安住施戒波羅蜜多，無量百千世作轉輪聖王，值遇無量百千諸佛，供養恭敬、尊重讚歎，捨施內外不以為難。

3.入超越定

2.身證

「舍利子！復有菩薩摩訶薩修行般若波羅蜜多，得四靜慮、四無量、四無色定，於中遊戲先入初靜慮，從初靜慮起入滅盡定，從滅盡定起入第二靜慮，從第二靜慮起入滅盡定，從滅盡定起入第三靜慮，從第三靜慮起入滅盡定，從滅盡定起入第四靜慮，從第四靜慮起入滅盡定，從滅盡定起入空無邊處，從空無邊處起入滅盡定，從滅盡定起入識無邊處，從識無邊處起入滅盡定，從滅盡定起入無所有處，從無所有處起入滅盡定，從滅盡定起入非想非非想處，從非想非非想處起入滅盡定，從滅盡定起入初靜慮。舍利子！是菩薩摩訶薩修行般若波羅蜜多方便善巧，於諸勝定順逆往還次第超越遊戲自在。*9 (5)

(IV)阿羅漢向

❻常以法照明有情亦自照

「舍利子！復有菩薩摩訶薩安住六種波羅蜜多，常為邪見盲冥有情作法照明，亦持此明常以自照，乃至無上正等菩提，此法照明曾不捨離。是菩薩摩訶薩由是因緣，於諸佛法常得現起。*10

(V)別有不退轉菩薩

❼住不退轉地

1.遍知而不證住，住不退轉地

「舍利子！復有菩薩摩訶薩雖已得四念住、四正斷、四神足、五根、五力、七等覺支、八聖道支，已修佛十力、四無所畏、四無礙解、大慈、大悲、大喜、大捨、十八佛不共法、一切智、道相智、一切相智，而不取預流果、若一來果、若不還果、若阿羅漢果、若獨覺菩提、若無上正等菩提。是菩薩摩訶薩修行般若波羅蜜多方便善巧故，令諸有情起四念住乃至八聖道支，使得預流果乃至阿羅漢果、獨覺菩提；或令有情修佛十力乃至一切相智，使得無上正等菩提。舍利子！此諸聲聞、獨覺果智即是菩薩摩訶薩忍。舍利子！當知是菩薩摩訶薩住不退轉地，與般若波羅蜜多相應能為斯事。

2.賢劫中定當作佛

「舍利子！復有菩薩摩訶薩住六波羅蜜多，淨覩史多天宮，當知是菩薩摩訶薩此賢劫中定當作佛。*11

「是故，舍利子！諸菩薩摩訶薩修行般若波羅蜜多，於身、語、意三有罪業無容暫起。」(CBETA, T07, no. 220, p. 18, a⁶-p. 20, b¹⁷)

sher phyin:　v26, pp. 132¹⁵-148⁰⁹　《合論》：　v50, pp. 162¹⁵-178²¹

4.修行堅穩之因 (對治耽惡懈怠之教授)

2.4 修行堅穩之因開示不怯弱精進之教授

修行堅穩之因，對治貪著惡事懈怠，開示不怯弱精進之教授。

(1)若取三業相作緣，是為菩薩三罪業，能生六蔽心

卷 404〈觀照品 3〉：「時，舍利子白佛言：

「世尊！云何名為菩薩摩訶薩有罪身、語、意業？」

佛言：

「舍利子！若菩薩摩訶薩作是念：『此是身，我由此故而起身業；此是語，我由此故而起語業；此是意，我由此故而起意業。』舍利子！是名菩薩摩訶薩有罪身、語、意業。

「舍利子！諸菩薩摩訶薩修行般若波羅蜜多，不得身及身業，不得語及語

業，不得意及意業。舍利子！若菩薩摩訶薩修行般若波羅蜜多，得身、語、意及身、語、意業者，便起慳貪心、犯戒心、忿恚心、懈怠心、散亂心、惡慧心，若起此心不名菩薩摩訶薩。是故修行般若波羅蜜多菩薩摩訶薩，生此念者無有是處。

「舍利子！諸菩薩摩訶薩修行六種波羅蜜多，能淨身、語、意三種麤重。」 *12

(2)住般若行能淨身口意三業

時，舍利子白佛言：「世尊！云何菩薩摩訶薩能淨身、語、意三種麤重？」

佛言：

「舍利子！諸菩薩摩訶薩修行般若波羅蜜多，不得身及身麤重，不得語及語麤重，不得意及意麤重。舍利子！如是菩薩摩訶薩修行般若波羅蜜多，能淨身、語、意三種麤重。

「又，舍利子！若菩薩摩訶薩從初發心，恒具受持十善業道，不起聲聞及獨覺心，常於有情起大悲心。舍利子！我亦說是菩薩摩訶薩能淨身、語、意三種麤重。*12

(3)菩薩住般若能行淨菩提道 (以諸法不可得故)

「舍利子！復有菩薩摩訶薩，修行六種波羅蜜多淨菩提道。」

時，舍利子白佛言：「世尊！云何名為菩薩摩訶薩菩提道？」

佛言：

「舍利子！諸菩薩摩訶薩修行般若波羅蜜多時，不得一切身、語、意業及三麤重，不得布施波羅蜜多，不得淨戒波羅蜜多，不得安忍波羅蜜多，不得精進波羅蜜多，不得靜慮波羅蜜多，不得般若波羅蜜多，不得聲聞乘，不得獨覺乘，不得菩薩正等覺乘。舍利子！是名菩薩摩訶薩菩提道。何以故？以菩提道於一切法皆不得故。*13

5.修行增進之因 (對治退屈懈怠之教授)

2.5 修行增進之因，開示不疲勞精進之教授

修行增進之因，對治退屈懈怠，開示不疲勞精進之教授。

(4)菩薩住般若，趣菩提道無能制者 (不念著諸法故)

卷 404〈觀照品 3〉：

「舍利子！復有菩薩摩訶薩修行六種波羅蜜多，趣菩提道無能制者。」(無能壞者)

(CBETA, T07, no. 220, p. 20, b^{18}-c^{23})

sher phyin:　v26, pp. 148^{09}-151^{01}　《合論》：　v50, pp. 179^{01}-181^{15}

時，舍利子白佛言：「世尊！何緣菩薩摩訶薩修行六種波羅蜜多，趣菩提道無能制者？」

佛言：

「舍利子！諸菩薩摩訶薩修行六種波羅蜜多時，不著色蘊，不著受、想、行、識蘊；不著眼處，不著耳、鼻、舌、身、意處；不著色處，不著聲、香、味、觸、法處；不著眼界、色界、眼識界，不著耳界、聲界、耳識界，不著鼻界、香界、鼻識界，不著舌界、味界、舌識界，不著身界、觸界、身識界，不著意界、法界、意識界；不著苦聖諦，不著集、滅、道聖諦；不著無明，不著行、識、名色、六處、觸、受、愛、取、有、生、老死愁歎苦憂惱；不著四念住，不著四正斷、四神足、五根、五力、七等覺支、八聖道支；不著布施波羅蜜多，不著淨戒、安忍、精進、靜慮、般若波羅蜜多；不著佛十力，不著四無所畏、四無礙解、大慈、大悲、大喜、大捨、十八佛不共法、一切智、道相智、一切相智；不著預流果，不著一來、不還、阿羅漢果，不著獨覺菩提，不著一切菩薩摩訶薩行，不著諸佛無上正等菩提。舍利子！由是因緣，菩薩摩訶薩修行六種波羅蜜多，增長熾盛趣菩提道無能制者。*13

6.修行不退之因 (攝持大乘道精進之教授)

2.6 修行不退之因開示攝持大乘之教授

修行不退之因，對治自輕懈怠，開示攝持大乘道精進之教授。

(1)菩薩住般若成勝智，能具足諸法

①具智慧不墮下賤處，為諸天所敬愛

卷 404〈觀照品 3〉：

「舍利子！復有菩薩摩訶薩，安住般若波羅蜜多，速能圓滿一切智智。成勝智故，常不墜墮諸險惡趣，不受下賤人天之身，永不貧窮，所受身形諸根具足容顏端正，為諸天、人、阿素洛等之所敬愛。」

(CBETA, T07, no. 220, p. 20, c^{23}-p. 21, a^{19})

sher phyin:　v26, pp. 151^{02}-153^{10}　《合論》：　v50, pp. 181^{16}-183^{15}

②是用智見十方諸佛，聽法、見僧，亦見嚴淨佛土

時，舍利子白佛言：「世尊！何等名為菩薩摩訶薩所成勝智？」

佛言：

「舍利子！諸菩薩摩訶薩由成此智，盡見十方殑伽沙等諸佛世界一切如來、應、正等覺，盡聞彼佛所說正法，盡見彼會一切聲聞、菩薩僧等，亦見彼土莊嚴之相。*13

(2)以是智不著心取相，具足諸法亦不得諸法

諸菩薩摩訶薩由成此智，不起世界想，不起佛想，不起法想，不起聲聞僧想，不起菩薩僧想，不起獨覺想，不起我想，不起非我想，不起佛土莊嚴之想。諸菩薩摩訶薩由成此智，雖行布施波羅蜜多而不得布施波羅蜜多，雖行淨戒波羅蜜多，而不得淨戒波羅蜜多；雖行安忍波羅蜜多，而不得安忍波羅蜜多；雖行精進波羅蜜多，而不得精進波羅蜜多；雖行靜慮波羅蜜多，而不得靜慮波羅蜜多；雖行般若波羅蜜多，而不得般若波羅蜜多；雖行四念住，而不得四念住；乃至雖行八聖道支，而不得八聖道支；雖行佛十力，而不得佛十力；乃至雖行一切相智，而不得一切相智。舍利子！是名菩薩摩訶薩所成勝智。諸菩薩摩訶薩由成此智，速能圓滿一切佛法，雖知一切法，而不得一切法，以自性空故。」*13　(CBETA, T07, no. 220, p. 21, a^{19}-b^{11})

sher phyin:　v26, pp. 153^{10}-156^{01}　《合論》：　v50, pp. 183^{16}-185^{13}

7.修行自在轉不依他之因 (五眼之教授)

2.7 於所修行能自在轉得五眼之教授

1.於所修行能自在轉，不依仗他之因，謂得五眼：能見百踰繕那乃至三千大千以內粗細眾色之肉眼；從昔有漏善業所感異熟而生，能如實見眾生生死之天眼；現證諸法無實之慧眼；能知一切聖者根性利鈍之法眼；能現觀一切諸法之佛眼。2.開示此五眼之教授。

(1)菩薩住般若，淨五眼

卷404〈觀照品3〉：

「舍利子！復有菩薩摩訶薩修行般若波羅蜜多能淨五眼，所謂肉眼、天眼、慧眼、法眼、佛眼。」(CBETA, T07, no. 220, p. 21, b$^{12-13}$)

①肉眼淨

(2.7.1)肉眼

時，舍利子白佛言：「世尊！云何菩薩摩訶薩清淨肉眼？」

佛言：

「舍利子！有菩薩摩訶薩肉眼見百踰繕那，有菩薩摩訶薩肉眼見二百踰繕那，有菩薩摩訶薩肉眼見三百踰繕那，有菩薩摩訶薩肉眼見四百、五百、六百乃至千踰繕那，有菩薩摩訶薩肉眼見一贍部洲，有菩薩摩訶薩肉眼見二大洲，有菩薩摩訶薩肉眼見三大洲，有菩薩摩訶薩肉眼見四大洲，有菩薩摩訶薩肉眼見小千世界，有菩薩摩訶薩肉眼見中千世界，有菩薩摩訶薩肉眼見三千大千世界。舍利子！是名菩薩摩訶薩清淨肉眼。」 (CBETA, T07, no. 220, p. 21, b$^{14-25}$)

sher phyin: v26, pp. 156$^{05-19}$ 《合論》： v50, pp. 185^{14}-186^{13}

②天眼淨

(2.7.2)天眼

時，舍利子復白佛言：「世尊！云何菩薩摩訶薩清淨天眼？」

佛言：

「舍利子！菩薩摩訶薩天眼，見一切四大王眾天天眼所見，見一切三十三天、夜摩天、覩史多天、樂變化天、他化自在天天眼所見，見一切梵眾天天眼所見，乃至見一切色究竟天天眼所見。舍利子！有菩薩摩訶薩天眼所見，一切四大王眾天乃至色究竟天天眼所不能見。舍利子！諸菩薩摩訶薩天眼，能見十方殑伽沙等世界有情死此生彼。舍利子！是名菩薩摩訶薩清淨天眼。」

(CBETA, T07, no. 220, p. 21, b^{25}-c^{06})

sher phyin: v26, pp. 156^{19}-158^{05} 《合論》： v50, pp. 186^{14}-190^{03}

③慧眼淨

(2.7.3)慧眼

時，舍利子復白佛言：「世尊！云何菩薩摩訶薩清淨慧眼？」

佛言：

「舍利子！菩薩摩訶薩慧眼，不見有法若有為、若無為，若有漏、若無漏，若世間、若出世間，若有罪、若無罪，若雜染、若清淨，若有色、若無色，若有對、若無對，若過去、若未來、若現在，若欲界繫、若色界繫、若無色界繫，若善、若不善、若無記，若見所斷、若修所斷、若非所斷，若學、若無學、若非學非無學，乃至一切法若自性、若差別。舍利子！是菩薩摩訶薩慧眼，不見有法是可見、是可聞、是可覺、是可識。舍利子！是名菩薩摩訶薩清淨慧眼。」

(CBETA, T07, no. 220, p. 21, c06-17)

sher phyin: v26, pp. 158[05-16] 《合論》: v50, pp. 190[04-15]

④法眼淨

(2.7.4)法眼

時，舍利子復白佛言：「世尊！云何菩薩摩訶薩清淨法眼？」

❶菩薩法眼，知聲聞獨覺道

佛言：

1.知聲聞道

「舍利子！菩薩摩訶薩法眼，能如實知補特伽羅種種差別：此隨信行，此隨法行，此無相行；此住空，此住無相，此住無願；

(1)由空解脫門

此由空解脫門起五根，由五根起無間定，由無間定起解脫知見，由解脫知見永斷三結，所謂薩迦耶見、戒禁取、疑，永斷此三結故得預流果；此由修道薄欲貪、瞋恚得一來果；此復由上品修道永斷欲貪、瞋恚得不還果；此復由增上品修道永斷五順上分結，所謂色貪、無色貪、無明、慢、掉舉，永斷此五順上分結故得阿羅漢果；

(2)由無相解脫門

此由無相解脫門起五根，由五根起無間定，乃至永斷五順上分結得阿羅漢果；

(3)由無願解脫門

此由無願解脫門起五根，由五根起無間定，乃至永斷五順上分結得阿羅漢果；由二、由三亦復如是。舍利子！是名菩薩摩訶薩清淨法眼。

2.知獨覺道

「復次，舍利子！菩薩摩訶薩法眼，能如實知所有集法皆是滅法，由知此故便得五根。舍利子！是名菩薩摩訶薩清淨法眼。(由五根起無間定，由無間定起解脫知見，由解脫知見故知所有集法皆是滅法，得獨覺果。)

❷知菩薩種種道

1.行六度乃至不墮二乘

「復次，舍利子！菩薩摩訶薩法眼，能如實知此菩薩摩訶薩最初發心，修行布施波羅蜜多，乃至修行般若波羅蜜多，成就信根、精

進根，方便善巧故，意受身增長善法。是菩薩摩訶薩或生剎帝利大族，或生婆羅門大族，或生長者大族，或生居士大族，或生四大王眾天，乃至或生他化自在天，住於彼處成就有情，隨諸有情心所愛樂，給施種種上妙樂具；嚴淨佛土，供養恭敬、尊重讚歎諸佛世尊，不墮聲聞、獨覺等地，乃至無上正等菩提終不退轉。舍利子！是名菩薩摩訶薩清淨法眼。

2.退不退乃至有魔無魔

「復次，舍利子！菩薩摩訶薩法眼，能如實知此菩薩摩訶薩於無上正等菩提已得授記，此菩薩摩訶薩於無上正等菩提未得授記；此菩薩摩訶薩於無上正等菩提已得不退，此菩薩摩訶薩於無上正等菩提未得不退；此菩薩摩訶薩已到不退轉地，此菩薩摩訶薩未到不退轉地；此菩薩摩訶薩已圓滿神通，此菩薩摩訶薩未圓滿神通；此菩薩摩訶薩神通已圓滿故，能往十方殑伽沙等諸佛世界，供養恭敬、尊重讚歎諸佛世尊，此菩薩摩訶薩神通未圓滿故，不能往十方殑伽沙等諸佛世界，供養恭敬、尊重讚歎諸佛世尊；此菩薩摩訶薩已得神通，此菩薩摩訶薩未得神通；此菩薩摩訶薩已得無生法忍，此菩薩摩訶薩未得無生法忍；此菩薩摩訶薩已得勝根，此菩薩摩訶薩未得勝根；此菩薩摩訶薩已嚴淨佛土，此菩薩摩訶薩未嚴淨佛土；此菩薩摩訶薩已成熟有情，此菩薩摩訶薩未成熟有情；此菩薩摩訶薩已得大願，此菩薩摩訶薩未得大願；此菩薩摩訶薩已為諸佛稱譽，此菩薩摩訶薩未為諸佛稱譽；此菩薩摩訶薩已親近諸佛，此菩薩摩訶薩未親近諸佛；此菩薩摩訶薩壽命無量，此菩薩摩訶薩壽命有量；此菩薩摩訶薩得菩提時苾芻僧無量，此菩薩摩訶薩得菩提時苾芻僧有量；此菩薩摩訶薩得菩提時有菩薩僧，此菩薩摩訶薩得菩提時無菩薩僧；此菩薩摩訶薩專修利他行，此菩薩摩訶薩兼修自利行；此菩薩摩訶薩有難行苦行，此菩薩摩訶薩無難行苦行；此菩薩摩訶薩為一生所繫，此菩薩摩訶薩為多生所繫；此菩薩摩訶薩已住最後有，此菩薩摩訶薩未住最後有；此菩薩摩訶薩已坐妙菩提座，此菩薩摩訶薩未坐妙菩提座；此菩薩摩訶薩有魔來試，此菩薩摩訶薩無魔來試。舍利子！是名菩薩摩訶薩清淨法眼。」

(CBETA, T07, no. 220, p. 21, c^{17}- p. 22, b^{24})

sher phyin: v26, pp. 158^{16}-163^{10} 《合論》: v50, pp. 190^{16}-193^{09}

⑤佛眼淨

(2.7.5)佛眼

時，舍利子復白佛言：「世尊！云何菩薩摩訶薩清淨佛眼？」

佛言：

「舍利子！菩薩摩訶薩菩提心無間，入金剛喻定，得一切相智，成就佛
十力、四無所畏、四無礙解、大慈、大悲、大喜、大捨、十八佛不共
法、無障無礙解脫佛眼。菩薩摩訶薩由此佛眼，超過一切聲聞、獨覺
智慧境界，無所不見、無所不聞、無所不覺、無所不識，於一切法見
一切相。舍利子！是名菩薩摩訶薩清淨佛眼。舍利子！菩薩摩訶薩證
阿耨多羅三藐三菩提時，乃得如是清淨佛眼。*14

(CBETA, T07, no. 220, p. 22, b^{25}-c^{06})

sher phyin: v26, pp. 163^{10}-164^{03} 《合論》：   v50, pp. 193^{10}-196^{04}

(2)當學般若波羅蜜，能得淨五眼、證菩提

(2.7.6)開示此五眼之教授

「舍利子！若菩薩摩訶薩欲得如是清淨五眼，當勤修習六到彼岸。所以者
何？此六到彼岸總攝一切善法，謂一切聲聞善法、獨覺善法、菩薩善法、
如來善法。

「舍利子！有問如來、應、正等覺：『以實而言，何法能攝一切善法？』
佛正答言：『所謂般若波羅蜜多。』何以故？此般若波羅蜜多是一切善
法之母，能生五波羅蜜多及五眼等諸功德故。舍利子！若菩薩摩訶薩欲
得清淨五眼，當學般若波羅蜜多；若菩薩摩訶薩欲得阿耨多羅三藐三菩
提，當學如是清淨五眼。舍利子！若菩薩摩訶薩能學如是清淨五眼，定
得阿耨多羅三藐三菩提。」*14

(CBETA, T07, no. 220, p. 22, c$^{06-18}$)

sher phyin: v26, pp. 164$^{03-15}$ 《合論》：   v50, pp. 196$^{05-17}$

8.圓滿資糧之因

(1)得六神通之教授

2.8 能速圓滿資糧開示六通之教授

卷404〈觀照品3〉：

「舍利子！復有菩薩摩訶薩修行般若波羅蜜多時，能引發六神通波羅蜜

多，所謂神境智證通、天耳智證通、他心智證通、宿住隨念智證通、天眼智證通、漏盡智證通波羅蜜多。」(CBETA, T07, no. 220, p. 22, c¹⁸⁻²²)

①神境通

(2.8.1)能轉變種種事之神變通

卷 404〈觀照品 3〉：「時，舍利子白佛言：

「世尊！云何菩薩摩訶薩修行般若波羅蜜多時所引發神境智證通？」

佛言：

「舍利子！有菩薩摩訶薩神境智證通，能起種種大神變事，所謂震動十方各如殑伽沙界大地等物，變一為多，變多為一，或隱或顯迅速無礙，山崖牆壁直過如空，陵虛往來猶如飛鳥，地中出沒如出沒水，水上經行如經行地，身出煙焰如燎高原，體注眾流如銷雪嶺，日月神德威勢難當，以手拉摩光明隱蔽，乃至淨居轉身自在，如斯神變其數無邊。

「舍利子！此菩薩摩訶薩雖有如是神境智用，而於其中不自高舉，不著神境智證通性，不著神境智證通事，不著能得如是神境智證通者，於著不著俱無所著。何以故？自性空故，自性離故，自性本來不可得故。舍利子！是菩薩摩訶薩不作是念：『我今引發神境智通為自娛樂。』唯除為得一切智智。舍利子！是名菩薩摩訶薩修行般若波羅蜜多時所引發神境智證通。」

(CBETA, T07, no. 220, p. 22, c²²-p. 23, a¹¹)

sher phyin:　v26, pp. 164¹⁵-165¹⁶　《合論》：　v50, pp. 196¹⁸-197¹⁹

②天耳通

(2.8.2)能現知世界粗、細諸聲之天耳通

卷 404〈觀照品 3〉：「時，舍利子復白佛言：

「世尊！云何菩薩摩訶薩修行般若波羅蜜多時所引發天耳智證通？」

佛言：

「舍利子！有菩薩摩訶薩天耳智證通，最勝清淨過人天耳，能如實聞十方各如殑伽沙界情、非情類種種音聲。所謂遍聞一切地獄聲、傍生聲、鬼界聲、人聲、天聲、聲聞聲、獨覺聲、菩薩聲、諸佛聲、訶毀生死聲、讚歎涅槃聲、棄背有為聲、趣向菩提聲、厭惡有漏聲、欣樂無漏聲、稱揚三寶聲、制伏邪道聲、論議決擇聲、諷誦經典聲、勸斷惡法聲、令修善法聲、拔濟苦難聲、慶慰歡樂聲，如是等聲若大若小悉能遍聞無障無礙。

「舍利子！是菩薩摩訶薩雖有如是天耳作用，而於其中不自高舉，不著

天耳智證通性，不著天耳智證通事，不著能得如是天耳智證通者，於著不著俱無所著。何以故？自性空故，自性離故，自性本來不可得故。舍利子！是菩薩摩訶薩不作是念：『我今引發天耳智通為自娛樂。』唯除為得一切智智。舍利子！是名菩薩摩訶薩修行般若波羅蜜多時所引發天耳智證通。」

(CBETA, T07, no. 220, p. 23, a^{12}-b^3)

sher phyin: v26, pp. 165^{16}-166^{03} 《合論》: v50, pp. 197^{20}-198^{07}

③他心通

(2.8.3)能知他善、惡等心之他心通

卷404〈觀照品3〉:「時，舍利子復白佛言:

「世尊！云何菩薩摩訶薩修行般若波羅蜜多時所引發他心智證通？」

佛言:

「舍利子！有菩薩摩訶薩他心智證通，能如實知十方各如殑伽沙界他有情類心、心所法，所謂遍知他有情類若有貪心如實知有貪心，若離貪心如實知離貪心，若有瞋心如實知有瞋心，若離瞋心如實知離瞋心，若有癡心如實知有癡心，若離癡心如實知離癡心，若有愛心如實知有愛心，若離愛心如實知離愛心，若有取心如實知有取心，若離取心如實知離取心，若聚心如實知聚心，若散心如實知散心，若小心如實知小心，若大心如實知大心，若舉心如實知舉心，若下心如實知下心，若寂靜心如實知寂靜心，若不寂靜心如實知不寂靜心，若掉心如實知掉心，若不掉心如實知不掉心，若定心如實知定心，若不定心如實知不定心，若解脫心如實知解脫心，若不解脫心如實知不解脫心，若有漏心如實知有漏心，若無漏心如實知無漏心，若有豔心如實知有豔心，若無豔心如實知無豔心，若有上心如實知有上心，若無上心如實知無上心。

「舍利子！是菩薩摩訶薩雖有如是他心智用，而於其中不自高舉，不著他心智證通性，不著他心智證通事，不著能得如是他心智證通者，於著不著俱無所著。何以故？自性空故，自性離故，自性本來不可得故。舍利子！是菩薩摩訶薩不作是念：『我今引發他心智通為自娛樂。』唯除為得一切智智。舍利子！是名菩薩摩訶薩修行般若波羅蜜多時所引發他心智證通。」

(CBETA, T07, no. 220, p. 23, b^3-c^4)

sher phyin: v26, pp. 166^{04}-168^{16} 《合論》: v50, pp. 198^{08}-200^{15}

④宿住隨念通

(2.8.4)能知往昔受生之宿住隨念通

卷 405〈觀照品 3〉：「第二分觀照品第三之四

時，舍利子復白佛言：

「世尊！云何菩薩摩訶薩修行般若波羅蜜多時所引發宿住隨念智證
　通？」

佛言：

「舍利子！有菩薩摩訶薩宿住隨念智證通，能如實念十方各如殑伽沙界
　一切有情諸宿住事。所謂隨念若自若他一心、十心、百心、千心、多
　百千心頃諸宿住事，或復隨念一日、十日、百日、千日、多百千日諸
　宿住事，或復隨念一月、十月、百月、千月、多百千月諸宿住事，或
　復隨念一年、十年、百年、千年、多百千年諸宿住事，或復隨念一劫、
　十劫、百劫、千劫、多百千劫乃至無量無數百千俱胝那庾多劫諸宿住
　事，或復隨念前際所有諸宿住事，謂如是時，如是處，如是名，如是
　姓，如是類，如是食，如是久住，如是壽限，如是長壽，如是受樂，
　如是受苦，從彼處沒來生此間，從此間沒往生彼處，如是狀貌，如是
　言說。若略若廣、若自若他，諸宿住事皆能隨念。

「舍利子！是菩薩摩訶薩雖有如是宿住智用，而於其中不自高舉，不著
　宿住隨念智證通性，不著宿住隨念智證通事，不著能得宿住隨念智證
　通者，於著不著俱無所著。何以故？自性空故，自性離故，自性本來
　不可得故。舍利子！是菩薩摩訶薩不作是念：『我今引發宿住智通為
　自娛樂。』唯除為得一切智智。舍利子！是名菩薩摩訶薩修行般若波
　羅蜜多時所引發宿住隨念智證通。」

(CBETA, T07, no. 220, p. 23, c^{11}-p. 24, a^8)

sher phyin:　v26, pp. 168^{16}-169^{18}　《合論》：　v50, pp. 200^{16}-201^{19}

⑤天眼通

(2.8.5)能知世界粗、細諸色之天眼通

卷 405〈觀照品 3〉：「時，舍利子復白佛言：

「世尊！云何菩薩摩訶薩修行般若波羅蜜多時所引發天眼智證通？」

佛言：

「舍利子！有菩薩摩訶薩天眼智證通最勝清淨過人天眼，能如實見十方
　各如殑伽沙界情、非情類種種色像，所謂普見諸有情類死時生時，妙
　色麁色、善趣惡趣、若勝若劣，諸如是等種種色像。因此復知諸有情

類隨業力用受生差別,如是有情成就身惡行、成就語惡行、成就意惡行,誹毀賢聖邪見因緣,身壞命終當墮惡趣,或生地獄,或生傍生,或生鬼界,或生邊地下賤悖惡有情類中受諸苦惱;如是有情成就身妙行、成就語妙行、成就意妙行,讚美賢聖正見因緣,身壞命終當昇善趣,或生天上,或生人中受諸快樂。如是有情種種業類受果差別皆如實知。

「舍利子!是菩薩摩訶薩雖有如是天眼作用,而於其中不自高舉,不著天眼智證通性,不著天眼智證通事,不著能得如是天眼智證通者,於著不著俱無所著。何以故?自性空故,自性離故,自性本來不可得故。舍利子!是菩薩摩訶薩不作是念:『我今引發天眼智通為自娛樂。』唯除為得一切智智。舍利子!是名菩薩摩訶薩修行般若波羅蜜多時所引發天眼智證通。」

(CBETA, T07, no. 220, p. 24, a^9-b^3)

sher phyin: v26, pp. 169^{18}-170^{20} 《合論》: v50, pp. 201^{20}-203^{03}

⑥漏盡通

(2.8.6)永斷煩惱障之漏盡通

卷 405〈觀照品 3〉:「時,舍利子復白佛言:

「世尊!云何菩薩摩訶薩修行般若波羅蜜多時所引發漏盡智證通?」

佛言:

「舍利子!有菩薩摩訶薩漏盡智證通,能如實知十方各如殑伽沙界一切有情,若自若他漏盡不盡。此通依止金剛喻定,斷諸障習方得圓滿。得不退轉菩薩地時,於一切漏亦名為盡,畢竟不起現在前故。菩薩雖得此漏盡通,不墮聲聞、獨覺之地,唯趣無上正等菩提,不復希求餘義利故。

「舍利子!是菩薩摩訶薩雖有如是漏盡智用,而於其中不自高舉,不著漏盡智證通性,不著漏盡智證通事,不著能得如是漏盡智證通者,於著不著俱無所著。何以故?自性空故,自性離故,自性本來不可得故。舍利子!是菩薩摩訶薩不作是念:『我今引發漏盡智通為自娛樂。』唯除為得一切智智。舍利子!是名菩薩摩訶薩修行般若波羅蜜多時所引發漏盡智證通。」 (CBETA, T07, no. 220, p. 24, b$^{4-20}$)

sher phyin: v26, pp. 170^{20}-171^{16} 《合論》: v50, pp. 203$^{04-19}$

⑦圓滿六神通波羅蜜,證菩提

(2.8.7)開示此六通之教授

卷 405〈觀照品 3〉：

「舍利子！菩薩摩訶薩修行般若波羅蜜多時，能圓滿清淨六神通波羅蜜
多，由此六神通波羅蜜多圓滿清淨故，便證無上正等菩提。*15

(2)菩薩修行般若波羅蜜

①菩薩應行般若時別住六度

❶約六度明六人

1.約一度

「舍利子！復有菩薩摩訶薩修行般若波羅蜜多時，安住布施波羅蜜
多，嚴淨一切智、一切相智道，以畢竟空不起惠捨慳悋心故。

「舍利子！復有菩薩摩訶薩修行般若波羅蜜多時，安住淨戒波羅蜜
多，嚴淨一切智、一切相智道，以畢竟空不起持戒犯戒心故。

「舍利子！復有菩薩摩訶薩修行般若波羅蜜多時，安住安忍波羅蜜
多，嚴淨一切智、一切相智道，以畢竟空不起慈悲忿恚心故。

「舍利子！復有菩薩摩訶薩修行般若波羅蜜多時，安住精進波羅蜜
多，嚴淨一切智、一切相智道，以畢竟空不起勤勇懈怠心故。

「舍利子！復有菩薩摩訶薩修行般若波羅蜜多時，安住靜慮波羅蜜
多，嚴淨一切智、一切相智道，以畢竟空不起寂靜散亂心故。

「舍利子！復有菩薩摩訶薩修行般若波羅蜜多時，還住般若波羅蜜
多，嚴淨一切智、一切相智道，以畢竟空不起智慧愚癡心故。

2.約二度

(1)「舍利子！復有菩薩摩訶薩修行般若波羅蜜多時，安住布施、
淨戒波羅蜜多，嚴淨一切智、一切相智道，以畢竟空不起惠捨
慳悋、持戒犯戒心故。

「舍利子！復有菩薩摩訶薩修行般若波羅蜜多時，安住布施、安
忍波羅蜜多，嚴淨一切智、一切相智道，以畢竟空不起惠捨慳
悋、慈悲忿恚心故。

「舍利子！復有菩薩摩訶薩修行般若波羅蜜多時，安住布施、精
進波羅蜜多，嚴淨一切智、一切相智道，以畢竟空不起惠捨慳
悋、勤勇懈怠心故。

「舍利子！復有菩薩摩訶薩修行般若波羅蜜多時，安住布施、靜
慮波羅蜜多，嚴淨一切智、一切相智道，以畢竟空不起惠捨慳
悋、寂靜散亂心故。

「舍利子！復有菩薩摩訶薩修行般若波羅蜜多時，安住布施、般

若波羅蜜多，嚴淨一切智、一切相智道，以畢竟空不起惠捨慳悋、智慧愚癡心故。

(2)「舍利子！復有菩薩摩訶薩修行般若波羅蜜多時，安住淨戒、安忍波羅蜜多，嚴淨一切智、一切相智道，以畢竟空不起持戒犯戒、慈悲忿恚心故。

「舍利子！復有菩薩摩訶薩修行般若波羅蜜多時，安住淨戒、精進波羅蜜多，嚴淨一切智、一切相智道，以畢竟空不起持戒犯戒、勤勇懈怠心故。

「舍利子！復有菩薩摩訶薩修行般若波羅蜜多時，安住淨戒、靜慮波羅蜜多，嚴淨一切智、一切相智道，以畢竟空不起持戒犯戒、寂靜散亂心故。

「舍利子！復有菩薩摩訶薩修行般若波羅蜜多時，安住淨戒、般若波羅蜜多，嚴淨一切智、一切相智道，以畢竟空不起持戒犯戒、智慧愚癡心故。

(3)「舍利子！復有菩薩摩訶薩修行般若波羅蜜多時，安住安忍、精進波羅蜜多，嚴淨一切智、一切相智道，以畢竟空不起慈悲忿恚、勤勇懈怠心故。

「舍利子！復有菩薩摩訶薩修行般若波羅蜜多時，安住安忍、靜慮波羅蜜多，嚴淨一切智、一切相智道，以畢竟空不起慈悲忿恚、寂靜散亂心故。

「舍利子！復有菩薩摩訶薩修行般若波羅蜜多時，安住安忍、般若波羅蜜多，嚴淨一切智、一切相智道，以畢竟空不起慈悲忿恚、智慧愚癡心故。

(4)「舍利子！復有菩薩摩訶薩修行般若波羅蜜多時，安住精進、靜慮波羅蜜多，嚴淨一切智、一切相智道，以畢竟空不起勤勇懈怠、寂靜散亂心故。

「舍利子！復有菩薩摩訶薩修行般若波羅蜜多時，安住精進、般若波羅蜜多，嚴淨一切智、一切相智道，以畢竟空不起勤勇懈怠、智慧愚癡心故。

(5)「舍利子！復有菩薩摩訶薩修行般若波羅蜜多時，安住靜慮、般若波羅蜜多，嚴淨一切智、一切相智道，以畢竟空不起寂靜散亂、智慧愚癡心故。

3.約三度

(1)「舍利子！復有菩薩摩訶薩修行般若波羅蜜多時，安住布施、
淨戒、安忍波羅蜜多，嚴淨一切智、一切相智道，以畢竟空不
起惠捨慳悋、持戒犯戒、慈悲忿恚心故。

「舍利子！復有菩薩摩訶薩修行般若波羅蜜多時，安住布施、安
忍、精進波羅蜜多，嚴淨一切智、一切相智道，以畢竟空不起
惠捨慳悋、慈悲忿恚、勤勇懈怠心故。

「舍利子！復有菩薩摩訶薩修行般若波羅蜜多時，安住布施、精
進、靜慮波羅蜜多，嚴淨一切智、一切相智道，以畢竟空不起
惠捨慳悋、勤勇懈怠、寂靜散亂心故。

「舍利子！復有菩薩摩訶薩修行般若波羅蜜多時，安住布施、靜
慮、般若波羅蜜多，嚴淨一切智、一切相智道，以畢竟空不起
惠捨慳悋、寂靜散亂、智慧愚癡心故。

(2)「舍利子！復有菩薩摩訶薩修行般若波羅蜜多時，安住淨戒、
安忍、精進波羅蜜多，嚴淨一切智、一切相智道，以畢竟空不
起持戒犯戒、慈悲忿恚、勤勇懈怠心故。

「舍利子！復有菩薩摩訶薩修行般若波羅蜜多時，安住淨戒、精
進、靜慮波羅蜜多，嚴淨一切智、一切相智道，以畢竟空不起
持戒犯戒、勤勇懈怠、寂靜散亂心故。

「舍利子！復有菩薩摩訶薩修行般若波羅蜜多時，安住淨戒、靜
慮、般若波羅蜜多，嚴淨一切智、一切相智道，以畢竟空不起
持戒犯戒、寂靜散亂、智慧愚癡心故。

(3)「舍利子！復有菩薩摩訶薩修行般若波羅蜜多時，安住安忍、
精進、靜慮波羅蜜多，嚴淨一切智、一切相智道，以畢竟空不
起慈悲忿恚、勤勇懈怠、寂靜散亂心故。

「舍利子！復有菩薩摩訶薩修行般若波羅蜜多時，安住安忍、靜
慮、般若波羅蜜多，嚴淨一切智、一切相智道，以畢竟空不起
慈悲忿恚、寂靜散亂、智慧愚癡心故。

(4)「舍利子！復有菩薩摩訶薩修行般若波羅蜜多時，安住精進、
靜慮、般若波羅蜜多，嚴淨一切智、一切相智道，以畢竟空不
起勤勇懈怠、寂靜散亂、智慧愚癡心故。

4.約四度

(1)「舍利子！復有菩薩摩訶薩修行般若波羅蜜多時，安住布施、
淨戒、安忍、精進波羅蜜多，嚴淨一切智、一切相智道，以畢

竟空不起惠捨慳悋、持戒犯戒、慈悲忿恚、勤勇懈怠心故。

「舍利子！復有菩薩摩訶薩修行般若波羅蜜多時，安住布施、安忍、精進、靜慮波羅蜜多，嚴淨一切智、一切相智道，以畢竟空不起惠捨慳悋、慈悲忿恚、精進懈怠、寂靜散亂心故。

「舍利子！復有菩薩摩訶薩修行般若波羅蜜多時，安住布施、精進、靜慮、般若波羅蜜多，嚴淨一切智、一切相智道，以畢竟空不起惠捨慳悋、勤勇懈怠、寂靜散亂、智慧愚癡心故。

(2)「舍利子！復有菩薩摩訶薩修行般若波羅蜜多時，安住淨戒、安忍、精進、靜慮波羅蜜多，嚴淨一切智、一切相智道，以畢竟空不起持戒犯戒、慈悲忿恚、勤勇懈怠、寂靜散亂心故。

「舍利子！復有菩薩摩訶薩修行般若波羅蜜多時，安住淨戒、精進、靜慮、般若波羅蜜多，嚴淨一切智、一切相智道，以畢竟空不起持戒犯戒、勤勇懈怠、寂靜散亂、智慧愚癡心故。

(3)「舍利子！復有菩薩摩訶薩修行般若波羅蜜多時，安住安忍、精進、靜慮、般若波羅蜜多，嚴淨一切智、一切相智道，以畢竟空不起慈悲忿恚、勤勇懈怠、寂靜散亂、智慧愚癡心故。

5.約五度

(1)「舍利子！復有菩薩摩訶薩修行般若波羅蜜多時，安住布施、淨戒、安忍、精進、靜慮波羅蜜多，嚴淨一切智、一切相智道，以畢竟空不起惠捨慳悋、持戒犯戒、慈悲忿恚、勤勇懈怠、寂靜散亂心故。

「舍利子！復有菩薩摩訶薩修行般若波羅蜜多時，安住布施、安忍、精進、靜慮、般若波羅蜜多，嚴淨一切智、一切相智道，以畢竟空不起惠捨慳悋、慈悲忿恚、勤勇懈怠、寂靜散亂、智慧愚癡心故。

(2)「舍利子！復有菩薩摩訶薩修行般若波羅蜜多時，安住淨戒、安忍、精進、靜慮、般若波羅蜜多，嚴淨一切智、一切相智道，以畢竟空不起持戒犯戒、慈悲忿恚、勤勇懈怠、寂靜散亂、智慧愚癡心故。

6.約六度

「舍利子！復有菩薩摩訶薩修行般若波羅蜜多時，安住布施、淨戒、安忍、精進、靜慮、般若波羅蜜多，嚴淨一切智、一切相智道，以畢竟空不起惠捨慳悋、持戒犯戒、慈悲忿恚、精進懈怠、

　　　　寂靜散亂、智慧愚癡心故。

❷畢竟空故，不分別施者受者，乃至智愚等事

　　1.「如是，舍利子！諸菩薩摩訶薩修行般若波羅蜜多時，安住六種
　　　　波羅蜜多，嚴淨一切智、一切相智道，以畢竟空無惠捨慳悋故，
　　　　無持戒犯戒故，無慈悲忿恚故，無勤勇懈怠故，無寂靜散亂故，
　　　　無智慧愚癡故，不著惠捨，不著慳悋，不著持戒，不著犯戒，不
　　　　著慈悲，不著忿恚，不著勤勇，不著懈怠，不著寂靜，不著散亂，
　　　　不著智慧，不著愚癡。

　　　　舍利子！是菩薩摩訶薩當於爾時，不著惠捨慳悋者，不著持戒犯
　　　　戒者，不著慈悲忿恚者，不著勤勇懈怠者，不著寂靜散亂者，不
　　　　著智慧愚癡者。

　　　　舍利子！是菩薩摩訶薩當於爾時，於著不著皆無所著。何以故？
　　　　以一切法畢竟空故。

　　2.舍利子！是菩薩摩訶薩當於爾時，不著毀罵、不著讚歎，不著損
　　　　害、不著饒益，不著輕慢、不著恭敬。何以故？畢竟空中，無有
　　　　毀罵讚歎法故，無有損害饒益法故，無有輕慢恭敬法故。

　　　　舍利子！是菩薩摩訶薩當於爾時，不著毀罵讚歎者，不著損害饒
　　　　益者，不著輕慢恭敬者。何以故？畢竟空中，無有毀罵讚歎者故，
　　　　無有損害饒益者故，無有輕慢恭敬者故。

　　　　舍利子！是菩薩摩訶薩當於爾時，於著不著皆無所著。何以故？
　　　　甚深般若波羅蜜多永絕一切著不著故。

❸顯得益

　　「舍利子！是菩薩摩訶薩修行般若波羅蜜多時，所獲功德最上最妙，
　　　一切聲聞及諸獨覺皆所無有。舍利子！此菩薩摩訶薩如是功德既圓
　　　滿已，復能以四攝事成熟一切有情、嚴淨佛土，便得嚴淨一切智、
　　　一切相智道，速能證得一切智智。*16

②菩薩行般若五相

　　「復次，舍利子！修行般若波羅蜜多菩薩摩訶薩，修行般若波羅蜜多
　　　時，1.於一切有情起平等心，起平等心已，於一切有情起利益安樂心，
　　　2.起利益安樂心已，於一切法性皆得平等，3.得法性平等已，安立一
　　　切有情於一切法平等性中。

　　「舍利子！4.是菩薩摩訶薩於現法中得十方諸佛之所護念，亦得一切菩
　　　薩摩訶薩、聲聞、獨覺之所敬愛。舍利子！5.是菩薩摩訶薩隨所生處，

眼終不見不可意色，耳終不聞不可意聲，鼻終不嗅不可意香，舌終不嘗不可意味，身終不覺不可意觸，意終不取不可意法。舍利子！是菩薩摩訶薩於阿耨多羅三藐三菩提永不退轉。」*17

③時眾得益受記

❶三百比丘及六萬欲天得佛授記

當佛說此修行般若波羅蜜多諸菩薩摩訶薩獲勝利時，眾中有三百苾芻即從座起，以所著衣持用奉佛，皆發無上正等覺心。爾時，世尊即便微笑，從面門出種種色光。

尊者阿難從座而起，偏覆左肩右膝著地，合掌恭敬而白佛言：

「世尊！何因何緣現此微笑？大聖現笑必有因緣，請垂矜愍唯願為說！」

佛告阿難：

「是從座起三百苾芻，從此已後六十一劫星喻劫中，當得作佛皆同一號，謂大幢相如來、應、正等覺、明行圓滿、善逝、世間解、無上丈夫、調御士、天人師、佛、薄伽梵。是諸苾芻捨此身已，當生東方不動佛國，於彼佛所修菩薩行。」

復有六萬天子聞佛所說，皆發無上正等覺心。世尊記彼當於彌勒如來法中淨信出家專修梵行，彌勒如來為其授記，當得無上正等菩提。

❷眾依佛力，見佛與嚴淨世界，萬人發願得佛授記

爾時，此間一切眾會，以佛神力得見十方各千佛土及諸世尊并彼眾會，彼諸佛土清淨莊嚴微妙殊特，當於爾時此堪忍界嚴淨之相所不能及。

時，此眾會一萬有情各發願言：「以我所修諸純淨業，願當往生彼諸佛土。」

爾時，世尊知其心願即復微笑，面門又出種種色光。尊者阿難復從座起，恭敬問佛微笑因緣。

佛告阿難：「汝今見此萬有情不？」

阿難白言：「唯然！已見。」

佛言：

「阿難！此萬有情從此壽盡，隨彼願力於萬佛土各得往生，乃至無上正等菩提，在所生處常不離佛，供養恭敬、尊重讚歎，修習六種波羅蜜多，得圓滿已俱時成佛，皆同一號，謂莊嚴王如來、應、正等覺、明行圓滿、善逝、世間解、無上丈夫、調御士、天人師、佛、

薄伽梵。」

(3)眾聖稱歎般若

①歎法

❶正歎般若

第二分無等等品第四

爾時，尊者舍利子、尊者大目連、尊者善現、尊者大飲光、尊者滿慈子，如是等眾望所識諸大苾芻、苾芻尼、菩薩摩訶薩、鄔波索迦、鄔波斯迦，皆從座起恭敬合掌，俱白佛言：「世尊！大波羅蜜多是菩薩摩訶薩般若波羅蜜多，廣波羅蜜多是菩薩摩訶薩般若波羅蜜多，第一波羅蜜多是菩薩摩訶薩般若波羅蜜多，尊波羅蜜多是菩薩摩訶薩般若波羅蜜多，勝波羅蜜多是菩薩摩訶薩般若波羅蜜多，上波羅蜜多是菩薩摩訶薩般若波羅蜜多，妙波羅蜜多是菩薩摩訶薩般若波羅蜜多，高波羅蜜多是菩薩摩訶薩般若波羅蜜多，極波羅蜜多是菩薩摩訶薩般若波羅蜜多，無上波羅蜜多是菩薩摩訶薩般若波羅蜜多，無上上波羅蜜多是菩薩摩訶薩般若波羅蜜多，無等波羅蜜多是菩薩摩訶薩般若波羅蜜多，無等等波羅蜜多是菩薩摩訶薩般若波羅蜜多，如虛空波羅蜜多是菩薩摩訶薩般若波羅蜜多，無待對波羅蜜多是菩薩摩訶薩般若波羅蜜多，自相空波羅蜜多是菩薩摩訶薩般若波羅蜜多，共相空波羅蜜多是菩薩摩訶薩般若波羅蜜多，一切法空波羅蜜多是菩薩摩訶薩般若波羅蜜多，不可得空波羅蜜多是菩薩摩訶薩般若波羅蜜多，無生空波羅蜜多是菩薩摩訶薩般若波羅蜜多，無滅空波羅蜜多是菩薩摩訶薩般若波羅蜜多，無性空波羅蜜多是菩薩摩訶薩般若波羅蜜多，有性空波羅蜜多是菩薩摩訶薩般若波羅蜜多，無性有性空波羅蜜多是菩薩摩訶薩般若波羅蜜多，奢摩他波羅蜜多是菩薩摩訶薩般若波羅蜜多，毘摩他波羅蜜多是菩薩摩訶薩般若波羅蜜多，開發一切功德波羅蜜多是菩薩摩訶薩般若波羅蜜多，成就一切功德波羅蜜多是菩薩摩訶薩般若波羅蜜多，不可屈伏波羅蜜多是菩薩摩訶薩般若波羅蜜多，能破一切波羅蜜多是菩薩摩訶薩般若波羅蜜多。*18

❷具足無等等六度乃至成佛轉法輪皆由行般若得

「世尊！修行般若波羅蜜多諸菩薩摩訶薩最尊最勝、具大勢力，能行無等等施，能滿無等等施，能具無等等布施波羅蜜多；能得無等等自體，所謂無邊相好妙莊嚴身；能證無等等法，所謂無上正等菩提。

「世尊！修行般若波羅蜜多諸菩薩摩訶薩最尊最勝、具大勢力，能持

無等等戒，能滿無等等戒，能具無等等淨戒波羅蜜多；能得無等等
自體，所謂無邊相好妙莊嚴身；能證無等等法，所謂無上正等菩提。

「世尊！修行般若波羅蜜多諸菩薩摩訶薩最尊最勝、具大勢力，能修
無等等忍，能滿無等等忍，能具無等等安忍波羅蜜多；能得無等等
自體，所謂無邊相好妙莊嚴身；能證無等等法，所謂無上正等菩提。

「世尊！修行般若波羅蜜多諸菩薩摩訶薩最尊最勝、具大勢力，能發
無等等勤，能滿無等等勤，能具無等等精進波羅蜜多；能得無等等
自體，所謂無邊相好妙莊嚴身；能證無等等法，所謂無上正等菩提。

「世尊！修行般若波羅蜜多諸菩薩摩訶薩最尊最勝、具大勢力，能起
無等等定，能滿無等等定，能具無等等靜慮波羅蜜多；能得無等等
自體，所謂無邊相好妙莊嚴身；能證無等等法，所謂無上正等菩提。

「世尊！修行般若波羅蜜多諸菩薩摩訶薩最尊最勝、具大勢力，能習
無等等慧，能滿無等等慧，能具無等等般若波羅蜜多；能得無等等
自體，所謂無邊相好妙莊嚴身；能證無等等法，所謂無上正等菩提。
於餘種種殊勝功德，隨其所應亦復如是。

「世尊！世尊亦由修行般若波羅蜜多，能修、能住、能滿、能具勝功
德故，得無等等色，得無等等受、想、行、識，證無等等菩提，轉
無等等法輪，過去、未來、現在諸佛亦復如是。

❸結勸修行

是故，世尊！若菩薩摩訶薩欲到一切法究竟彼岸者，當習般若波羅
蜜多。

②歎行般若之人

世尊！修行般若波羅蜜多諸菩薩摩訶薩，一切世間天、人、阿素洛
等，皆應供養恭敬、尊重讚歎。」

(4)如來述成

①應禮敬供養行般若之菩薩

爾時，佛告諸大弟子及菩薩摩訶薩等言：

「如是！如是！如汝所說。修行般若波羅蜜多諸菩薩摩訶薩，一切世間
天、人、阿素洛等，皆應供養恭敬、尊重讚歎。

②菩薩行般若故能生世間、出世間果，一切世間諸樂具皆由菩薩有

何以故？由此菩薩摩訶薩故，世間便有人、天出現，所謂剎帝利大族、
婆羅門大族、長者大族、居士大族、轉輪聖王、四大王眾天乃至他化
自在天，梵眾天乃至色究竟天，空無邊處天乃至非想非非想處天出現

世間。由此菩薩摩訶薩故，世間便有預流、一來、不還、阿羅漢、獨覺、菩薩、諸佛出現。由此菩薩摩訶薩故，世間便有種種資生樂具出現，所謂飲食、衣服、臥具、房舍、燈明、末尼、真珠、瑠璃、螺貝、璧玉、珊瑚、金銀等寶出現世間。以要言之，一切世間人樂、天樂及出世樂，無不皆由如是菩薩摩訶薩有。所以者何？此菩薩摩訶薩自布施已教他布施，自持戒已教他持戒，自安忍已教他安忍，自精進已教他精進，自修定已教他修定，自習慧已教他習慧，是故由此修行般若波羅蜜多諸菩薩摩訶薩，一切有情皆獲如是利益安樂。」

(5)示現瑞相、歡喜授記

①佛出舌相放光明

第二分舌根相品第五

爾時，世尊現舌根相，量等三千大千世界。從此舌相復出無數種種色光，遍照十方殑伽沙等諸佛世界。

②十方菩薩眾及諸天並集

❶十方菩薩眾集

1.見瑞疑問

爾時，東方殑伽沙等諸佛土中，一一各有無量無數菩薩摩訶薩，見此大光心懷猶豫，各各往詣自界佛所，稽首恭敬白言：

「世尊！是誰威力，復以何緣，有此大光照諸佛土？」

2.十方佛釋

時，彼彼佛各各報言：

「於此西方有佛世界名曰堪忍，佛號釋迦牟尼如來、應、正等覺、明行圓滿、善逝、世間解、無上丈夫、調御士、天人師、佛、薄伽梵，今為菩薩摩訶薩眾宣說般若波羅蜜多，現舌根相，量等三千大千世界。從彼舌相復出無數種種色光，遍照十方殑伽沙等諸佛世界。今所見光即是彼佛舌相所現。」

3.十方菩薩欲來供養

時，彼彼界無量無數菩薩摩訶薩聞是事已，歡喜踴躍歎未曾有，各白佛言：

「我等欲往堪忍世界，觀禮供養釋迦牟尼如來、應、正等覺及諸菩薩摩訶薩眾，并聽般若波羅蜜多，唯願世尊哀愍聽許！」

4.十方佛許

時，彼彼佛各各報言：「今正是時，隨汝意往。」

5.諸菩薩持供養具至釋迦佛所

時，諸菩薩摩訶薩眾既蒙聽許，各禮佛足右繞七匝，嚴持無量寶幢、幡蓋、衣服、瓔珞、香鬘、珍寶、金銀等花，奏擊種種上妙音樂，經須臾間至此佛所，供養恭敬、尊重讚歎佛菩薩已遶百千匝，頂禮雙足退坐一面。南西北方四維上下殑伽沙等諸佛土中，一一各有無量無數菩薩摩訶薩亦復如是。

❷諸天眾集

爾時，四大王眾天、三十三天、夜摩天、覩史多天、樂變化天、他化自在天、梵眾天、梵輔天、梵會天、大梵天、光天、少光天、無量光天、極光淨天、淨天、少淨天、無量淨天、遍淨天、廣天、少廣天、無量廣天、廣果天、無煩天、無熱天、善現天、善見天、色究竟天，各持無量種種香鬘，所謂澤香、末香、燒香、樹香、葉香、諸雜和香，悅意花鬘、生類花鬘、龍錢花鬘并無量種雜類花鬘，及持無量上妙天花、嗢鉢羅花、鉢特摩花、俱某陀花、奔荼利花、微妙音花、大微妙音花及餘無量天妙香花來詣佛所，供養恭敬、尊重讚歎佛菩薩已繞百千匝，頂禮雙足却住一面。

❸因供養重現瑞相

爾時，十方諸來菩薩摩訶薩眾及餘無量欲、色界天，所獻種種寶幢、幡蓋、衣服、瓔珞、珍寶、香花及諸音樂，以佛神力上踴空中，合成臺蓋，量等三千大千世界，臺頂四角各有寶幢，臺蓋、寶幢皆垂瓔珞，勝幡妙綵、珍異花鬘，種種莊嚴甚可愛樂。

❹時眾悟道發願

爾時，會中有百千俱胝那庾多眾皆從座起，合掌恭敬而白佛言：「世尊！我等未來願當作佛，相好威德如今世尊。國土莊嚴，聲聞、菩薩、人、天眾會，所轉法輪，皆如今佛。」

❺佛歡喜授記

爾時，世尊知其心願已，於諸法悟無生忍，了達一切不生不滅、無作無為，即便微笑，面門復出種種色光。

時，阿難陀即從座起，合掌恭敬白言：

「世尊！何因何緣現此微笑？諸佛現笑非無因緣！」

佛告阿難：

「是從座起百千俱胝那庾多眾，已於諸法悟無生忍，了達一切不生不滅、無作無為。彼於當來經六十八俱胝大劫勤修菩薩行，妙法花劫

中當得作佛，皆同一號，謂覺分花如來、應、正等覺、明行圓滿、善逝、世間解、無上丈夫、調御士、天人師、佛、薄伽梵。」

(CBETA, T07, no. 220, p. 24, b20-p. 28, c18)

sher phyin: v26, pp. 17116-18810 《合論》： v50, pp. 20320-21905

9.見道之教授

2.9 為令了知須斷分別與俱生之種子故開示見道之教授

(2.9.1)苦法智忍

(1)教誡教授般若波羅蜜，令皆得成辦

①善現承佛力說般若相應之法

卷406〈善現品6〉：「第二分善現品第六之一

爾時，佛告尊者善現：

「汝以辯才應為菩薩摩訶薩眾宣說般若波羅蜜多相應之法，教誡教授諸菩薩摩訶薩，令於般若波羅蜜多皆得成辦。」

時，諸菩薩摩訶薩眾及大聲聞、諸天、人等咸作是念：

「尊者善現為自辯才，當為菩薩摩訶薩眾宣說般若波羅蜜多相應之法，教誡教授諸菩薩摩訶薩，令於般若波羅蜜多皆得成辦？為當承佛威神力耶？」

尊者善現知諸菩薩摩訶薩眾及大聲聞、諸天、人等心之所念，便告尊者舍利子言：

「諸佛弟子凡有所說，一切皆承佛威神力。何以故？舍利子！如來為他宣說法要，與諸法性常不相違，諸佛弟子依所說法，精勤修學證法實性，由是為他有所宣說，皆與法性能不相違，故佛所言如燈傳照。舍利子！我當承佛威神加被，為諸菩薩摩訶薩眾宣說般若波羅蜜多相應之法，教誡教授諸菩薩摩訶薩，令於般若波羅蜜多皆得成辦，非自辯才能為斯事。何以故？舍利子！甚深般若波羅蜜多非諸聲聞、獨覺境故。」

②總明三假觀

❶菩薩、般若但有名字

爾時，尊者善現白佛言：

「世尊！如佛所說諸菩薩摩訶薩，此中何法名為菩薩摩訶薩？世尊！我都不見有一法可名菩薩摩訶薩，亦都不見有一法可名般若波羅蜜

多，如是二名我亦不見。云何令我為諸菩薩摩訶薩眾，宣說般若波羅蜜多相應之法，教誡教授諸菩薩摩訶薩，令於般若波羅蜜多皆得成辦？」

佛告善現：

「菩薩摩訶薩唯有名，般若波羅蜜多唯有名，如是二名亦唯有名。善現！此之二名不生不滅唯假施設，不在內不在外不在兩間，不可得故。

(2.9.2)苦法智

1.我等唯有假名

卷 406〈善現品 6〉：

「善現當知！如世間我唯有假名。

(CBETA, T07, no. 220, p. 28, c^{25}-p. 29, a^{27})

sher phyin:　v26, pp. 188^{11}-190^{09}　《合論》：　v.050, pp. 219^{06}-221^{06}

「如是名假不生不滅，唯假施設謂之為我。如是有情、命者、生者、養者、士夫、補特伽羅、意生、儒童、作者、受者、知者、見者亦唯有假名，如是名假不生不滅，唯假施設謂為有情乃至見者。如是一切唯有假名，此諸假名不在內不在外不在兩間，不可得故。如是，善現！若菩薩摩訶薩、若般若波羅蜜多、若此二名皆是假法，如是假法不生不滅，唯假施設，不在內不在外不在兩間，不可得故。

2.五蘊唯是假法

「復次，善現！如內諸色唯是假法，如是法假不生不滅，唯假施設謂之為色；如是受、想、行、識亦唯是假法，如是法假不生不滅，唯假施設謂為受、想、行、識。如是一切唯有假名，此諸假名不在內不在外不在兩間，不可得故。如是，善現！若菩薩摩訶薩、若般若波羅蜜多、若此二名皆是假法，如是假法不生不滅，唯假施設，不在內不在外不在兩間，不可得故。

3.十二處唯是假法

「復次，善現！譬如眼處唯是假法，如是法假不生不滅，唯假施設謂為眼處；如是耳、鼻、舌、身、意處亦唯是假法，如是法假不生不滅，唯假施設謂為耳、鼻、舌、身、意處。如是一切唯有假名，此諸假名不在內不在外不在兩間，不可得故。如是，善現！若菩薩摩訶薩、若般若波羅蜜多、若此二名皆是假法，如是假法

不生不滅，唯假施設，不在內不在外不在兩間，不可得故。

「復次，善現！譬如色處唯是假法，如是法假不生不滅，唯假施設謂為色處；如是聲、香、味、觸、法處亦唯是假法，如是法假不生不滅，唯假施設謂為聲、香、味、觸、法處。如是一切唯有假名，此諸假名不在內不在外不在兩間，不可得故。如是，善現！若菩薩摩訶薩、若般若波羅蜜多、若此二名皆是假法，如是假法不生不滅，唯假施設，不在內不在外不在兩間，不可得故。

4.十八界唯是假法

「復次，善現！譬如眼界、色界、眼識界唯是假法，如是假法不生不滅，唯假施設謂為眼界、色界、眼識界；如是耳界、聲界、耳識界，鼻界、香界、鼻識界，舌界、味界、舌識界，身界、觸界、身識界，意界、法界、意識界，亦唯是假法，如是法假不生不滅，唯假施設謂為耳界、聲界、耳識界乃至意界、法界、意識界。如是一切唯有假名，此諸假名不在內不在外不在兩間，不可得故。如是，善現！若菩薩摩訶薩、若般若波羅蜜多、若此二名皆是假法，如是假法不生不滅，唯假施設，不在內不在外不在兩間，不可得故。

5.內身外事唯是假名

「復次，善現！譬如內身所有頭、頸、肩、膊、手、臂、腹、背、胸、脇、腰、脊、髀、膝、腨、脛、足等皮、肉、骨、髓唯有假名，如是名假不生不滅，唯假施設謂為內身頭、頸等物。如是一切唯有假名，此諸假名不在內不在外不在兩間，不可得故。如是，善現！若菩薩摩訶薩、若般若波羅蜜多、若此二名皆是假法，如是假法不生不滅，唯假施設，不在內不在外不在兩間，不可得故。

「復次，善現！譬如外事所有草、木、根、莖、枝、葉及花、果等唯有假名，如是名假不生不滅，唯假施設謂為外事草、木、根等。如是一切唯有假名，此諸假名不在內不在外不在兩間，不可得故。如是，善現！若菩薩摩訶薩、若般若波羅蜜多、若此二名皆是假法，如是假法不生不滅，唯假施設，不在內不在外不在兩間，不可得故。

6.過去未來諸佛唯有假名

**「復次，善現！譬如過去未來諸佛唯有假名，如是名假不生不滅，唯假施設謂為過去未來諸佛。如是一切唯有假名，此諸假名不

在內不在外不在兩間，不可得故。如是，善現！若菩薩摩訶薩、若般若波羅蜜多、若此二名皆是假法，如是假法不生不滅，唯假施設，不在內不在外不在兩間，不可得故。**

（**部分是《合論》中沒有的部分）

7.夢境谷響等唯有假名

「復次，善現！譬如夢境、谷響、光影、幻事、陽焰、水月、變化唯有假名，如是名假不生不滅，唯假施設謂為夢境乃至變化。如是一切唯有假名，此諸假名不在內不在外不在兩間，不可得故。如是，善現！若菩薩摩訶薩、若般若波羅蜜多、若此二名皆是假法，如是假法不生不滅，唯假施設，不在內不在外不在兩間，不可得故。

❷菩薩行般若波羅蜜，當學三假

「如是，善現！諸菩薩摩訶薩修行般若波羅蜜多時，於一切法名假、法假及方便假應正修學。」*19　(CBETA, T07, no. 220, p. 29, a^{27}-p. 30, a^{17})
sher phyin:　v26, pp. 190^{09}-196^{04}　　《合論》：　v.050, pp. 221^{07}-228^{03}

(2)別釋名假

①無分別觀

❶觀五蘊名

(2.9.3)苦類智忍

卷 406〈善現品 6〉：

「所以者何？善現！修行般若波羅蜜多，諸菩薩摩訶薩不應觀色名若常若無常，不應觀受、想、行、識名若常若無常；不應觀色名若樂若苦，不應觀受、想、行、識名若樂若苦；不應觀色名若我若無我，不應觀受、想、行、識名若我若無我；不應觀色名若淨若不淨，不應觀受、想、行、識名若淨若不淨；不應觀色名若空若不空，不應觀受、想、行、識名若空若不空；不應觀色名若有相若無相，不應觀受、想、行、識名若有相若無相；不應觀色名若有願若無願，不應觀受、想、行、識名若有願若無願；不應觀色名若寂靜若不寂靜，不應觀受、想、行、識名若寂靜若不寂靜；不應觀色名若遠離若不遠離，不應觀受、想、行、識名若遠離若不遠離；不應觀色名若雜染若清淨，不應觀受、想、行、識名若雜染若清淨；不應觀色名若生若滅，不應觀受、想、行、識名若生若滅。

❷觀十二處名

「復次，善現！修行般若波羅蜜多，諸菩薩摩訶薩不應觀眼處名若常
若無常，不應觀耳、鼻、舌、身、意處名若常若無常；不應觀眼處
名若樂若苦，不應觀耳、鼻、舌、身、意處名若樂若苦；不應觀眼
處名若我若無我，不應觀耳、鼻、舌、身、意處名若我若無我；不
應觀眼處名若淨若不淨，不應觀耳、鼻、舌、身、意處名若淨若不
淨；不應觀眼處名若空若不空，不應觀耳、鼻、舌、身、意處名若
空若不空；不應觀眼處名若有相若無相，不應觀耳、鼻、舌、身、
意處名若有相若無相；不應觀眼處名若有願若無願，不應觀耳、鼻、
舌、身、意處名若有願若無願；不應觀眼處名若寂靜若不寂靜，不
應觀耳、鼻、舌、身、意處名若寂靜若不寂靜；不應觀眼處名若遠
離若不遠離，不應觀耳、鼻、舌、身、意處名若遠離若不遠離；不
應觀眼處名若雜染若清淨，不應觀耳、鼻、舌、身、意處名若雜染
若清淨；不應觀眼處名若生若滅，不應觀耳、鼻、舌、身、意處名
若生若滅。

「復次，善現！修行般若波羅蜜多，諸菩薩摩訶薩不應觀色處名若常
若無常，不應觀聲、香、味、觸、法處名若常若無常；不應觀色處
名若樂若苦，不應觀聲、香、味、觸、法處名若樂若苦；不應觀色
處名若我若無我，不應觀聲、香、味、觸、法處名若我若無我；不
應觀色處名若淨若不淨，不應觀聲、香、味、觸、法處名若淨若不
淨；不應觀色處名若空若不空，不應觀聲、香、味、觸、法處名若
空若不空；不應觀色處名若有相若無相，不應觀聲、香、味、觸、
法處名若有相若無相；不應觀色處名若有願若無願，不應觀聲、香、
味、觸、法處名若有願若無願；不應觀色處名若寂靜若不寂靜，不
應觀聲、香、味、觸、法處名若寂靜若不寂靜；不應觀色處名若遠
離若不遠離，不應觀聲、香、味、觸、法處名若遠離若不遠離；不
應觀色處名若雜染若清淨，不應觀聲、香、味、觸、法處名若雜染
若清淨；不應觀色處名若生若滅，不應觀聲、香、味、觸、法處名
若生若滅。

❸觀十八界名、觸及觸所生受名

「復次，善現！修行般若波羅蜜多，諸菩薩摩訶薩不應觀眼界名若常
若無常，不應觀色界、眼識界及眼觸、眼觸為緣所生諸受名若常若
無常；不應觀眼界名若樂若苦，不應觀色界乃至眼觸為緣所生諸受
名若樂若苦；不應觀眼界名若我若無我，不應觀色界乃至眼觸為緣

所生諸受名若我若無我；不應觀眼界名若淨若不淨，不應觀色界乃至眼觸為緣所生諸受名若淨若不淨；不應觀眼界名若空若不空，不應觀色界乃至眼觸為緣所生諸受名若空若不空；不應觀眼界名若有相若無相，不應觀色界乃至眼觸為緣所生諸受名若有相若無相；不應觀眼界名若有願若無願，不應觀色界乃至眼觸為緣所生諸受名若有願若無願；不應觀眼界名若寂靜若不寂靜，不應觀色界乃至眼觸為緣所生諸受名若寂靜若不寂靜；不應觀眼界名若遠離若不遠離，不應觀色界乃至眼觸為緣所生諸受名若遠離若不遠離；不應觀眼界名若雜染若清淨，不應觀色界乃至眼觸為緣所生諸受名若雜染若清淨；不應觀眼界名若生若滅，不應觀色界乃至眼觸為緣所生諸受名若生若滅。

「不應觀耳界名若常若無常，不應觀聲界、耳識界及耳觸、耳觸為緣所生諸受名若常若無常；不應觀耳界名若樂若苦，不應觀聲界乃至耳觸為緣所生諸受名若樂若苦；不應觀耳界名若我若無我，不應觀聲界乃至耳觸為緣所生諸受名若我若無我；不應觀耳界名若淨若不淨，不應觀聲界乃至耳觸為緣所生諸受名若淨若不淨；不應觀耳界名若空若不空，不應觀聲界乃至耳觸為緣所生諸受名若空若不空；不應觀耳界名若有相若無相，不應觀聲界乃至耳觸為緣所生諸受名若有相若無相；不應觀耳界名若有願若無願，不應觀聲界乃至耳觸為緣所生諸受名若有願若無願；不應觀耳界名若寂靜若不寂靜，不應觀聲界乃至耳觸為緣所生諸受名若寂靜若不寂靜；不應觀耳界名若遠離若不遠離，不應觀聲界乃至耳觸為緣所生諸受名若遠離若不遠離；不應觀耳界名若雜染若清淨，不應觀聲界乃至耳觸為緣所生諸受名若雜染若清淨；不應觀耳界名若生若滅，不應觀聲界乃至耳觸為緣所生諸受名若生若滅。

「不應觀鼻界名若常若無常，不應觀香界、鼻識界及鼻觸、鼻觸為緣所生諸受名若常若無常；不應觀鼻界名若樂若苦，不應觀香界乃至鼻觸為緣所生諸受名若樂若苦；不應觀鼻界名若我若無我，不應觀香界乃至鼻觸為緣所生諸受名若我若無我；不應觀鼻界名若淨若不淨，不應觀香界乃至鼻觸為緣所生諸受名若淨若不淨；不應觀鼻界名若空若不空，不應觀香界乃至鼻觸為緣所生諸受名若空若不空；不應觀鼻界名若有相若無相，不應觀香界乃至鼻觸為緣所生諸受名若有相若無相；不應觀鼻界名若有願若無願，不應觀香界乃至鼻觸

為緣所生諸受名若有願若無願；不應觀鼻界名若寂靜若不寂靜，不應觀香界乃至鼻觸為緣所生諸受名若寂靜若不寂靜；不應觀鼻界名若遠離若不遠離，不應觀香界乃至鼻觸為緣所生諸受名若遠離若不遠離；不應觀鼻界名若雜染若清淨，不應觀香界乃至鼻觸為緣所生諸受名若雜染若清淨；不應觀鼻界名若生若滅，不應觀香界乃至鼻觸為緣所生諸受名若生若滅。

「不應觀舌界名若常若無常，不應觀味界、舌識界及舌觸、舌觸為緣所生諸受名若常若無常；不應觀舌界名若樂若苦，不應觀味界乃至舌觸為緣所生諸受名若樂若苦；不應觀舌界名若我若無我，不應觀味界乃至舌觸為緣所生諸受名若我若無我；不應觀舌界名若淨若不淨，不應觀味界乃至舌觸為緣所生諸受名若淨若不淨；不應觀舌界名若空若不空，不應觀味界乃至舌觸為緣所生諸受名若空若不空；不應觀舌界名若有相若無相，不應觀味界乃至舌觸為緣所生諸受名若有相若無相；不應觀舌界名若有願若無願，不應觀味界乃至舌觸為緣所生諸受名若有願若無願；不應觀舌界名若寂靜若不寂靜，不應觀味界乃至舌觸為緣所生諸受名若寂靜若不寂靜；不應觀舌界名若遠離若不遠離，不應觀味界乃至舌觸為緣所生諸受名若遠離若不遠離；不應觀舌界名若雜染若清淨，不應觀味界乃至舌觸為緣所生諸受名若雜染若清淨；不應觀舌界名若生若滅，不應觀味界乃至舌觸為緣所生諸受名若生若滅。

「不應觀身界名若常若無常，不應觀觸界、身識界及身觸、身觸為緣所生諸受名若常若無常；不應觀身界名若樂若苦，不應觀觸界乃至身觸為緣所生諸受名若樂若苦；不應觀身界名若我若無我，不應觀觸界乃至身觸為緣所生諸受名若我若無我；不應觀身界名若淨若不淨，不應觀觸界乃至身觸為緣所生諸受名若淨若不淨；不應觀身界名若空若不空，不應觀觸界乃至身觸為緣所生諸受名若空若不空；不應觀身界名若有相若無相，不應觀觸界乃至身觸為緣所生諸受名若有相若無相；不應觀身界名若有願若無願，不應觀觸界乃至身觸為緣所生諸受名若有願若無願；不應觀身界名若寂靜若不寂靜，不應觀觸界乃至身觸為緣所生諸受名若寂靜若不寂靜；不應觀身界名若遠離若不遠離，不應觀觸界乃至身觸為緣所生諸受名若遠離若不遠離；不應觀身界名若雜染若清淨，不應觀觸界乃至身觸為緣所生諸受名若雜染若清淨；不應觀身界名若生若滅，不應觀觸界乃至身

觸為緣所生諸受名若生若滅。

「不應觀意界名若常若無常,不應觀法界、意識界及意觸、意觸為緣
所生諸受名若常若無常;不應觀意界名若樂若苦,不應觀法界乃至
意觸為緣所生諸受名若樂若苦;不應觀意界名若我若無我,不應觀
法界乃至意觸為緣所生諸受名若我若無我;不應觀意界名若淨若不
淨,不應觀法界乃至意觸為緣所生諸受名若淨若不淨;不應觀意界
名若空若不空,不應觀法界乃至意觸為緣所生諸受名若空若不空;
不應觀意界名若有相若無相,不應觀法界乃至意觸為緣所生諸受名
若有相若無相;不應觀意界名若有願若無願,不應觀法界乃至意觸
為緣所生諸受名若有願若無願;不應觀意界名若寂靜若不寂靜,不
應觀法界乃至意觸為緣所生諸受名若寂靜若不寂靜;不應觀意界名
若遠離若不遠離,不應觀法界乃至意觸為緣所生諸受名若遠離若不
遠離;不應觀意界名若雜染若清淨,不應觀法界乃至意觸為緣所生
諸受名若雜染若清淨;不應觀意界名若生若滅,不應觀法界乃至意
觸為緣所生諸受名若生若滅。」(CBETA, T07, no. 220, p. 30, a^{17}-p. 32, a^{26})

sher phyin: v26, pp. 196^{04}-209^{06} 《合論》: v.050, pp. 228^{04}-253^{21}

❹於一切法不作分別

「所以者何?善現!是菩薩摩訶薩修行般若波羅蜜多時,若菩薩摩訶
薩、若菩薩摩訶薩名、若般若波羅蜜多、若般若波羅蜜多名,皆不
見在有為界中,亦不見在無為界中。何以故?善現!是菩薩摩訶薩
修行般若波羅蜜多時,於一切法不作分別無異分別。

②實相觀

(2.9.4)苦類智

卷 406〈善現品 6〉:

「善現!是菩薩摩訶薩修行般若波羅蜜多時,住一切法無分別中,不見
菩薩摩訶薩,不見菩薩摩訶薩名,不見般若波羅蜜多,不見般若波羅
蜜多名。

❶不見菩薩、菩薩名,不見般若、般若波羅蜜名

「善現!是菩薩摩訶薩修行般若波羅蜜多時,能修布施波羅蜜多,亦
能修淨戒、安忍、精進、靜慮、般若波羅蜜多;能住內空,亦能住
外空、內外空、空空、大空、勝義空、有為空、無為空、畢竟空、
無際空、散空、無變異空、本性空、自相空、共相空、一切法空、
不可得空、無性空、自性空、無性自性空;能住真如,亦能住法界、

法性、不虛妄性、不變異性、平等性、離生性、法定、法住、實際、虛空界、不思議界;能修四念住,亦能修四正斷、四神足、五根、五力、七等覺支、八聖道支;能住苦聖諦,亦能住集、滅、道聖諦;能修四靜慮,亦能修四無量、四無色定;能修八解脫,亦能修八勝處、九次第定、十遍處;能修空解脫門,亦能修無相、無願解脫門;能修一切陀羅尼門,亦能修一切三摩地門;能修五眼,亦能修六神通;能修佛十力,亦能修四無所畏、四無礙解、大慈、大悲、大喜、大捨、十八佛不共法。

「是菩薩摩訶薩於如是時,不見菩薩摩訶薩,不見菩薩摩訶薩名,不見般若波羅蜜多,不見般若波羅蜜多名。」

(CBETA, T07, no. 220, p. 32, a^{26}-b^{26})

sher phyin: v26, pp. 209^{06}-210^{17} 《合論》: v.050, pp. 254^{01}-255^{02}

❷善達諸法實相,覺諸法名假施設、法假施設

(2.9.5)集法智忍

卷406〈善現品6〉:

「何以故?善現!是菩薩摩訶薩修行般若波羅蜜多,於一切法善達實相,善達其中無雜染法、清淨法故。如是,善現!諸菩薩摩訶薩修行般若波羅蜜多,覺一切法名假施設、法假施設。」

(CBETA, T07, no. 220, p. 32, b^{26}-c^{1})

sher phyin: v26, pp. 210^{17}-211^{02} 《合論》: v.050, pp. 255^{03}-255^{09}

③無依著觀

❶不執著蘊處界、有為界、無為界等

(2.9.6)集法智

卷406〈善現品6〉:

「善現!是菩薩摩訶薩於名、法假如實覺已,不執著色,不執著受、想、行、識;不執著眼處,不執著耳、鼻、舌、身、意處;不執著色處,不執著聲、香、味、觸、法處;不執著眼界、色界、眼識界及眼觸、眼觸為緣所生諸受,乃至不執著意界、法界、意識界及意觸、意觸為緣所生諸受;不執著有為界,不執著無為界。」

(CBETA, T07, no. 220, p. 32, c$^{2-8}$)

sher phyin: v26, pp. 211^{02}-212^{18} 《合論》: v.050, pp. 255^{10}-257^{06}

❷不執著六波羅蜜、神通、十八空等法

(2.9.7)集類智忍

卷 406〈善現品 6〉：

「不執著布施波羅蜜多，不執著淨戒、安忍、精進、靜慮、般若波羅
蜜多；不執著諸相好，不執著菩薩身，不執著肉眼乃至佛眼，不執
著智波羅蜜多及神通波羅蜜多，不執著內空乃至無性自性空，不執
著成熟有情，不執著嚴淨佛土，不執著方便善巧。何以故？善現！
以一切法皆無所有，能著、所著、著處、著時不可得故。」

(CBETA, T07, no. 220, p. 32, c$^{8-15}$)

sher phyin:　v26, pp.212^{19}-214^{08}　　《合論》：　v.050, pp. 257^{07}-258^{14}

④顯得益

❶能趣入菩薩正性離生

(2.9.8)集類智

卷 406〈善現品 6〉：

「如是，善現！諸菩薩摩訶薩於一切法無所執著，修行般若波羅蜜多
時，增益布施波羅蜜多，增益淨戒、安忍、精進、靜慮、般若波羅
蜜多，趣入菩薩正性離生，　　(CBETA, T07, no. 220, p. 32, c$^{15-19}$)

sher phyin:　v26, pp.214$^{08-14}$　　《合論》：　v.050, pp. 258^{15}-259^{01}

❷能趣入菩薩不退轉地

(2.9.9)滅法智忍

卷 406〈善現品 6〉：「趣入菩薩不退轉地，　　(CBETA, T07, no. 220, p. 32, c^{19})

sher phyin:　v26, p. 214^{14}　　《合論》：　v.050, p. 259$^{02-04}$

❸能圓滿神通，於諸佛土增長善根

(2.9.10)滅法智

卷 406〈善現品 6〉：

「圓滿菩薩殊勝神通。如是菩薩殊勝神通得圓滿已，從一佛土趣一佛
土，為欲成熟諸有情故，為欲嚴淨自佛土故，為見如來、應、正等
覺，及為見已供養恭敬、尊重讚歎，令諸善根皆得生長。如是善根
得生長已，隨所樂聞諸佛正法皆得聽受。既聽受已，乃至無上正等
菩提能不忘失，普於一切陀羅尼門、三摩地門皆得自在。

❹如實覺知名假，法假無所執著

如是，善現！諸菩薩摩訶薩修行般若波羅蜜多，如實覺知名假、法
假無所執著。」*20　　(CBETA, T07, no. 220, p. 32, c$^{19-28}$)

sher phyin:　v26, pp. 214^{14}-215^{11}　　《合論》：　v.050, pp. 259$^{05-16}$

(3)別釋受假 (方便假)

①即法、離法俱無菩薩

❶問答

1.五蘊非菩薩

(2.9.11)滅類智忍

卷406〈善現品6〉：

「復次，善現！所言菩薩摩訶薩者，於意云何？即色是菩薩摩訶薩
不？」「不也！世尊！」

「即受、想、行、識是菩薩摩訶薩不？」「不也！世尊！」

「離色有菩薩摩訶薩不？」「不也！世尊！」

「離受、想、行、識有菩薩摩訶薩不？」「不也！世尊！」

2.十二處非菩薩

「即眼處是菩薩摩訶薩不？」「不也！世尊！」

「即耳、鼻、舌、身、意處是菩薩摩訶薩不？」「不也！世尊！」

「離眼處有菩薩摩訶薩不？」「不也！世尊！」

「離耳、鼻、舌、身、意處有菩薩摩訶薩不？」「不也！世尊！」

「即色處是菩薩摩訶薩不？」「不也！世尊！」

「即聲、香、味、觸、法處是菩薩摩訶薩不？」「不也！世尊！」

「離色處有菩薩摩訶薩不？」「不也！世尊！」

「離聲、香、味、觸、法處有菩薩摩訶薩不？」「不也！世尊！」

3.十八界非菩薩

「即眼界是菩薩摩訶薩不？」「不也！世尊！」

「即色界、眼識界及眼觸、眼觸為緣所生諸受是菩薩摩訶薩不？」
「不也！世尊！」

「離眼界有菩薩摩訶薩不？」「不也！世尊！」

「離色界、眼識界及眼觸、眼觸為緣所生諸受有菩薩摩訶薩不？」
「不也！世尊！」

「即耳界是菩薩摩訶薩不？」「不也！世尊！」

「即聲界、耳識界及耳觸、耳觸為緣所生諸受是菩薩摩訶薩不？」
「不也！世尊！」

「離耳界有菩薩摩訶薩不？」「不也！世尊！」
「離聲界、耳識界及耳觸、耳觸為緣所生諸受有菩薩摩訶薩不？」
　「不也！世尊！」

「即鼻界是菩薩摩訶薩不？」「不也！世尊！」
「即香界、鼻識界及鼻觸、鼻觸為緣所生諸受是菩薩摩訶薩不？」
　「不也！世尊！」
「離鼻界有菩薩摩訶薩不？」「不也！世尊！」
「離香界、鼻識界及鼻觸、鼻觸為緣所生諸受有菩薩摩訶薩不？」
　「不也！世尊！」

「即舌界是菩薩摩訶薩不？」「不也！世尊！」
「即味界、舌識界及舌觸、舌觸為緣所生諸受是菩薩摩訶薩不？」
　「不也！世尊！」
「離舌界有菩薩摩訶薩不？」「不也！世尊！」
「離味界、舌識界及舌觸、舌觸為緣所生諸受有菩薩摩訶薩不？」
　「不也！世尊！」

「即身界是菩薩摩訶薩不？」「不也！世尊！」
「即觸界、身識界及身觸、身觸為緣所生諸受是菩薩摩訶薩不？」
　「不也！世尊！」
「離身界有菩薩摩訶薩不？」「不也！世尊！」
「離觸界、身識界及身觸、身觸為緣所生諸受有菩薩摩訶薩不？」
　「不也！世尊！」

「即意界是菩薩摩訶薩不？」「不也！世尊！」
「即法界、意識界及意觸、意觸為緣所生諸受是菩薩摩訶薩不？」
　「不也！世尊！」
「離意界有菩薩摩訶薩不？」「不也！世尊！」
「離法界、意識界及意觸、意觸為緣所生諸受有菩薩摩訶薩不？」
　「不也！世尊！」

4.六界非菩薩

「即地界是菩薩摩訶薩不？」「不也！世尊！」
「即水、火、風、空、識界是菩薩摩訶薩不？」「不也！世尊！」
「離地界有菩薩摩訶薩不？」「不也！世尊！」

「離水、火、風、空、識界有菩薩摩訶薩不？」「不也！世尊！」

5.十二因緣非菩薩

「即無明是菩薩摩訶薩不？」「不也！世尊！」

「即行、識、名色、六處、觸、受、愛、取、有、生、老死是菩薩
摩訶薩不？」「不也！世尊！」

「離無明有菩薩摩訶薩不？」「不也！世尊！」

「離行乃至老死有菩薩摩訶薩不？」「不也！世尊！」

(CBETA, T07, no. 220, p. 32, c^{29}-p. 33, b^{20})

sher phyin: v26, pp. 215^{11}-223^{12} 《合論》: v.050, pp. 259^{17}-267^{14}

❷佛之開示：菩薩不可得，所行般若波羅蜜亦不可得

(2.9.12)滅類智

卷 406〈善現品 6〉：「爾時，佛告尊者善現：

「汝觀何義作如是言：即色等法非菩薩摩訶薩，離色等法無菩薩摩訶
薩耶？」

時，尊者善現白佛言：

「世尊！若菩提、若薩埵、若色等法，尚畢竟不可得，性非有故，況
有菩薩摩訶薩！此既非有，如何可言即色等法是菩薩摩訶薩，離色
等法有菩薩摩訶薩？」

佛告善現：

「善哉！善哉！如是！如是！如汝所說。善現！若菩提、若薩埵、若
色等法不可得故，諸菩薩摩訶薩亦不可得。諸菩薩摩訶薩不可得
故，所行般若波羅蜜多亦不可得。善現！諸菩薩摩訶薩修行般若波
羅蜜多時應如是學。

②即諸法真如非菩薩、離諸法真如無菩薩

❶問答

1.五蘊真如非菩薩

「復次，善現！所言菩薩摩訶薩者，於意云何？即色真如是菩薩摩
訶薩不？」「不也！世尊！」

「即受、想、行、識真如是菩薩摩訶薩不？」「不也！世尊！」

「離色真如有菩薩摩訶薩不？」「不也！世尊！」

「離受、想、行、識真如有菩薩摩訶薩不？」「不也！世尊！」

2.十二處真如非菩薩

「即眼處真如是菩薩摩訶薩不？」「不也！世尊！」
「即耳、鼻、舌、身、意處真如是菩薩摩訶薩不？」「不也！世尊！」
「離眼處真如有菩薩摩訶薩不？」「不也！世尊！」
「離耳、鼻、舌、身、意處真如有菩薩摩訶薩不？」「不也！世尊！」

「即色處真如是菩薩摩訶薩不？」「不也！世尊！」
「即聲、香、味、觸、法處真如是菩薩摩訶薩不？」「不也！世尊！」
「離色處真如有菩薩摩訶薩不？」「不也！世尊！」
「離聲、香、味、觸、法處真如有菩薩摩訶薩不？」「不也！世尊！」

3.十八界真如非菩薩
「即眼界真如是菩薩摩訶薩不？」「不也！世尊！」
「即色界、眼識界及眼觸、眼觸為緣所生諸受真如是菩薩摩訶薩
　不？」「不也！世尊！」
「離眼界真如有菩薩摩訶薩不？」「不也！世尊！」
「離色界、眼識界及眼觸、眼觸為緣所生諸受真如有菩薩摩訶薩
　不？」「不也！世尊！」

「即耳界真如是菩薩摩訶薩不？」「不也！世尊！」
「即聲界、耳識界及耳觸、耳觸為緣所生諸受真如是菩薩摩訶薩
　不？」「不也！世尊！」
「離耳界真如有菩薩摩訶薩不？」「不也！世尊！」
「離聲界、耳識界及耳觸、耳觸為緣所生諸受真如有菩薩摩訶薩
　不？」「不也！世尊！」

「即鼻界真如是菩薩摩訶薩不？」「不也！世尊！」
「即香界、鼻識界及鼻觸、鼻觸為緣所生諸受真如是菩薩摩訶薩
　不？」「不也！世尊！」
「離鼻界真如有菩薩摩訶薩不？」「不也！世尊！」
「離香界、鼻識界及鼻觸、鼻觸為緣所生諸受真如有菩薩摩訶薩
　不？」「不也！世尊！」

「即舌界真如是菩薩摩訶薩不？」「不也！世尊！」
「即味界、舌識界及舌觸、舌觸為緣所生諸受真如是菩薩摩訶薩
　不？」「不也！世尊！」
「離舌界真如有菩薩摩訶薩不？」「不也！世尊！」

「離味界、舌識界及舌觸、舌觸為緣所生諸受真如有菩薩摩訶薩不？」「不也！世尊！」

「即身界真如是菩薩摩訶薩不？」「不也！世尊！」
「即觸界、身識界及身觸、身觸為緣所生諸受真如是菩薩摩訶薩不？」「不也！世尊！」
「離身界真如有菩薩摩訶薩不？」「不也！世尊！」
「離觸界、身識界及身觸、身觸為緣所生諸受真如有菩薩摩訶薩不？」「不也！世尊！」

「即意界真如是菩薩摩訶薩不？」「不也！世尊！」
「即法界、意識界及意觸、意觸為緣所生諸受真如是菩薩摩訶薩不？」「不也！世尊！」
「離意界真如有菩薩摩訶薩不？」「不也！世尊！」
「離法界、意識界及意觸、意觸為緣所生諸受真如有菩薩摩訶薩不？」「不也！世尊！」

4.六界真如非菩薩
「即地界真如是菩薩摩訶薩不？」「不也！世尊！」
「即水、火、風、空、識界真如是菩薩摩訶薩不？」「不也！世尊！」
「離地界真如有菩薩摩訶薩不？」「不也！世尊！」
「離水、火、風、空、識界真如有菩薩摩訶薩不？」「不也！世尊！」

5.十二因緣真如非菩薩
「即無明真如是菩薩摩訶薩不？」「不也！世尊！」
「即行、識、名色、六處、觸、受、愛、取、有、生、老死真如是菩薩摩訶薩不？」「不也！世尊！」
「離無明真如有菩薩摩訶薩不？」「不也！世尊！」
「離行乃至老死真如有菩薩摩訶薩不？」「不也！世尊！」

③佛之開示：諸法、諸法真如不可得，菩薩、般若波羅蜜亦不可得
　爾時，佛告尊者善現：
「汝觀何義作如是言：即色等法真如非菩薩摩訶薩，離色等法真如無菩薩摩訶薩耶？」
　時，尊者善現白佛言：
「世尊！色等法尚畢竟不可得，性非有故，況有色等法真如！此真如既

非有，如何可言即色等法真如是菩薩摩訶薩，離色等法真如有菩薩摩訶薩？」

佛告善現：

「善哉！善哉！如是！如是！如汝所說。善現！色等法不可得故，色等法真如亦不可得，色等法及真如不可得故，諸菩薩摩訶薩亦不可得。諸菩薩摩訶薩不可得故，所行般若波羅蜜多亦不可得。善現！諸菩薩摩訶薩修行般若波羅蜜多時應如是學。」*21

(CBETA, T07, no. 220, p. 33, b²¹-p. 34, b¹¹)

sher phyin: v26, pp. 223¹²-236¹⁶ 《合論》: v.050, pp. 267¹⁴-280⁰²

(4)別釋法假

①諸法不可得

❶五蘊增語等非菩薩義

1.五蘊增語非菩薩義

(2.9.13)道法智忍

卷 407〈善現品 6〉：「第二分善現品第六之二

「復次，善現！所言菩薩摩訶薩者，於意云何？色增語是菩薩摩訶薩不？」「不也！世尊！」

「受、想、行、識增語是菩薩摩訶薩不？」「不也！世尊！」

2.五蘊常、無常增語非菩薩義

「色常增語是菩薩摩訶薩不？」「不也！世尊！」

「受、想、行、識常增語是菩薩摩訶薩不？」「不也！世尊！」

「色無常增語是菩薩摩訶薩不？」「不也！世尊！」

「受、想、行、識無常增語是菩薩摩訶薩不？」「不也！世尊！」

3.五蘊樂、苦增語非菩薩義

「色樂增語是菩薩摩訶薩不？」「不也！世尊！」

「受、想、行、識樂增語是菩薩摩訶薩不？」「不也！世尊！」

「色苦增語是菩薩摩訶薩不？」「不也！世尊！」

「受、想、行、識苦增語是菩薩摩訶薩不？」「不也！世尊！」

4.五蘊我、無我增語非菩薩義

「色我增語是菩薩摩訶薩不？」「不也！世尊！」

「受、想、行、識我增語是菩薩摩訶薩不？」「不也！世尊！」

「色無我增語是菩薩摩訶薩不？」「不也！世尊！」
「受、想、行、識無我增語是菩薩摩訶薩不？」「不也！世尊！」

5.五蘊淨、不淨增語非菩薩義

「色淨增語是菩薩摩訶薩不？」「不也！世尊！」
「受、想、行、識淨增語是菩薩摩訶薩不？」「不也！世尊！」

「色不淨增語是菩薩摩訶薩不？」「不也！世尊！」
「受、想、行、識不淨增語是菩薩摩訶薩不？」「不也！世尊！」

6.五蘊空、不空增語非菩薩義

「色空增語是菩薩摩訶薩不？」「不也！世尊！」
「受、想、行、識空增語是菩薩摩訶薩不？」「不也！世尊！」

「色不空增語是菩薩摩訶薩不？」「不也！世尊！」
「受、想、行、識不空增語是菩薩摩訶薩不？」「不也！世尊！」

7.五蘊有相、無相增語非菩薩義

「色有相增語是菩薩摩訶薩不？」「不也！世尊！」
「受、想、行、識有相增語是菩薩摩訶薩不？」「不也！世尊！」

「色無相增語是菩薩摩訶薩不？」「不也！世尊！」
「受、想、行、識無相增語是菩薩摩訶薩不？」「不也！世尊！」

8.五蘊有願、無願增語非菩薩義

「色有願增語是菩薩摩訶薩不？」「不也！世尊！」
「受、想、行、識有願增語是菩薩摩訶薩不？」「不也！世尊！」

「色無願增語是菩薩摩訶薩不？」「不也！世尊！」
「受、想、行、識無願增語是菩薩摩訶薩不？」「不也！世尊！」

9.五蘊寂靜、不寂靜增語非菩薩義

「色寂靜增語是菩薩摩訶薩不？」「不也！世尊！」
「受、想、行、識寂靜增語是菩薩摩訶薩不？」「不也！世尊！」

「色不寂靜增語是菩薩摩訶薩不？」「不也！世尊！」

「受、想、行、識不寂靜增語是菩薩摩訶薩不？」「不也！世尊！」

10.五蘊遠離、不遠離增語非菩薩義

「色遠離增語是菩薩摩訶薩不？」「不也！世尊！」
「受、想、行、識遠離增語是菩薩摩訶薩不？」「不也！世尊！」

「色不遠離增語是菩薩摩訶薩不？」「不也！世尊！」
「受、想、行、識不遠離增語是菩薩摩訶薩不？」「不也！世尊！」

11.五蘊染、淨增語非菩薩義

「色雜染增語是菩薩摩訶薩不？」「不也！世尊！」
「受、想、行、識雜染增語是菩薩摩訶薩不？」「不也！世尊！」

「色清淨增語是菩薩摩訶薩不？」「不也！世尊！」
「受、想、行、識清淨增語是菩薩摩訶薩不？」「不也！世尊！」

12.五蘊生、滅增語非菩薩義

「色生增語是菩薩摩訶薩不？」「不也！世尊！」
「受、想、行、識生增語是菩薩摩訶薩不？」「不也！世尊！」

「色滅增語是菩薩摩訶薩不？」「不也！世尊！」
「受、想、行、識滅增語是菩薩摩訶薩不？」「不也！世尊！」

❷內六處等增語非菩薩義

「復次，善現！所言菩薩摩訶薩者，於意云何？眼處增語是菩薩摩訶薩不？」「不也！世尊！」
「耳、鼻、舌、身、意處增語是菩薩摩訶薩不？」「不也！世尊！」

「眼處常增語是菩薩摩訶薩不？」「不也！世尊！」
「耳、鼻、舌、身、意處常增語是菩薩摩訶薩不？」「不也！世尊！」

「眼處無常增語是菩薩摩訶薩不？」「不也！世尊！」
「耳、鼻、舌、身、意處無常增語是菩薩摩訶薩不？」「不也！世尊！」

「眼處樂增語是菩薩摩訶薩不？」「不也！世尊！」
「耳、鼻、舌、身、意處樂增語是菩薩摩訶薩不？」「不也！世尊！」

「眼處苦增語是菩薩摩訶薩不？」「不也！世尊！」

「耳、鼻、舌、身、意處苦增語是菩薩摩訶薩不？」「不也！世尊！」

「眼處我增語是菩薩摩訶薩不？」「不也！世尊！」
「耳、鼻、舌、身、意處我增語是菩薩摩訶薩不？」「不也！世尊！」

「眼處無我增語是菩薩摩訶薩不？」「不也！世尊！」
「耳、鼻、舌、身、意處無我增語是菩薩摩訶薩不？」「不也！世尊！」

「眼處淨增語是菩薩摩訶薩不？」「不也！世尊！」
「耳、鼻、舌、身、意處淨增語是菩薩摩訶薩不？」「不也！世尊！」

「眼處不淨增語是菩薩摩訶薩不？」「不也！世尊！」
「耳、鼻、舌、身、意處不淨增語是菩薩摩訶薩不？」「不也！世尊！」

「眼處空增語是菩薩摩訶薩不？」「不也！世尊！」
「耳、鼻、舌、身、意處空增語是菩薩摩訶薩不？」「不也！世尊！」

「眼處不空增語是菩薩摩訶薩不？」「不也！世尊！」
「耳、鼻、舌、身、意處不空增語是菩薩摩訶薩不？」「不也！世尊！」

「眼處有相增語是菩薩摩訶薩不？」「不也！世尊！」
「耳、鼻、舌、身、意處有相增語是菩薩摩訶薩不？」「不也！世尊！」

「眼處無相增語是菩薩摩訶薩不？」「不也！世尊！」
「耳、鼻、舌、身、意處無相增語是菩薩摩訶薩不？」「不也！世尊！」

「眼處有願增語是菩薩摩訶薩不？」「不也！世尊！」
「耳、鼻、舌、身、意處有願增語是菩薩摩訶薩不？」「不也！世尊！」

「眼處無願增語是菩薩摩訶薩不？」「不也！世尊！」
「耳、鼻、舌、身、意處無願增語是菩薩摩訶薩不？」「不也！世尊！」

「眼處寂靜增語是菩薩摩訶薩不？」「不也！世尊！」
「耳、鼻、舌、身、意處寂靜增語是菩薩摩訶薩不？」「不也！世尊！」

「眼處不寂靜增語是菩薩摩訶薩不？」「不也！世尊！」
「耳、鼻、舌、身、意處不寂靜增語是菩薩摩訶薩不？」「不也！世尊！」

「眼處遠離增語是菩薩摩訶薩不？」「不也！世尊！」

「耳、鼻、舌、身、意處遠離增語是菩薩摩訶薩不？」「不也！世尊！」

「眼處不遠離增語是菩薩摩訶薩不？」「不也！世尊！」
「耳、鼻、舌、身、意處不遠離增語是菩薩摩訶薩不？」「不也！世尊！」

「眼處雜染增語是菩薩摩訶薩不？」「不也！世尊！」
「耳、鼻、舌、身、意處雜染增語是菩薩摩訶薩不？」「不也！世尊！」

「眼處清淨增語是菩薩摩訶薩不？」「不也！世尊！」
「耳、鼻、舌、身、意處清淨增語是菩薩摩訶薩不？」「不也！世尊！」

「眼處生增語是菩薩摩訶薩不？」「不也！世尊！」
「耳、鼻、舌、身、意處生增語是菩薩摩訶薩不？」「不也！世尊！」

「眼處滅增語是菩薩摩訶薩不？」「不也！世尊！」
「耳、鼻、舌、身、意處滅增語是菩薩摩訶薩不？」「不也！世尊！」

❸外六處增語非菩薩義
「復次，善現！所言菩薩摩訶薩者，於意云何？色處增語是菩薩摩訶薩不？」「不也！世尊！」
「聲、香、味、觸、法處增語是菩薩摩訶薩不？」「不也！世尊！」

「色處常增語是菩薩摩訶薩不？」「不也！世尊！」
「聲、香、味、觸、法處常增語是菩薩摩訶薩不？」「不也！世尊！」

「色處無常增語是菩薩摩訶薩不？」「不也！世尊！」
「聲、香、味、觸、法處無常增語是菩薩摩訶薩不？」「不也！世尊！」

「色處樂增語是菩薩摩訶薩不？」「不也！世尊！」
「聲、香、味、觸、法處樂增語是菩薩摩訶薩不？」「不也！世尊！」

「色處苦增語是菩薩摩訶薩不？」「不也！世尊！」
「聲、香、味、觸、法處苦增語是菩薩摩訶薩不？」「不也！世尊！」

「色處我增語是菩薩摩訶薩不？」「不也！世尊！」
「聲、香、味、觸、法處我增語是菩薩摩訶薩不？」「不也！世尊！」

「色處無我增語是菩薩摩訶薩不？」「不也！世尊！」

「聲、香、味、觸、法處無我增語是菩薩摩訶薩不？」「不也！世尊！」

「色處淨增語是菩薩摩訶薩不？」「不也！世尊！」
「聲、香、味、觸、法處淨增語是菩薩摩訶薩不？」「不也！世尊！」

「色處不淨增語是菩薩摩訶薩不？」「不也！世尊！」
「聲、香、味、觸、法處不淨增語是菩薩摩訶薩不？」「不也！世尊！」

「色處空增語是菩薩摩訶薩不？」「不也！世尊！」
「聲、香、味、觸、法處空增語是菩薩摩訶薩不？」「不也！世尊！」

「色處不空增語是菩薩摩訶薩不？」「不也！世尊！」
「聲、香、味、觸、法處不空增語是菩薩摩訶薩不？」「不也！世尊！」

「色處有相增語是菩薩摩訶薩不？」「不也！世尊！」
「聲、香、味、觸、法處有相增語是菩薩摩訶薩不？」「不也！世尊！」

「色處無相增語是菩薩摩訶薩不？」「不也！世尊！」
「聲、香、味、觸、法處無相增語是菩薩摩訶薩不？」「不也！世尊！」

「色處有願增語是菩薩摩訶薩不？」「不也！世尊！」
「聲、香、味、觸、法處有願增語是菩薩摩訶薩不？」「不也！世尊！」

「色處無願增語是菩薩摩訶薩不？」「不也！世尊！」
「聲、香、味、觸、法處無願增語是菩薩摩訶薩不？」「不也！世尊！」

「色處寂靜增語是菩薩摩訶薩不？」「不也！世尊！」
「聲、香、味、觸、法處寂靜增語是菩薩摩訶薩不？」「不也！世尊！」

「色處不寂靜增語是菩薩摩訶薩不？」「不也！世尊！」
「聲、香、味、觸、法處不寂靜增語是菩薩摩訶薩不？」「不也！世尊！」

「色處遠離增語是菩薩摩訶薩不？」「不也！世尊！」
「聲、香、味、觸、法處遠離增語是菩薩摩訶薩不？」「不也！世尊！」

「色處不遠離增語是菩薩摩訶薩不？」「不也！世尊！」
「聲、香、味、觸、法處不遠離增語是菩薩摩訶薩不？」「不也！世尊！」

「色處雜染增語是菩薩摩訶薩不？」「不也！世尊！」

「聲、香、味、觸、法處雜染增語是菩薩摩訶薩不？」「不也！世尊！」

「色處清淨增語是菩薩摩訶薩不？」「不也！世尊！」

「聲、香、味、觸、法處清淨增語是菩薩摩訶薩不？「不也！世尊！」

「色處生增語是菩薩摩訶薩不？」「不也！世尊！」

「聲、香、味、觸、法處生增語是菩薩摩訶薩不？」「不也！世尊！」

「色處滅增語是菩薩摩訶薩不？」「不也！世尊！」

「聲、香、味、觸、法處滅增語是菩薩摩訶薩不？」「不也！世尊！」

❹十八界等增語非菩薩義

「復次，善現！所言菩薩摩訶薩者，於意云何？眼界增語是菩薩摩訶薩不？」「不也！世尊！」

「色界、眼識界及眼觸、眼觸為緣所生諸受增語是菩薩摩訶薩不？」
　「不也！世尊！」

「眼界常增語是菩薩摩訶薩不？」「不也！世尊！」

「色界乃至眼觸為緣所生諸受常增語是菩薩摩訶薩不？」「不也！世尊！」

「眼界無常增語是菩薩摩訶薩不？」「不也！世尊！」

「色界乃至眼觸為緣所生諸受無常增語是菩薩摩訶薩不？」「不也！世尊！」

「眼界樂增語是菩薩摩訶薩不？」「不也！世尊！」

「色界乃至眼觸為緣所生諸受樂增語是菩薩摩訶薩不？」「不也！世尊！」

「眼界苦增語是菩薩摩訶薩不？」「不也！世尊！」

「色界乃至眼觸為緣所生諸受苦增語是菩薩摩訶薩不？」「不也！世尊！」

「眼界我增語是菩薩摩訶薩不？」「不也！世尊！」

「色界乃至眼觸為緣所生諸受我增語是菩薩摩訶薩不？」「不也！世尊！」

「眼界無我增語是菩薩摩訶薩不？」「不也！世尊！」
「色界乃至眼觸為緣所生諸受無我增語是菩薩摩訶薩不？」「不也！
世尊！」

「眼界淨增語是菩薩摩訶薩不？」「不也！世尊！」
「色界乃至眼觸為緣所生諸受淨增語是菩薩摩訶薩不？」「不也！世
尊！」

「眼界不淨增語是菩薩摩訶薩不？」「不也！世尊！」
「色界乃至眼觸為緣所生諸受不淨增語是菩薩摩訶薩不？」「不也！
世尊！」

「眼界空增語是菩薩摩訶薩不？」「不也！世尊！」
「色界乃至眼觸為緣所生諸受空增語是菩薩摩訶薩不？」「不也！世
尊！」

「眼界不空增語是菩薩摩訶薩不？」「不也！世尊！」
「色界乃至眼觸為緣所生諸受不空增語是菩薩摩訶薩不？」「不也！
世尊！」

「眼界有相增語是菩薩摩訶薩不？」「不也！世尊！」
「色界乃至眼觸為緣所生諸受有相增語是菩薩摩訶薩不？」「不也！
世尊！」

「眼界無相增語是菩薩摩訶薩不？」「不也！世尊！」
「色界乃至眼觸為緣所生諸受無相增語是菩薩摩訶薩不？」「不也！
世尊！」

「眼界有願增語是菩薩摩訶薩不？」「不也！世尊！」
「色界乃至眼觸為緣所生諸受有願增語是菩薩摩訶薩不？」「不也！
世尊！」

「眼界無願增語是菩薩摩訶薩不？」「不也！世尊！」
「色界乃至眼觸為緣所生諸受無願增語是菩薩摩訶薩不？」「不也！
世尊！」

「眼界寂靜增語是菩薩摩訶薩不？」「不也！世尊！」
「色界乃至眼觸為緣所生諸受寂靜增語是菩薩摩訶薩不？」「不也！

世尊！」

「眼界不寂靜增語是菩薩摩訶薩不？」「不也！世尊！」
「色界乃至眼觸為緣所生諸受不寂靜增語是菩薩摩訶薩不？」「不
　　也！世尊！」

「眼界遠離增語是菩薩摩訶薩不？」「不也！世尊！」
「色界乃至眼觸為緣所生諸受遠離增語是菩薩摩訶薩不？」「不也！
世尊！」

「眼界不遠離增語是菩薩摩訶薩不？」「不也！世尊！」
「色界乃至眼觸為緣所生諸受不遠離增語是菩薩摩訶薩不？」「不
　　也！世尊！」

「眼界雜染增語是菩薩摩訶薩不？」「不也！世尊！」
「色界乃至眼觸為緣所生諸受雜染增語是菩薩摩訶薩不？」「不也！
世尊！」

「眼界清淨增語是菩薩摩訶薩不？」「不也！世尊！」
「色界乃至眼觸為緣所生諸受清淨增語是菩薩摩訶薩不？」「不也！
世尊！」

「眼界生增語是菩薩摩訶薩不？」「不也！世尊！」
「色界乃至眼觸為緣所生諸受生增語是菩薩摩訶薩不？」「不也！世
尊！」

「眼界滅增語是菩薩摩訶薩不？」「不也！世尊！」
「色界乃至眼觸為緣所生諸受滅增語是菩薩摩訶薩不？」「不也！世
尊！」

「復次，善現！所言菩薩摩訶薩者，於意云何？耳界增語是菩薩摩訶
薩不？」「不也！世尊！」
「聲界、耳識界及耳觸、耳觸為緣所生諸受增語是菩薩摩訶薩不？」
　　「不也！世尊！」

「耳界常增語是菩薩摩訶薩不？」「不也！世尊！」
「聲界乃至耳觸為緣所生諸受常增語是菩薩摩訶薩不？」「不也！世

尊！」

「耳界無常增語是菩薩摩訶薩不？」「不也！世尊！」
「聲界乃至耳觸為緣所生諸受無常增語是菩薩摩訶薩不？」「不也！世尊！」

「耳界樂增語是菩薩摩訶薩不？」「不也！世尊！」
「聲界乃至耳觸為緣所生諸受樂增語是菩薩摩訶薩不？」「不也！世尊！」

「耳界苦增語是菩薩摩訶薩不？」「不也！世尊！」
「聲界乃至耳觸為緣所生諸受苦增語是菩薩摩訶薩不？」「不也！世尊！」

「耳界我增語是菩薩摩訶薩不？」「不也！世尊！」
「聲界乃至耳觸為緣所生諸受我增語是菩薩摩訶薩不？」「不也！世尊！」

「耳界無我增語是菩薩摩訶薩不？」「不也！世尊！」
「聲界乃至耳觸為緣所生諸受無我增語是菩薩摩訶薩不？」「不也！世尊！」

「耳界淨增語是菩薩摩訶薩不？」「不也！世尊！」
「聲界乃至耳觸為緣所生諸受淨增語是菩薩摩訶薩不？」「不也！世尊！」

「耳界不淨增語是菩薩摩訶薩不？」「不也！世尊！」
「聲界乃至耳觸為緣所生諸受不淨增語是菩薩摩訶薩不？」「不也！世尊！」

「耳界空增語是菩薩摩訶薩不？」「不也！世尊！」
「聲界乃至耳觸為緣所生諸受空增語是菩薩摩訶薩不？」「不也！世尊！」

「耳界不空增語是菩薩摩訶薩不？」「不也！世尊！」
「聲界乃至耳觸為緣所生諸受不空增語是菩薩摩訶薩不？」「不也！世尊！」

「耳界有相增語是菩薩摩訶薩不？」「不也！世尊！」
「聲界乃至耳觸為緣所生諸受有相增語是菩薩摩訶薩不？」「不也！世尊！」

「耳界無相增語是菩薩摩訶薩不？」「不也！世尊！」
「聲界乃至耳觸為緣所生諸受無相增語是菩薩摩訶薩不？」「不也！世尊」

「耳界有願增語是菩薩摩訶薩不？」「不也！世尊！」
「聲界乃至耳觸為緣所生諸受有願增語是菩薩摩訶薩不？」「不也！世尊！」

「耳界無願增語是菩薩摩訶薩不？」「不也！世尊！」
「聲界乃至耳觸為緣所生諸受無願增語是菩薩摩訶薩不？」「不也！世尊！」

「耳界寂靜增語是菩薩摩訶薩不？」「不也！世尊！」
「聲界乃至耳觸為緣所生諸受寂靜增語是菩薩摩訶薩不？」「不也！世尊！」

「耳界不寂靜增語是菩薩摩訶薩不？」「不也！世尊！」
「聲界乃至耳觸為緣所生諸受不寂靜增語是菩薩摩訶薩不？」「不也！世尊！」

「耳界遠離增語是菩薩摩訶薩不？」「不也！世尊！」
「聲界乃至耳觸為緣所生諸受遠離增語是菩薩摩訶薩不？」「不也！世尊！」

「耳界不遠離增語是菩薩摩訶薩不？」「不也！世尊！」
「聲界乃至耳觸為緣所生諸受不遠離增語是菩薩摩訶薩不？」「不也！世尊！」

「耳界雜染增語是菩薩摩訶薩不？」「不也！世尊！」
「聲界乃至耳觸為緣所生諸受雜染增語是菩薩摩訶薩不？」「不也！世尊！」

「耳界清淨增語是菩薩摩訶薩不？」「不也！世尊！」

「聲界乃至耳觸為緣所生諸受清淨增語是菩薩摩訶薩不？」「不也！世尊！」

「耳界生增語是菩薩摩訶薩不？」「不也！世尊！」
「聲界乃至耳觸為緣所生諸受生增語是菩薩摩訶薩不？」「不也！世尊！」

「耳界滅增語是菩薩摩訶薩不？」「不也！世尊！」
「聲界乃至耳觸為緣所生諸受滅增語是菩薩摩訶薩不？」「不也！世尊！」

「復次，善現！所言菩薩摩訶薩者，於意云何？鼻界增語是菩薩摩訶薩不？」「不也！世尊！」
「香界、鼻識界及鼻觸、鼻觸為緣所生諸受增語是菩薩摩訶薩不？」「不也！世尊！」

「鼻界常增語是菩薩摩訶薩不？」「不也！世尊！」
「香界乃至鼻觸為緣所生諸受常增語是菩薩摩訶薩不？」「不也！世尊！」

「鼻界無常增語是菩薩摩訶薩不？」「不也！世尊！」
「香界乃至鼻觸為緣所生諸受無常增語是菩薩摩訶薩不？」「不也！世尊！」

「鼻界樂增語是菩薩摩訶薩不？」「不也！世尊！」
「香界乃至鼻觸為緣所生諸受樂增語是菩薩摩訶薩不？」「不也！世尊！」

「鼻界苦增語是菩薩摩訶薩不？」「不也！世尊！」
「香界乃至鼻觸為緣所生諸受苦增語是菩薩摩訶薩不？」「不也！世尊！」

「鼻界我增語是菩薩摩訶薩不？」「不也！世尊！」
「香界乃至鼻觸為緣所生諸受我增語是菩薩摩訶薩不？」「不也！世尊！」

「鼻界無我增語是菩薩摩訶薩不？」「不也！世尊！」
「香界乃至鼻觸為緣所生諸受無我增語是菩薩摩訶薩不？」「不也！

世尊！」

「鼻界淨增語是菩薩摩訶薩不？」「不也！世尊！」
「香界乃至鼻觸為緣所生諸受淨增語是菩薩摩訶薩不？」「不也！世尊！」

「鼻界不淨增語是菩薩摩訶薩不？」「不也！世尊！」
「香界乃至鼻觸為緣所生諸受不淨增語是菩薩摩訶薩不？」「不也！世尊！」

「鼻界空增語是菩薩摩訶薩不？」「不也！世尊！」
「香界乃至鼻觸為緣所生諸受空增語是菩薩摩訶薩不？」「不也！世尊！」

「鼻界不空增語是菩薩摩訶薩不？」「不也！世尊！」
「香界乃至鼻觸為緣所生諸受不空增語是菩薩摩訶薩不？」「不也！世尊！」

「鼻界有相增語是菩薩摩訶薩不？」「不也！世尊！」
「香界乃至鼻觸為緣所生諸受有相增語是菩薩摩訶薩不？」「不也！世尊！」

「鼻界無相增語是菩薩摩訶薩不？」「不也！世尊！」
「香界乃至鼻觸為緣所生諸受無相增語是菩薩摩訶薩不？」「不也！世尊！」

「鼻界有願增語是菩薩摩訶薩不？」「不也！世尊！」
「香界乃至鼻觸為緣所生諸受有願增語是菩薩摩訶薩不？」「不也！世尊！」

「鼻界無願增語是菩薩摩訶薩不？」「不也！世尊！」
「香界乃至鼻觸為緣所生諸受無願增語是菩薩摩訶薩不？」「不也！世尊！」

「鼻界寂靜增語是菩薩摩訶薩不？」「不也！世尊！」
「香界乃至鼻觸為緣所生諸受寂靜增語是菩薩摩訶薩不？」「不也！世尊！」

「鼻界不寂靜增語是菩薩摩訶薩不？」「不也！世尊！」
「香界乃至鼻觸為緣所生諸受不寂靜增語是菩薩摩訶薩不？」「不也！世尊！」

「鼻界遠離增語是菩薩摩訶薩不？」「不也！世尊！」
「香界乃至鼻觸為緣所生諸受遠離增語是菩薩摩訶薩不？」「不也！世尊！」

「鼻界不遠離增語是菩薩摩訶薩不？」「不也！世尊！」
「香界乃至鼻觸為緣所生諸受不遠離增語是菩薩摩訶薩不？」「不也！世尊！」

「鼻界雜染增語是菩薩摩訶薩不？」「不也！世尊！」
「香界乃至鼻觸為緣所生諸受雜染增語是菩薩摩訶薩不？」「不也！世尊！」

「鼻界清淨增語是菩薩摩訶薩不？」「不也！世尊！」
「香界乃至鼻觸為緣所生諸受清淨增語是菩薩摩訶薩不？」「不也！世尊！」

「鼻界生增語是菩薩摩訶薩不？」「不也！世尊！」
「香界乃至鼻觸為緣所生諸受生增語是菩薩摩訶薩不？」「不也！世尊！」

「鼻界滅增語是菩薩摩訶薩不？」「不也！世尊！」
「香界乃至鼻觸為緣所生諸受滅增語是菩薩摩訶薩不？」「不也！世尊！」

「復次，善現！所言菩薩摩訶薩者，於意云何？舌界增語是菩薩摩訶薩不？」「不也！世尊！」
「味界、舌識界及舌觸、舌觸為緣所生諸受增語是菩薩摩訶薩不？」「不也！世尊！」

「舌界常增語是菩薩摩訶薩不？」「不也！世尊！」
「味界乃至舌觸為緣所生諸受常增語是菩薩摩訶薩不？」「不也！世尊！」

「舌界無常增語是菩薩摩訶薩不？」「不也！世尊！」

「味界乃至舌觸為緣所生諸受無常增語是菩薩摩訶薩不？」「不也！世尊！」

「舌界樂增語是菩薩摩訶薩不？」「不也！世尊！」
「味界乃至舌觸為緣所生諸受樂增語是菩薩摩訶薩不？」「不也！世尊！」

「舌界苦增語是菩薩摩訶薩不？」「不也！世尊！」
「味界乃至舌觸為緣所生諸受苦增語是菩薩摩訶薩不？」「不也！世尊！」

「舌界我增語是菩薩摩訶薩不？」「不也！世尊！」
「味界乃至舌觸為緣所生諸受我增語是菩薩摩訶薩不？」「不也！世尊！」

「舌界無我增語是菩薩摩訶薩不？」「不也！世尊！」
「味界乃至舌觸為緣所生諸受無我增語是菩薩摩訶薩不？」「不也！世尊！」

「舌界淨增語是菩薩摩訶薩不？」「不也！世尊！」
「味界乃至舌觸為緣所生諸受淨增語是菩薩摩訶薩不？」「不也！世尊！」

「舌界不淨增語是菩薩摩訶薩不？」「不也！世尊！」
「味界乃至舌觸為緣所生諸受不淨增語是菩薩摩訶薩不？」「不也！世尊！」

「舌界空增語是菩薩摩訶薩不？」「不也！世尊！」
「味界乃至舌觸為緣所生諸受空增語是菩薩摩訶薩不？」「不也！世尊！」

「舌界不空增語是菩薩摩訶薩不？」「不也！世尊！」
「味界乃至舌觸為緣所生諸受不空增語是菩薩摩訶薩不？」「不也！世尊！」

「舌界有相增語是菩薩摩訶薩不？」「不也！世尊！」
「味界乃至舌觸為緣所生諸受有相增語是菩薩摩訶薩不？」「不也！

世尊！」

「舌界無相增語是菩薩摩訶薩不？」「不也！世尊！」
「味界乃至舌觸為緣所生諸受無相增語是菩薩摩訶薩不？」「不也！
世尊！」

「舌界有願增語是菩薩摩訶薩不？」「不也！世尊！」
「味界乃至舌觸為緣所生諸受有願增語是菩薩摩訶薩不？」「不也！
世尊！」

「舌界無願增語是菩薩摩訶薩不？」「不也！世尊！」
「味界乃至舌觸為緣所生諸受無願增語是菩薩摩訶薩不？」「不也！
世尊！」

「舌界寂靜增語是菩薩摩訶薩不？」「不也！世尊！」
「味界乃至舌觸為緣所生諸受寂靜增語是菩薩摩訶薩不？」「不也！
世尊！」

「舌界不寂靜增語是菩薩摩訶薩不？」「不也！世尊！」
「味界乃至舌觸為緣所生諸受不寂靜增語是菩薩摩訶薩不？」「不
也！世尊！」

「舌界遠離增語是菩薩摩訶薩不？」「不也！世尊！」
「味界乃至舌觸為緣所生諸受遠離增語是菩薩摩訶薩不？」「不也！
世尊！」

「舌界不遠離增語是菩薩摩訶薩不？」「不也！世尊！」
「味界乃至舌觸為緣所生諸受不遠離增語是菩薩摩訶薩不？」「不
也！世尊！」

「舌界雜染增語是菩薩摩訶薩不？」「不也！世尊！」
「味界乃至舌觸為緣所生諸受雜染增語是菩薩摩訶薩不？」「不也！
世尊！」

「舌界清淨增語是菩薩摩訶薩不？」「不也！世尊！」
「味界乃至舌觸為緣所生諸受清淨增語是菩薩摩訶薩不？」「不也！
世尊！」

「舌界生增語是菩薩摩訶薩不？」「不也！世尊！」
「味界乃至舌觸為緣所生諸受生增語是菩薩摩訶薩不？」「不也！世尊！」

「舌界滅增語是菩薩摩訶薩不？」「不也！世尊！」
「味界乃至舌觸為緣所生諸受滅增語是菩薩摩訶薩不？」「不也！世尊！」

「復次，善現！所言菩薩摩訶薩者，於意云何？身界增語是菩薩摩訶薩不？」「不也！世尊！」
「觸界、身識界及身觸、身觸為緣所生諸受增語是菩薩摩訶薩不？」「不也！世尊！」

「身界常增語是菩薩摩訶薩不？」「不也！世尊！」
「觸界乃至身觸為緣所生諸受常增語是菩薩摩訶薩不？」「不也！世尊！」

「身界無常增語是菩薩摩訶薩不？」「不也！世尊！」
「觸界乃至身觸為緣所生諸受無常增語是菩薩摩訶薩不？」「不也！世尊！」

「身界樂增語是菩薩摩訶薩不？」「不也！世尊！」
「觸界乃至身觸為緣所生諸受樂增語是菩薩摩訶薩不？」「不也！世尊！」

「身界苦增語是菩薩摩訶薩不？」「不也！世尊！」
「觸界乃至身觸為緣所生諸受苦增語是菩薩摩訶薩不？」「不也！世尊！」

「身界我增語是菩薩摩訶薩不？」「不也！世尊！」
「觸界乃至身觸為緣所生諸受我增語是菩薩摩訶薩不？」「不也！世尊！」

「身界無我增語是菩薩摩訶薩不？」「不也！世尊！」
「觸界乃至身觸為緣所生諸受無我增語是菩薩摩訶薩不？」「不也！世尊！」

「身界淨增語是菩薩摩訶薩不？」「不也！世尊！」

「觸界乃至身觸為緣所生諸受淨增語是菩薩摩訶薩不？」「不也！世尊！」

「身界不淨增語是菩薩摩訶薩不？」「不也！世尊！」
「觸界乃至身觸為緣所生諸受不淨增語是菩薩摩訶薩不？」「不也！世尊！」

「身界空增語是菩薩摩訶薩不？」「不也！世尊！」
「觸界乃至身觸為緣所生諸受空增語是菩薩摩訶薩不？」「不也！世尊！」

「身界不空增語是菩薩摩訶薩不？」「不也！世尊！」
「觸界乃至身觸為緣所生諸受不空增語是菩薩摩訶薩不？」「不也！世尊！」

「身界有相增語是菩薩摩訶薩不？」「不也！世尊！」
「觸界乃至身觸為緣所生諸受有相增語是菩薩摩訶薩不？」「不也！世尊！」

「身界無相增語是菩薩摩訶薩不？」「不也！世尊！」
「觸界乃至身觸為緣所生諸受無相增語是菩薩摩訶薩不？」「不也！世尊！」

「身界有願增語是菩薩摩訶薩不？」「不也！世尊！」
「觸界乃至身觸為緣所生諸受有願增語是菩薩摩訶薩不？」「不也！世尊！」

「身界無願增語是菩薩摩訶薩不？」「不也！世尊！」
「觸界乃至身觸為緣所生諸受無願增語是菩薩摩訶薩不？」「不也！世尊！」

「身界寂靜增語是菩薩摩訶薩不？」「不也！世尊！」
「觸界乃至身觸為緣所生諸受寂靜增語是菩薩摩訶薩不？」「不也！世尊！」

「身界不寂靜增語是菩薩摩訶薩不？」「不也！世尊！」
「觸界乃至身觸為緣所生諸受不寂靜增語是菩薩摩訶薩不？」「不

也！世尊！」

「身界遠離增語是菩薩摩訶薩不？」「不也！世尊！」
「觸界乃至身觸為緣所生諸受遠離增語是菩薩摩訶薩不？」「不也！
世尊！」

「身界不遠離增語是菩薩摩訶薩不？」「不也！世尊！」
「觸界乃至身觸為緣所生諸受不遠離增語是菩薩摩訶薩不？」「不
也！世尊！」

「身界雜染增語是菩薩摩訶薩不？」「不也！世尊！」
「觸界乃至身觸為緣所生諸受雜染增語是菩薩摩訶薩不？」「不也！
世尊！」

「身界清淨增語是菩薩摩訶薩不？」「不也！世尊！」
「觸界乃至身觸為緣所生諸受清淨增語是菩薩摩訶薩不？」「不也！
世尊！」

「身界生增語是菩薩摩訶薩不？」「不也！世尊！」
「觸界乃至身觸為緣所生諸受生增語是菩薩摩訶薩不？」「不也！世
尊！」

「身界滅增語是菩薩摩訶薩不？」「不也！世尊！」
「觸界乃至身觸為緣所生諸受滅增語是菩薩摩訶薩不？」「不也！世
尊！」

「復次，善現！所言菩薩摩訶薩者，於意云何？意界增語是菩薩摩訶
薩不？」「不也！世尊！」
「法界、意識界及意觸、意觸為緣所生諸受增語是菩薩摩訶薩不？」
「不也！世尊！」

「意界常增語是菩薩摩訶薩不？」「不也！世尊！」
「法界乃至意觸為緣所生諸受常增語是菩薩摩訶薩不？」「不也！世
尊！」

「意界無常增語是菩薩摩訶薩不？」「不也！世尊！」
「法界乃至意觸為緣所生諸受無常增語是菩薩摩訶薩不？」「不也！
世尊！」

「意界樂增語是菩薩摩訶薩不？」「不也！世尊！」
「法界乃至意觸為緣所生諸受樂增語是菩薩摩訶薩不？」「不也！世尊！」

「意界苦增語是菩薩摩訶薩不？」「不也！世尊！」
「法界乃至意觸為緣所生諸受苦增語是菩薩摩訶薩不？」「不也！世尊！」

「意界我增語是菩薩摩訶薩不？」「不也！世尊！」
「法界乃至意觸為緣所生諸受我增語是菩薩摩訶薩不？」「不也！世尊！」

「意界無我增語是菩薩摩訶薩不？」「不也！世尊！」
「法界乃至意觸為緣所生諸受無我增語是菩薩摩訶薩不？」「不也！世尊！」

「意界淨增語是菩薩摩訶薩不？」「不也！世尊！」
「法界乃至意觸為緣所生諸受淨增語是菩薩摩訶薩不？」「不也！世尊！」

「意界不淨增語是菩薩摩訶薩不？」「不也！世尊！」
「法界乃至意觸為緣所生諸受不淨增語是菩薩摩訶薩不？」「不也！世尊！」

「意界空增語是菩薩摩訶薩不？」「不也！世尊！」
「法界乃至意觸為緣所生諸受空增語是菩薩摩訶薩不？」「不也！世尊！」

「意界不空增語是菩薩摩訶薩不？」「不也！世尊！」
「法界乃至意觸為緣所生諸受不空增語是菩薩摩訶薩不？」「不也！世尊！」

「意界有相增語是菩薩摩訶薩不？」「不也！世尊！」
「法界乃至意觸為緣所生諸受有相增語是菩薩摩訶薩不？」「不也！世尊！」

「意界無相增語是菩薩摩訶薩不？」「不也！世尊！」
「法界乃至意觸為緣所生諸受無相增語是菩薩摩訶薩不？」「不也！

世尊！」

「意界有願增語是菩薩摩訶薩不？」「不也！世尊！」
「法界乃至意觸為緣所生諸受有願增語是菩薩摩訶薩不？」「不也！
世尊！」

「意界無願增語是菩薩摩訶薩不？」「不也！世尊！」
「法界乃至意觸為緣所生諸受無願增語是菩薩摩訶薩不？」「不也！
世尊！」

「意界寂靜增語是菩薩摩訶薩不？」「不也！世尊！」
「法界乃至意觸為緣所生諸受寂靜增語是菩薩摩訶薩不？」「不也！
世尊！」

「意界不寂靜增語是菩薩摩訶薩不？」「不也！世尊！」
「法界乃至意觸為緣所生諸受不寂靜增語是菩薩摩訶薩不？」「不
也！世尊！」

「意界遠離增語是菩薩摩訶薩不？」「不也！世尊！」
「法界乃至意觸為緣所生諸受遠離增語是菩薩摩訶薩不？」「不也！
世尊！」

「意界不遠離增語是菩薩摩訶薩不？」「不也！世尊！」
「法界乃至意觸為緣所生諸受不遠離增語是菩薩摩訶薩不？」「不
也！世尊！」

「意界雜染增語是菩薩摩訶薩不？」「不也！世尊！」
「法界乃至意觸為緣所生諸受雜染增語是菩薩摩訶薩不？」「不也！
世尊！」

「意界清淨增語是菩薩摩訶薩不？」「不也！世尊！」
「法界乃至意觸為緣所生諸受清淨增語是菩薩摩訶薩不？」「不也！
世尊！」

「意界生增語是菩薩摩訶薩不？」「不也！世尊！」
「法界乃至意觸為緣所生諸受生增語是菩薩摩訶薩不？」「不也！世
尊！」

「意界滅增語是菩薩摩訶薩不？」「不也！世尊！」

「法界乃至意觸為緣所生諸受滅增語是菩薩摩訶薩不？」「不也！世尊！」　　(CBETA, T07, no. 220, p. 34, b^{18}-p. 40, b^8)

❺六界等增語非菩薩義

卷408〈善現品6〉：「第二分善現品第六之三

「復次，善現！所言菩薩摩訶薩者，於意云何？地界增語是菩薩摩訶薩不？」「不也！世尊！」

「水、火、風、空、識界增語是菩薩摩訶薩不？」「不也！世尊！」

「地界常增語是菩薩摩訶薩不？」「不也！世尊！」
「水、火、風、空、識界常增語是菩薩摩訶薩不？」「不也！世尊！」

「地界無常增語是菩薩摩訶薩不？」「不也！世尊！」
「水、火、風、空、識界無常增語是菩薩摩訶薩不？」「不也！世尊！」

「地界樂增語是菩薩摩訶薩不？」「不也！世尊！」
「水、火、風、空、識界樂增語是菩薩摩訶薩不？」「不也！世尊！」

「地界苦增語是菩薩摩訶薩不？」「不也！世尊！」
「水、火、風、空、識界苦增語是菩薩摩訶薩不？」「不也！世尊！」

「地界我增語是菩薩摩訶薩不？」「不也！世尊！」
「水、火、風、空、識界我增語是菩薩摩訶薩不？」「不也！世尊！」

「地界無我增語是菩薩摩訶薩不？」「不也！世尊！」
「水、火、風、空、識界無我增語是菩薩摩訶薩不？」「不也！世尊！」

「地界淨增語是菩薩摩訶薩不？」「不也！世尊！」
「水、火、風、空、識界淨增語是菩薩摩訶薩不？」「不也！世尊！」

「地界不淨增語是菩薩摩訶薩不？」「不也！世尊！」
「水、火、風、空、識界不淨增語是菩薩摩訶薩不？」「不也！世尊！」

「地界空增語是菩薩摩訶薩不？」「不也！世尊！」
「水、火、風、空、識界空增語是菩薩摩訶薩不？」「不也！世尊！」

「地界不空增語是菩薩摩訶薩不？」「不也！世尊！」
「水、火、風、空、識界不空增語是菩薩摩訶薩不？」「不也！世尊！」

「地界有相增語是菩薩摩訶薩不？」「不也！世尊！」
「水、火、風、空、識界有相增語是菩薩摩訶薩不？」「不也！世尊！」

「地界無相增語是菩薩摩訶薩不？」「不也！世尊！」
「水、火、風、空、識界無相增語是菩薩摩訶薩不？」「不也！世尊！」

「地界有願增語是菩薩摩訶薩不？」「不也！世尊！」
「水、火、風、空、識界有願增語是菩薩摩訶薩不？」「不也！世尊！」

「地界無願增語是菩薩摩訶薩不？」「不也！世尊！」
「水、火、風、空、識界無願增語是菩薩摩訶薩不？」「不也！世尊！」

「地界寂靜增語是菩薩摩訶薩不？」「不也！世尊！」
「水、火、風、空、識界寂靜增語是菩薩摩訶薩不？」「不也！世尊！」

「地界不寂靜增語是菩薩摩訶薩不？」「不也！世尊！」
「水、火、風、空、識界不寂靜增語是菩薩摩訶薩不？」「不也！世尊！」

「地界遠離增語是菩薩摩訶薩不？」「不也！世尊！」
「水、火、風、空、識界遠離增語是菩薩摩訶薩不？」「不也！世尊！」

「地界不遠離增語是菩薩摩訶薩不？」「不也！世尊！」
「水、火、風、空、識界不遠離增語是菩薩摩訶薩不？」「不也！世尊！」

「地界雜染增語是菩薩摩訶薩不？」「不也！世尊！」
「水、火、風、空、識界雜染增語是菩薩摩訶薩不？」「不也！世尊！」

「地界清淨增語是菩薩摩訶薩不？」「不也！世尊！」
「水、火、風、空、識界清淨增語是菩薩摩訶薩不？」「不也！世尊！」

「地界生增語是菩薩摩訶薩不？」「不也！世尊！」
「水、火、風、空、識界生增語是菩薩摩訶薩不？」「不也！世尊！」

「地界滅增語是菩薩摩訶薩不？」「不也！世尊！」
「水、火、風、空、識界滅增語是菩薩摩訶薩不？」「不也！世尊！」

❻十二因緣等增語非菩薩義

「復次，善現！所言菩薩摩訶薩者，於意云何？無明增語是菩薩摩訶薩不？」「不也！世尊！」

「行、識、名色、六處、觸、受、愛、取、有、生、老死增語是菩薩摩訶薩不？」「不也！世尊！」

「無明常增語是菩薩摩訶薩不？」「不也！世尊！」
「行乃至老死常增語是菩薩摩訶薩不？」「不也！世尊！」

「無明無常增語是菩薩摩訶薩不？」「不也！世尊！」
「行乃至老死無常增語是菩薩摩訶薩不？」「不也！世尊！」

「無明樂增語是菩薩摩訶薩不？」「不也！世尊！」
「行乃至老死樂增語是菩薩摩訶薩不？」「不也！世尊！」

「無明苦增語是菩薩摩訶薩不？」「不也！世尊！」
「行乃至老死苦增語是菩薩摩訶薩不？」「不也！世尊！」

「無明我增語是菩薩摩訶薩不？」「不也！世尊！」
「行乃至老死我增語是菩薩摩訶薩不？」「不也！世尊！」

「無明無我增語是菩薩摩訶薩不？」「不也！世尊！」
「行乃至老死無我增語是菩薩摩訶薩不？」「不也！世尊！」

「無明淨增語是菩薩摩訶薩不？」「不也！世尊！」
「行乃至老死淨增語是菩薩摩訶薩不？」「不也！世尊！」

「無明不淨增語是菩薩摩訶薩不？」「不也！世尊！」
「行乃至老死不淨增語是菩薩摩訶薩不？」「不也！世尊！」

「無明空增語是菩薩摩訶薩不？」「不也！世尊！」
「行乃至老死空增語是菩薩摩訶薩不？」「不也！世尊！」

「無明不空增語是菩薩摩訶薩不？」「不也！世尊！」
「行乃至老死不空增語是菩薩摩訶薩不？」「不也！世尊！」

「無明有相增語是菩薩摩訶薩不？」「不也！世尊！」
「行乃至老死有相增語是菩薩摩訶薩不？」「不也！世尊！」

「無明無相增語是菩薩摩訶薩不？」「不也！世尊！」

「行乃至老死無相增語是菩薩摩訶薩不？」「不也！世尊！」

「無明有願增語是菩薩摩訶薩不？」「不也！世尊！」
「行乃至老死有願增語是菩薩摩訶薩不？」「不也！世尊！」

「無明無願增語是菩薩摩訶薩不？」「不也！世尊！」
「行乃至老死無願增語是菩薩摩訶薩不？」「不也！世尊！」

「無明寂靜增語是菩薩摩訶薩不？」「不也！世尊！」
「行乃至老死寂靜增語是菩薩摩訶薩不？」「不也！世尊！」

「無明不寂靜增語是菩薩摩訶薩不？」「不也！世尊！」
「行乃至老死不寂靜增語是菩薩摩訶薩不？」「不也！世尊！」

「無明遠離增語是菩薩摩訶薩不？」「不也！世尊！」
「行乃至老死遠離增語是菩薩摩訶薩不？」「不也！世尊！」

「無明不遠離增語是菩薩摩訶薩不？」「不也！世尊！」
「行乃至老死不遠離增語是菩薩摩訶薩不？」「不也！世尊！」

「無明雜染增語是菩薩摩訶薩不？」「不也！世尊！」
「行乃至老死雜染增語是菩薩摩訶薩不？」「不也！世尊！」

「無明清淨增語是菩薩摩訶薩不？」「不也！世尊！」
「行乃至老死清淨增語是菩薩摩訶薩不？」「不也！世尊！」

「無明生增語是菩薩摩訶薩不？」「不也！世尊！」
「行乃至老死生增語是菩薩摩訶薩不？」「不也！世尊！」

「無明滅增語是菩薩摩訶薩不？」「不也！世尊！」
「行乃至老死滅增語是菩薩摩訶薩不？」「不也！世尊！」

❼佛之開示：諸法不可得、諸法增語不可得，故非菩薩義
爾時，佛告具壽善現：
「汝觀何義作如是言：色等法增語非菩薩摩訶薩？復觀何義作如是言：色等法若常若無常增語、若樂若苦增語、若我若無我增語、若淨若不淨增語、若空若不空增語、若有相若無相增語、若有願若無願增語、若寂靜若不寂靜增語、若遠離若不遠離增語、若雜染若清淨增語、若生若滅增語，亦非菩薩摩訶薩耶？」

時，具壽善現白佛言：

「世尊！色等法尚畢竟不可得，性非有故，況有色等法增語！此增語既非有，如何可言色等法增語是菩薩摩訶薩？

「世尊！色等法常尚畢竟不可得，性非有故，況有色等法無常！色等法常無常尚畢竟不可得，況有色等法常無常增語！此增語既非有，如何可言色等法常無常增語是菩薩摩訶薩？

「世尊！色等法樂尚畢竟不可得，性非有故，況有色等法苦！色等法樂苦尚畢竟不可得，況有色等法樂苦增語！此增語既非有，如何可言色等法樂苦增語是菩薩摩訶薩？

「世尊！色等法我尚畢竟不可得，性非有故，況有色等法無我！色等法我無我尚畢竟不可得，況有色等法我無我增語！此增語既非有，如何可言色等法我無我增語是菩薩摩訶薩？

「世尊！色等法淨尚畢竟不可得，性非有故，況有色等法不淨！色等法淨不淨尚畢竟不可得，況有色等法淨不淨增語！此增語既非有，如何可言色等法淨不淨增語是菩薩摩訶薩？

「世尊！色等法不空尚畢竟不可得，性非有故，況有色等法空！色等法空不空尚畢竟不可得，況有色等法空不空增語！此增語既非有，如何可言色等法空不空增語是菩薩摩訶薩？

「世尊！色等法有相尚畢竟不可得，性非有故，況有色等法無相！色等法有相無相尚畢竟不可得，況有色等法有相無相增語！此增語既非有，如何可言色等法有相無相增語是菩薩摩訶薩？

「世尊！色等法有願尚畢竟不可得，性非有故，況有色等法無願！色等法有願無願尚畢竟不可得，況有色等法有願無願增語！此增語既非有，如何可言色等法有願無願增語是菩薩摩訶薩？

「世尊！色等法寂靜尚畢竟不可得，性非有故，況有色等法不寂靜！色等法寂靜不寂靜尚畢竟不可得，況有色等法寂靜不寂靜增語！此增語既非有，如何可言色等法寂靜不寂靜增語是菩薩摩訶薩？

「世尊！色等法遠離尚畢竟不可得，性非有故，況有色等法不遠離！色等法遠離不遠離尚畢竟不可得，況有色等法遠離不遠離增語！此增語既非有，如何可言色等法遠離不遠離增語是菩薩摩訶薩？

「世尊！色等法雜染尚畢竟不可得，性非有故，況有色等法清淨！色等法雜染清淨尚畢竟不可得，況有色等法雜染清淨增語！此增語既非有，如何可言色等法雜染清淨增語是菩薩摩訶薩？

「世尊！色等法生尚畢竟不可得，性非有故，況有色等法滅！色等法生滅尚畢竟不可得，況有色等法生滅增語！此增語既非有，如何可言色等法生滅增語是菩薩摩訶薩？」

佛言：

「善現！善哉！善哉！如是！如是！如汝所說。善現！色等法及常無常等不可得故，色等法增語及常無常等增語亦不可得，法及增語不可得故，諸菩薩摩訶薩亦不可得，諸菩薩摩訶薩不可得故，所行般若波羅蜜多亦不可得。善現！諸菩薩摩訶薩修行般若波羅蜜多時應如是學。」*22　　(CBETA, T07, no. 220, p. 40, b^{15}-p. 42, b^{8})

sher phyin:　v26, pp.236^{17}-250^{01}　　《合論》：　v.050, pp. 280^{03}-287^{14}

②諸法不可見

(2.9.14)道法智

卷 408〈善現品 6〉：

「復次，善現！汝先所言『我都不見有一法可名菩薩摩訶薩。』者，如是！如是！如汝所說。

「善現！諸法不見諸法，諸法不見法界，法界不見諸法，法界不見法界。」

(CBETA, T07, no. 220, p. 42, b$^{9-12}$)

sher phyin:　v26, pp.250$^{02-05}$　　《合論》：　v.050, pp. 287$^{15-19}$

❶法界不見蘊、處、界、諸大、緣起法，此等法不見法界

(2.9.15)道類智忍

卷 408〈善現品 6〉：

「善現！法界不見色界，色界不見法界；法界不見受、想、行、識界，受、想、行、識界不見法界。

「善現！法界不見眼處，眼處不見法界；法界不見耳、鼻、舌、身、意處，耳、鼻、舌、身、意處不見法界。

「善現！法界不見色處，色處不見法界；法界不見聲、香、味、觸、法處，聲、香、味、觸、法處不見法界。

「善現！法界不見眼界，眼界不見法界；法界不見耳、鼻、舌、身、意界，耳、鼻、舌、身、意界不見法界。

「善現！法界不見色界，色界不見法界；法界不見聲、香、味、觸、法界，聲、香、味、觸、法界不見法界。

「善現！法界不見眼識界，眼識界不見法界；法界不見耳、鼻、舌、身、意識界，耳、鼻、舌、身、意識界不見法界。

「善現！法界不見地界，地界不見法界；法界不見水、火、風、空、識界，水、火、風、空、識界不見法界。

「善現！法界不見無明，無明不見法界；法界不見行、識、名色、六處、觸、受、愛、取、有、生、老死，行乃至老死不見法界。」

(CBETA, T07, no. 220, p. 42, b[12-29])

sher phyin: v26, pp.250[05-21] 《合論》: v.050, pp. 287[20]-289[02]

❷有為界不見無為界，無為界不見有為界

(2.9.16)道類智

卷408〈善現品6〉：

「善現！有為界不見無為界，無為界不見有為界。」

(CBETA, T07, no. 220, p. 42, b[29]-c[1])

sher phyin: v26, pp.250[21]-251[02] 《合論》: v.050, pp. 289[03-06]

❸不見之因緣

「善現！非離有為施設無為，非離無為施設有為。」*22

10.修道之教授

2.10 為令了知須斷分別與俱生種子故開示<u>修道之教授</u>

(1)不見一切法心不驚恐憂沒

卷408〈善現品6〉：

「如是，善現！諸菩薩摩訶薩修行般若波羅蜜多時，於一切法都無所見，無所見故其心不驚不恐不怖，於一切法心不沈沒亦不憂悔。

①不見五蘊乃至無上菩提

何以故？善現！是菩薩摩訶薩如是修行甚深般若波羅蜜多時，不見色，不見受、想、行、識；不見眼處，不見耳、鼻、舌、身、意處；不見色處，不見聲、香、味、觸、法處；不見眼界，不見耳、鼻、舌、身、意界；不見色界，不見聲、香、味、觸、法界；不見眼識界，不見耳、鼻、舌、身、意識界；不見地界，不見水、火、風、空、識界；不見無明，不見行、識、名色、六處、觸、受、愛、取、有、生、老死；不見貪欲，不見瞋恚、愚癡；不見我，不見有情、命者、生者、養者、士夫、補特伽羅、意生、儒童、作者、受者、知者、見者；不見欲界，不見色、無色界；不見聲聞及聲聞法，不見獨覺及獨覺法，不見菩薩及菩薩法，不見諸佛及諸佛法，不見無上正等菩提。如是，

善現！諸菩薩摩訶薩於一切法都無所見，無所見故其心不驚不恐不怖，於一切法心不沈沒亦不憂悔。」

②不見心心所法

爾時，具壽善現白佛言：

「世尊！復何因緣諸菩薩摩訶薩修行般若波羅蜜多時，於一切法心不沈沒亦不憂悔？」

佛告善現：

「諸菩薩摩訶薩修行般若波羅蜜多時，普於一切心、心所法不得不見，由是因緣，於一切法心不沈沒亦不憂悔。」

③不見意及意界

具壽善現復白佛言：

「世尊！諸菩薩摩訶薩修行般若波羅蜜多時，何因緣故於一切法其心不驚不恐不怖？」

佛告善現：

「諸菩薩摩訶薩修行般若波羅蜜多時，普於一切意及意界不得不見。如是，善現！諸菩薩摩訶薩修行般若波羅蜜多時，於一切法其心不驚不恐不怖。

(2)於一切法無所得而行般若

「復次，善現！諸菩薩摩訶薩於一切法都無所得，應行般若波羅蜜多。

「復次，善現！諸菩薩摩訶薩修行般若波羅蜜多時，於一切處及一切時，不得般若波羅蜜多，不得般若波羅蜜多名；不得菩薩摩訶薩，不得菩薩摩訶薩名，亦不得菩薩摩訶薩心。善現！應如是教誡教授諸菩薩摩訶薩，令於般若波羅蜜多皆得成辦。」*22

(3)當學般若波羅蜜

第二分入離生品第七

①欲圓滿六波羅蜜，當學般若

爾時，具壽善現白佛言：

「世尊！若菩薩摩訶薩欲圓滿布施波羅蜜多，當學般若波羅蜜多；欲圓滿淨戒、安忍、精進、靜慮、般若波羅蜜多，當學般若波羅蜜多。

②欲知五蘊乃至十二緣起，當學般若

若菩薩摩訶薩欲遍知色，當學般若波羅蜜多；欲遍知受、想、行、識，當學般若波羅蜜多。若菩薩摩訶薩欲遍知眼處，當學般若波羅蜜多；欲遍知耳、鼻、舌、身、意處，當學般若波羅蜜多。若菩薩

　　摩訶薩欲遍知色處，當學般若波羅蜜多；欲遍知聲、香、味、觸、法處，當學般若波羅蜜多。若菩薩摩訶薩欲遍知眼界，當學般若波羅蜜多；欲遍知耳、鼻、舌、身、意界，當學般若波羅蜜多。若菩薩摩訶薩欲遍知色界，當學般若波羅蜜多；欲遍知聲、香、味、觸、法界，當學般若波羅蜜多。若菩薩摩訶薩欲遍知眼識界，當學般若波羅蜜多；欲遍知耳、鼻、舌、身、意識界，當學般若波羅蜜多。若菩薩摩訶薩欲遍知眼觸，當學般若波羅蜜多；欲遍知耳、鼻、舌、身、意觸，當學般若波羅蜜多。若菩薩摩訶薩欲遍知眼觸為緣所生諸受，當學般若波羅蜜多；欲遍知耳、鼻、舌、身、意觸為緣所生諸受，當學般若波羅蜜多。若菩薩摩訶薩欲遍知地界，當學般若波羅蜜多；欲遍知水、火、風、空、識界當學般若波羅蜜多。若菩薩摩訶薩欲遍知無明，當學般若波羅蜜多；欲遍知行、識、名色、六處、觸、受、愛、取、有、生、老死，當學般若波羅蜜多。

③欲斷五上分結等煩惱，當學般若

　「若菩薩摩訶薩欲永斷貪欲、瞋恚、愚癡，當學般若波羅蜜多。若菩薩摩訶薩欲永斷薩迦耶見、戒禁取、疑、欲貪、瞋恚，當學般若波羅蜜多。若菩薩摩訶薩欲永斷色貪、無色貪、無明、慢、掉舉，當學般若波羅蜜多。若菩薩摩訶薩欲永斷一切隨眠、纏結，當學般若波羅蜜多。若菩薩摩訶薩欲永斷四食，當學般若波羅蜜多。若菩薩摩訶薩欲永斷四暴流、軛、取、身繫、顛倒，當學般若波羅蜜多。若菩薩摩訶薩欲遠離十不善業道，當學般若波羅蜜多。

④欲修十善業道乃至十八不共法等行法，當學般若

　「若菩薩摩訶薩欲受行十善業道，當學般若波羅蜜多。若菩薩摩訶薩欲修行四靜慮，當學般若波羅蜜多；欲修行四無量、四無色定，當學般若波羅蜜多。若菩薩摩訶薩欲修行四念住，當學般若波羅蜜多；欲修行四正斷、四神足、五根、五力、七等覺支、八聖道支，當學般若波羅蜜多。若菩薩摩訶薩欲得佛十力，當學般若波羅蜜多；欲得四無所畏、四無礙解、大慈、大悲、大喜、大捨、十八佛不共法，當學般若波羅蜜多。

⑤欲入六神通，欲得諸三昧、陀羅尼等勝行，當學般若

　「若菩薩摩訶薩欲自在入覺支三摩地，當學般若波羅蜜多。若菩薩摩訶薩欲自在遊戲六種神通，當學般若波羅蜜多。若菩薩摩訶薩欲於四靜慮、四無色、滅盡定次第超越順逆自在，當學般若波羅蜜多。

若菩薩摩訶薩欲於一切陀羅尼門、三摩地門皆得自在，當學般若波羅蜜多。

「若菩薩摩訶薩欲於一切師子遊戲三摩地，乃至師子奮迅三摩地入出自在，當學般若波羅蜜多。若菩薩摩訶薩欲於入出健行三摩地、寶印三摩地、妙月三摩地、月幢相三摩地、一切法印三摩地、觀印三摩地、法界決定三摩地、決定幢相三摩地、金剛喻三摩地、入一切法門三摩地、三摩地王三摩地、王印三摩地、力清淨三摩地、寶篋三摩地、入一切法言詞決定三摩地、入一切法增語三摩地、觀察十方三摩地、一切法陀羅尼門印三摩地、一切法無忘失三摩地、一切法等趣行相印三摩地、住虛空處三摩地、三輪清淨三摩地、不退神通三摩地、器涌三摩地、勝定幢相三摩地及餘無量勝三摩地皆得自在，當學般若波羅蜜多。」*23

⑥欲滿有情願，當學般若

若菩薩摩訶薩欲滿一切有情所願，當學般若波羅蜜多。

⑦欲離四事，當學般若

❶不墮惡趣、不生貧賤家、不生二乘地、不墮菩薩頂

若菩薩摩訶薩欲滿如是殊勝善根，由此善根得圓滿故，不墮諸惡趣，不生貧賤家，不墮聲聞及獨覺地，於菩薩頂終不退墮，當學般若波羅蜜多。」

❷明菩薩頂墮

爾時，舍利子問善現言：「云何名為菩薩頂墮？」

善現答言：

「若諸菩薩無方便善巧而行六波羅蜜多，無方便善巧而住三解脫門，退墮聲聞或獨覺地，不入菩薩正性離生，如是名為菩薩頂墮。」

*23

(CBETA, T07, no. 220, p. 42, b^29-p. 43, c^29)

sher phyin: v26, pp. 251^02-262^13 《合論》： v50, pp. 289^07-298^20

註解：

*1 修行自性：開示二諦之教授

(1)開示二諦之教授

　　菩薩摩訶薩修行般若波羅蜜多，應如是觀：

　　①勝義諦與世俗諦

宗		因	
般若波羅蜜多行　(經言)	對　治 (立宗之因，可對治菩薩之散動分別)		所　對　治 (菩薩之散動)
1.顯真空　實有菩薩	1.[實有菩薩]		無有相散動
2.遣俗有　不見有菩薩	2.[不見有菩薩]		有相散動
3.遣名　　不見菩薩名	3.[色由自性空] (非破色而令色空，色自性空)		增益散動
不見般若波羅蜜(名)	4.[不由空空] (色無之空，非真實法性之空)		損減散動
4.遣事　　不見行 　　　　　不見不行	5.[是色空非色] (色之空性非色) (空、色非一) 　　　分別性之色無與依他性(緣生)之非有，即是色之空性(真實性)。色(依他性)與空(真實性)非一非異。		一執散動
5. 遣　物　不見色 (五陰)　　　不見受想行識			
(遣名、遣事、遣物皆具後對治八法)	6.[色不離空，空不離色，色即是空，空即是色。] (色、空非異) 　　(空即是色之無所有，非空性之外別有色。)		異執散動
	7.[此但有名所謂色。] 　　(唯有名是色通性，離名色實無本性。)		通散動
	8.[此色等自性無生無滅無染無淨。] 　　(色無所有為通相，無生滅染淨等別相。)		別散動
	9.[假立客名分別於法]		如名起義散動
	10.[分別假立客名，隨起言說] 　　　如如言說，如是如是生起執著。 　　　菩薩於如是等一切名不見，不見故不生執著。 (如觀色，受乃至識、名二、事二亦應作此八種觀。)		如義起名散動

　　由世俗諦見實有色、受、想、行、識，見實有人修行或不修行般若波羅蜜多法。見有修行圓滿者名為菩薩。

菩薩摩訶薩由勝義諦知實無有菩薩，亦不見有法名般若波羅蜜多，不見有人修行。亦不見有色、受、想、行、識，以色由自性空、不由空空，是色空非色，色不離空、空不離色、色即是空、空即是色。此但有名所謂色受想行識，自性無生、無滅、無染、無淨，由假立客名分別於法，由分別假立客名，隨起言說，而生執著。若菩薩不見如是等名，由不見故，不生執著。 (參考《攝大乘論世親釋記要》P.113~P.119)

(世俗諦說緣起色法等，勝義諦說其空性。修行般若波羅蜜多時，應「色空雙運」。)

②我等但有名

菩薩、佛、般若波羅蜜多，色受想行識，餘一切法皆但有名。

我等亦但有名，謂之為我等實不可得，以不可得空故，但隨世俗假立客名，諸法亦爾不應執著。是故修行般若波羅蜜多時，不見有我等，亦不見有一切法性。

(我等等取有情、命者、生者、養者、士夫、補特伽羅、意生、儒童、作者、使作者、起者、使起者、受者、使受者、知者、見者。)

(2)勝義之一切法空之補充說明

①《般若經》是即一切法而超越一切法。超越一切法之實義名為空性、法性等。此為佛陀自證之根本立場，依此觀一切法有為無為不二，生死涅槃不二，一切無二無別，絕諸戲論。不從無常、苦入手，而直接從空無相無願入門，這是大乘佛法般若經之特色。般若經獨到的是發揚「空」，一切法空。

般若經所顯勝義是：

　　實無有相：一切法無可示，<u>離相</u>。

　　無有分別：一切法不可分別，<u>離分別</u>。

　　亦無言說：一切法不可說，<u>離名</u>。

　　由此說諸法空相，一切不可得。

②云何以無所得而能度眾生？

(難)

若法不可得，業報、道果、垢淨、修證、名相、佛、佛法皆不可得，云何說有地獄、人天、菩薩、十八不共法，發心、六度以及莊嚴佛土？

(答)

❶此等一切言說，一切差別都依世俗諦說。

「眾生於無法中有法想，我以除其妄著故說，於世俗法說有得，非第一義。」

佛為教化，故方便說有二諦，說種種差別是依世俗說，不是實義。其實世諦勝義諦無異。何以故？世諦如即勝義如。

　　相對之世俗是二，是有所得，是眾生取著處。

　　佛說無二無所得，是一切無取著之勝義。

❷無所得不在有所得中(有取著)，也不在無所得中(若有無所得即是相對待，即非無所得)。菩薩住無所得，以無所得為方便，是不著有所得又不著於無所得。有所得(二)與無所得(無二)，無二無別平等平等。

無二法無不二法，才是佛說之無所得，即是道即是果，平等法中無有戲論。

❸稱之為無所得，終歸不離假名方便。

　　為破眾生迷執，談空、無所得，表示實義。

　　為解眾生迷著，又說如幻如化，方便說如幻就是空，本性空。

　　本性空就是如幻如化之一切。

③一切法空

　　先從「色空非色」，再從「色相空」而明「色即是空」，觀照「一切法本性空」，歸結「一切法空相」。

　　　　[色空非色]：諸色非色，故色是空；諸色是空，故諸色非色。

　　　　　　　　　　(色法本性空，本性空即是非色)

　　　　[諸色空，彼非變礙相]：無變礙相(自相空)，即是非色。

　　　　　　　　　　　　　　　(受空，非領納相。想空，非取像相。行空非造作相。識空非了別相。)

　　　　[色不異空，空不異色]：空不離色，色不離空。

　　　　[色即是空，空即是色]：即色明空，即色是空，此為色的本性空。

　　　　　　　　　　　一切法本空，本性清淨，世間(生死)即涅槃(空)，涅槃不異世間。

*2 修行自性：開示二諦之教授

　(1)不同般若經之比對

　　①《光讚般若經》(卷一) T08, P.152, a15~b2

　　「云何菩薩摩訶薩行般若波羅蜜？

　　　佛告舍利弗：「菩薩摩訶薩行般若波羅蜜，不見菩薩亦不見菩薩字，亦不見般若波羅蜜，亦不見行般若波羅蜜字，亦不見非行。所以者何？菩薩之字自然空。其為空者，無色、無痛痒思想生死識，不復異色空，不復異痛痒思想生死識空。如色空、痛痒思想生死識亦空。所謂空者，色則為空，痛痒思想生死識亦自然。所以者何？所謂菩薩但假號耳，所謂道者則亦假號，所謂空者則亦假號。其法自然，不起不滅亦無塵勞，無所依倚、無所諍訟。若有菩薩所行如是，不見所起亦不見所滅，不見所猗、不見所訟。所以者何？誑詐立字因遊客想，或想念故而致此法。從何立字？但託虛言。曉了如是，菩薩摩訶薩則為行般若波羅蜜，一切不見有名號也，已無所見亦非不見，則無所猗，則為行般若波羅蜜。」

　　②《放光般若經》(卷二) T08, P.11, b4~b20

　　「於是舍利弗、須菩提共白佛言：「唯，世尊！言菩薩菩薩者，何所法中有言菩薩乎？我等初不見法有菩薩者，我初不見菩薩，亦不見菩薩字，亦不見般若波羅蜜，當為何所菩薩而說般若波羅蜜？」

　　　佛告須菩提：「般若波羅蜜、菩薩及字，亦不在內、亦不在外、亦不在兩間中止。」

　　　佛告須菩提：「譬如字眾生為眾生，言我人、言生，是男是士是夫、是作是知是覺。」

　　　佛告須菩提：「設是名法但著名字，亦不生、亦不滅，從久遠以來但共傳字耳。」

佛語須菩提：「所謂般若波羅蜜，所謂菩薩及菩薩字，但著字法，從久遠以來但行其字，亦不生、亦不滅。須菩提！譬如所有色痛想行識，但著字法，從久遠以來因緣合為數。諸因緣合數法，亦不生、亦不滅也。所謂般若波羅蜜，所謂菩薩及菩薩字，亦復如是。」

③《摩訶般若波羅蜜經》(卷一) T08, P.221, b24~c10

「舍利弗白佛言：「菩薩摩訶薩云何應行般若波羅蜜？」

佛告舍利弗：「菩薩摩訶薩行般若波羅蜜時，不見菩薩、不見菩薩字，不見般若波羅蜜，亦不見我行般若波羅蜜，亦不見我不行般若波羅蜜。何以故？菩薩、菩薩字性空，空中無色，無受想行識；離色亦無空，離受想行識亦無空。色即是空，空即是色；受想行識即是空，空即是識。何以故？舍利弗！但有名字故謂為菩提，但有名字故謂為菩薩，但有名字故謂為空。所以者何？諸法實性無生無滅、無垢無淨故。菩薩摩訶薩如是行，亦不見生亦不見滅，亦不見垢亦不見淨。何以故？名字是因緣和合作法，但分別憶想假名說。是故菩薩摩訶薩行般若波羅蜜時，不見一切名字，不見故不著。」」

④《大般若波羅蜜經》(卷 402) T07, P.11, b25~c16

「爾時，舍利子白佛言：「世尊！諸菩薩摩訶薩應云何修行般若波羅蜜多？」

佛言：「舍利子！菩薩摩訶薩修行般若波羅蜜多時，應如是觀：『實有菩薩不見有菩薩，不見菩薩名；不見般若波羅蜜多，不見般若波羅蜜多名；不見行，不見不行。』何以故？舍利子！菩薩自性空，菩薩名空。所以者何？色自性空，不由空故。色空非色，色不離空，空不離色，色即是空，空即是色。受、想、行、識自性空，不由空故。受、想、行、識空非受、想、行、識，受、想、行、識不離空，空不離受、想、行、識，受、想、行、識即是空，空即是受、想、行、識。何以故？舍利子！此但有名謂為菩提，此但有名謂為薩埵，此但有名謂為菩薩，此但有名謂之為空，此但有名謂之為色、受、想、行、識，如是自性無生、無滅、無染、無淨。菩薩摩訶薩如是修行般若波羅蜜多，不見生、不見滅、不見染、不見淨。何以故？但假立客名分別於法，而起分別假立客名，隨起言說，如如言說，如是如是生起執著。菩薩摩訶薩修行般若波羅蜜多時，於如是等一切不見，由不見故不生執著。」

(2)《攝大乘論世親釋記要》P.113~116

[菩薩十種散動]

10.散動分別(vikṣepavikalpa)

謂菩薩十種分別(vikalpa)。

[釋]

菩薩分別不與般若波羅蜜相應，悉名散動。(散動即散亂，菩薩但言擾動不言亂。)

般若波羅蜜經說十種法，對治此十種散動。

1.初二法，正是般若波羅蜜事，謂顯真空遣俗有。

即是「實有菩薩，不見有菩薩。」

2.次有五事，此五事一一事皆具八法(第三至第十散動)。

有三解：

(1)第一解

　　遣名、事、物。

　　①初二遣名

　　　　即是「不見菩薩名，不見般若波羅蜜」。初遣人名，後遣法名。

　　②次二遣事

　　　　即是「不見行，不見不行」。

　　　　此有三義：

　　　　❶不見「菩薩能行，二乘不能行」。

　　　　❷不見「正勤助道為行」，不見「懶惰等所對治為不行」。

　　　　❸不見「菩薩修道未滿故行」，不見「菩薩修道已滿故不行」。

　　③後一遣物

　　　　此名此事以何物為根本？

　　　　　　以五陰為根本，亦不見五陰。即是(經言：)「不見色，不見受想行
　　　　　　識」。

(2)第二解

　　①初二：明不見「人法」。

　　②次二：明不見「人行法為行」，不見「人不行法為不行」。

　　③後一：明行所對治即五陰，五陰即苦集二諦，不見「集可斷」，不見
　　　　　　「苦可離」。

(3)第三解

　　①初二：明不見「能行人及所行道」。

　　②次二：(明)不見助道。

　　③後一：明不見所對治。

散動分別	對　　治
(1)無有相散動 abhāvanimittavikṣepa	經言：是菩薩實有菩薩。
無有(abhāva)相(nimitta)是散動因。	由說「實有」顯有菩薩，以真如、空為體。
分別無法性，以其無為所緣相。	菩薩實有，以空為體。(有菩薩性)
(2)有相散動 bhāvanimittavikṣepa	經言：不見有菩薩。
有相是散動因。	此菩薩以分別依他為體。
如顯現而執實有(執有相)，以其有為所緣相。	此菩薩非實有(依他性作為分別性而顯現)，故行般若波羅蜜之菩薩不見此境。
(3)增益散動 adhyāropavikṣepa	經言：何以故？色由自性空。
以有增益無所有，此執即是散動。	由分別色性，色(自)性空。
分別無為有言虛妄。於無之中執	由散動被妄分別之色，其自性是

有名亂。此妄分別稱為亂識 bhrāntivijñapti(十一識及其通性之本識)。

空，非破色令空。

(4)損減散動 apavādavikṣepa
　　以無損減實有，此執即是散動。
　　執有法(色)無，其色之法性亦無(abhāva)。

經言：不由空空。
此色不由真如空故空。
　　此色空為色無之空，非真實法性(真如)之空。

(5)一執散動 ekatvavikṣepa
　　謂依他分別即是空，此執即是散動。
　　執色(依他，分別性)與空(真實性)為一。

經言：是色空非色。
若依他性與真實性是一，真實性是清淨境界，依他性亦應如此。
　　色之空性非色也。(色空不可說一)
　　色空指分別性之色無，同時是依他性之非有(緣生非有)。非色是色(諸法)之否定，同於不生(不滅)。此色之空(無)是真實性。真實性(pariniṣpanna-svabhāva)以無為自性。
言色即是空者，非色與空為直接的同一，而是經由色之否定而與空結為一。色(依他性)與空(真實性)非一非異

(6)異執散動 nānātvavikṣepa
　　謂色與空異，此執即是散動。
　　若執色是分別性，其色藉由被分別(parikalpita)而有，非依他性(緣生)的有，此色與其法性(空)為異。

經言：無色異空故，色即是空，空即是色。
若色與空異，此空則不得色法之空，不成色通相。此義不成，譬如有為法與無常相不異。
　　若就分別性而言，色即是空，空即是色，此乃因分別性色永無所有。
　　此永無所有(畢竟無 atyantābhāva)即是有，即是空，此空即是色之無所有，不如依他性於真實性不可說一，由清淨不清淨(有別)故。(此言空性之外非別有色，色即是空，空即是色。)

(7)通散動 svabhāvavikṣepa
　　執色有通相為性，謂有礙(質礙)，此執即是散動。

經言：何以故？舍利弗！此但有名所謂色。
唯有名是色通性，

執色等為自性體。

何以故？若離名色實無本性。

山川草木等可稱為色(rūpa)的本性不是共通存在，只是以色之名稱而有共通，離此名稱無色之本性。(色者唯名)

(8)別散動 viśeṣavikṣepa

已執色有通相，又分別色有生滅染淨等差別，此執即是散動。

經言：是自性無生無滅，無染無淨。

此色無所有為通相，若有生即有染，若有滅即有淨，由無此四義故色無別相。

被稱為色的若無本性，即表示是無所有。色既無所有，則其生滅染淨當然是不可得。

(9)如名起義散動

yathānāmārthābhiniveśavikṣepa

如名執義，於義散動。

經言：對假立名，分別諸法。

名是虛假所作，對諸名分別一切法。

名為假立，如其名分別一切法而執其義，可止散動。

(10)如義起名散動

yathārthanāmābhiniveśavikṣepa

如義於名起舊執，此執即是散動。

經言：由假立客名，隨說諸法。

名不與法(事物，存在 bhāvaḥ)同相(lakṣaṇa)。

名非出自法內自性(非同相)，而是外來的(āgantuka)。

經言：如如隨說，如是如是生起執著。

隨假所立名說諸法，計名與法不異。

藉假立是客之名，怎麼怎麼地(yathā yathā)隨說諸法，就怎麼怎麼地(tathā tathā)生起執著(計名與法不異)。

經言：如此一切名菩薩不見，若不見不生執著。

菩薩無此如義執名(橫計妄情)，則不生執著。

為對治十種散動故，說般若波羅蜜。以此說為因無分別智生，由無分別智滅諸分別惑。

*3 菩薩般若為聲聞獨覺所不及

菩薩修行般若波羅蜜多所得之般若，為聲聞獨覺般若所不及，以不可得空故。(於名、所名俱無所得，不觀見，無執著故。)

菩薩摩訶薩般若，能使一切有情趣般涅槃。修行般若波羅蜜多菩薩一日所修般若，為充滿瞻部

洲、四大洲、一三千大千世界及十方殑伽沙諸佛世界之一切聲聞獨覺般若所不及。

(1)諸般若無別

　　舍利子問：

　　　若預流一來不還阿羅漢聲聞般若，若獨覺般若，若菩薩摩訶薩般若，若如來應正等覺般若

　　　等無差別，行般若波羅蜜多菩薩摩訶薩一日所修般若，云何為聲聞獨覺般若所不及？

(2)菩薩所作念之殊勝處

　　修行般若波羅蜜多之菩薩摩訶薩，於一日中所修般若，作是念言：

　　①為利益安樂一切有情，我當修行一切相微妙智、一切智、道相智、一切相智，於一切法覺

　　　一切相已，方便安立一切有情於無餘依般涅槃界。

　　②我當證阿耨多羅三藐三菩提，方便安立一切有情於無餘依涅槃界。

　　③我當修行六波羅蜜多，成熟有情、嚴淨佛土、滿佛十力、四無畏、四無礙解、大慈大悲大

　　　喜大捨、十八佛不共法，當證無上正等菩提，方便安立無量無數無邊有情於無餘依般涅槃

　　　界。

　　聲聞獨覺無如是念，亦不如菩薩摩訶薩之念如日輪光明熾盛，照遍贍部洲。故知一切聲聞獨

　　覺般若，不及行般若波羅蜜多菩薩摩訶薩於一日中所修般若。

(3)菩薩所修行之殊勝處

　　諸菩薩摩訶薩從初發心，修行六種波羅蜜多，住空無相無願之法，超越聲聞獨覺等地，能得

　　菩薩不退轉地，能淨佛道。依菩薩摩訶薩世間出現一切善法，常與聲聞獨覺作真福田。

　　①諸善法出現世間

　　　十善業道、五近事戒、八近住戒、四靜慮、四無量、四無色定、四聖諦智、四念住等三十

　　　七菩提分、六波羅蜜多、十八空等，及佛十力、四無畏、四無礙解、大慈大悲大喜大捨、

　　　十八佛不共法、一切智、道相智、一切相智，如是無量無數無邊善法出現世間。

　　②與聲聞獨覺作福田

　　　❶由此菩薩善法，

　　　　　1.世間便有剎帝利、婆羅門、長者、居士等大族；

　　　　　2.(欲界天)四大王眾天、三十三天、夜摩天、覩史多天、樂變化天、他化自在天；

　　　　　3.(色界天)

　　　　　　　　　(初禪天)(梵會天)梵眾天、梵輔天、大梵天，

　　　　　　　　　(二禪天)(光天)少光天、無量光天、極光淨天，

　　　　　　　　　(三禪天)(淨天)少淨天、無量淨天、遍淨天，

　　　　　　　　　(四禪天)(廣天)少廣天、無量廣天、廣果天，無想有情天，

　　　　　　　　　(五淨居天)無煩天、無熱天、善現天、善見天、色究竟天；

　　　　　4.(無色界天)空無邊處天、識無邊處天、無所有處天、非想非非想處天。

　　　❷由此菩薩善法，世間出現預流、一來、不還、阿羅漢、獨覺、菩薩摩訶薩及諸如來應正

　　　　等覺。

　　　❸菩薩是大施主

　　　　菩薩摩訶薩施諸有情善法，為大施主，如十善業道乃至一切相智，如是等類無量無數無

　　　邊善法。

*4 修行所緣：開示四諦之教授

(1)苦諦 (諸法空性(果)與般若波羅蜜本質為一)

　　菩薩摩訶薩修行般若波羅蜜多時，若與七空相應時，則說是與般若波羅蜜多相應。

　　①與七空相應，應言與般若波羅蜜相應

　　　❶與五蘊空相應

　　　　五蘊空：色空、受空、想空、行空、識空。

　　　❷與十二處空相應

　　　　內六處空：眼處空、耳處空、鼻處空、舌處空、身處空、意處空。

　　　　外六處空：色處空、聲處空、香處空、味處空、觸處空、法處空。

　　　❸與十八界空相應

　　　　眼界、色界、眼識界空，耳界、聲界、耳識界空，鼻界、香界、鼻識界空，

　　　　舌界、味界、舌識界空，身界、觸界、身識界空，意界、法界、意識界空。

　　　❹與四聖諦空相應

　　　　苦聖諦空、集聖諦空、滅聖諦空、道聖諦空。

　　　❺與緣起支空相應

　　　　無明空、行空、識空、名色空、六處空、觸空、受空、愛空、取空、有空、生空、老死

　　　　愁歎苦憂惱空。

　　　❻與一切法空相應

　　　　一切法空、有為無為法空。

　　　❼與本性空相應

　　　　修行時與如是七空相應故，應言與般若波羅蜜多相應。(法之空性與般若波羅蜜本質為一)

　　②別說七空

　　　七空是中本般若所共說，但《放光般若》、《大般若》〈第二分〉、〈第三分〉都沒有列舉七空

　　　之名目。

　　　❶《摩訶般若經》列七空為性空、自相空、諸法空、無所得空、無法空、有法空、無法有

　　　　法空。

　　　❷《光讚般若》列七空為內空、外空、有空、無空、近空、遠空、真空。與《摩訶般若經》

　　　　所說不同。

　　　❸《放光般若》習應空，是別觀七事：

　　　　　　　　　　1.五蘊空，2.十二處空，3.十八界空，4.四諦空，5.十二緣起空，

　　　　　　　　6.一切法(若有為、若無為)空，7.本性空。(此中並不說七空名，但說觀七事。)

(2)集諦 (空性與色等法之成因無別)

　　①不見五蘊相應不相應、生滅、染淨

　　　菩薩修行般若波羅蜜多，與如是七空相應時，不見五蘊相應不相應、生滅、染淨之相。

　　　(只說般若與色等法之空性相應，心境無別故；不說與色等法相應，破心境互異之執。)

　　　❶不見五蘊相應不相應

菩薩行般若波羅蜜多時，知一切法空，滅諸觀，是名與般若波羅蜜相應。若能如是觀是名相應，若不如是觀則不相應。

❷不見五蘊有生有滅

若五蘊有生滅相即墮斷滅中，墮斷滅故則無罪福，無罪福故與禽獸無異。

(勝義上，色等法自性沒有生滅與染淨)

❸不見五蘊有染淨

若五蘊有染淨，則無縛解。

若五蘊是染即是縛性，無有得解脫者；若五蘊是淨性，則無有學道法。

②不見五蘊與五蘊合

不見色與受合，不見受與想合，不見想與行合，不見行與識合，以無有法與法合者，其性空故。

❶不和合

1.色不與受等合

心心所法無形，無形故無住處，以是故色不與受合。又以四大及四大所造色，有二觸則和合，心心所法中無觸法，故不得和合。

2.受想行識不共和合

無有法與法和合，以一切法性常空故。

❷無合則無離

若法與法無合，則亦無有離。

③五蘊空中無五蘊 (色空非色等)

色空中無有色，受想行識空中無有受想行識。

以色等(法)與空相違故。

若空來則滅色，云何色空中有色？如水中無火，火中無水，性相違故。

④五蘊自相不可得

五蘊空中無五蘊，以其自相皆不可得故。

色空非色，以色空非變礙相故；　(以相故知法)

受空非受，以受空非領納相故；

想空非想，以想空非取像相故；

行空非行，以行空非造作相故；

識空非識，以識空非了別相故。

⑤五蘊不異空、空不異五蘊、五蘊即是空、空即是五蘊 (空性四合)

❶色不異空、空不異色。 (空性不異於緣起之色)

色即是空、空即是色。 (所顯現之緣起法就是空性，空性就是顯現之緣起法)

❷受想行識不異空，空不異受想行識。

受想行識即是空，空即是受想行識。

若五蘊與空異，空中應有五蘊；今五蘊不異空，空不異五蘊，則五蘊即是空，空即是五蘊，以是故空不破五蘊。

若修行時，與如是等法相應故，應言與般若波羅蜜多相應。

(3)滅諦 (空性性相)

①明諸法空相

是諸法空相，不生不滅、不染不淨、不增不減；是空法，非過去、非未來、非現在。

②空中無諸法

諸法性常自空，非空三昧故令法空，如水冷相，而火令其熱。

有人雖習空，而仍想空中猶有諸法，如行慈人雖無有情而想有情得樂，自得無量福故。

以是故，佛說「空中無諸法」。

如是空中，

❶無 五 蘊：色受想行識。

無十二處：眼處乃至意處，色處乃至法處。

無十八界：眼界、色界、眼識界，乃至意界、法界、意識界。

❷無緣起支：無明、無明滅，乃至老死、老死滅。

無四聖諦：苦、集、滅、道聖諦。

❸無得、無現觀(智)

智是能觀、得為所觀；智是能得，得是所得。

所證所得，若約空有說，是空性；若約生死涅槃說，是涅槃；若約有為無為說，是無為。

總之，對智為理，對行為果，此智與得皆無，即是菩薩般若之體證。

世間語言文字，執有能所分別，此不過是名言安立而已，而真實之理、智是一如的，沒有智慧以外之真理，也沒有真理以外之智慧，能知所知、能得所得皆無差別，以能證智與所證理，皆畢竟空寂故。

此中之智，指法智、類智、苦智、集智、滅智、道智、盡智、無生智等八無漏智。得者，指從初得聖道預流果乃至無上正等菩提。

❹無所證聖道：預流、預流果，乃至無上正等覺、無上正等覺菩提。

(4)道諦 (成立空性之道)

①不見諸法相應不相應 (修行者和所修諸行二者性空)

❶不見般若波羅蜜相應不相應

菩薩得諸法實相，入般若波羅蜜，不見般若波羅蜜有定相，若相應若不相應。

以般若波羅蜜相畢竟清淨故，於中不見相應事、不相應事：

不見「相應般若」	不見「不相應般若」
不見如是行：	不見不如是行：
1.無常行、苦行、無我行	1.常行、樂行、我行
2.行空	2.行實
3.非有非無行	3.有無行

❷不見五波羅蜜相應不相應

餘五事若與般若波羅蜜和合，名波羅蜜，畢竟清淨，於中不見相應不相應。

❸不見蘊處界、三十七道品乃至諸佛功德相應不相應

如是諸法若與般若波羅蜜勢力和合，畢竟清淨，無有定性、無有定法，以是故不見若相應、若不相應。

②不觀空無相無願相應

不觀空與空相應、無相與無相相應、無願與無願相應。

以空、無相、無願皆無相應不相應故。

(內在之空無相無願和外在之空等三解脫門，非相應(合)亦非不相應(散)。不以空性連結空性，亦不連結空三摩地，以空性非合非散故。三三摩地不與三境連結，亦不與三有境連結。)

❶空不與空合

空有二種：空三昧、法空。

空三昧不與法空合，若以空三昧力合法空者，是法非自性空故。

❷性空不從因緣生、不以觀力故空

又空者，性自空，不從因緣生，若從因緣生，不名性空。行者若入觀時見空，出觀時不見空，當知是虛妄。

❸空中無合無不合，無相、無願亦如是。

菩薩行般若時，不觀空與空相應不相應，無相無願亦如是，應言與般若波羅蜜相應。

③不觀五蘊等若合若散、不觀與三際若合若散

不觀空與空相應、無相與無相相應、無願與無願相應。

❶入自相空故，五蘊非合非不合

若一切法自相空，是中無有合不合。五蘊自入相空故，不作合、不作不合。

此中說「合」者，諸法如其相(如地堅相、識知相等)，自相不在異法。若言自相不在自法中，是為「不合」。

❷五蘊不與三際合

色不與前際合，以前際空無所有，但有名字，若色入過去，則滅無所有，不可合。後際者，未來未生不可合；現在色，生滅不住故不可取相，故色不應與現在合。

④不觀三際與三際若合若散

不觀前際與後際、前際與現在；後際與前際、後際與現在；現在與前際、現在與後際若合若散；

不觀前際與後際現在、後際與前際現在、現在與前際後際若合若散；

不觀前際、後際、現在，若合若散。

以三世空故。(破除三際各自獨立或連結之執著，了悟三世平等而修，得以出離。)

修行般若波羅蜜多菩薩摩訶薩，與如是法相應故，應言與般若波羅蜜多相應。

*5 佛寶之教授

(1)一切智不與諸法合，是名般若相應

①一切智不與三世合

❶三世是虛妄、生滅相、不可得、不可見

1.菩薩行般若波羅蜜、不觀一切智與過去世同。

過去世是虛妄，一切智是實法；過去世是生滅相，一切智非生滅相。

　　　　過去世及法求覓不可得，何況一切智能與過去世合。

　　　2.未來、現在世亦如是。

❷以時故說有三世，而時性空不可得，故不合。

❸一切智是十方三世諸佛真實智慧，而三世者從凡夫虛妄生，故不合。

❹菩薩若著心取相分別過去、現在諸佛一切智功德者，應與三世合；而今不取相故，則無
　　有合。

❺一切智過三界，出三世，畢竟清淨相。如行者但以憶想分別：「我未來當得是一切智」，
　　如世間法憶想必當有所得，而是事未生未有，因緣未會，都無處所，云何當與合？

②諸餘法不與一切智合

❶蘊、處、界、(十二因緣)不與一切智合

　　一切智，於三世中不可得，於蘊處界(十二因緣)中亦不可得，以此等諸法皆世間因緣和合，
　　無有定性，故此等諸法中不應與一切智合。

❷六度不與一切智合

　　1.世間六波羅蜜不與一切智合，出世間六波羅蜜應與一切智合。

　　2.菩薩行六波羅蜜，漏結未盡，不得與佛一切智合。

　　3.又，佛說六波羅蜜空，尚不可見，何況與一切智合。

❸三十七道品不與一切智合

　　三十七道品是二乘法，但為涅槃，菩薩為佛道，是故不合。

　　三十七道品亦是菩薩道，但若菩薩以著心故行，多迴向涅槃，故亦說不合。

❹佛十力乃至十八不共法，不與一切智合

　　1.是十力乃至十八不共法，雖是妙法，為一切智故行；然以菩薩漏結未盡，故不應與一
　　　切智合。

　　2.此等法分三種：

　　　(1)菩薩漸次修習，尚未得佛道；(菩薩)　　　(2)菩薩憶想分別，希求能得佛所得者；(菩
　　　　薩念佛)

　　　(3)佛心所得者。(佛)

　　　前二不應與合，後一雖可合，而菩薩未得，是故不合。

　　3.空故不可見，不可見故不合。

(2)佛、菩提、一切智相即

①佛、菩提不與一切智合

❶佛不與一切智合

　　1.佛是人，為假名；一切智是法，屬因緣。

　　有情乃至知者、見者皆無，佛為有情中最尊上第一，亦是無。

　　2.離佛無一切智，離一切智無佛；得一切智故名佛，佛所有故名一切智。二法相待不離
　　　故，和合因緣生無先後故，不名合。

❷菩提不與一切智合

　　1.二智不得一心中生

菩提名為佛智，一切智是佛之一切智慧。

十智為菩提，第十一如說智(如實智)名為一切智，此二智不得一心中生。

　2.十力等法及佛菩提皆非實

十力等諸佛法及佛菩提，皆是菩薩憶想分別非實，唯佛所得一切智是實。

今此菩提，是菩薩菩提，是心中虛妄未實，云何與一切智合？

　②佛、菩提、一切智相即

佛即是一切智，一切智即是佛；菩提即是一切智，一切智即是菩提。

菩薩行般若波羅蜜，與如是法相應故，應言與般若波羅蜜相應。

*6 法寶之教授

(1)於五蘊離二邊行中道，亦不著於行

　①菩薩行般若，不習五蘊有無

若菩薩觀五蘊非有非無，於是中亦不著，爾時，與般若波羅蜜相應。

　❶著有見、無見者

著有見者	著無見者
1.順生死流者	逆生死流者
2.我見多者	邪見多者
3.四見(身見、邊見、見取見、戒禁取見)者	邪見多者
4.貪、瞋二毒多者	無明多者
5.不知五蘊因緣集生者	不知集者
6.近惡知識及邪見外道之有見者	墮斷滅、無罪福中之無見者
7.謂六根所知法皆有者	謂諸法皆空，心著是空者
8.愛多者	見多者

　❷著有見、無見之過

　　1.此二見虛妄不實，皆有過失。

若諸法定實有，則無因緣，若從因緣和合生，是法無自性，即是空。(緣生無性故非有)

若無法是實，則無罪福、無縛無解，亦無諸法種種之異。(罪福縛解故非無)

　　2.有見者與無見者相違，相違故有是非，是非故共諍，有諍故起諸結使，結使故生業，
生業故開惡道門。實相中無相違、是非、鬥諍。

　　3.著有者，事若無常則生憂惱；若著無者，作諸罪業，死墮地獄受苦。

不著有無者，無有如是種種過失。

　②菩薩行般若，不習五蘊常、無常

　❶常見之過 (無生滅罪福，世間應如涅槃)

若五蘊常，則無生滅；無罪福，無善惡果報，世間如涅槃不壞相。

　❷無常見之過

以無常破常，亦不應以無常為是。

若諸法無常相，念念皆滅，則六根不能取六塵，皆無住故，不應得緣、不應得知、亦無
修習因緣果報。因緣多故，果報亦多，此事不應得。

③菩薩行般若，不習五蘊苦樂、我非我、寂靜不寂靜、空不空、有相無相、有願無願。

❶寂靜者，指因緣生故無性，無性故寂靜，寂靜故如涅槃。

❷不寂靜者，指三毒熾然故不寂靜，無常火燃故不寂靜、著三毒實相故不寂靜、三毒各各分別相故不寂靜。

④菩薩行般若時，不念行、不行、非行非不行

❶不著行 (人法不可得故)

若菩薩能如是離二邊行中道，行般若波羅蜜亦不著，以菩薩不可得，般若波羅蜜亦不可得故。

❷不著不行 (凡夫不能觀實相)

不行般若波羅蜜亦不著，以諸凡夫不能觀諸法實相，云何當言「我不行般若波羅蜜」？

❸不著行不行 (二俱有過故)

行、不行亦不著，二俱有過故。

如是名與般若波羅蜜相應。

(2)非有所為而行般若

①不為六波羅蜜等諸佛法而行般若

菩薩行般若波羅蜜時，不壞諸法相故，亦不分別六波羅蜜乃至真如、法性、實際等諸佛法差別。

(不壞法相：不分別此彼善惡。)

❶若菩薩於此善法，深心繫著，以繫著故能生罪；

為是人說：「六波羅蜜乃至實際皆空無自性，莫生執著，不為如是法故行般若波羅蜜。」

❷若菩薩心無所著，行六波羅蜜乃至實際；

為是人說：「為具足六波羅蜜，乃至為成熟有情、嚴淨佛土，故行般若波羅蜜。」

②不為六通而行般若

❶不為神通而行般若

神通雖廣能利益有情，但多有無方便善巧之菩薩，得神通而輕餘菩薩，心生憍高，為是故說「不為神通故行般若」。

又，菩薩於般若波羅蜜尚不著，何況神通！

❷不念我依神通成諸妙用

菩薩不作是念：「我以神境通遍到十方世界供養恭敬諸佛。」

1.已拔我見憍慢故，已善修三解脫門故；　(已斷我執故)

2.知諸法如幻無定相，不取神通、國土、此彼、遠近相故；

3.於佛前住於禪定，變為無量身，至十方供養諸佛，無所分別，已斷法愛故。

餘通亦如是。

菩薩雖不著神通，而依神通供養諸佛，廣度有情。

(3)行般若之利益

①普慈有情能得五功德

菩薩於一切有情慈悲普遍，能得五功德，

1.魔不得其便，2.世間事所欲隨意，3.諸佛、菩薩皆共護念，4.諸天皆共擁衛，5.當來重罪，今轉輕受。

❶所有重罪者，先世重罪，應入地獄，以行般若波羅蜜故，現世輕受。

又如王子雖作重罪，以輕罰除之，以是王種生故；菩薩亦如是，能行是般若波羅蜜得實慧故，即入佛種中生，佛種中生故，雖有重罪，云何重受？

又如鐵器中空故，在水能浮，中實則沒。菩薩亦如是，行般若波羅蜜智慧心虛故，不沒重罪，凡人無智慧故，沉沒重罪。

❷慈因般若波羅蜜生，能生無量福。

由般若波羅蜜力：1.惡魔不得便，3.諸佛所護念，5.重罪今輕受。

由大慈力：2.世間事所欲隨意，4.諸天擁護。

❸行般若疾得諸陀羅尼門、三摩地門；常值諸佛、終不離佛。

此中常不離佛有六因：

1.深心念佛，　　　　2.世世修念佛三昧，　　　　3.不失菩薩心，　　　　4.作不離佛願，

5.願生在佛世，　　6.種值佛業緣相續不斷故。

(4)不見不念諸法

①不念諸法合不合、等不等

❶諸法非合、非不合

1.諸法無少分合

一切法，無有法與法共合者，以諸法無少分合故。

如二指各有四方　其一方合，三方不合，不合多故，不言為合。

其相合之一分為指分，不為指，以二指近故，假名為合。

色、香、味、觸，總名為指，此中但觸有合力，餘三無合，不得言指合。

2.諸法性相各異不名為合

如異類同處，不名為合，相各異故；諸法亦爾，地、水、火其性各異，不名為合。以是故，無有法與法「合」，「不合」亦如是。

❷諸法非等非不等

1.「等」與「不等」

等：一切法一相故名等。

以皆是有相、無常相、苦相、空無我相、不生不滅相，事無異故名為等。

不等：各各別相故。

如色相、無色相、堅相、濕相，如是等各異不同，是名不等。

2.諸法自性空故無法，無法故不可見，不可見故無等、不等。

若等與合，是習相應；若不合、不等，是不相應。

②不念我當速現等覺、不速現等覺

除心中無明諸結使，以清淨實觀，得法界諸法實相，名為法性。

法性無相，無有遠近，不言我當速得，亦不言我當久久而得。

③不見有法出法界

　　無明等諸煩惱入一切法中，失諸法自性，自性失故，邪曲不正。

　　聖人除却無明等，諸法實性還得明顯。

　　若有法無明不入者，是則出於法性，此事不然。

　　無有法出無明者，是故菩薩不見是法出法性者，譬如眾流皆歸於海，如眾小明皆屬於日。

④不念「法性分別諸法」

　　若知法性空，一相無相，能滅無明，心清淨智慧明了，得諸法實。

　　然若著法性、貴於法性，以是因緣生諸結使，是故不念「法性能分別諸法」。

⑤不念「是法能得或不得法性」

　　法者名般若波羅蜜，性者諸法實相。菩薩不作是念：「行般若波羅蜜得是諸法性」，以般若波羅蜜及諸法性，二法無有異，皆畢竟空故。

⑥不見法性與空合、空與法性合

　　菩薩不觀法性是空，不觀空是法性。行空得法性，緣法性得空，以是故無異，以此二皆畢竟空故。

⑦不見十八界與空合、空與十八界合

　　❶辨眼界

　　　1.空、有不合

　　　　眼是有、空是無，空、有云何合？

　　　2.空中無有分別故

　　　　眼若散滅則成空；而空中無眼名，因本空故。又空亦不分別此是眼空、此非眼空。是則眼不與空合。

　　　3.空不從眼生

　　　　空不從眼生，以二法本自空故。

　　❷如是乃至意識界亦如是。

⑧空相亦是第一相應

　　空是十方諸佛深奧之藏，唯一涅槃門，更無餘門能破邪見戲論。

　　如是相應不可壞、不可破，是故名為第一。

(5)空行相應之勝利

①生諸善

　　❶與空相應最為第一

　　　菩薩若行般若波羅蜜與如是空相應，是為第一。

　　　1.不墮聲聞獨覺地：行不可得空、行有方便空、本有深悲心故。

　　　2.嚴淨佛土、成熟有情：菩薩住空相應中，教化有情行善法因緣，故佛土清淨。

　　　3.速證無上正等菩提：行空相應，無有障礙，能速證無上菩提。

　　❷與般若波羅蜜相應最尊最勝

　　　此般若波羅蜜相應，即是空相應，無相相應、無願相應。

　　　如是相應，當知即為授記作佛，若近授記(未得無生法忍者)。

　　　是菩薩能為無量無數無邊有情作大饒益。

❸云何空行相應？

　1.不作是念：

　　(1)我與般若波羅蜜相應。

　　(2)我得授記，定當作佛，若近授記。

　　(3)我能嚴淨佛土、成熟有情。

　　(4)我當得阿耨多羅三藐三菩提，轉妙法輪饒益一切。

　　　菩薩雖與般若波羅蜜相應，利益無量有情，無我心，無憍慢，故不求功報，以是故不作是念。

　2.不見：

　　(1)不見有法離於法界。

　　(2)不見有法修行般若波羅蜜。

　　(3)不見有法得佛授記、不見有法當得無上菩提。

　　(4)不見有法嚴淨佛土、成熟有情。

　3.不起我想等

　　不起我想、有情乃至知者見者想。以我、有情等畢竟不生不滅故。

　　(1)不見有情生、有情滅故修般若。

　　(2)通達有情空、非我、不可得、遠離故修般若。

　　(3)通達有情本性非有情性故修般若。

　　菩薩不見行般若波羅蜜出法性，不見有菩薩行般若波羅蜜，不見諸佛及授記。如菩薩空，佛亦如是；如行者空，得無上菩提亦是空。

　　菩薩行般若波羅蜜，不生有情相，乃至知者見者相。菩薩行般若波羅蜜，尚不生法相，何況有情相。有情畢竟不生，不生故不滅。若法不生不滅，即是法性相，法性即是般若波羅蜜，云何般若波羅蜜行般若波羅蜜？

　　有情空，以有情法無所有故；有情不可得，以實智求索不可得故；有情離，一切法自相離故。一切離自相者，如火離熱相等。

❹普能引發如來十力等功德

　　菩薩修行般若波羅蜜，與空相應最為第一，與般若波羅蜜相應最尊最勝。

　　如是相應普能引發如來十力、四無所畏、四無礙解、大慈大悲大喜大捨、十八佛不共法、一切智、道相智、一切相智。

②滅諸惡

　　修行般若波羅蜜時與如是般若波羅蜜相應故，畢竟不起慳貪心、犯戒心、忿恚心、懈怠心、散亂心、惡慧心。

*7 預流

(1)來生此間之三類菩薩 (預流向)

　①從他方佛國來

　　他方佛國來者，諸根猛利，值遇諸佛教導，如刀得好石則利；又常聞誦、正憶念般若般羅蜜故利。從他佛國來者，是法身菩薩，能變身無量以度有情，故來生此世間。

2-116

②從覩史多天來

欲界下三天結使利(迅猛)而深(嚴重)，上二天結使深而不利。

覩史多天結使不深不利，以常有菩薩說法故。

而色界諸天得道者不復來下地，未得道者則樂著禪味故，亦不來下地，是故不說。

覩史多天處來者，是法身菩薩，變身無量以度有情，故來生世間。

③從人道中來

五道中，若從三惡道中來，受苦因緣，心鈍故不堪得道，故此中不說；從天道中來如前說；(阿素洛如同下二天，亦不說)；故此中說從人道中來。

人中死人中生者，此為肉身，身重心鈍，以心心所法隨身故，又諸業結使因緣生故。此人鈍根故，諸陀羅尼、三摩地門不疾現在前，不疾現前故不疾與般若相應。

(2)預流果

①人家家

菩薩有方便善巧，不隨靜慮、無量、無色勢力而生，而命終時起悲心，為度有情起欲界心，還生欲界三大族家。

②天家家

菩薩有善巧方便，不隨靜慮、無量、無色勢力而生，或生六欲天，成熟有情，嚴淨佛土；或生梵世中作大梵王，從一佛國至一佛國，有未證無上菩提者，勸證無上菩提，有已證菩提而未轉法輪者，請轉法輪，為欲利樂諸有情故。

*8 一來

(1)一來向

①信解一來向

菩薩行禪無方便，或味著生長壽天，或起不善心生欲界，以其根昧鈍，是為信解一來向。

根之利鈍者：

❶慧根著禪味者鈍；　　　　　　　❷信等五根，雖是助道法，若著受報則鈍；

❸三無漏根，若不證實際，則為利；　❹其餘十八根皆是利，若有罪則成鈍。

此中長壽天者，或指非想非非想處天，其壽八萬大劫；或指無色定，無堪能，以無形不可化故；或指無想天；或指初禪乃至四禪天(除淨居天)，以味著邪見，不能受道。(有些菩薩雖勤修六度，但因缺善巧方便而誤生長壽天，間隔一世無法修習六波羅蜜，後轉生人間，雖勤修佛法，還是鈍根。)

②見至一來向

菩薩行禪有方便故，能住十八空乃至大慈大悲，但生有佛世界值遇諸佛，命終時憐愍有情，願生他方佛國，續與般若相應。

隨初禪生之方便：❶雖生而不味著；　❷念佛道；　　❸常憶本願；　　❹入慈心；

　　　　　　　　❺念佛三昧；　　　❻時與禪定和合。

(2)一來果

①但住一來果

菩薩行禪有方便，是一生補處菩薩，生有佛處、覩史多天，壽終來此成佛。

此中但說生覩史多天因緣：

❶天、神不知他方世界，心生疑謂是幻化，故不說。

❷人中有生、死，人起輕慢，故不說。

❸無色界無形，不得說法，故不說。

❹色界深著禪味，不利有情，故不說。

❺下三欲界天有深厚結使，粗心錯亂；上二天結使既厚，心又軟而不利，故亦不說。

覩史多天，結使薄，心軟利，常是菩薩住處，如王登基前之齋處。

②勝進一來果　(一間或名一種)

此中菩薩雖得四聖諦，而顯現為尚未現證，是菩薩一生所繫。(或可說是不還向)

*9 不還

(1)不還向

菩薩具六神通，不生三界，但遊諸佛國土，所往來處無有聲聞、獨覺之名，其有情壽量不可數知。遊諸世界，於無三寶處讚歎佛法僧三寶；常生能利益有情之處，利益安樂有情。

(2)不還果

①中般

有菩薩摩訶薩從初發心已得靜慮、無量、無色定，安住三十七菩提分，能修習道力，乃至佛十八不共法。善巧方便故，生於梵眾天，乃至色究竟天，圓滿現證無上正等菩提後，利益有情。

於色界中有正生或已生時，即能證道盡苦際。

②生般

報生色界後方得盡苦際，或言以生任一淨居天，在其生命超過一半或臨近死亡時證得阿羅漢。

③無行般

生色界，不功用行而得解脫者。

④有行般

❶久劫修證之菩薩

有菩薩雖種善根，求無上菩提，以鈍根雜行故，久乃得之。

又以深種善根，故必得。

❷常精進，不說無益事之菩薩

1.為除口過，發願不說無益事

以先有惡口等過故，發願不說無益事，永離四口過。

2.恐有謬錯故，不說無益事

菩薩知般若波羅蜜中諸法，無有定相，不可著、不可說相故。

如是知若能利益有情者，皆是佛法；若不能利益，雖種種好語，非是佛法。譬如藥雖好，不能治病，不名為藥，泥土若能治病，亦是藥。以是故，為免謬錯故，不說無益之事。

❸常精進，於諸佛國斷有情三惡道之菩薩

有菩薩行六波羅蜜，常精進利益有情，以神通從一佛國至一佛國，遮斷有情三惡道。

⑤往色究竟天

具住六波羅蜜，勸諸有情亦修六度之菩薩。

菩薩具住六波羅蜜，以布施為上首，安樂一切有情；以餘五波羅蜜為上首，勸諸有情修習如是律儀、安忍、精進、勝定、勝慧令速圓滿。

沒後生梵眾天乃至色究竟天，於諸佛國土圓證無上正等菩提。

❶全超：有菩薩摩訶薩已修四靜慮，從諸靜慮退失後，修初靜慮生於梵眾天，又修諸靜慮而生色究竟天，於諸佛土圓證無上正等菩提。

❷半超：有菩薩摩訶薩從梵天界死，生淨居天，超越一淨居、或二淨居而生色究竟天，後於諸佛土圓證無上正等菩提。

❸遍歿 (化身如佛，以法施有情)

　1.化身入五道說法

　　此中遍入地獄為有情說法，有情雖因重罪不得道，而得以種得道善根因緣。畜生有情聞法有得有不得者，而鬼神道中，多有得見道者，如夜叉密跡金剛等。

　2.化身至十方世界教化有情

　　菩薩行六波羅蜜時，變身如佛，遍至十方諸佛世界，

　　(1)為有情說法；

　　(2)供養諸佛及淨佛世界，聞諸佛說法。

　　　此中有二因緣：為聞莊嚴世界法；為取諸佛國清淨世界相故。

　　行業因緣，轉復殊勝，自起最極莊嚴清淨佛土，此佛土中皆是一生補處菩薩。

　　(覩史多天一生補處者，是三千世界常法；而餘他方世界則不定。)

⑥往有頂

或有菩薩摩訶薩修諸靜慮、無色定，生梵眾天乃至遍淨天。其後生空無邊處乃至有頂，最後生於諸佛國。或有菩薩摩訶薩修諸靜慮、無色定，生空無邊處乃至有頂，最後生於諸佛土。

❶相好嚴身，諸根明利之菩薩

　1.以三乘度有情

　　菩薩以清淨身口意業因緣，現三十二相莊嚴身，眼等諸根明利，信、慧等諸心所法根亦利淨第一。眾生見者無不愛敬，因斯勸導，欲令以三乘道漸證涅槃。

　2.不自重輕他

　　菩薩常深淨行六波羅蜜故，得諸根淨利，而不自重輕他。

❷恆住施戒度之菩薩

　1.有菩薩從初發心，恆住施戒波羅蜜，乃至不退轉地，於一切時不墮惡趣，常不捨離十善業道。

　　若但以持戒，雖不墮惡道，但生人中貧窮，不能自利又不益人，故應行布施。若持戒不牢固，應以布施隨助；若持戒牢固，則但說不捨十善，不墮惡道。

　2.有菩薩以施戒波羅蜜因緣故，作轉輪聖王，安立有情於十善道，以財物濟施有情；常

值遇無量諸佛，供養恭敬、尊重讚歎。

❸入超越定菩薩

菩薩有無量福德智慧力，深入禪定，心亦不著，故能遠超，餘人雖有定法，力少故，不能遠超。

小乘法中，超一者是定法，菩薩禪定力大，心無所著，無餘心雜，故遠近隨意。

次第定者，從初禪起至二禪，更無餘心，一念得入，乃至滅盡定皆稱。

超越者，從初禪起，入第三禪，亦不令餘心雜，乃至滅盡定，逆順皆爾。

*10 常以法照明有情亦自照之菩薩 (阿羅漢向)

(1)常以法照明有情亦自照，不淨三業不令妄起

①菩薩行施戒作轉輪王，常分別讀誦諸經，憶念思惟諸法，以求佛道，以是智慧光明，自益益他，如人闇道燃燈，自益益人。

以是因緣，終不離智慧光明，乃至無上正等菩提。

②是菩薩但念十方諸佛慈念有情，我亦如是學佛道，清淨說法利益有情，不求供養、不貪弟子、不恃智慧、不自高輕人，但為有情令知諸法實相。如是清淨說法，世世不失智慧光明。

③能以清淨法施者，不雜起身口意惡業，一切惡罪業不令妄起。雜行者，於行道則難，不能疾成佛道，罪業因緣壞諸福德故。

(2)菩薩之三業不淨

身三口四意三不善道，是為身口意罪。而菩薩若取身口意相，是即為菩薩三業不淨。

*11 別有不退轉菩薩

(1)遍知而不證住，住不退轉地

①學而不證

菩薩已得三十七道品，已修佛十力乃至一切相智，而不取二乘果、無上菩提。

②能方便度眾

但以大慈大悲、深入方便力等，

令有情起三十七道品，使得預流果乃至獨覺菩提；

或令有情修佛十力乃至一切相智，使得無上正等菩提。

③不證因緣

此中因緣，聲聞、獨覺果及智，皆是菩薩法忍，但不受諸道果名，果及智皆入無生法忍中。

④住不退轉地

菩薩雖得二乘德，但不於中住，菩薩行般若波羅蜜，在不退轉地中住。

(2)賢劫菩薩

菩薩有各各道、各各行、各各願。是菩薩修業因緣，生覩史多天，入千菩薩會中，次第作佛。

如是相，當知是賢劫中菩薩。

(3)一生所繫菩薩 (一間、一種)

有菩薩修四禪乃至十八不共法，未證四諦，當知是菩薩一生補處。

菩薩雖生欲界覩史多天，以離欲故得(色界)四禪等。

有菩薩離欲來久具足佛法，以方便力，隨補處法，生欲界天覩史多天。

2-120

207

此中菩薩雖得四諦而不證，若取證者則成獨覺；又欲成佛故不證。

(此中菩薩或說為勝進一來果，或說為不來向。)

*12 於三業取相為罪

(1)於三業取相為罪

①若見三業為罪，不見三業無罪

法空中，菩薩不見是三業，是為無罪；若見是三業，是為罪。

②大小乘差別

聲聞畏三惡道故，以十不善道為罪業。

大乘中見有身口意所作為罪，以有作、有見、作者、見者皆是虛誑故；一切能生著心取相法，與三解脫門相違者，皆名有罪。

粗人則粗罪，細人則細罪。如離欲界欲時，五欲、五蓋為惡罪，初禪攝善覺觀為無罪；入二禪時，覺觀為罪，二禪所攝善熹為無罪；乃至非想非非想處亦如是。入諸法實相中，一切覺觀、諸見、諸法皆名有罪。

(2)生六蔽心，不能除三粗業

若見有是三業，雖不起惡，亦不名牢固；不見是身口意是三業根本，是為牢固。是菩薩法空故，不見是三事；用是三事，起慳貪相、犯戒相、瞋恚相、懈怠相、散亂相、愚痴相。因若無故果亦無，如無樹則無蔭；若能如是觀者，則能除身口意粗業。

(3)聲聞以身口不善業為粗業，意不善業為細業；瞋恚、邪見諸結使為粗業，愛、慢諸結使為細業；欲覺、瞋覺、惱覺三惡覺為粗，親里覺、國土覺、不死覺為細，但善覺亦名為細。大乘中皆為粗，以是故說為粗業。(凡夫人業於聲聞業為粗，聲聞業於大乘為粗。)

又，垢業粗、非垢業細；能生苦受因緣業粗，不生為細；有覺觀業為粗，無覺觀業為細；見我乃至知者見者為粗，不見我等但見三業處、蘊界處為細；有所見者為粗，無所見者為細。

(4)云何除三粗業

①不得身口意，能除

若菩薩不得身、不得口、不得意，如是能除三粗業。

②住空行十善、不生二乘心，能除

菩薩從初發心行十善道，不生二乘心，如是能除三粗業。

初發心住畢竟空中，諸法不可得，而常行十善道，不起二乘心；以不取相心，諸善根皆迴向無上菩提，是名菩薩除三粗業，名為清淨。

*13 能住般若之菩薩

(1)行六度淨菩提道者 (以諸法不可得故)

(前說三業清淨相，今說諸法清淨相。)

前說不得三業；今說不得六波羅蜜、諸賢聖、菩薩及佛，是名淨菩提道，以諸法不可得故。

此中不得身乃至不得般若波羅蜜，是名法空；不得聲聞乃至佛，是名有情空。

菩薩住是二空中，漸得一切不可得空，不可得空即是諸法實相。

(2)行六度無能壞者 (不念一切法故)

若菩薩不念有色，乃至不念有無上菩提，得是法空故，亦得有情空。若是法空，觀空者亦空。

住是無礙般若波羅蜜中，無有能壞者。

(3)勝智能具足諸法亦不得諸法者

　①具智不墮下賤處，為人天所敬愛者

　　菩薩先世愛樂智慧，廣學諸法，如理思惟，自以智力推求諸法實相。得是實相，為諸佛、天人所愛念，以是智慧福德因緣，身心具足，常受富樂，無諸不可。

　②愛是智慧，見十方諸佛、聞法、見僧，亦見嚴淨佛土。

　③以是智慧，不著心取相，具足諸法亦不得諸法。

　　❶此中佛說有二種智慧：1.分別破壞諸法而不取相，2.不著心取相，見十方諸佛聞法。

　　❷具足諸法亦不得諸法

　　　若以布施波羅蜜為例，不得布施中若一若異、若實若空。是布施從和合因緣生，於是布施中令有情得富樂，及勸助佛道；以是故，行布施不得布施。

　　　餘法亦如是。

　　　是名菩薩智慧能具足諸法而不得諸法。

*14 住般若淨五眼之菩薩

　菩薩先有肉眼，亦有四眼分，以諸罪結使覆故不清淨。如鏡性有照明，垢故不見，若除垢，則照明如本。菩薩行六波羅蜜，滅諸垢法故，眼得清淨，故不說生五眼，而說淨五眼。

　肉眼由業因緣故淨；天眼由禪定及業因緣故淨；慧眼、法眼、佛眼由修無量福德、智慧因緣故清淨。

(1)肉眼淨

　菩薩肉眼最小見百踰繕那，最勝見三千大千世界。

　①最勝見

　　菩薩或從禪定力得天眼，或由先世行業果報得。此中業報生天眼，常在肉眼中，以是故三千世界所有之物，不能為礙，因天眼開障，肉眼得見。是故肉眼得名果報生天眼，常現在不待攝心。三千大千世界，劫初一時生，劫盡一時滅，世界外皆是虛空，空中常有風。肉眼與風相違，故所見不能得過別世界。(或有說：若菩薩住三千世界邊上，應可見他方近世界。)

　②最小見

　　由先世燃燈等因緣故，得堅固眼根，能遠有所見，但雖遠終不能見百踰繕那。

　③肉眼因緣皆虛誑不淨，天眼因緣清淨，若無天眼，則當修肉眼，強令能遠見。

(2)天眼淨

　菩薩天眼有由修禪得，有由果報得。果報得者，常與肉眼合用，而夜闇則天眼獨用。

　人之果報天眼，能見四天下、欲界諸天，見下不見上。

　菩薩所得果報天眼，見三千大千世界。菩薩用是天眼，見十方世界中有情生死、善惡、好醜及善惡業因緣，無所障礙，皆能見四天王天乃至色究竟天所見，又能過之，而諸天不能知菩薩天眼所見。菩薩出三界、得法性生身、得菩薩十力故，如是等因緣，菩薩天眼淨。

(3)慧眼淨

　肉眼不能見障外事，又不能遠見，是故求天眼。

天眼雖能見，亦是虛誑，見一異相、取男女相、取樹木等諸物相、見眾物和合虛誑相，以是故求慧眼，慧眼中無如是過。

①何等是慧眼相？

有種種說法：

❶八正道中之正見：能見五受蘊實相、破諸顛倒故。

❷緣涅槃慧：能緣涅槃慧，名為慧眼，所緣不可破壞故，此慧實而不虛。

❸三解脫門相應慧：此慧能開涅槃門故。

❹能觀實際慧：能觀實際，了了深入，通達悉知。

❺能通達法性慧：能通達法性，直過無礙。

❻能知諸法如慧：定心知諸法相如。

❼法空：法空是名慧眼。

❽不可得空：不可得空中，法空亦不可得。

❾十八空：十八空皆是慧眼。

❿不二慧：痴慧不二，世間出世間不二。諸觀滅、心行息、言語亦滅，世間法相如涅槃不異，如是智慧，是名慧眼。

②菩薩慧眼

❶離二邊，不以戲論慧行於中道

慧眼菩薩，於一切法中不念有為、無為，世間、出世間，有漏、無漏等。

若見有為、世間、有漏，即墮有見中；若見無為、出世間、無漏，即墮無見中。

捨有無二見，以不戲論慧，行於中道，是名慧眼。

❷得慧眼，無法不見、不聞、不覺、不識

1.得是慧眼，無法不見、無法不聞、無法不覺、無法不識。

以慧眼能破邪曲諸法、無明諸法故，於總相別相各皆如是。

此中二乘見諸法總相，所謂無常苦空等，雖見諸法實相，以因緣少故，慧眼亦少，不能遍照法性。而菩薩以總相、別相慧觀諸法，照諸法實性，盡其邊底，故說無法不見、無法不聞、無法不覺、無法不識。

2.菩薩慧眼，於成佛時變名為佛眼，無明等煩惱及習氣盡滅故，一切法中皆悉明了。

肉眼諸煩惱有漏業生，虛誑不實；天眼從禪定因緣和合生故虛誑，不能如實見事；慧眼、法眼煩惱習未盡故，不畢竟清淨故捨；佛眼中無有謬錯，盡其邊極。以是故，二乘慧眼不能畢竟清淨，故不能無法不見。此中佛之肉眼雖生眼識，但不隨其用，不以為實，於好色中生厭惡心，於惡色生不惡厭心，於色不生汙穢、不汙穢心，但生捨心。

❸諸法畢竟空及諸法通達無礙，合此二者總為慧眼。

(4)法眼淨

菩薩初發心時，以肉眼見世界有情受諸苦患，心生慈愍；學諸禪定，修得五通，以天眼遍見六道中有情受種種身心苦，益加憐愍，故求慧眼以救濟之。得慧眼已，見有情心相種種不同，云何令有情得是實法，故求法眼，引導有情令入法中。

①知聲聞獨覺道

❶隨信行、隨法行、無相行

初入無漏道，鈍根者名隨信行，初依信力故得道；利根者名隨法行，分別諸法故得道。如是二人，十五心中亦名無相行，以十五心中疾速，無人能取其相故。過是已往，得預流果、一來果、或不還果。

❷三解脫門

有性常質直，好樂實事者，用空解脫門得道(空為諸實事中第一故)；有好行捨離者，行無願解脫門得道；有好善寂者，行無相解脫門得道。

❸起五根

八善根中，信、進、念、定、慧五根清淨變為無漏，即是三無漏根(未知當知根、已知根、具知根)，故此中但說聖道名為五根。

(二十二根中有八善：信、進、念、定、慧根、未知當知根、已知根、具知根；八無記：眼、耳、鼻、舌、身根、女根、男根、命根；六應分別：意根、樂、苦、喜、憂、捨根。)

❹得無間定得解脫智，得解脫智斷三結等

取果時相應三昧，名無間三昧；得是三昧已，得解脫智，以是解脫智斷三結，證預流果、薄貪瞋得一來果、永斷貪瞋得不還果、永斷五上分結得阿羅漢果、如實知所有集法皆是滅法，得獨覺果。

②知菩薩種種道

菩薩清淨法眼如實知：

❶行六度乃至不墮二乘

1.菩薩深行六波羅蜜，薄諸煩惱故，用信根、精進根及方便力，為度有情故受身。

(此中菩薩生死肉身，未得法性神通法身，故不說念根、定根、慧根，以未離欲故。)

2.今世行布施等功德，成就信根、精進根，後世生剎帝大族乃至他化自在天。

3.住於彼處成就有情，隨其所樂皆給與之；亦嚴淨佛土，供養恭敬諸佛；亦不墮聲聞、獨覺地，乃至無上正等菩提終不退轉。

❷退不退乃至有魔無魔

如實知諸菩薩等：

1.於無上菩提已得授記，或未得授記；(不退菩薩有授記，未授記二種)

2.於無上菩提已得不退，或未得不退；

3.已到不退轉地，或未到不退轉地；

4.已圓滿神通，或未圓滿神通；

5.能往十方諸佛世界，或不能往十方諸佛世界；

6.已得神通，或未得神通；

7.已得無生法忍，或未得無生法忍；

8.已得勝根，或未得勝根；

9.已嚴淨佛土，或未嚴淨佛土；

10.已成熟有情，或未成熟有情；

11.已得大願，或未得大願；

2-124

  12.已為諸佛稱譽，或未為諸佛稱譽；

  13.已親近諸佛，或未親近諸佛；

  14.壽命無量，或壽命有量；

  15.得菩提時苾芻僧無量，或苾芻僧有量；

  16.得菩提時有菩薩僧，或無菩薩僧；

  17.專修利他行，或兼修自利行；

  18.有難行苦行，或無難行苦行；

  19.為一生所繫，或為多生所繫；

  20.已住最後有，或未住最後有；

  21.已坐妙菩提座，或未坐妙菩提座；

  22.有魔來試，或無魔來試。

 ③如是等一切聲聞、獨覺、菩薩種種方便門，令有情入道，是名法眼淨。

(5)佛眼淨

  菩薩住十地中，具足六波羅蜜乃至一切相智。菩薩入金剛喻定，破諸煩惱習，即時得諸佛無礙解脫，即生佛眼。所謂一切相智、十力、四無所畏、四無礙解乃至大慈大悲等諸功德；是名佛眼。

  (此等功德與慧眼相應故，通名為眼。此中慈悲心有眾生緣、法緣、無緣三種。凡夫為眾生緣；聲聞、獨覺及菩薩，初眾生緣，後法緣；諸佛善修行畢竟空，故為無緣，是故慈悲等亦名佛眼。)

  菩薩用一切相智，一切法中無法不見、無法不聞、無法不覺、無法不識。

(6)五眼具缺與見不見

 ①有具一眼者

  ❶肉眼見，天眼不見：眼根成就，雖離欲凡夫人故無天眼。

  ❷肉眼見，慧眼不見：凡夫人得天眼神通故無慧眼。

  ❸慧眼見，法眼不見：未離欲聲聞聖人，不知度眾生道故無法眼。

  ❹法眼見，佛眼不見：菩薩得道相智，知度眾生道，但尚未成佛。

 ②具二眼者

  ❶肉眼、天眼見：凡夫人眼根成就，得天眼神通者。

  ❷肉眼、慧眼見：眼根成就聲聞聖人，不知度眾生道。

  ❸肉眼、法眼見：初得無生忍、未受法性生身菩薩，得道相智，未成佛。

  ❹天眼、慧眼見：離欲聲聞聖人得天眼通，非菩薩無道相智。

  ❺天眼、法眼見：得菩薩神通，知種種度眾生道，未成佛。

  ❻慧眼、法眼見：菩薩得無生法忍，能觀一切有情得道因緣，以種種道度脫之。

 ③具三眼者

  ❶肉眼、天眼、慧眼見：眼根成就聲聞聖人得天眼通者，無道相智。

  ❷天眼、慧眼、法眼見：法性生身菩薩具六神通，以種種道度眾生。

 ④具四眼者

肉眼、天眼、慧眼、法眼見：初得無生法忍菩薩，未捨肉身，得菩薩神通，無生法忍、道相智具足，未成佛。

⑤具佛眼，無所不見、無所不聞、無所不覺、無所不識，於一切法見一切相。

⑥三乘等諸善法是五眼因緣。諸善法皆六波羅蜜攝；是六波羅蜜，般若波羅蜜為本。以是故說般若波羅蜜能生五眼，菩薩漸學是五眼，不久當作佛。

*15 住般若得五通之菩薩

　菩薩行般若波羅蜜時，具足神通波羅蜜，能增益無上菩提。

(1)神境通

　①諸相

　　❶大地震動：取空相多、地相少，則能隨意動地。

　　❷能變多身：

　　　1.虛空中常充滿微塵，以離欲、福德因緣故，能集諸微塵以為諸身，令皆相似。

　　　2.諸非人入離欲菩薩身中，隨菩薩意皆能變化。轉輪聖王未離欲，福德因緣少，尚驅使鬼神，何況離欲行無量心之人！

　　　3.菩薩以禪定力，其心調柔疾遍諸身，還復亦速。

　　　4.坐禪人力勢不可思議，故一身為無量身，無量身為一身。

　　❸能過諸物：取石壁虛空相，微塵開闢，如掘入土。

　　❹水上經行、入地如水、身出煙焰

　　　取地相多故，水上行如地；取水相多故，入地如水；取火相多故，身出烟火。

　　❺扪摩日月：神通不可思議力故，令手能及日月，入火定故，月不能令冷；入水定故，日不能令熱。

　　❻乃至淨居轉身自在：此言攝一切色界，菩薩身得自在。

　　　神通相無量無數，為易解故，略說譬喻。

　②不著神境通，但為一切智智

　　外道於此神通有二過失：

　　❶起我心，謂我能起此事而生憍慢；

　　❷著是神境通。

　　菩薩於如是神通力，知一切法自性不生，故不著；但念一切相智，為度有情故。

(2)例餘五神通

　餘五神通亦如是，如其法分別，先說其相，後皆說空。

(3)具足六神通波羅蜜圓滿清淨故，廣利益有情，增益無上菩提。

*16 安住六度，嚴淨一切智道等

(1)別住六度，淨一切智道，以畢竟空故不生六蔽心

　菩薩行般若波羅蜜時，漸行布施等餘波羅蜜。

　菩薩住布施波羅蜜，修治一切智、一切相智道：

　　觀一切法畢竟空、不生慳悋心，以是二事開啟一切智等道。

　　畢竟空中，無有慳悋；慳悋根本斷故，具足布施波羅蜜；具足布施波羅蜜故，莊嚴般若波

羅蜜。

如是乃至般若波羅蜜畢竟空故，不生愚癡心等六蔽心。

(2)不分別惠捨慳悋、持戒犯戒、慈悲忿恚、勤勇懈怠、寂靜散亂、智慧愚癡

　　①舉布施

　　　此菩薩不念(不著)有所施與、無所施與。

　　　　❶若念有所施，入虛妄法中，著布施心生憍慢。

　　　　❷若念無所施，即墮邪見中。布施乃佛法初門，云何言無？

　　②例餘五度

　　　如是乃至不念有智慧、愚癡。

(3)不分別毀罵讚歎、損害饒益、輕慢恭敬，無生法中無有毀害者、輕慢恭敬者

　　菩薩爾時若有毀罵、讚歎，心無有異，以無生法中無有罵者、害者、恭敬者。

(4)菩薩深具慈心，愛有情如子，方便度之，勝一切聲聞獨覺，而能教化一切有情，以忍辱、慈
悲、方便深故，隨願清淨業因緣故，能淨佛世界。是法具足，不久當得一切智智。

*17 菩薩行般若五相

(1)現行

　　①自行

　　　　❶有情等：於一切有情起平等心；　　(諸法自性空故，等心觀有情)

　　　　❷法等：於一切法性皆得平等；

　　②化他：立一切有情於諸法平等性中。

(2)果報

　　①今世：為十方諸佛所護念，亦為一切菩薩、聲聞、獨覺所敬愛。

　　②未來：隨所生處，眼不見不可意色，乃至意不取不可意法。

　　如是菩薩於無上菩提永不退轉。

*18 稱歎般若

(1)大波羅蜜：般若能與佛道，於世間中最大。

(2)第一波羅蜜：般若能正導餘五度故名。

(3)尊波羅蜜：諸法中智慧第一。

(4)勝波羅蜜：餘五度所不及故名。

(5)妙波羅蜜：能自利利人故名。

(6)無上波羅蜜：諸法中無有過者。

(7)無等波羅蜜：無有法與同者。

(8)無等等波羅蜜：諸佛名無等，皆從般若波羅蜜生故名。

(9)如虛空波羅蜜：般若波羅蜜畢竟清淨，不可以戲論破壞故名。

(10)自相共相空波羅蜜：般若波羅蜜中諸法自相等不可得故名。

(11)不可得空波羅蜜：此波羅蜜中諸法自性空故，諸法因緣和合生，無有自性故名。

(12)一切法空波羅蜜：諸法中無有自法故名。

(13)無性有性空波羅蜜：以有情空、法空故破諸法令無所有，無所有亦無所有。

(14)開發一切功德波羅蜜：菩薩行般若，無有功德而不攝者，如日出時花無不開故名。

(15)成就一切功德波羅蜜：菩薩心中般若波羅蜜日出，成就一切功德，皆令清淨，般若波羅蜜
是一切善法之本故名。

(16)不可屈伏(破壞)波羅蜜：世間無有法能傾動者。

*19 總明三假觀

(1)承佛威神力說般若

佛所說法與諸法性不相違背，弟子等學是法、作證，敢有所說，皆是佛力，所說即是佛說。
我等雖有慧眼，不值佛法，則無所見，如無燈傳照。

般若波羅蜜有共聲聞、菩薩合說者，有但與諸法身菩薩說者。此中為雜說故，佛命善現為首
者為眾人說般若。

(2)總明三假觀

①菩薩、般若但有假名

菩薩唯有名，般若波羅蜜唯有名，如是二名亦唯有名。

此二名不生不滅唯假施設，不在內不在外不在兩間，不可得故。

於實相法中，求菩薩不可得，菩薩名不可得，般若波羅蜜亦不可得。

❶名不在義內、外、中間

能照能燒是火之義；燒是火大、照是所造色，此二法和合名為火。

若離照、燒二法有火，則火應有第三用，而實無第三業，故知此二法和合假名為火。

1.火名不在義(照、燒)內

義二名一，一多不相即故；名義若合，說火應燒口故。

2.名不在義外

若離義有名，應有第三用故；名若離義，求火應得水故。

3.名不在內外中間

中間無依處，應不可知。

以是故，火不在三處，但有假名。

❷名色和合名菩薩，名事色事各異，若定有菩薩，應更有第三事，而實無有事，則知假名
是菩薩。菩薩名亦如是，不在內、不在外、不在兩中間。

②以譬喻明菩薩、般若唯是假名

❶我等唯有假名

如五蘊和合故名為我，實我不可得；有情乃至知者、見者，皆是五蘊因緣和合生假法，
是諸法實不生不滅，但以世間名故說，名不在內、不在外、不在兩間，不可得故。

菩薩、菩薩名、般若波羅蜜亦如是，皆是因緣和合假名法。

❷五蘊唯是假法

有說「有情由五蘊和合有故空，但五蘊法是有。」

佛說「有情空，五蘊亦是和合故假名有。」

名假(我等)、法假(色等)不生不滅，唯假施設。如是唯有假名，不在內、不在外、不在
兩間，不可得故。

❸十二處、十八界唯是假法

十二處、十八界亦如是。

❹內身、外事唯是假名

若以內身為喻，觀身、骨諸分和合故名為身。頭骨分和合名為頭，腳骨分和合名為腳，頭、腳、骨等和合名為身，一一推尋，皆無根本。若不觀身，則以草木枝葉為喻。

❺過去未來諸佛唯有假名，夢境谷響等亦唯有假名為喻。

(3)菩薩行般若，當學三假

①三假 (假立、施設， prajñapti)

❶第一說

1.法假：五蘊等法。

2.受假(方便假)：五蘊因緣和合名有情，諸骨和合名頭骨，根莖枝葉和合名樹。

3.名假：用是名取二法相，說是二種。

❷第二說

1.法假：微塵法和合故有麁法生，如微塵和合故有麁色，從法有法故。

2.受假：麁法和合有名生，如能照、能燒有火名生；名色有故為人，名色是法，人是假名。取色取名故名受。

3.名假：多名字邊更有名字，如梁、椽、瓦等名更有屋名；樹枝、樹葉更有樹名。

②三假觀

行者先壞名假，到受假；次破受假，到法假；破法假到諸法實相中。諸法實相，即是諸法及名立般若波羅蜜中。

*20 別釋名假

(1)無分別觀

菩薩行般若波羅蜜，觀色法名非常、非無常；乃至有為無為性中，不見菩薩、不見菩薩名、不見般若、不見般若名，名是因緣和合作法，但以分別憶想假名說。是故行般若時，不見一切名，不見故不著。

(2)實相觀

①菩薩住不壞法中，行六波羅蜜，乃至十八佛不共法。

此中若於未有常無常之法起常無常之分別，即是壞法相；若不起分別，則是不壞法相。

②以諸法實相慧，於諸法中求，不見有一定法，所謂般若波羅蜜，亦不見般若波羅蜜名，又不見菩薩及菩薩名。

何以故？

菩薩修行般若波羅蜜，於一切法善達實相，善達諸法無生無滅無垢無淨。

此中，以此實相慧，能破無明等煩惱，又以此「不見」之慧，能破於菩薩、菩薩名、般若波羅蜜、般若波羅蜜名之執著。

③如是行般若，能覺一切法名假施設、法假施設。

(3)無依著觀

菩薩通達如是實相智慧，若見、若聞、若念，皆如幻化；若見、若聞、若念，皆是虛誑。菩

薩行般若時，知名假施設，知已不著諸法，以諸法無著者、無著法、無著處，皆無故。

(4)顯得益

住是實相智慧中，增益六波羅蜜，入菩薩位，得諸利益。

*21 別釋受假 (方便假)

(1)即、離諸法非菩薩，乃至即、離諸法如非菩薩

問：若諸法不空，頗有一法定是菩薩不？

所謂色是菩薩不？乃至如是菩薩不？

答：不也！世尊！

諸法和合故有菩薩，我云何言一法定是菩薩？

(2)諸法、諸法如不可得，菩薩、般若波羅蜜亦不可得

色等法不可得故，色等法真如亦不可得；色等法及真如不可得故，諸菩薩亦不可得。諸菩薩不可得故，所行般若波羅蜜亦不可得，菩薩修行般若波羅蜜時應如是學。

*22 別釋法假

(1)諸法不可得

①諸法增語非菩薩義

五蘊增語非菩薩義，五蘊常無常等增語非菩薩義，如是乃至十二因緣增語非菩薩義，十二因緣常無常等增語非菩薩義。

②諸法、諸法增語不可得故非菩薩義

諸法<u>性非有</u>不可得，其增語亦不可得。增語非有故非菩薩義。

諸法常無常<u>性非有</u>不可得，其增語亦不可得。增語非有故非菩薩義。

(增語 adhivacana：

以語言、名等加在相(境或事)上，用以形容或說明；或於不可言詮者如「空」，施設「空」名以詮釋。此等皆可說是以聲顯義、名假施設，即是增語。此增語可為增上緣。《俱舍論》10 分別世品第三之三)

③所行般若波羅蜜不可得

菩薩不可得故，所行般若波羅蜜亦不可得。

菩薩修行般若波羅蜜應如是學。

(2)諸法不可見

①諸法不見諸法

我不見是法名為菩薩；非但菩薩獨不可見，都無有法見法者。

②諸法不見法性，法性不見諸法

法性無量不可見故，是故諸法不見法性。

諸法因緣和合生，無有自性，畢竟空故，法性不見諸法。

色性不見法性，法性不見色性，乃至識性亦如是。

十二處、十八界、有為法、無為法亦如是。

③不見之因緣

離有為性，不得說無為性；離無為性，不得說有為性，是二法中攝一切法故。

(3)三種因緣不怖畏

　　①不見五蘊乃至無上菩提故不怖畏

　　　是菩薩不見一切法，亦不怖畏。

　　　何以故？有所見、有所不見，則有怖畏，若都無所見，所謂五蘊乃至無上菩提，都無所畏。

　　②心心所法不可得、不可見，故無所畏

　　　凡夫人欲入空中，見心心所法可得、外法不可得，故怖畏。

　　　菩薩以心心所法虛妄不實，顛倒果報，不能示人實事，故不怖畏。

　　③意及意識不可得、不可見，故無所畏

　　　心心所法，意識中可見；意及意識是心心所法根本。

　　　所以者何？意識中多分別，故生怖畏；五識時頃促故，則無所分別。

　　　若意及意識不可得、不可見則不怖畏。

(4)若菩薩能行如是般若波羅蜜，雖不得菩薩、菩薩名、般若、般若名，能由三種因緣而不怖畏，亦不得菩薩心，即是教菩薩般若波羅蜜。

*23 當學般若波羅蜜

(1)五上分結等煩惱

　　①五下分結：薩迦耶見、戒禁取、疑、欲貪、瞋恚。

　　②五上分結：色貪、無色貪、無明、慢、掉舉。

　　③四　暴　流：欲流、有流、見流、無明流。

　　④四　　　軛：欲軛、有軛、見軛、無明軛。

　　⑤四　　　取：欲取、見取、戒取、我取。

　　⑥四身繫(四結)：

　　　❶貪身繫、❷瞋身繫、❸戒禁取身繫、❹此實執取身繫。(貪著實取身結)(令生死流轉之四繫縛)

　　　(❶阿羅漢道滅；❸❹須陀洹道滅；❷阿那含道滅。)

　　⑦四　顛　倒：無常謂常、苦謂樂、無我謂我、不淨謂淨。

(2)諸三摩地

　　大乘有無量百千無上微妙諸三摩地，詳如第九義福德資糧有關之經文及註釋。

(3)欲離四事當學般若

　　①菩薩若欲圓滿善根，當學般若波羅蜜。若善根圓滿則不墮惡趣、不生貪賤家、不墮二乘地、不墮菩薩頂。

　　　此中行不貪善根，愛等結使衰薄，深入禪定；

　　　　　行不瞋善根、瞋等結使薄，深入慈悲心；

　　　　　行不痴善根，無明等結使薄，深入般若波羅蜜。

　　　由禪定、慈悲、般若波羅蜜力故，無事不得，何況四事。

　　②若菩薩無方便善巧行六波羅蜜，無方便善巧住三解脫門，則退墮二乘地，不能入菩薩正性離生(生法愛故)，名為菩薩頂墮。(頂者法位。住頂不墮是名菩薩法位。)

*24(1)南傳《相應部》根相應，六根品

　　對此五根(信、進、念、定、慧)滿足圓滿者，則為阿拉漢。

較此軟弱者，則為中般涅槃者，較此軟弱者，則為生般涅槃者，

較此軟弱者，則為無行般涅槃者，較此軟弱者，則為有行般涅槃者，

較此軟弱者，則為上流至色究竟天，較此軟弱者，則為一來者，

較此軟弱者，則為一種者，較此軟弱者，則為家家，

(不還向中，若斷除欲界九品修惑中之七品或八品，尚餘一品或二品者，須於欲界之天界中
受生一次。稱一間、一生、一品惑(間隔一生而證果)亦稱一種子、一種。)

較此軟弱者，則為七返有，較此軟弱者，則為隨法者，

較此軟弱者，則為隨信者。

(2)南傳《增支部》十集，雙品，究竟

諸比庫，於我達究竟者皆為見圓滿。……

那五者於此世究竟？即極七返、家家、一種子、一來、現法阿拉漢。

那五者舍此世已而後究竟？即中間般涅槃、生般涅槃、無行般涅槃、有行般涅槃、上流至色
究竟。

*25 見道之教授

(1)四諦為所緣

見道所緣為四諦。

①緣於欲界四諦

無間道攝：苦法忍、集法忍、滅法忍、道法忍。 (四法忍)

解脫道攝：苦法智、集法智、滅法智、道法智。 (四法智)

②緣於上二界四諦

無間道攝：苦類忍、集類忍、滅類忍、道類忍。 (四類忍)

解脫道攝：苦類智、集類智、滅類智、道類智。 (四類智)

③得八種智同時亦得滅諦。

(2)緣四諦證空性

大乘見道，所緣是苦集滅道四諦，行相皆無諦實成立，現證諸法空性。

由苦法忍、苦法智二者現證苦諦空性；集法忍、集法智二者現證集諦空性；

滅法忍、滅法智二者現證滅諦空性；道法忍、道法智二者現證道諦空性。

緣於四諦，而現證空性，其行相無別。

(3)入根本定斷見所斷之分別執

為斷除見道所應斷之「分別執實」，故入根本定。

①欲界地攝之所應斷

根本定中以苦法忍正對治苦見斷，以苦法智將它斷除，得一分滅諦，

以集法忍正對治集見斷，以集法智將它斷除，得一分滅諦，

以滅法忍正對治滅見斷，以滅法智將它斷除，得一分滅諦，

以道法忍正對治道見斷，以道法智將它斷除，得一分滅諦，

故得四無間道、四解脫道，同時得四種滅諦，斷盡欲界見所斷。

②上二界攝之所應斷

雖然色界及無色界分開，但瑜伽行者在斷除上二界之見所斷時是一起斷的。其無間道是苦類忍、集類忍、滅類忍、道類忍；其解脫道是苦類智、集類智、滅類智、道類智；得此四智時同時得四種滅諦。

以苦類忍正對治苦見斷，以苦類智斷除，得一分滅諦。同樣地，以集類忍智、滅類忍智、道類忍智將見斷完全斷除。得此四智同時得四種滅諦。

③入根本定

聲聞、獨覺、大乘都有忍智十六剎那，但對境不同。

聲聞之忍智十六剎那專注於補特伽羅無我之根本定，獨覺專注於二空(含粗品之法無我)之根本定，大乘則專注於諸法空性之根本定。

(4)漸斷與頓斷

鈍根者先起八忍後生八智，利根者八忍八智同時生起，八種滅諦也同時獲得。大乘者都是利根，故頓斷見所斷。而聲聞獨覺各有利鈍二根，故八忍八智各有漸生和頓生二種。

(5)通達諸法無自性而不執著

得忍智十六剎那時，現見諸法無自性，遮除對諸法之耽著，如同幻師不執著於不實之象馬。

(6)對治俱生執

在得「第十六證悟」(最後生起之道類智)時，已盡斷見所斷之分別執。

此十六剎那之忍智都是根本智，是智慧資糧，行者必須出定修慈心、悲心等，積聚身口意三門之福德資糧。之後，再入空性根本定(或聲聞人無我根本定、獨覺二空根本定)，在根本定中，慢慢轉成修斷俱生執之正對治體性。若轉成，即得修道；若不成，則仍是見道。

*26 修道之教授

(1)四諦為所緣

見道時現證四諦法性，修道時亦同以四諦法性為所緣，此二法性本質上並無不同。

(了悟法性(空性)時，凡夫以義之共相了悟，見道者則是現前了悟(現證)。)

見道現證四諦時只能斷除見所斷，無法斷除修所斷，因此修道時再次緣念四諦法性。

(2)見修道所證非異

修道與見道之所緣、所悟、行相、執受方式皆非異。如同有為法、世俗諦諸法、勝義諦之無為法、空性等體性非異。修道與見道之所緣所證等既非異，故無真正的修道者，因為在見道之外無另外之修道。

(3)修道對治修所斷

分別執隨惡知識之顛倒說等而來，易斷。利根者可同時生八忍，斷盡分別執。俱生執則由多世串習執實之習氣而來，難斷，故分為多品依次斷除。修道時修持緣起法性，能生對治修所斷之俱生種子。

大乘將俱生執分為十品，有十無間道對治十所應斷，每斷一分得一分解脫道，同時得一分滅諦。

行者在斷除粗分之執實，證得解脫道，即獲得滅諦，此時應很快出定，在後得位集聚資糧，再次進入根本定，斷除其餘所應斷。到最後，斷除最微細俱生執時，即是成佛。

第一事

第3義

[丁二]修教授果

【第 3 義】：大乘加行道＝大乘順決擇分　3

〔義相〕：圓滿大乘順解脫分(信等善根)後，所生之現觀種類，隨
順(四)諦現觀之大乘世間道，即大乘加行道相。

(以觀修教授意，宣說最初生起觀緣空性之修所得。)

〔界限〕：唯在大乘加行道。

1.略標

[所緣及行相，因緣並攝持，菩薩救世者，如煖等體性。](頌1-8)
[依具四分別，分下中上品，勝出諸聲聞，及以諸麟喻。](頌1-9)

菩薩救護世者之加行道煖等四位，是由所緣、行相、因緣、攝持，如
世間道自性依止四種分別，並分下、中、上三品差別，勝出聲聞及獨
覺之加行道也。*1

2.廣釋
(1)煖等勝法之所緣、行相、因緣

3.1 煖位　(光得三摩提相應)(依能取觀所取空)

由是見道智火之前相，故名曰煖。

[所緣無常等，是四諦等相，行相破著等，是得三乘因。](頌 1-10)
[色等離聚散、住，假立無說。](頌 1-11ab)

因緣：大乘煖等四加行道，皆是三乘證得之近因，以是為隨
順見道之勝方便故。

(3.1.1)下品煖

所緣：苦等四諦所依無常等十六行相。*1

行相：於四諦十六行相上，破除實有執著。

(3.1.2)中品煖

所緣：離色等之真實聚(肯定)散(否定)所差別之四諦。

(對色等法，以真實作意(真實觀)觀其聚(成立、肯定)不可得，以勝解作意(假想觀)觀其散(遮破、否定)不可得。以此等為所緣。)

行相：離名相續安住故，知無勝義安住。

(不住名、不住義(法之自共相))

(遠離對(能詮)名言不同相續之安住，故對不同相續自相所詮及相同共相所詮都不耽著安住。)

(3.1.3)上品煖

所緣：色(乃至佛陀)等一切諸法，皆是名假立(施設)之言說。

行相：通達(善、不善及無記等法)皆不可說(言詮)。

3.2 頂位　(光增三摩提相應) (依能取觀所取空)

由諸善根不被邪見所動，故曰頂。

[色等不安住，其體無體性，](頌 1-11cd)

[彼等自性一。不住無常等，彼等彼性空，彼等自性一。](頌 1-12)

[不執著諸法，不見彼相故，智慧所觀察，一切無所得。](頌 1-13)

(3.2.1)下品頂

(1)不安立諦

所緣：色等勝義不安住，勝義上其自體無自性故。(不應住色乃至識乃至老死)

行相：色等法與其法性(空性)之自性為一。(色之空性非色，別於空性者亦非色。)

(2)安立諦

所緣：色等自性空故，色等不住勝義無常等。(不應住諸法若常若無常)

行相：了知無常等與其法性之自性為一。(無常與無常之法性(空性)為同一自性。)

(3.2.2)中品頂

所緣：依法界本性*2，不執著諸法相。

(所緣為法界本性，無常等與空等並無自性，二者本性相同。)

行相：不見彼諸法有實相故，通達無實之智。(不執著色等之我我所為所取)

(3.2.3)上品頂

所緣：依無自性，以觀察勝義之慧，周遍觀察之四諦。

(所緣無自性，於色等不見青等相。不見諸相故，不緣於色法等。)

行相：知三輪一切諸法於勝義中，皆無所得。

(以智析法，知一切法不可得。若執相則不見真諦，一切法一切時，相與無相皆無執無所得。)

3.3 忍位 (入真義一分三摩提相應) (印順定，印所取空，順樂忍可能取空。)

由滅惡業所感生之惡趣及於真空性遠離怖畏，故曰忍。(堪忍無生義)

[色等無自性，彼無即為性。無生無出離，清淨及無相。](頌 1-14)

[由不依彼相，非勝解無想。](頌 1-15ab)

(3.3.1)下品忍 (二諦本質)

所緣：色等法於勝義中，皆無自性。(相之自性與自性之相，二者空性為一。)

行相：知色等於勝義無，即是名言中之自性。

(以色等勝義無實而由分別心假立為自性。)

(3.3.2)中品忍 (因)

所緣：色等於勝義中無生死無涅槃。(依自性而不生故，色等無生亦無涅槃。)

行相：知如是修當得身語意三業清淨。

(通達諸法自性空，從而通達成就身語意三門、諸相及剎土清淨之因。)

(3.3.3)上品忍 (法性行相)

所緣：四諦勝義無相。(通達諸法空性，現見所取無自相、共相，故言一切法無相。)

行相：由勝義不依彼自性(相)，故知非勝解相而是無想之智。*3

(通達諸法無相，內心不依諸法相；非以勝解作意印持諸相而以真實作意(離言現觀自共相、真如相)而得無相智。)

3.4 世第一法位 (無間三摩提相應) (雙印能所二取空)

由是見道之親因，一切世間法中最為第一，故名世第一法。

[正定定作用，授記盡執著。](頌 1-15cd)

[三互為一性，正定不分別。是順決擇分，下中上三品。](頌 1-16)

(3.4.1)下品第一法

所緣：應觀修色等一切法性無生及健行等三摩地。

行相：知在佛位中彼正定作用任運而轉。

(由誓願、福慧及法界之力而任運成就，於世間界依緣趣入三摩地之作用。)

(3.4.2)中品第一法

所緣：於不現見事授記之勝因。(佛為具真實趣入三摩地行者授記：此即是法性。)

行相：於勝義盡粗分之三輪執著。(以無分別故，菩薩於證悟三摩地事上不生分別心。)

(3.4.3)上品第一法

所緣：能修三摩地、修者之菩薩與所修之般若波羅蜜多，三輪之法性互為一性所差別之四諦。

行相：知所修之三摩地後，至全無分別，即是成佛之最勝方便之智。

(外境諸法不存在，有境正定也不可分別，為成就修習見道之殊勝方便。)

上來所說即是大乘四順決擇分*4*5，中各有上中下三品。

(2)四種分別*6*7

[由所依對治，二所取分別，由愚蘊等別，彼各有九種，](頌1-17)

[由實有假有，能取亦分二，自在我等體，蘊等依亦爾。](頌1-18)

1.所取分別 (對境分別)

所取分二，依雜染事為所依者，及依彼對治者，彼二中各有九種。

3.5 雜染所取分別 (苦諦、集諦)

(1)緣苦集總體

(3.5.1)緣染汙無明(總集)　　(3.5.2)緣有漏諸蘊(總苦)

(2)緣別煩惱

(3.5.3)愛著邪果(執著名色)　　(3.5.4)愛邪知(貪著常斷二邊)

(3.5.5)緣不信(於染淨法不知取捨)　　(3.5.6)緣懈怠(於聖道不勇悍住)

(3)緣實執之受用

(3.5.7)有漏三受(適悅、逼迫、中容)　　(3.5.8)諸受所依(有漏自他等)

(3.5.9)知受為苦性(由此厭離，引發清淨等)

3.6 清淨所取分別 (滅諦、道諦) (對治)

(1)盡所有性攝 (緣於所知)

(3.6.1)清淨諸蘊　　　　　(3.6.2)增上緣諸處所攝生門(生處)增上緣

(3.6.3)因緣諸界所攝種族(種性)因緣

(3.6.4)清淨之生緣起還滅(順逆緣起)

(2)如所有性攝 (緣於所知)

(3.6.5)緣清淨所知(如所有空性)

(3)波羅蜜多攝 (緣於行持)

(3.6.6)緣波羅蜜多義，執著諸行。

(4)緣三道攝 (緣於本質)

(3.6.7)(3.6.8)(3.6.9)緣見道、修道、無學道者。

2.能取分別 (有境分別)

能取分二，謂實有補特伽羅為依，及假有士夫為依，彼二中各有九種。

能取分別 (就執著境立)

1.總體：緣於「自在我 1.為一，2.為因，3.為見者知情」之我執。而執著能受用(能取)為實有。

2.別體：緣於「自在我 1.為雜染，2.為世間離欲者，3.為出世間見道者，4.修道者，5.作用所依者」之我執。而執著能受用(能取)為實有。

3.7 實執能取分別 (執能受用(能取)為真實之能取分別) (我執)

我執為此分別之所緣，我執有九種，故其能緣之分別亦有九種，即九種實執能取分別。

(1)就執著相立

(3.7.1)緣執有自在我。

(1.執著我具自主(自在)，2.緣此(自在我)而執能受用者(能取者)為實有。

此能取指煩惱之執取(煩惱障)，非所知障之分別。)

(2)就執著境立

(3.7.2)緣執自在我是一

(3.7.3)緣執自在我是造因之我　(3.7.4)緣執自在我是見境之我

(3.7.5)緣執雜染為自在之我　　(3.7.6)緣世間道離欲我執

(3.7.7)(3.7.8)(3.7.9)出世間道見道、修道、道作用所依之力執為自在之我

3.8 假執能取分別

(1.依諸我而施設假有士夫，2.緣此假有士夫，而執著能受用者(能取者)為實有。)

緣此諸我，執計為實能受用者，即九種假執能取分別。

(3.8.1)(3.8.2)(3.8.3)於蘊、界、處執為<u>假有士夫</u>。

(3.8.4)於十二緣起執為<u>假有士夫</u>。

(3.8.5)(3.8.6)(3.8.7)(3.8.8)(3.8.9)於三十七菩提分法、見道、修道、勝進道、無學道，執為<u>假有士夫</u>。

(3)內外攝持

[心不驚怖等，宣說無性等，棄捨所治品，應知為攝持。](頌1-19)

3.9 內外攝持

(1)內攝持

(3.9.1)加行道菩薩之內攝持

　　即是雙破生死涅槃二邊之<u>菩薩現觀</u>。

　　不離一切相智作意，於甚深空性不驚不恐等方便善巧，捨此違品二乘作意及隨一實執。

(2)外攝持

(3.9.2)加行道菩薩之外攝持

　　即是圓滿開示大乘道之<u>善知識</u>。

　　若佛勝應身，為加行道菩薩宣說一切諸法皆勝義無自性等，及說捨此違品惡魔惡友之道者。

[丁二]修教授果　　【第 3 義】：大乘加行道*5

1.學般若之得失

3.1 煖

由是見道智火之前相，故名曰煖。

(1)無方便隨順法愛則為菩薩頂墮

(3.1.1)下品煖

下品煖之所緣，謂無常等四諦之十六種相。其行相謂於四諦十六相上，破除實有執著之煖下品智。

(大乘煖等四加行道，皆是能得三乘證得見道之近因，以是隨順彼見道之勝方便故。)

(I)屬於苦諦的煖位下品之所緣、行相的差別

卷 408〈入離生品 7〉：「時，舍利子問善現言：「何者名生？」

善現對曰：「生謂法愛。」

舍利子言：「何謂法愛？」

善現對曰：

「若菩薩摩訶薩修行般若波羅蜜多，

①就三三摩地明法愛

安住色空而起想著，安住受、想、行、識空而起想著；

安住色無相而起想著，安住受、想、行、識無相而起想著；

②就寂靜、無常等明法愛

安住色無願而起想著，安住受、想、行、識無願而起想著；

安住色寂靜而起想著，安住受、想、行、識寂靜而起想著；

安住色遠離而起想著，安住受、想、行、識遠離而起想著；

安住色無常而起想著，安住受、想、行、識無常而起想著；

安住色苦而起想著，安住受、想、行、識苦而起想著；

安住色無我而起想著，安住受、想、行、識無我而起想著；

安住色不淨而起想著，安住受、想、行、識不淨而起想著。

舍利子！是為菩薩摩訶薩隨順法愛，即此法愛說名為生。」

(CBETA, T07, no. 220, p. 43, c29-p. 44, a15)

sher phyin:　v26, pp. 262^{13}-263^{21}　《合論》：　v50, pp. 299^{01}-299^{17}

③就分別諸法門明法愛

(II)屬於<u>集諦</u>的煖位下品之所緣、行相的差別

卷 408〈入離生品 7〉：

「復次，舍利子！若菩薩摩訶薩作如是念：

『此色應斷，此受、想、行、識應斷；由此故色應斷，由此故受、想、行、識應斷。

此苦應遍知，由此故苦應遍知；此集應永斷，由此故集應永斷；

(CBETA, T07, no. 220, p. 44, a$^{15-19}$)

sher phyin:　v26, pp. 263^{21}-264^{05}　《合論》：　v50, pp. 299^{18}-300^{08}

(III)屬於<u>滅諦</u>的煖位下品之所緣、行相的差別

卷 408〈入離生品 7〉：

此滅應作證，由此故滅應作證；此道應修習，由此故道應修習。

此是雜染，此是清淨；此應親近，此不應親近；此應行，此不應行；

此是道，此非道；此是應學，此不應學。

此是布施波羅蜜多，此非布施波羅蜜多；

此是淨戒、安忍、精進、靜慮、般若波羅蜜多，此非淨戒、安忍、精進、靜慮、般若波羅蜜多。

此是方便善巧，此非方便善巧；此是菩薩生，此是菩薩離生。』

舍利子！若菩薩摩訶薩修行般若波羅蜜多時，安住此等種種法門而起想著，是為菩薩摩訶薩隨順法愛，即此法愛說名為生，如宿食生能為過患。」

*8

(2)有方便善巧則入菩薩正性離生位

①不見空故不起空見

爾時，具壽舍利子問具壽善現言：「云何菩薩摩訶薩入正性離生？」

善現對曰：「舍利子！

若菩薩摩訶薩修行般若波羅蜜多時，

❶不見內空，不依內空而觀外空；

❷不見外空，不依外空而觀內空，不依外空而觀內外空；

❸不見內外空，不依內外空而觀外空，不依內外空而觀空空；

❹不見空空，不依空空而觀內外空，不依空空而觀大空；

❺不見大空，不依大空而觀空空，不依大空而觀勝義空；

❻不見勝義空，不依勝義空而觀大空，不依勝義空而觀有為空；

❼不見有為空，不依有為空而觀勝義空，不依有為空而觀無為空；

❽不見無為空，不依無為空而觀有為空，不依無為空而觀畢竟空；

❾不見畢竟空，不依畢竟空而觀無為空，不依畢竟空而觀無際空；

❿不見無際空，不依無際空而觀畢竟空，不依無際空而觀散無散空；

⓫不見散無散空，不依散無散空而觀無際空，不依散無散空而觀本性空；

⓬不見本性空，不依本性空而觀散無散空，不依本性空而觀自共相空；

⓭不見自共相空，不依自共相空而觀本性空，不依自共相空而觀一切法空；

⓮不見一切法空，不依一切法空而觀自共相空，不依一切法空而觀不可得空；

⓯不見不可得空，不依不可得空而觀一切法空，不依不可得空而觀無性空；

⓰不見無性空，不依無性空而觀不可得空，不依無性空而觀自性空；

⓱不見自性空，不依自性空而觀無性空，不依自性空而觀無性自性空；

⓲不見無性自性空，不依無性自性空而觀自性空。

舍利子！是菩薩摩訶薩修行般若波羅蜜多時作如是觀，名入菩薩正性離生。」*9

(CBETA, T07, no. 220, p. 44, a^{19}-c^3)

sher phyin: v26, pp. 264^{05}-267^{05} 《合論》: v50, pp. 300^{09}-303^{20}

②不執有故不起有見

❶不執諸法有 (如實知法不應執)

(IV)屬於道諦的煖位下品之所緣、行相的差別

卷408〈入離生品7〉：

「復次，舍利子！諸菩薩摩訶薩修行般若波羅蜜多時應如是學：

如實知色不應執，如實知受、想、行、識不應執；

如實知眼處不應執，如實知耳、鼻、舌、身、意處不應執；

如實知色處不應執，如實知聲、香、味、觸、法處不應執；

如實知眼界不應執，如實知耳、鼻、舌、身、意界不應執；

如實知色界不應執，如實知聲、香、味、觸、法界不應執；

如實知眼識界不應執，如實知耳、鼻、舌、身、意識界不應執；

如實知布施、如實知淨戒、安忍、精進、靜慮、般若波羅蜜多不應執；

如實知四靜慮不應執，如實知四無量、四無色定不應執；

如實知四念住、四正斷、四神足、五根、五力、七等覺支、八聖道支不應執；

如實知佛十力、四無所畏、四無礙解、大慈、大悲、大喜、大捨、十八佛不共法不應執。

❷不執三心故不起有見(如實知菩提心等不應執) (本性淨故)

「如是，舍利子！諸菩薩摩訶薩修行般若波羅蜜多時，能如實知菩提心不應執，無等等心不應執，廣大心不應執。何以故？舍利子！是心非心，本性淨故。」

❸別明「心性本淨」

1.心性本淨

時，舍利子問善現言：「云何是心本性清淨？」

善現對曰：

「是心本性，非貪相應非不相應，非瞋相應非不相應，非癡相應非不相應，非諸纏結、隨眠相應非不相應，非諸見趣、漏等相應非不相應，與諸聲聞、獨覺心等亦非相應非不相應。舍利子！諸菩薩摩訶薩知心如是本性清淨。」

2.非心性有無不可得

時，舍利子問善現言：「是心為有非心性不？」(是心非心)

善現詰言：「非心性中有性無性為可得不？」

舍利子言：「不也！善現！」

善現對曰：「非心性中有性無性若不可得，云何可問是心為有非心性不？」

3.非心性不壞不分別 (無心相)

時，舍利子問善現言：「何等名為非心性耶？」

善現對曰：「於一切法無變異、無分別，是名非心性。」

4.萬法皆不壞不分別

舍利子言：

「為但心無變異、無分別，為色、受、想、行、識等亦無變異、無分別耶？」

善現對曰：

「如心無變異、無分別，色、受、想、行、識亦無變異、無分別，如是乃至諸佛無上正等菩提亦無變異、無分別。」*9

(3)三乘當共學般若波羅蜜 (為因緣)

卷 408〈入離生品 7〉：

時，舍利子讚善現言：

「善哉！善哉！誠如所說。汝真佛子，從佛心生，從佛口生，從佛法生，從法化生，受佛法分，不受財分，於諸法中身自作證，慧眼現見而能起說。佛常說汝聲聞眾中住無諍定最為第一，如佛所說真實不虛。善現！諸菩薩摩訶薩於深般若波羅蜜多應如是學。善現！若菩薩摩訶薩於深般若波羅蜜多能如是學，應知已住不退轉地，不離般若波羅蜜多。」(CBETA, T07, no. 220, p. 44, c⁴-p. 45, a¹⁹)

sher phyin: v26, pp. 267⁰⁵-273¹² 《合論》: v50, pp. 303²¹-308¹²

「善現！若善男子、善女人等

①欲學聲聞地者，當於如是甚深般若波羅蜜多，應勤聽習、讀誦、受持、如理思惟，令至究竟；

②欲學獨覺地者，亦於如是甚深般若波羅蜜多，應勤聽習、讀誦、受持、如理思惟，令至究竟；

③欲學菩薩地者，亦於如是甚深般若波羅蜜多，應勤聽習、讀誦、受持、如理思惟，令至究竟。

何以故？善現！如是般若波羅蜜多甚深經中，廣說開示三乘法故。若菩薩摩訶薩能學般若波羅蜜多，則為遍學三乘諸法皆得善巧。」*10

2.就三解脫門說般若 — 空門

(3.1.2)中品煗

中品煗之所緣，謂色等離真實聚散所差別四諦。其行相謂離名相續安住，及知無勝義安住之智。

(1)就有情空以明般若

第二分勝軍品第八之一 　(集散品)

爾時，具壽善現白佛言：

「世尊！我於菩薩摩訶薩及於般若波羅蜜多皆不知不得，云何令我以般若波羅蜜多相應之法，教誡教授諸菩薩摩訶薩？*11

(2)就法空以明般若

①菩薩及般若名非住、非不住

❶總明諸法若增若減不可得　(諸法集散不可得)

「世尊！我於諸法若增若減不知不得，若以諸法教誡教授諸菩薩摩訶

薩，我當有悔。

「世尊！我於諸法若增若減不知不得，云何可言：此名菩薩摩訶薩，此名般若波羅蜜多？

「世尊！諸菩薩摩訶薩名及般若波羅蜜多名，皆無所住亦非不住。何以故？是二種義無所有故，此二種名都無所住亦非不住。

❷別明諸法若增若減不可得

1.五蘊

「世尊！我於色乃至識若增若減不知不得，如何可言此是色乃至識？是色等名皆無所住亦非不住。何以故？是色等義無所有故，此色等名都無所住亦非不住。

2.十二處

「世尊！我於眼處乃至意處若增若減不知不得，如何可言此是眼處乃至意處？眼處等名皆無所住亦非不住。何以故？眼處等義無所有故，眼處等名都無所住亦非不住。

「世尊！我於色處乃至法處若增若減不知不得，如何可言此是色處乃至法處？色處等名皆無所住亦非不住。何以故？色處等義無所有故，色處等名都無所住亦非不住。

3.十八界、觸、受

「世尊！我於眼界乃至意界若增若減不知不得，如何可言此是眼界乃至意界？眼界等名皆無所住亦非不住。何以故？眼界等義無所有故，眼界等名都無所住亦非不住。

「世尊！我於色界乃至法界若增若減不知不得，如何可言此是色界乃至法界？色界等名皆無所住亦非不住。何以故？色界等義無所有故，色界等名都無所住亦非不住。

「世尊！我於眼識界乃至意識界若增若減不知不得，如何可言此是眼識界乃至意識界？眼識界等名皆無所住亦非不住。何以故？眼識界等義無所有故，眼識界等名都無所住亦非不住。

「世尊！我於眼觸乃至意觸若增若減不知不得，如何可言此是眼觸乃至意觸？眼觸等名皆無所住亦非不住。何以故？眼觸等義無所有故，眼觸等名都無所住亦非不住。

「世尊！我於眼觸為緣所生諸受乃至意觸為緣所生諸受若增若減不知不得，如何可言此是眼觸為緣所生諸受乃至意觸為緣所生諸受？眼觸為緣所生諸受等名皆無所住亦非不住。何以故？眼觸為

緣所生諸受等義無所有故，眼觸為緣所生諸受等名都無所住亦非不住。

4.十二因緣

「世尊！我於無明乃至老死若增若減不知不得，如何可言此是無明乃至老死？無明等名皆無所住亦非不住。何以故？無明等義無所有故，無明等名都無所住亦非不住。

「世尊！我於無明滅乃至老死滅若增若減不知不得，如何可言此是無明滅乃至老死滅？無明滅等名皆無所住亦非不住。何以故？無明滅等義無所有故，無明滅等名都無所住亦非不住。

5.三毒、邪見

「世尊！我於貪、瞋、癡及諸纏結、隨眠、見趣若增若減不知不得，如何可言此是貪等？是貪等名皆無所住亦非不住。何以故？是貪等義無所有故，此貪等名都無所住亦非不住。

6.六波羅蜜

「世尊！我於布施波羅蜜多乃至般若波羅蜜多若增若減不知不得，如何可言此是布施波羅蜜多乃至般若波羅蜜多？布施波羅蜜多等名皆無所住亦非不住。何以故？布施波羅蜜多等義無所有故，布施波羅蜜多等名都無所住亦非不住。

7.我乃至知者見者

「世尊！我於我乃至見者若增若減不知不得，如何可言此是我乃至見者？我等名皆無所住亦非不住。何以故？我等義無所有故，我等名都無所住亦非不住。

8.三十七道品

「世尊！我於四念住乃至八聖道支若增若減不知不得，如何可言此是四念住乃至八聖道支？四念住等名皆無所住亦非不住。何以故？四念住等義無所有故，四念住等名都無所住亦非不住。

9.三解脫門

「世尊！我於空解脫門乃至無願解脫門若增若減不知不得，如何可言此是空解脫門乃至無願解脫門？空解脫門等名皆無所住亦非不住。何以故？空解脫門等義無所有故，空解脫門等名都無所住亦非不住。

10.禪定

「世尊！我於四靜慮、四無量、四無色定若增若減不知不得，如何

可言此是四靜慮、四無量、四無色定？四靜慮等名皆無所住亦非
不住。何以故？四靜慮等義無所有故，四靜慮等名都無所住亦非
不住。

11.十念

「世尊！我於佛隨念、法隨念、僧隨念、戒隨念、捨隨念、天隨念、
入出息隨念、死隨念若增若減不知不得，如何可言此是佛隨念乃
至死隨念？佛隨念等名皆無所住亦非不住。何以故？佛隨念等義
無所有故，佛隨念等名都無所住亦非不住。

12.佛功德

「世尊！我於佛十力乃至十八佛不共法若增若減不知不得，如何可
言此是佛十力乃至十八佛不共法？佛十力等名皆無所住亦非不
住。何以故？佛十力等義無所有故，佛十力等名都無所住亦非不
住。」 (CBETA, T07, no. 220, p. 45, a^{19}-p. 46, b^2)

卷409〈勝軍品8〉：「第二分勝軍品第八之二」

13.如夢如響等

「世尊！我於如夢、如響、如光影、如陽焰、如像、如幻、如化五
蘊若增若減不知不得，如何可言此是如夢五蘊乃至如化五蘊？如
夢五蘊等名皆無所住亦非不住。何以故？如夢五蘊等義無所有
故，如夢五蘊等名都無所住亦非不住。

14.遠離乃至法住

「世尊！我於遠離、寂靜、無生無滅、無染無淨、絕諸戲論、真如、
法界、法性、實際、平等性、離生性、法定、法住若增若減不知
不得，如何可言此是遠離乃至法住？遠離等名皆無所住亦非不
住。何以故？遠離等義無所有故，遠離等名都無所住亦非不住。

15.善不善法、有為無為法、有漏無漏法

「世尊！我於若善若非善、若有為若無為、若有漏若無漏、若世間
若出世間等法若增若減不知不得，如何可言此是善非善等法？善
非善等法名皆無所住亦非不住。何以故？善非善等法義無所有
故，善非善等法名都無所住亦非不住。

16.三世法、非三世法

「世尊！我於過去未來現在等法及於非過去非未來非現在等法若
增若減不知不得，如何可言此是過去等法，此非過去等法？過去
等法名及非過去等法名皆無所住亦非不住。何以故？過去等法義

及非過去等法義無所有故,過去等法名及非過去等法名都無所住亦非不住。世尊!何等名為非過去非未來非現在法?世尊!謂無為法。世尊!無為法者,謂無生無住無滅法。

17.諸佛、菩薩、聲聞僧

「世尊!我於十方殑伽沙等諸佛世界一切如來、應、正等覺及諸菩薩、聲聞僧等若增若減不知不得,如何可言此是十方殑伽沙等諸佛世界一切如來、應、正等覺及諸菩薩、聲聞僧等?如是諸名皆無所住亦非不住。何以故?如是諸義無所有故,如是諸名都無所住亦非不住。

❸義無所有故名無所住亦非不住

「世尊!我於如上所說諸法若增若減不知不得,如何可言此是菩薩摩訶薩,此是般若波羅蜜多?

「世尊!我於菩薩摩訶薩及於般若波羅蜜多皆不知不得,云何令我以般若波羅蜜多相應之法,教誡教授諸菩薩摩訶薩?

「世尊!諸菩薩摩訶薩名及般若波羅蜜多名,皆無所住亦非不住。何以故?是二種義無所有故,此二種名都無所住亦非不住。」

(CBETA, T07, no. 220, p. 46, b^9-c^{19})

sher phyin: v26, pp. 273^{12}-284^{11} 《合論》: v50, pp. 308^{13}-319^{01}

②諸法因緣和合不可得,假名菩薩及般若 (無法可說為菩薩及般若)

(3.1.3)上品煖

上品煖之所緣,謂色等一切諸法,皆是假立所差別之四諦。行相謂通達皆不可說之智。

卷409〈勝軍品8〉:

「世尊!如是諸法和合因緣,假名菩薩摩訶薩,假名般若波羅蜜多。此二假名於蘊、處、界中不可說,乃至於十八佛不共法中不可說;於如夢五蘊中不可說,乃至於如化五蘊中不可說;於遠離寂靜等中不可說,乃至於十方殑伽沙等諸佛世界一切如來、應、正等覺及諸菩薩、聲聞僧等中不可說。何以故?如上所說諸法增減皆不可知不可得故。

「世尊!如上所說五蘊等名無處可說,菩薩摩訶薩名及般若波羅蜜多名亦無處可說。如是如夢等名無處可說,如虛空名無處可說,如地、水、火、風、名無處可說,如戒、定、慧、解脫、解脫智見名無處可說,如預流、一來、不還、阿羅漢、獨覺、如來及彼諸法名無處可說,如

善非善、常無常、樂苦、我無我、遠離不遠離、寂靜不寂靜等若有若無名皆無處可說，菩薩摩訶薩名及般若波羅蜜多名亦無處可說。所以者何？如是諸名皆無所住亦非不住。何以故？如是諸義無所有故，如是諸名都無所住亦非不住。

「世尊！我依是義故說於法若增若減不知不得，如何可言此名菩薩摩訶薩，此名般若波羅蜜多？ 　　(諸法集散相不可得)

「世尊！我於此二若義若名不知不得，云何令我以般若波羅蜜多相應之法，教誡教授諸菩薩摩訶薩？由此因緣，若以是法教誡教授諸菩薩摩訶薩，我當有悔。

③聞般若相義，心不驚悔，必住不退轉地

「世尊！若菩薩摩訶薩聞以如是相狀宣說般若波羅蜜多時，心不沈沒亦不憂悔，其心不驚不恐不怖，當知是菩薩摩訶薩決定已住不退轉地，以無所住方便而住。」*11

(CBETA, T07, no. 220, p. 46, c²⁰-p. 47, a¹⁹)

sher phyin: v26, pp. 284¹²-287⁰² 《合論》: v50, pp. 319⁰¹-320¹⁸

(3)就「不住」說般若

3.2 頂

由諸善根不被邪見所動，故曰頂。

①正明無住行

❶不住世出世法

(3.2.1)下品頂

下品頂之所緣有二：一、不安立諦，謂色等勝義不安住，及其自體無實有自性。行相謂知色等與彼法性其自性為一之智。次、安立諦，謂彼色等由彼實性空故，色等不住勝義無常等所差別之四諦。行相謂知無常等與彼法性其自性為一之智。

1.不住世法

卷 409〈勝軍品 8〉：

「復次，世尊！諸菩薩摩訶薩修行般若波羅蜜多時，不應住色乃至識，不應住眼處乃至意處，不應住色處乃至法處，不應住眼界乃至意界，不應住色界乃至法界，不應住眼識界乃至意識界，不應

住眼觸乃至意觸，不應住眼觸為緣所生諸受乃至意觸為緣所生諸受，不應住地界乃至識界，不應住無明乃至老死。何以故？世尊！色色性空，受、想、行、識受、想、行、識性空。世尊！是色非色空，是色空非色，色不離空，空不離色，色即是空，空即是色，受、想、行、識亦復如是。由此因緣，諸菩薩摩訶薩修行般若波羅蜜多時，不應住色乃至識，乃至老死應知亦爾。

2.不住出世法

(1)「復次，世尊！諸菩薩摩訶薩修行般若波羅蜜多時，不應住四念住乃至十八佛不共法。何以故？世尊！四念住四念住性空。世尊！是四念住非四念住空，是四念住空非四念住，四念住不離空，空不離四念住，四念住即是空，空即是四念住。由此因緣，諸菩薩摩訶薩修行般若波羅蜜多時，不應住四念住，乃至十八佛不共法應知亦爾。

(2)「復次，世尊！諸菩薩摩訶薩修行般若波羅蜜多時，不應住布施波羅蜜多乃至般若波羅蜜多。何以故？世尊！布施波羅蜜多布施波羅蜜多性空。世尊！是布施波羅蜜多非布施波羅蜜多空，是布施波羅蜜多空非布施波羅蜜多，布施波羅蜜多不離空，空不離布施波羅蜜多，布施波羅蜜多即是空，空即是布施波羅蜜多。由此因緣，諸菩薩摩訶薩修行般若波羅蜜多時，不應住布施波羅蜜多，乃至般若波羅蜜多應知亦爾。

❷不住諸字、諸字所引神通

「復次，世尊！諸菩薩摩訶薩修行般若波羅蜜多時，不應住諸字，不應住諸字所引，若一言所引，若二言所引，若多言所引，不應住殊勝神通。何以故？世尊！諸字諸字性空。世尊！是諸字非諸字空，是諸字空非諸字，諸字不離空，空不離諸字，諸字即是空，空即是諸字。由此因緣，諸菩薩摩訶薩修行般若波羅蜜多時，不應住諸字，諸字所引殊勝神通應知亦爾。

❸不住無常、苦、無我、空、寂靜、遠離

「復次，世尊！諸菩薩摩訶薩修行般若波羅蜜多時，不應住諸法若常若無常、若樂若苦、若我若無我、若空若不空、若寂靜若不寂靜、若遠離若不遠離。何以故？世尊！諸法常無常諸法常無常性空。世尊！是諸法常無常非諸法常無常空，是諸法常無常空非諸法常無常，諸法常無常不離空，空不離諸法常無常，諸法常無常即是空，

空即是諸法常無常。由此因緣，諸菩薩摩訶薩修行般若波羅蜜多時，不應住諸法若常若無常，乃至諸法遠離不遠離應知亦爾。

❹不住真如、法界、實際等

「復次，世尊！諸菩薩摩訶薩修行般若波羅蜜多時，不應住諸法真如、法界、法性、平等性、離生性、實際。何以故？世尊！諸法真如真如性空。世尊！是真如非真如空，是真如空非真如，真如不離空，空不離真如，真如即是空，空即是真如。由此因緣，諸菩薩摩訶薩修行般若波羅蜜多時，不應住諸法真如，乃至實際應知亦爾。

❺不住陀羅尼門、三摩地門

「復次，世尊！諸菩薩摩訶薩修行般若波羅蜜多時，不應住一切陀羅尼門、三摩地門。何以故？世尊！一切陀羅尼門陀羅尼門性空。世尊！是陀羅尼門非陀羅尼門空，是陀羅尼門空非陀羅尼門，陀羅尼門不離空，空不離陀羅尼門，陀羅尼門即是空，空即是陀羅尼門。由此因緣，諸菩薩摩訶薩修行般若波羅蜜多時，不應住一切陀羅尼門，三摩地門應知亦爾。

②明有住行為失

「世尊！若菩薩摩訶薩無方便善巧修行般若波羅蜜多時，我、我所執所纏擾故，心便住色，住受、想、行、識。由此住故，於色作加行，於受、想、行、識作加行。由加行故，不能攝受甚深般若波羅蜜多，不能修學甚深般若波羅蜜多，不能圓滿甚深般若波羅蜜多，不能成辦一切智智。

「世尊！若菩薩摩訶薩無方便善巧修行般若波羅蜜多時，我、我所執所纏擾故，乃至心便住一切陀羅尼門，住一切三摩地門。由此住故，於一切陀羅尼門作加行，於一切三摩地門作加行。由加行故，不能攝受甚深般若波羅蜜多，不能修學甚深般若波羅蜜多，不能圓滿甚深般若波羅蜜多，不能成辦一切智智。

③明無住行為得

「何以故！世尊！色不應攝受，受、想、行、識不應攝受；色不應攝受故便非色，受、想、行、識不應攝受故便非受、想、行、識。所以者何？色、受、想、行、識皆本性空故。世尊！乃至一切陀羅尼門不應攝受，一切三摩地門不應攝受；一切陀羅尼門不應攝受故便非一切陀羅尼門，一切三摩地門不應攝受故便非一切三摩地門。所以者何？一切陀羅尼門及三摩地門皆本性空故。世尊！其所攝受修學圓滿甚深般

若波羅蜜多亦不應攝受，甚深般若波羅蜜多不應攝受故，便非甚深般若波羅蜜多。所以者何？本性空故。

「如是菩薩摩訶薩修行般若波羅蜜多時，應以本性空觀一切法，作此觀時心無行處，是名菩薩摩訶薩無所攝受三摩地。此三摩地微妙殊勝廣大無量，能集無邊無礙作用，不共一切聲聞、獨覺，其所成辦一切智智亦不應攝受，如是一切智智不應攝受故便非一切智智。所以者何？以內空故，以外空、內外空、空空、大空、勝義空、有為空、無為空、畢竟空、無際空、散空、無變異空、本性空自相空、共相空、一切法空、不可得空、無性空、自性空、無性自性空故。」

(CBETA, T07, no. 220, p. 47, a^{20}-p. 48, b^2)

sher phyin: v26, pp. 287^{02}-307^{17} 《合論》: v50, pp. 320^{19}-342^{19}

④不取相修一切智智

(3.2.2)中品頂

中品頂之所緣，謂不執著諸法相。行相謂不見彼諸法有實相故，由是因緣通達無實之智。

卷 409〈勝軍品 8〉：

「何以故？世尊！是一切智智非取相修得。所以者何？諸取相者皆是煩惱。何等為相？所謂色相、受、想、行、識相，乃至一切陀羅尼門相、一切三摩地門相。於此諸相而取著者，名為煩惱。

❶不取相修 (相非相俱不可取故)

「是故不應取相修得一切智智，若取相修得一切智智者，勝軍梵志於一切智智不應信解。何等名為彼信解相？謂於般若波羅蜜多深生淨信，由勝解力思量觀察一切智智，不以相為方便，亦不以非相為方便，以相與非相俱不可取故。

❷二取不可得 (一切法自性空故)

「是勝軍梵志雖由信解力歸趣佛法，名隨信行，而能以本性空悟入一切智智。既悟入已，不取色相，不取受、想、行、識相，乃至不取一切陀羅尼門相、一切三摩地門相。何以故？以一切法自相皆空，能取、所取俱不可得故。

1.不以得現觀、不得現觀，而觀一切智智

所以者何？如是梵志不以內得現觀而觀一切智智，不以外得現觀而觀一切智智，不以內外得現觀而觀一切智智，不以無智得現觀而觀

一切智智，不以餘得現觀而觀一切智智，亦不以不得現觀而觀一切智智。

所以者何？是勝軍梵志不見所觀一切智智，不見能觀般若，不見觀者、觀所依處及起觀時。

　2.不於諸法、不離諸法觀一切智智

「是勝軍梵志非於內色、受、想、行、識觀一切智智，非於外色、受、想、行、識觀一切智智，非於內外色、受、想、行、識觀一切智智，亦非離色、受、想、行、識觀一切智智。

乃至非於內一切陀羅尼門、三摩地門觀一切智智，非於外一切陀羅尼門、三摩地門觀一切智智，非於內外一切陀羅尼門、三摩地門觀一切智智，亦非離一切陀羅尼門、三摩地門觀一切智智。

何以故？若內、若外、若內外、若離內外，一切皆空不可得故。

❸離相門

「是勝軍梵志以如是等諸離相門，於一切智智深生信解；由此信解，於一切法皆無取著，以諸法實相不可得故。

如是梵志以離相門，於一切智智得信解已，於一切法皆不取相，亦不思惟無相諸法，以相、無相法皆不可得故。

如是梵志由勝解力，於一切法不取不捨，以實相法中無取捨故。

時，彼梵志於自信解乃至涅槃亦不取著。所以者何？以一切法本性皆空不可取故。

⑤不取著一切法而修

「世尊！諸菩薩摩訶薩所得般若波羅蜜多亦復如是，於一切法無所取著，能從此岸到彼岸故；若於諸法少有取著，則於彼岸非為能到。是故菩薩摩訶薩修行般若波羅蜜多時，不取一切色，不取一切受、想、行、識。何以故？以一切法不可取故。乃至不取一切陀羅尼門，不取一切三摩地門。何以故？以一切法不可取故。

⑥本願未圓滿不般涅槃

「是菩薩摩訶薩雖於一切色、受、想、行、識，乃至一切陀羅尼門、三摩地門，若惣若別皆無所取；而以本願所行四念住乃至八聖道支未圓滿故，及以本願所證佛十力乃至十八佛不共法未成辦故，於其中間終不以不取一切相故而般涅槃。

❶雖能圓滿所行，而不見所行諸法

是菩薩摩訶薩雖能圓滿四念住乃至八聖道支，及能成辦佛十力乃至十

八佛不共法,而不見四念住乃至八聖道支,及不見佛十力乃至十八佛不共法。

何以故?是四念住即非四念住,乃至八聖道支即非八聖道支,及佛十力即非佛十力,乃至十八佛不共法即非十八佛不共法,以一切法非法、非非法故。

❷雖不取著諸法,而能成辦事業

是菩薩摩訶薩修行般若波羅蜜多時,雖不取著色,不取著受、想、行、識,乃至不取著十八佛不共法,而能成辦一切事業。」*11

(CBETA, T07, no. 220, p. 48, b² -p. 49, a⁶)

sher phyin: v26, pp. 307¹⁷-314⁰⁴ 《合論》: v50, pp. 342²⁰-348¹⁶

(4)就「思惟門」說般若

①思惟三義:何者為般若,何故名般若,般若屬誰?

(3.2.3)上品頂

上品頂之所緣,謂以觀察勝義之慧,周遍觀察之四諦。
行相謂知三輪一切諸法於勝義中,皆無所得之智。

卷409〈勝軍品8〉:

「復次,世尊!諸菩薩摩訶薩修行般若波羅蜜多時,應當如是審諦觀察:何者是般若波羅蜜多?何故名般若波羅蜜多?誰之般若波羅蜜多?

②思惟諸法無所有不可得即為般若

如是般若波羅蜜多為何所用?

是菩薩摩訶薩修行般若波羅蜜多時審諦觀察:若法無所有不可得是為般若波羅蜜多,於無所有不可得中何所徵詰?」

❶明諸法無所有不可得

時,舍利子問善現言:「此中何法名無所有不可得耶?」

善現對曰:

「所謂般若波羅蜜多法無所有不可得,乃至布施波羅蜜多法無所有不可得,由內空故乃至無性自性空故。

「舍利子!色法無所有不可得,受、想、行、識法無所有不可得;內空法無所有不可得,乃至無性自性空法無所有不可得;四念住法無所有不可得,乃至八聖道支法無所有不可得;佛十力法無所有不可得,乃至十八佛不共法法無所有不可得;六神通法無所有不可得;

真如法無所有不可得，乃至實際法無所有不可得；預流法無所有不可得，一來、不還、阿羅漢、獨覺法無所有不可得；菩薩法無所有不可得，諸佛法無所有不可得；一切智智法無所有不可得。由內空故乃至無性自性空故。

❷明常不捨離般若行

1.常不捨離般若，心不驚

「舍利子！若菩薩摩訶薩修行般若波羅蜜多，能作如是審諦觀察，諸所有法皆無所有不可得時，心不沈沒亦不憂悔，其心不驚不恐不怖，當知是菩薩摩訶薩能於般若波羅蜜多常不捨離。」

(CBETA, T07, no. 220, p. 49, a^6-b^3)

sher phyin：　v26, pp. 314^{01}-317^{21}　《合論》：　v50, pp. 348^{17}-351^{18}

2.不捨離般若之因緣

3.3 忍

由滅惡業所感生之惡趣及於真空性遠離怖畏，故曰忍。

(3.3.1)下品忍

下品忍之所緣，謂色等法於勝義中，皆無自性。行相謂知色等於勝義無，即是名言中自性之智。

卷409〈勝軍品8〉：「時，舍利子問善現言：

「何緣故知是行般若波羅蜜多諸菩薩摩訶薩，能於般若波羅蜜多常不捨離？」

(1)如實知諸法離諸法自性

善現對曰：

「是菩薩摩訶薩修行般若波羅蜜多時，如實知色離色自性，受、想、行、識離受、想、行、識自性；如實知布施波羅蜜多離布施波羅蜜多自性，乃至般若波羅蜜多離般若波羅蜜多自性；乃至如實知十八佛不共法離十八佛不共法自性，乃至如實知實際離實際自性。舍利子！由此故知，是行般若波羅蜜多諸菩薩摩訶薩能於般若波羅蜜多常不捨離。」

(2)無性是諸法自性

時，舍利子問善現言：

「何者是色自性？何者是受、想、行、識自性？乃至何者是實際

　　　自性？」

　　善現對曰：

「無性是色自性，無性是受、想、行、識自性，乃至無性是實際
自性。舍利子！由是當知，色離色自性，受、想、行、識離受、
想、行、識自性，乃至實際離實際自性。舍利子！色亦離色相，
受、想、行、識亦離受、想、行、識相，乃至實際亦離實際相。
舍利子！自性亦離自性，相亦離相，自性亦離相，相亦離自性。」

(相之自性與自性之相同無一性)

③顯所得益

❶漸近一切智智，漸得三清淨，不生諸惡心，常得化生

　　時，舍利子謂善現言：「若菩薩摩訶薩於此中學，速能成辦一切智智。」

　　善現報言：

「如是！如是！誠如所說。若菩薩摩訶薩於此中學速能成辦一切智
智。」

(CBETA, T07, no. 220, p. 49, b$^{3-26}$)

sher phyin:　v26, pp. 317^{21}-321^{07}　　《合論》：　v50, pp. 351^{19}-354^{15}

(3.3.2)中品忍

　　　　中品忍之所緣，謂色等於勝義中無生死無涅槃。行相
　　　謂知如是修當得身語意三業清淨之智。

卷409〈勝軍品8〉：「何以故？舍利子！是菩薩摩訶薩知一切法無生
成故。」

舍利子言：「何緣諸法無生、無成？」

善現對曰：

「色空故，生及成辦俱不可得；受、想、行、識空故，生及成辦俱不
可得，如是乃至實際空故，生及成辦俱不可得。舍利子！若菩薩摩
訶薩

　1.能於般若波羅蜜多作如是學，則便漸近一切智智；

　2.如如漸近一切智智，如是如是得身清淨，得語清淨，得意清淨，
　　得相清淨；(超越業果成熟)

　3.如如獲得身、語、意、相四種清淨，如是如是不生貪、瞋、癡、
　　慢、諂、誑、慳貪、見趣、俱行之心。(超越惡趣因)

　4.是菩薩摩訶薩由常不生貪等心故，畢竟不墮女人胎中，恒受化生

離險惡趣，除為利樂有情因緣。(超越捨斷)

❷遊諸佛國，嚴土熟生，終不離佛

是菩薩摩訶薩從一佛土至一佛土，供養恭敬、尊重讚嘆諸佛世尊，成熟有情、嚴淨佛土，乃至證得所求無上正等菩提常不離佛。

❸結成

舍利子！若菩薩摩訶薩欲得如是功德勝利，當學般若波羅蜜多無得暫捨。」*11

(CBETA, T07, no. 220, p. 49, b^{26}-c^{13})

sher phyin:　v26, pp. 321^{07}-323^{01}　　《合論》：　v50, pp. 354^{15}-356^{14}

3.就三解脫門說般若 ― 無相門*12
(1)明無方便行般若
①明著法而取相 (有所得行其相)
❶著於外法

(3.3.3)上品忍

上品忍之所緣，謂四諦勝義無相。行相謂由勝義不依彼自性，故知非勝解相而是無想之智。

卷409〈行相品9〉：「爾時，具壽善現白佛言：
「世尊！若菩薩摩訶薩無方便善巧修行般若波羅蜜多時，若行色是行其相，若行受、想、行、識是行其相；若行色常無常是行其相，若行受、想、行、識常無常是行其相；若行色樂苦是行其相，若行受、想、行、識樂苦是行其相；若行色我無我是行其相，若行受、想、行、識我無我是行其相；若行色淨不淨是行其相，若行受、想、行、識淨不淨是行其相；若行色遠離不遠離是行其相，若行受、想、行、識遠離不遠離是行其相；若行色寂靜不寂靜是行其相，若行受、想、行、識寂靜不寂靜是行其相；若行四念住是行其相，乃至若行十八佛不共法是行其相。

❷著於內法

若作是念：『我行般若波羅蜜多。』有所得故是行其相。若作是念：『我是菩薩。』有所得故是行其相。

❸著於行法

若作是念：『有能如是修行般若波羅蜜多，是為菩薩修行般若波羅

蜜多。』有所得故是行其相。

❹結

世尊！若菩薩摩訶薩作如是等種種分別，修行般若波羅蜜多無方便善巧故，非行般若波羅蜜多。」

②無方便之失 (住想勝解作加行)

❶不離生死

時，具壽善現謂舍利子言：

「若菩薩摩訶薩無方便善巧修行般若波羅蜜多時，若於色住想勝解，則於色作加行；若於受、想、行、識住想勝解，則於受、想、行、識作加行。由加行故，不能解脫生老病死愁歎憂惱及後世苦。若菩薩摩訶薩無方便善巧修行般若波羅蜜多時，若於眼處乃至意處住想勝解，則於眼處乃至意處作加行；若於色處乃至法處住想勝解，則於色處乃至法處作加行。由加行故，不能解脫生老病死愁歎憂惱及後世苦。若菩薩摩訶薩無方便善巧修行般若波羅蜜多時，若於眼界乃至眼觸為緣所生諸受住想勝解，則於眼界乃至眼觸為緣所生諸受作加行，乃至若於意界乃至意觸為緣所生諸受住想勝解，則於意界乃至意觸為緣所生諸受作加行。由加行故，不能解脫生老病死愁歎憂惱及後世苦。若菩薩摩訶薩無方便善巧修行般若波羅蜜多時，若於四念住乃至八聖道支住想勝解，則於四念住乃至八聖道支作加行，乃至若於佛十力乃至十八佛不共法住想勝解，則於佛十力乃至十八佛不共法作加行。由加行故，不能解脫生老病死愁歎憂惱及後世苦。

❷失菩提果

「舍利子！是菩薩摩訶薩修行般若波羅蜜多時無方便善巧故，尚不能證聲聞、獨覺所住之地，況證無上正等菩提！

❸結成

舍利子！若菩薩摩訶薩作如是等修行般若波羅蜜多，當知此名無方便善巧者；成就種種無方便善巧故，諸有所作皆不能成。」*12

(2)明有方便行般若

時，舍利子問善現言：「云何當知諸菩薩摩訶薩有方便善巧修行般若波羅蜜多？」

①不受不著之行

❶於外無所著故得 (不行法，不行法相)

1.不行法，不行法相

善現對日：

「若菩薩摩訶薩修行般若波羅蜜多時，有方便善巧故不行色，不行色相；不行受、想、行、識，不行受、想、行、識相。不行色常無常，不行色常無常相；不行受、想、行、識常無常，不行受、想、行、識常無常相。不行色樂苦，不行色樂苦相；不行受、想、行、識樂苦，不行受、想、行、識樂苦相。不行色我無我，不行色我無我相；不行受、想、行、識我無我，不行受、想、行、識我無我相。不行色淨不淨，不行色淨不淨相；不行受、想、行、識淨不淨，不行受、想、行、識淨不淨相。不行色空不空，不行色空不空相；不行受、想、行、識空不空，不行受、想、行、識空不空相。不行色有相無相，不行色有相無相相；不行受、想、行、識有相無相，不行受、想、行、識有相無相相。不行色有願無願，不行色有願無願相；不行受、想、行、識有願無願，不行受、想、行、識有願無願相。不行色寂靜不寂靜，不行色寂靜不寂靜相；不行受、想、行、識寂靜不寂靜，不行受、想、行、識寂靜不寂靜相。不行色遠離不遠離，不行色遠離不遠離相；不行受、想、行、識遠離不遠離，不行受、想、行、識遠離不遠離相；不行四念住，不行四念住相；乃至不行十八佛不共法，不行十八佛不共法相。

2.諸法與空不一不異

「舍利子當知！如是菩薩摩訶薩有方便善巧修行般若波羅蜜多。何以故？舍利子！是色非色空，是色空非色，色不離空，空不離色，色即是空，空即是色，受、想、行、識亦復如是，乃至是十八佛不共法非十八佛不共法空，是十八佛不共法空非十八佛不共法，十八佛不共法不離空，空不離十八佛不共法，十八佛不共法即是空，空即是十八佛不共法。舍利子！如是菩薩摩訶薩修行般若波羅蜜多有方便善巧故，能證無上正等菩提。

❷於內無所取(受)故得 (不取行，不取不行)

舍利子！是菩薩摩訶薩修行般若波羅蜜多時，於般若波羅蜜多，不取行，不取不行，不取亦行亦不行，不取非行非不行，於不取亦不取。」

時，舍利子問善現言：

「何因緣故，是菩薩摩訶薩修行般若波羅蜜多時，於般若波羅蜜多都無所取？」

善現對曰：

「由般若波羅蜜多自性不可得。何以故？舍利子！般若波羅蜜多以無性為自性故。舍利子！由此因緣，若菩薩摩訶薩修行般若波羅蜜多時，於般若波羅蜜多，若取行，若取不行，若取亦行亦不行，若取非行非不行，若取不取，如是一切非般若波羅蜜多。」

(CBETA, T07, no. 220, p. 49, c^{15}-p. 50, c^{20})

sher phyin: v26, pp. 323^{02}-331^{19} 《合論》: v50, pp. 356^{15}-366^{03}

3.4 世第一

由是見道之親因，一切世間法中最為第一，故名世第一法也。

(3.4.1)下品世第一法

下品第一法之所緣，謂法性無生及健行等三摩地。行相謂知在佛位中彼正定作用任運而轉之智。

卷 409〈行相品 9〉：

「何以故？舍利子！以一切法皆用無性為其自性，都無所取、無所執著，是名菩薩摩訶薩於一切法無所取著三摩地。此三摩地微妙殊勝廣大無量，能集無邊無礙作用，不共一切聲聞、獨覺。舍利子！若菩薩摩訶薩能於如是勝三摩地恒住不捨，速證無上正等菩提。」

②於諸三昧、陀羅尼無分別念行

❶依世俗諦說行諸三昧及陀羅尼故得益

　1.疾得佛菩提

　　時，舍利子問善現言：

　　「諸菩薩摩訶薩為但於此一三摩地恒住不捨，速證無上正等菩提，為更有餘諸三摩地？」

　　善現對曰：

　　「非但於此一三摩地恒住不捨，令諸菩薩速證無上正等菩提，復有所餘諸三摩地。」

　　舍利子言：「何者是餘諸三摩地？」

　　善現對曰：

「諸菩薩摩訶薩有健行三摩地、寶印三摩地、師子遊戲三摩地、妙月三摩地、月幢相三摩地、一切法海三摩地、觀頂三摩地、法界決定三摩地、決定幢相三摩地、金剛喻三摩地、入諸法印三摩地、三摩地王三摩地、善安住三摩地、王印三摩地、精進力三摩地、等涌三摩地、入詞定三摩地、入增語三摩地、觀方三摩地、陀羅尼印三摩地、無忘失三摩地、諸法等趣海印三摩地、遍覆虛空三摩地、金剛輪三摩地、勝幢相三摩地、帝幢相三摩地、順明藏三摩地、師子奮迅三摩地、勝開顯三摩地、寶性三摩地、遍照三摩地、不眴三摩地、住無相三摩地、決定三摩地、無垢燈三摩地、無邊光三摩地、發光三摩地、發明三摩地、淨座三摩地、無垢光三摩地、發愛樂三摩地、電燈三摩地、無盡三摩地、具威光三摩地、離盡三摩地、降伏三摩地、除遣三摩地、日燈三摩地、月燈三摩地、淨光三摩地、明性三摩地、妙性三摩地、智相三摩地、住心三摩地、普明三摩地、善住三摩地、寶積三摩地、妙法印三摩地、諸法平等三摩地、捨塵愛三摩地、入法頂三摩地、飄散三摩地、分別法句三摩地、字平等相三摩地、離文字相三摩地、斷所緣三摩地、無變異三摩地、入名定相三摩地、行無相三摩地、離翳闇三摩地、具行三摩地、不動三摩地、度境三摩地、集諸功德三摩地、決定住三摩地、淨妙花三摩地、具覺支三摩地、無邊辯三摩地、無等等三摩地、超一切三摩地、發妙觀三摩地、散疑惑三摩地、無所住三摩地、捨一相三摩地、引發行相三摩地、一行相三摩地、離諸相三摩地、無餘依離一切有三摩地、入一切施設語言三摩地、解脫音聲文字三摩地、炬熾然三摩地、淨眼三摩地、無形相三摩地、入一切相三摩地，不憙一切苦樂三摩地、無盡行相三摩地、具陀羅尼三摩地、攝伏一切正邪性三摩地、入一切言詞寂默三摩地、離違順三摩地、無垢明三摩地、具堅固三摩地、滿月淨光三摩地、大莊嚴三摩地、發一切光明三摩地、定平等三摩地、無塵有塵平等理趣三摩地、無諍有諍平等理趣三摩地、無巢穴無標幟無愛樂三摩地、決定住真如三摩地、壞身惡行三摩地、壞語惡行三摩地、壞意惡行三摩地、如虛空三摩地、無染著如虛空三摩地。

「舍利子！若菩薩摩訶薩於如是等諸三摩地恒住不捨，速證無上正等菩提。舍利子！復有所餘無量無數三摩地門、陀羅尼門，若菩

薩摩訶薩能於其中恒善修學，亦令速證所求無上正等菩提。」

(CBETA, T07, no. 220, p. 50, c²⁰-p. 51, b²³)

sher phyin: v26, pp. 331¹⁹-337²¹ 《合論》: v50, pp. 366⁰⁴-372¹⁰

2.得諸佛授記

(3.4.2)中品世第一法

中品第一法之所緣，謂於不現見事授記之勝因。行相謂於勝義盡粗分之三輪執著。

卷 409〈行相品 9〉：「爾時，善現復語具壽舍利子言：
「若菩薩摩訶薩安住如是諸三摩地，當知已為過去諸佛之所授記，亦為現在十方諸佛之所授記。

❷依勝義諦明於諸三昧不知不念

舍利子！是菩薩摩訶薩雖住如是諸三摩地，而不見此諸三摩地，亦不著此諸三摩地，亦不念言：『我已入此諸三摩地，我今入此諸三摩地，我當入此諸三摩地，唯我能入非餘所能。』彼如是等尋思分別一切不起。」

(CBETA, T07, no. 220, p. 51, b²⁴-c²)

sher phyin: v26, pp. 337²¹-338¹⁵ 《合論》: v50, pp. 372¹¹-373⁰⁵

(3.4.3)上品世第一法

上品第一法之所緣，謂能修之三摩地與修者之菩薩並所修之般若波羅蜜多，三輪之法性互為一性所差別之四諦。行相謂知所修之三摩地後，至全無分別，即是成佛之最勝方便之智。

卷 409〈行相品 9〉：「時，舍利子問善現言：
「為定別有諸菩薩摩訶薩安住如是諸三摩地，已為過去、現在諸佛所授記耶？」
善現對曰：
「不也！舍利子！何以故？舍利子！般若波羅蜜多不異三摩地，三摩地不異般若波羅蜜多。菩薩摩訶薩不異般若波羅蜜多及三摩地，般若波羅蜜多及三摩地不異菩薩摩訶薩。般若波羅蜜多即是三摩地，三摩地即是般若波羅蜜多。菩薩摩訶薩即是般若波羅蜜多及三摩地，般若波羅蜜多及三摩地即是菩薩摩訶薩。所以者何？以一切法

性平等故。」

(CBETA, T07, no. 220, p. 51, c2-13)

時，舍利子問善現言：

「若三摩地不異菩薩摩訶薩，菩薩摩訶薩不異三摩地，三摩地即是菩薩摩訶薩，菩薩摩訶薩即是三摩地，若三摩地、若菩薩摩訶薩於般若波羅蜜多亦如是者，諸菩薩摩訶薩云何於一切法如實了知入三摩地？」

善現答言：

「若菩薩摩訶薩入諸定時，不作是念：『我依一切法平等性證入如是如是等持。』由此因緣，諸菩薩摩訶薩雖依一切法平等性證入如是如是等持，而於一切法平等性及諸等持不作想解。何以故？舍利子！以一切法及諸等持、若菩薩摩訶薩、若般若波羅蜜多皆無所有，無所有中分別想解無容起故。」

(CBETA, T07, no. 220, p. 51, c22-p. 52, a5)

sher phyin: v26, pp. 338^15-339^20 《合論》: v50, pp. 373^06-374^11

(3)佛述成

卷 410〈行相品 9〉：時，薄伽梵讚善現言：

「善哉！善哉！如汝所說。故我說汝住無諍定聲聞眾中最為第一，由斯我說與義相應，平等性中無違諍故。善現！諸菩薩摩訶薩欲學般若波羅蜜多應如是學，欲學靜慮、精進、安忍、淨戒、布施波羅蜜多應如是學，欲學四念住乃至八聖道支應如是學，如是乃至欲學佛十力乃至十八佛不共法應如是學。」*12

[所取分別]：

分別有二，謂所取分別與能取分別。所取中又二，依雜染事為所依者及依彼對治者。彼二之中又各有九種，由緣愚蒙無明等，及緣蘊等有差別故。

3.5 雜染所取分別 (第一類所取分別)

由是見道之親因，一切世間法中最為第一，故名世第一法也。

(4)學般若以無所得為方便

①學諸法不可得是為學般若

時，舍利子即白佛言：

「若菩薩摩訶薩作如是學，為正學般若波羅蜜多不？乃至為正學十八佛
　不共法不？」

佛言：

「舍利子！若菩薩摩訶薩作如是學，為正學般若波羅蜜多，以無所得為
　方便故，乃至為正學十八佛不共法，以無所得為方便故。」

時，舍利子復白佛言：

「若菩薩摩訶薩如是學時，皆以無所得為方便學般若波羅蜜多不？乃至
　皆以無所得為方便學十八佛不共法不？」

佛言：「舍利子！若菩薩摩訶薩如是學時，皆以無所得為方便學般若波
　羅蜜多，乃至皆以無所得為方便學十八佛不共法。」

②明人法不可得，畢竟淨故

　❶我乃至見者不可得，五蘊等諸法不可得

　　舍利子言：「無所得者，為說何等不可得耶？」

　　佛言：

　　「舍利子！我不可得，乃至見者不可得，畢竟淨故；蘊、處、界不可
　　　得，畢竟淨故；無明不可得，乃至老死不可得，畢竟淨故；四聖諦
　　　不可得，畢竟淨故；欲、色、無色界不可得，畢竟淨故；四念住不
　　　可得，乃至八聖道支不可得，畢竟淨故；佛十力不可得，乃至十八
　　　佛不共法不可得，畢竟淨故；布施波羅蜜多不可得，乃至般若波羅
　　　蜜多不可得，畢竟淨故；預流不可得，乃至阿羅漢不可得，畢竟淨
　　　故；獨覺不可得，畢竟淨故；菩薩不可得，如來不可得，畢竟淨故。」

　❷明畢竟淨

　　舍利子言：「世尊！所說畢竟淨者是何等義？」

　　佛言：

　　「舍利子！即一切法不生不滅、無染無淨、不出不沒、無得無為，如
　　　是名為畢竟淨義。」

　　　(CBETA, T07, no. 220, p. 52, a⁵-b⁸)

　　　sher phyin: v26, pp. 339²⁰-342¹⁵ 　《合論》：v50, pp. 374¹²-377¹¹

③如法而學，實無所學

　❶菩薩於諸法無所學

(3.5.1)染汙總集，謂緣染汙無明

　卷410〈行相品9〉：「時，舍利子復白佛言：

「若菩薩摩訶薩如是學時，為學何法？」

佛言：

「舍利子！若菩薩摩訶薩如是學時，於一切法都無所學。何以故？舍
　利子！非一切法如是而有如諸愚夫異生所執可於中學。」

❷無明凡夫著無所有

1.諸法無所有，不知即無明

　舍利子言：「若爾諸法如何而有？」

　佛言：「諸法如無所有如是而有，若於如是無所有法不能了達，說
　　名無明。」

　(CBETA, T07, no. 220, p. 52, b$^{9\text{-}15}$)

　sher phyin： v26, pp. 342^{15}-343^{02}　《合論》：v50, pp. 377^{11}-377^{21}

2.十八空故五蘊等諸法無所有

(3.5.2)總苦，謂緣有漏色等諸蘊

　卷410〈行相品9〉：「舍利子言：「何等法無所有，若不了達說名無
　明？」

　佛言：「舍利子！色無所有，受、想、行、識無所有，以內空故，
　乃至無性自性空故；如是乃至四念住無所有，乃至十八佛不共法無
　所有，以內空故，乃至無性自性空故。」

　(CBETA, T07, no. 220, p. 52, b$^{15\text{-}20}$)

　sher phyin： v26, pp. 343$^{02\text{-}11}$　《合論》：v50, pp. 378$^{01\text{-}11}$

3.無明凡夫取著生過

　(1)凡夫無明，不知不見諸法無所有

(3.5.3)執著名色，謂愛著邪果

(3.5.4)貪著常斷二邊，謂愛邪所知

　卷410〈行相品9〉：

「舍利子！愚夫異生若於如是無所有法不能了達，說名無明。彼
　由無明及愛勢力，分別執著斷、常二邊，由此不知不見諸法無
　所有性分別諸法。」

　(CBETA, T07, no. 220, p. 52, b$^{20\text{-}23}$)

　sher phyin： v26, pp. 343$^{11\text{-}18}$　《合論》：v50, pp. 378$^{12\text{-}19}$

「由分別故，便執著色、受、想、行、識，乃至執著十八佛不共
　法，由執著故，分別諸法無所有性，由此於法不知不見。」

　(CBETA, T07, no. 220, p. 52, b$^{23\text{-}26}$)

sher phyin: v26, pp. 343^{18}-344^{04} 《合論》: v50, pp. 378^{20}-379^{07}

(3.5.5)於染淨法不知取捨，謂緣不信

卷410〈行相品9〉:「舍利子言:「於何等法不知不見?」

佛言:

「於色不知不見，於受、想、行、識不知不見，乃至於十八佛不
共法不知不見。由於諸法不知不見，墮在愚夫異生數中不能出
離。」

(2)不出三界，不能離二乘之過

舍利子言:「彼於何處不能出離?」

佛言:

「彼於欲界、色、無色界不能出離。由於三界不能出離，於聲聞
法不能成辦，於獨覺法不能成辦，於菩薩法不能成辦，於諸佛
法不能成辦。」

(CBETA, T07, no. 220, p. 52, b^{26}-c^4)

sher phyin: v26, pp. 344$^{04-08}$ 《合論》: v50, pp. 379$^{08-19}$

(3)不信諸法空之過

(3.5.6)於諸聖道不勇悍住，謂緣懈怠

卷410〈行相品9〉:「由於三乘不能成辦，便於諸法不能信受。」

舍利子言:「彼於何法不能信受?」

佛言:

「彼於色空不能信受，於受、想、行、識空不能信受，乃至於十
八佛不共法空不能信受，由不信受便不能住。」

(4)不住六度乃至十八不共法之過

舍利子言:「於何等法彼不能住?」

佛言:

「舍利子!於布施波羅蜜多乃至般若波羅蜜多彼不能住，於不退
轉地乃至十八佛不共法彼不能住。由此故名愚夫異生，以於諸
法執著有性。」

(5)執著有性則失諸功德

舍利子言:「彼於何法執著有性?」

佛言:

「彼於色執著有性，於受、想、行、識執著有性；於眼處執著有性，乃至於意處執著有性；於色處執著有性，乃至於法處執著有性；於眼界執著有性，乃至於意界執著有性；於貪、瞋、癡執著有性，於諸見趣執著有性；於四念住執著有性，乃至於十八佛不共法執著有性。」*12

(5)雙明有無方便行及其得失

①無方便行及其過失

時，舍利子白佛言：

「世尊！頗有菩薩摩訶薩作如是學，非學般若波羅蜜多，不能成辦一切智智耶？」

佛告舍利子：

「有菩薩摩訶薩作如是學，非學般若波羅蜜多，不能成辦一切智智。」

舍利子言：「此如何等？」

佛言：

「舍利子！若菩薩摩訶薩無方便善巧，於般若波羅蜜多分別執著，於靜慮、精進、安忍、淨戒、布施波羅蜜多分別執著；於四念住分別執著，乃至於十八佛不共法分別執著。由此執著，於一切智、道相智、一切相智亦起執著。以是因緣，有菩薩摩訶薩作如是學，非學般若波羅蜜多，不能成辦一切智智。」

(CBETA, T07, no. 220, p. 52, c^4-p. 53, a^2)

sher phyin： v26, pp. 344^{08}-346^{11} 《合論》：v50, pp. 379^{20}-382^{01}

(3.5.7)有漏適悅、逼迫、中容三受 (樂受、苦受、不苦樂受)

卷 410〈行相品 9〉：「舍利子言：

「是菩薩摩訶薩如是學時，定非學般若波羅蜜多，不能成辦一切智智耶？」

佛言：

「舍利子！是菩薩摩訶薩如是學時，定非學般若波羅蜜多，不能成辦一切智智。」

②有方便行及其得益

時，舍利子復白佛言：

「世尊！云何菩薩摩訶薩修學般若波羅蜜多，是學般若波羅蜜多，如是學時便能成辦一切智智？」

佛言：

「舍利子！若菩薩摩訶薩修學般若波羅蜜多，不見般若波羅蜜多，乃至不見一切相智，如是菩薩摩訶薩修學般若波羅蜜多，是學般若波羅蜜多，如是學時則能成辦一切智智。何以故？舍利子！以無所得為方便故。」

舍利子言：

「是菩薩摩訶薩於何法無所得為方便耶？」

佛言：

「舍利子！是菩薩摩訶薩修行布施波羅蜜多時，於布施波羅蜜多無所得為方便，乃至修行般若波羅蜜多時，於般若波羅蜜多無所得為方便，乃至求菩提時，於菩提無所得為方便，乃至求一切相智時，於一切相智無所得為方便。舍利子！如是菩薩摩訶薩修學般若波羅蜜多，是學般若波羅蜜多，如是學時則能成辦一切智智。」

(CBETA, T07, no. 220, p. 53, a2-22)

sher phyin: v26, pp. 346¹¹- 347¹⁰ 《合論》：v50, pp. 382⁰²⁻¹⁹

(3.5.8)諸受所依、謂有漏自、他等

卷 410〈行相品 9〉：「舍利子言：

「是菩薩摩訶薩修學般若波羅蜜多時，以何等無所得為方便耶？」

佛言：

「舍利子！是菩薩摩訶薩修學般若波羅蜜多時，以內空無所得為方便，乃至以無性自性空無所得為方便。由是因緣，速能成辦一切智智。」
*12

(CBETA, T07, no. 220, p. 53, a²²⁻²⁷)

sher phyin: v26, pp. 347¹⁰⁻¹⁵ 《合論》：v50, pp. 382²⁰-383⁰⁴

(3.5.9)知受為苦性，由此厭離引發清淨等

藏漢二譯缺 《合論》：v50, pp. 383⁰⁴⁻⁰⁸

3.6 清淨所取分別 (第二類所取分別)

清淨諸蘊；增上緣諸處所攝生門；因緣諸界所攝種族；清淨之生緣起還滅。是所知中，盡所有性所攝之四。緣如所有空性，謂緣清淨所知者一；緣波羅密多義，執著諸行，謂緣行者一；緣見道、修道、無學道者，謂緣三

道者為三。共成九種清淨所取分別。

(**此科又分九種所取分別,但依《合論》之文,漢藏二譯的《般若經》似無有對應之段落。)　《合論》: v50, pp. 383^{09}-384^{20}

[能取分別]:

第二能取分別亦有兩種,謂實有補特伽羅為依,及假有士夫為依。彼二復各有九種,由緣自在我等體,及緣蘊等所依,有如是等諸分別故。

3.7 實有補特伽羅為依 (第一類能取分別)

[九種實執能取分別]者,謂:緣執有自在我之執,此一是就執著相而立,餘八就執著境而立:緣執自在我是一;是造因之我;是見境之我等;又緣執雜染為自在之我;緣世間道離欲我執;出世間見道、修道、道作用所依之力等執為自在之我。其我執即此分別之所緣。我執有九種,故其能緣之分別亦有九種,即是九種[實執]能取分別也。

(**此科又分九種能取分別,但依《合論》之文,漢藏二譯的《般若經》似無有對應之段落。)　《合論》: v50, pp. 385^{01}-386^{12}

4.就三解脫門說般若 ─ 無願門*13
(1)菩薩應如幻士等學諸法而無所得
①舉如幻喻
❶明五蘊乃至佛果皆與幻無異

3.8 假有士夫為依 (第二類能取分別)

[九種假執能取分別]者,謂:又於蘊、界、處,執為假有士夫;及於十二緣起執為假有士夫;於三十七菩提分法、見道、修道、勝進道、無學道,執為假有士夫。緣此諸我,執計為實能受用者,即九種[假執]能取分別也。

(3.8.1)蘊執
卷410〈幻喻品10〉:「爾時,具壽善現白佛言:

「世尊!設有問言:『若有幻士能學般若波羅蜜多,乃至能學布施波

羅蜜多，彼能成辦一切智智不？若有幻士能學四念住，乃至能學十
八佛不共法，彼能成辦一切智智不？』我得此問當云何答？」

佛告善現：

「我還問汝，隨汝意答。善現！於意云何？色與幻有異不？受、想、
行、識與幻有異不？」

善現答言：「不也！世尊！」

(CBETA, T07, no. 220, p. 53, a²⁹-b⁷)

sher phyin: v26, pp. 347¹⁶-348¹⁶ 《合論》：v50, pp. 386¹³-387¹⁴

(3.8.2)處執

卷 410〈幻喻品 10〉：「

「善現！於意云何？眼處與幻有異不？乃至意處與幻有異不？色處
與幻有異不？乃至法處與幻有異不？」

善現答言：「不也！世尊！」

(CBETA, T07, no. 220, p. 53, b⁷⁻¹⁰)

sher phyin: v26, pp. 348¹⁶⁻²¹ 《合論》：v50, pp. 387¹⁵-388⁰¹

(3.8.3)界執

卷 410〈幻喻品 10〉：

「善現！於意云何？眼界與幻有異不？乃至意界與幻有異不？色界
與幻有異不？乃至法界與幻有異不？眼識界與幻有異不？乃至意
識界與幻有異不？眼觸與幻有異不？乃至意觸與幻有異不？眼觸
為緣所生諸受與幻有異不？乃至意觸為緣所生諸受與幻有異不？」

善現答言：「不也！世尊！」」(CBETA, T07, no. 220, p. 53, b¹⁰⁻¹⁶)

sher phyin: v26, pp. 349⁰¹⁻¹⁴ 《合論》：v50, pp. 388⁰²-389¹⁶

(3.8.4)緣起執

藏漢二譯缺 《合論》：v50, pp. 389¹⁷-390²⁰

(3.8.5)於三十七菩提分法執

卷 410〈幻喻品 10〉：

「善現！於意云何？四念住與幻有異不？乃至八聖道支與幻有異
不？」

善現答言：「不也！世尊！」

(CBETA, T07, no. 220, p. 53, b¹⁶⁻¹⁸)

sher phyin: v26, pp. 349¹⁴⁻¹⁷ 《合論》：v50, pp. 390²¹-391⁰³

(3.8.6)見道執

卷 410〈幻喻品 10〉：

「善現！於意云何？空解脫門與幻有異不？無相、無願解脫門與幻有
異不？」

善現答言：「不也！世尊！」

(CBETA, T07, no. 220, p. 53, b[18-20])

藏譯缺　《合論》: v50, pp. 391[04-09]

(3.8.7)修道執

藏漢二譯缺　《合論》: v50, pp. 391[10-14]

(3.8.8)勝進道執

藏漢二譯缺　《合論》: v50, pp. 391[15-19]

(3.8.9)無學道執

卷 410〈幻喻品 10〉：

「善現！於意云何？布施波羅蜜多與幻有異不？乃至十八佛不共法
與幻有異不？」

善現答言：「不也！世尊！」

「善現！於意云何？諸佛無上正等菩提與幻有異不？」

善現答言：

「不也！世尊！何以故？世尊！色不異幻，幻不異色，色即是幻，幻
即是色，如是乃至諸佛無上正等菩提不異幻，幻不異諸佛無上正等
菩提，諸佛無上正等菩提即是幻，幻即是諸佛無上正等菩提。」

❷諸法不生不滅，但有名字，無所得

　1.諸法與幻無異，不垢不淨，不生不滅，無所得

　　佛言：「善現！於意云何？幻有雜染有清淨不？」

　　善現答言：「不也！世尊！」

　　「善現！於意云何？幻有生有滅不？」

　　善現答言：「不也！世尊！」

　　「善現！於意云何？若法無雜染無清淨、無生無滅，是法能學般若
　　　波羅蜜多，成辦一切智智不？」

　　善現答言：「不也！世尊！」

　2.諸法但有名字，不作業，無所得

　　「善現！於意云何？於五蘊中起想、等想、施設、言說、假名菩薩

摩訶薩不？」

善現答言：「如是！世尊！」

「善現！於意云何？於五蘊中起想、等想、施設、言說、假建立者，有生有滅、有雜染有清淨不？」

善現答言：「不也！世尊！」

「善現！於意云何？若法無想、無等想、無施設、無言說、無假名、無身無身業、無語無語業、無意無意業、無雜染無清淨、無生無滅，是法能學般若波羅蜜多成辦一切智智不？」

善現答言：「不也！世尊！」

佛言：

「善現！若菩薩摩訶薩以無所得而為方便，修學如是甚深般若波羅蜜多，速能成辦一切智智。」(CBETA, T07, no. 220, p. 53, b20-c16)

❸當如幻士學般若

3.9 攝持 (即善知識)

(3.9.1)內攝持 (第一類攝持，為善巧方便所攝持)

加行道菩薩，不離一切相智作意，於甚深空性不驚不恐等方便善巧，捨此違品二乘作意，及隨一實執。如是菩薩加行道智，即是加行道菩薩之內攝持，以此即是雙破生死涅槃二邊之菩薩現觀故。

(I)加行道菩薩，不離一切相智作意

卷 410〈幻喻品 10〉：「爾時，具壽善現白佛言：

「世尊！若菩薩摩訶薩欲證無上正等菩提，當如幻士常學般若波羅蜜多。何以故？世尊！當知幻士即是五蘊。」

佛告善現：

「於意云何？如幻五蘊能學般若波羅蜜多，當得成辦一切智智不？」

善現答言：

「不也！世尊！何以故？世尊！如幻五蘊以無性為自性，無性自性不可得故。」

②略舉夢等喻

佛告善現：「於意云何？如夢五蘊能學般若波羅蜜多，當得成辦一切智智不？」

善現答言：

「不也！世尊！何以故？世尊！如夢五蘊以無性為自性，無性自性不可
　　得故。」

佛言：

「善現！於意云何？如響、如光影、如像、如陽焰、如空花、如變化、
　　如尋香城五蘊，能學般若波羅蜜多，當得成辦一切智智不？」

善現答言：

「不也！世尊！何以故？世尊！如響乃至尋香城五蘊以無性為自性，無
　　性自性不可得故。」

③明諸法以十八空故不可得

佛言：「善現！於意云何？如幻等五蘊各有異性不？」

善現答言：

「不也！世尊！何以故？世尊！如幻等色、受、想、行、識即是如夢等
　　色、受、想、行、識。如幻等五蘊即是如幻等六根，如幻等六根即是
　　如幻等五蘊。如是一切皆由內空故不可得，乃至無性自性空故不可
　　得。」*13

(CBETA, T07, no. 220, p. 53, c^{17}-p. 54, a^{8})

sher phyin：　v26, pp. 349^{17}-356^{10}　　《合論》：v50, pp. 391^{20}-397^{06}

(2)略說新發大乘意菩薩無方便、不得善知識，聞般若或生驚怖

(II)於甚深空性不驚不恐等方便善巧

卷 410〈幻喻品 10〉：「爾時，具壽善現復白佛言：

「世尊！新趣大乘諸菩薩摩訶薩，聞說如是甚深般若波羅蜜多，其心將無
　　驚恐怖不？」

佛告善現：

「新趣大乘諸菩薩摩訶薩修行般若波羅蜜多時，若無方便善巧及不為善友
　　所攝受者，聞說如是甚深般若波羅蜜多，其心有驚有恐有怖。」*13

(3)廣明有方便，善知識守護故，聞般若不生驚怖

①明有方便

尊者善現復白佛言：

「何等菩薩摩訶薩修行般若波羅蜜多時，有方便善巧故，聞說如是甚深
　　般若波羅蜜多，其心不驚不恐不怖？」

❶以應一切智智心，觀一切不可得

佛告善現：

「若菩薩摩訶薩修行般若波羅蜜多時，以應一切智智心，觀色無常相

亦不可得,觀受、想、行、識無常相亦不可得;觀色苦相亦不可得,觀受、想、行、識苦相亦不可得;觀色無我相亦不可得,觀受、想、行、識無我相亦不可得;觀色不淨相亦不可得,觀受、想、行、識不淨相亦不可得;觀色空相亦不可得,觀受、想、行、識空相亦不可得;觀色無相相亦不可得,觀受、想、行、識無相相亦不可得;觀色無願相亦不可得,觀受、想、行、識無願相亦不可得;觀色寂靜相亦不可得,觀受、想、行、識寂靜相亦不可得;觀色遠離相亦不可得,觀受、想、行、識遠離相亦不可得。善現!是菩薩摩訶薩修行般若波羅蜜多時,有方便善巧故,聞說如是甚深般若波羅蜜多,其心不驚不恐不怖。」(CBETA, T07, no. 220, p. 54, a^9-b^3)

❷慈悲為有情修六度

1.布施:教有情

(III)捨此違品二乘作意,及隨一實執

卷 410〈幻喻品 10〉:

「復次,善現!若菩薩摩訶薩作此觀已,復作是念:『我當以無所得為方便,為一切有情說如是五蘊無常相亦不可得,苦相、無我相、不淨相、空相、無相相、無願相、寂靜相、遠離相亦不可得。』善現!是為菩薩摩訶薩修行般若波羅蜜多時,無著布施波羅蜜多。

2.淨戒:不起二乘心

「復次,善現!若菩薩摩訶薩修行般若波羅蜜多時,遠離聲聞、獨覺相應作意,思惟五蘊無常相亦不可得,苦相、無我相、不淨相、空相、無相相、無願相、寂靜相、遠離相亦不可得,以無所得為方便故。善現!是為菩薩摩訶薩修行般若波羅蜜多時,無著淨戒波羅蜜多。

3.安忍:忍欲樂

「復次,善現!若菩薩摩訶薩修行般若波羅蜜多時,以無所得而為方便,觀如是法無常相亦不可得,苦相、無我相、不淨相、空相、無相相、無願相、寂靜相、遠離相亦不可得,能於其中安忍欲樂,其心不驚不怖不畏。善現!是為菩薩摩訶薩修行般若波羅蜜多時,無著安忍波羅蜜多。

4.精進:心不捨息

「復次,善現!若菩薩摩訶薩修行般若波羅蜜多時,以應一切智智

心，常觀五蘊無常相亦不可得，苦相、無我相、不淨相、空相、無相相、無願相、寂靜相、遠離相亦不可得。雖以無所得為方便，而常不捨一切智智相應作意，恒修般若波羅蜜多。善現！是為菩薩摩訶薩修行般若波羅蜜多時，無著精進波羅蜜多。

5.靜慮：不起二乘心及餘不善心

「復次，善現！若菩薩摩訶薩修行般若波羅蜜多時，不以聲聞、獨覺相應作意，思惟五蘊無常相亦不可得，苦相、無我相、不淨相、空相、無相相、無願相、寂靜相、遠離相亦不可得。以無所得為方便故，於中不起聲聞、獨覺相應作意及餘非善散亂之心，障礙無上正等菩提。善現！是為菩薩摩訶薩修行般若波羅蜜多時，無著靜慮波羅蜜多。

6.般若：知法本空

「復次，善現！若菩薩摩訶薩修行般若波羅蜜多時，如實觀察：非空色故色空，色即是空，空即是色，受、想、行、識亦如是；非空眼處故眼處空，眼處即是空，空即是眼處，乃至意處亦如是；非空色處故色處空，色處即是空，空即是色處，乃至法處亦如是；非空眼界故眼界空，眼界即是空，空即是眼界，乃至意界亦如是；非空色界故色界空，色界即是空，空即是色界，乃至法界亦如是；非空眼識界故眼識界空，眼識界即是空，空即是眼識界，乃至意識界亦如是；非空眼觸故眼觸空，眼觸即是空，空即是眼觸，乃至意觸亦如是；非空眼觸為緣所生諸受故眼觸為緣所生諸受空，眼觸為緣所生諸受即是空，空即是眼觸為緣所生諸受，乃至意觸為緣所生諸受亦如是；非空四念住故四念住空，四念住即是空，空即是四念住；如是乃至非空十八佛不共法故十八佛不共法空，十八佛不共法即是空，空即是十八佛不共法。善現！是為菩薩摩訶薩無著般若波羅蜜多。

❸小結

「善現！如是菩薩摩訶薩修行般若波羅蜜多時，有方便善巧故，聞說如是甚深般若波羅蜜多，其心不驚不恐不怖。」

(CBETA, T07, no. 220, p. 54, b^4-c^{29})

sher phyin： v26, pp. 356^{10}-366^{08} 《合論》：v50, pp. 397^{07}-404^{08}

②善知識守護

(3.9.2)外攝持 (第二類攝持，為善知識所攝持)

若佛勝應身，為加行道菩薩宣說一切諸法皆勝義無自性等，及說捨此違品惡魔、惡友之道者，即是加行道菩薩之外攝持，以是圓滿開示大乘道之善知識故。

(I)圓滿開示大乘道之善友外攝持

卷410〈幻喻品10〉：「爾時，具壽善現白佛言：

「世尊！云何菩薩摩訶薩修行般若波羅蜜多時，為諸善友所攝受故，聞說如是甚深般若波羅蜜多，其心不驚不恐不怖？」

佛告善現：

「諸菩薩摩訶薩善友者，謂若能以無所得而為方便，說色無常相亦不可得，說受、想、行、識無常相亦不可得；說色苦相亦不可得，說受、想、行、識苦相亦不可得；說色無我相亦不可得，說受、想、行、識無我相亦不可得；說色不淨相亦不可得，說受、想、行、識不淨相亦不可得；說色空相亦不可得，說受、想、行、識空相亦不可得；說色無相相亦不可得，說受、想、行、識無相相亦不可得；說色無願相亦不可得，說受、想、行、識無願相亦不可得；說色寂靜相亦不可得，說受、想、行、識寂靜相亦不可得；說色遠離相亦不可得，說受、想、行、識遠離相亦不可得，及勸依此勤修善根，不令迴向聲聞、獨覺，唯令求得一切智智。善現！是為菩薩摩訶薩善友。

「復次，善現！諸菩薩摩訶薩善友者，謂若能以無所得而為方便，說眼處乃至意處無常相亦不可得，苦相、無我相、不淨相、空相、無相相、無願相、寂靜相、遠離相亦不可得；說色處乃至法處無常相亦不可得，苦相、無我相、不淨相、空相、無相相、無願相、寂靜相、遠離相亦不可得，及勸依此勤修善根，不令迴向聲聞、獨覺，唯令求得一切智智。善現！是為菩薩摩訶薩善友。

「復次，善現！諸菩薩摩訶薩善友者，謂若能以無所得而為方便，說眼界乃至意界無常相亦不可得，苦相、無我相、不淨相、空相、無相相、無願相、寂靜相、遠離相亦不可得；說色界乃至法界無常相亦不可得，苦相、無我相、不淨相、空相、無相相、無願相、寂靜相、遠離相亦不可得；說眼識界乃至意識界無常相亦不可得，苦相、無我相、不淨相、空相、無相相、無願相、寂靜相、遠離相亦不可得；說眼觸乃至意觸無常相亦不可得，苦相、無我相、不淨相、空相、無相相、無願相、寂靜相、遠離相亦不可得；說眼觸為緣所生諸受乃至意觸為緣所

生諸受無常相亦不可得，苦相、無我相、不淨相、空相、無相相、無願相、寂靜相、遠離相亦不可得，及勸依此勤修善根，不令迴向聲聞、獨覺，唯令求得一切智智。善現！是為菩薩摩訶薩善友。

「復次，善現！諸菩薩摩訶薩善友者，謂若能以無所得而為方便，雖說修四念住乃至八聖道支不可得，雖說修空、無相、無願解脫門不可得，雖說修佛十力乃至十八佛不共法不可得，雖說修一切智乃至無上正等菩提不可得，而勸依此勤修善根，不令迴向聲聞、獨覺，唯令求得一切智智。善現！是為菩薩摩訶薩善友。

「若菩薩摩訶薩修行般若波羅蜜多時，為此善友所攝受者，聞說如是甚深般若波羅蜜多，其心不驚不恐不怖。」*13

(CBETA, T07, no. 220, p. 55, a¹-b²³)

(4)廣明菩薩無方便、隨惡知識，聞般若而生驚怖

(II)宣說一切諸法皆勝義無自性

卷 410〈幻喻品 10〉：「爾時，具壽善現白佛言：

「世尊！云何菩薩摩訶薩修行般若波羅蜜多時，無方便善巧故，聞說如是甚深般若波羅蜜多，其心有驚有恐有怖？」

①無方便：離一切智智心，觀法有所得

佛告善現：

「若菩薩摩訶薩修行般若波羅蜜多時，以有所得為方便故，離應一切智智作意，修行般若波羅蜜多，於修般若波羅蜜多有得有恃；以有所得為方便故，離應一切智智作意，修行靜慮、精進、安忍、淨戒、布施波羅蜜多，於修靜慮乃至布施波羅蜜多有得有恃；以有所得為方便故，離應一切智智作意，觀色、受、想、行、識內空、外空、內外空、空空、大空、勝義空、有為空、無為空、畢竟空、無際空、散無散空、本性空、自共相空、一切法空、不可得空、無性空、自性空、無性自性空，於觀色、受、想、行、識空有得有恃；以有所得為方便故，離應一切智智作意，觀眼處乃至意處內空乃至無性自性空，於觀眼處乃至意處空有得有恃；以有所得為方便故，離應一切智智作意，觀色處乃至法處內空乃至無性自性空，於觀色處乃至法處空有得有恃；以有所得為方便故，離應一切智智作意，觀眼界乃至意界內空乃至無性自性空，於觀眼界乃至意界空有得有恃；以有所得為方便故，離應一切智智作意，觀色界乃至法界內空乃至無性自性空，於觀色界乃至法界空有得有恃；以有所得為方便故，離應一切智智作意，觀眼識界乃至

意識界內空乃至無性自性空，於觀眼識界乃至意識界空有得有恃；以有所得為方便故，離應一切智智作意，觀眼觸乃至意觸內空乃至無性自性空，於觀眼觸乃至意觸空有得有恃；以有所得為方便故，離應一切智智作意，觀眼觸為緣所生諸受乃至意觸為緣所生諸受內空乃至無性自性空，於觀眼觸為緣所生諸受乃至意觸為緣所生諸受空有得有恃；以有所得為方便故，離應一切智智作意，修行四念住乃至十八佛不共法，於修四念住乃至十八佛不共法有得有恃。善現！如是菩薩摩訶薩修行般若波羅蜜多時，無方便善巧故，聞說如是甚深般若波羅蜜多，其心有驚有恐有怖。」(CBETA, T07, no. 220, p. 55, b²⁴-p. 56, a⁵)

②惡知識：教離六度，不為說魔罪魔事

(III)捨此違品惡魔、惡友之道

卷 410〈幻喻品 10〉：

爾時，具壽善現復白佛言：

「世尊！云何菩薩摩訶薩修行般若波羅蜜多時，為諸惡友所攝受故，聞說如是甚深般若波羅蜜多，其心有驚有恐有怖？」

❶教離六度

佛告善現：

「諸菩薩摩訶薩惡友者，若教厭離般若波羅蜜多，若教厭離靜慮、精進、安忍、淨戒、布施波羅蜜多，謂作是言：『咄哉！男子！汝等於此不應修學。所以者何？如是六種波羅蜜多非佛所說，是文頌者虛誑製造，是故，汝等不應聽習，不應受持，不應讀誦，不應思惟，不應推究，不應為他宣說開示。』善現！是為菩薩摩訶薩惡友。

❷不為說魔罪魔事

　1.魔化作佛形像教

　　(1)何用修六度

　　　「復次，善現！諸菩薩摩訶薩惡友者，若不為說魔事、魔過，謂有惡魔作佛形像，來教菩薩厭離六種波羅蜜多言：『善男子！汝等何用修此六種波羅蜜多？』善現！若不為說如是等事令覺悟者，當知是為菩薩摩訶薩惡友。

　　(2)為說小乘十二部經

　　　「復次，善現！菩薩摩訶薩惡友者，若不為說魔事、魔過，謂有惡魔作佛形像，來為菩薩宣說開示聲聞、獨覺相應之法，所謂契經乃至論義，分別顯了令專修學。善現！若不為說如是等事

令覺悟者，當知是為菩薩摩訶薩惡友。

(3)汝非真菩提心，不能成佛

「復次，善現！菩薩摩訶薩惡友者，若不為說魔事、魔過，謂有惡魔作佛形像，至菩薩所作如是言：『汝非菩薩，無菩提心，不能安住不退轉地，不能證得所求無上正等菩提。』善現！若不為說如是等事令覺悟者，當知是為菩薩摩訶薩惡友。

(4)一切皆空，何用成佛

「復次，善現！菩薩摩訶薩惡友者，若不為說魔事、魔過，謂有惡魔作佛形像，來語菩薩摩訶薩言：『汝等當知！色空無我、我所，受、想、行、識空無我、我所；眼處空無我、我所，乃至意處空無我、我所；色處空無我、我所，乃至法處空無我、我所；眼界空無我、我所，乃至意界空無我、我所；色界空無我、我所，乃至法界空無我、我所；眼識界空無我、我所，乃至意識界空無我、我所；眼觸空無我、我所，乃至意觸空無我、我所；眼觸為緣所生諸受空無我、我所，乃至意觸為緣所生諸受空無我、我所；四念住空無我、我所，乃至八聖道支空無我、我所；布施波羅蜜多空無我、我所，乃至般若波羅蜜多空無我、我所；空解脫門空無我、我所，無相、無願解脫門空無我、我所；佛十力空無我、我所，乃至十八佛不共法空無我、我所。何用無上正等菩提？』善現！若不為說如是等事令覺悟者，當知是為菩薩摩訶薩惡友。

2.魔化作獨覺形像：十方皆空，無佛菩薩及聲聞

「復次，善現！菩薩摩訶薩惡友者，若不為說魔事、魔過，謂有惡魔作獨覺形像來至菩薩所，作如是言：『咄！善男子！東西南北四維上下十方世界，一切如來應正等覺、聲聞、菩薩都無所有，汝於是事應深信受，勿自勤苦欲求供養，聽聞正法如說修行。』善現！若不為說如是等事令覺悟者，當知是為菩薩摩訶薩惡友。

「復次，善現！菩薩摩訶薩惡友者，若不為說魔事、魔過，謂有惡魔作聲聞形像來至菩薩所，令深厭離一切智智相應作意，令極忻樂聲聞、獨覺相應作意。善現！若不為說如是等事令覺悟者，當知是為菩薩摩訶薩惡友。

3.魔化作和尚、阿闍梨身：教離菩薩道，入三解脫取聲聞證

「復次，善現！菩薩摩訶薩惡友者，若不為說魔事、魔過，謂有惡

魔化作親教軌範形像來至菩薩所，令深厭離菩薩勝行，所謂布施波羅蜜多乃至般若波羅蜜多；及令厭離一切智智，所謂無上正等菩提。唯教修習三解脫門，速證聲聞或獨覺地，不趣無上正等菩提。善現！若不為說如是等事令覺悟者，當知是為菩薩摩訶薩惡友。

4.魔化作父母形像：令為小果勤精進，勿為大覺

「復次，善現！菩薩摩訶薩惡友者，若不為說魔事、魔過，謂有惡魔作父母形像，來至菩薩所告言：『子！子！汝當精勤求證預流、一來、不還、阿羅漢果，足得永離生死大苦，速證涅槃究竟安樂，何用遠趣諸佛無上正等菩提？求菩提者要經無量無數大劫，輪迴生死教化有情，捨命、捨身、斷支、斷節，徒自勤苦誰荷汝恩，所求菩提或證不證！』善現！若不為說如是等事令覺悟者，當知是為菩薩摩訶薩惡友。

5.魔化作比丘形像行：一切法可得

「復次，善現！菩薩摩訶薩惡友者，若不為說魔事、魔過，謂有惡魔作苾芻形像來至菩薩所，以有所得而為方便，說色無常相實有可得，說受、想、行、識無常相實有可得；說色苦相、無我相、不淨相、空相、無相相、無願相、寂靜相、遠離相實有可得，說受、想、行、識苦相、無我相、不淨相、空相、無相相、無願相、寂靜相、遠離相實有可得。以有所得而為方便，說眼處乃至意處無常相、苦相、無我相、不淨相、空相、無相相、無願相、寂靜相、遠離相實有可得；以有所得而為方便，說色處乃至法處無常相、苦相、無我相、不淨相、空相、無相相、無願相、寂靜相、遠離相實有可得；以有所得而為方便，說眼界乃至意界無常相、苦相、無我相、不淨相、空相、無相相、無願相、寂靜相、遠離相實有可得；以有所得而為方便，說色界乃至法界無常相、苦相、無我相、不淨相、空相、無相相、無願相、寂靜相、遠離相實有可得；以有所得而為方便，說眼識界乃至意識界無常相、苦相、無我相、不淨相、空相、無相相、無願相、寂靜相、遠離相實有可得；以有所得而為方便，說眼觸乃至意觸無常相、苦相、無我相、不淨相、空相、無相相、無願相、寂靜相、遠離相實有可得；以有所得而為方便，說眼觸為緣所生諸受乃至意觸為緣所生諸受無常相、苦相、無我相、不淨相、空相、無相相、無願相、寂靜

相、遠離相實有可得；以有所得而為方便，說四念住乃至八聖道
支實有可得令其修學；以有所得而為方便，說布施波羅蜜多乃至
般若波羅蜜多實有可得令其修學；以有所得而為方便，說空、無
相、無願解脫門實有可得令其修學；以有所得而為方便，說陀羅
尼門、三摩地門實有可得令其修學；以有所得而為方便，說五眼、
六神通實有可得令其修學；以有所得而為方便，說佛十力乃至十
八佛不共法實有可得令其修學。善現！若不為說如是等事令覺悟
者，當知是為菩薩摩訶薩惡友。

❸勸應遠離惡知識

「若菩薩摩訶薩修行般若波羅蜜多時，為此惡友所攝受者，聞說如是
甚深般若波羅蜜多，其心有驚有恐有怖。是故菩薩摩訶薩修行般若
波羅蜜多時，於諸惡友應審觀察方便遠離。」*13

(CBETA, T07, no. 220, p. 56, a^5-p. 57, b^2)

sher phyin:　v26, pp. 366^{08}-394^{03}　　《合論》：v50, pp. 404^{09}-424^{02}

註解：

*1 菩薩之順決擇分

諸菩薩依聞思等之最勝而得之<u>順解脫分</u>，以及以信等為相之<u>善根</u>，而有四諦之開覺(證)隨順的世間<u>修所成之四順抉擇分</u>。

觀緣空性之煖加行之善根，其增上之頂加行，其後得不畏空性之忍加行，以至其上之世第一加行。依同一心續前中後三時或依不同心續之鈍利根而說有下中上三品。

菩薩之四順決擇分較聲聞等之煖等加行殊勝。

因殊勝：在順解脫分時聽聞思惟大乘法，精通信等五善根之性相，由五善根力牽引故。

果殊勝：由此隨順產生現證四諦之四順決擇分，為見道之因故。

(1)菩薩煖等加行

  ①所緣：所緣殊勝之本性，乃是觀緣四諦之相。

    (聲聞以四諦之無常等十六行相為差別而觀緣，而消除其等之增益故。聲聞執著無常、苦、空、無我。菩薩若有此等執著，則有法愛之過。菩薩從色法乃至一切相智(輪涅一切法)之間所有法都遠離破立作為所緣。不只斷除十六種增益(人無我為主)，應遠離三十二種增益(含法無我)。)

  ②行相：對治法之實執而趣入不耽著等之行相。

    (加行道等持，對治實執能取所取，而趣入不耽著諦實等之行相中。)

  ③因緣：成為三乘現前證悟之見道因。

  ④攝受：善知識以圓滿宣講大乘道之善巧方便直接攝受。

  ⑤斷分別：能取所取之四種分別造作雜染。藉由頂現觀所攝斷除見所斷、修所斷之四種分別。

    (證悟一切法諦實空雖無差別，但由於久暫串習之力，以及功德向上增長之差異而有四分際。)

(2)聲聞獨覺之煖等加行

聲聞獨覺煖等善根如下：

  ①觀緣有漏五蘊惑業所含攝之正苦集，以及正滅道之性相實有法之四諦。

  ②僅以我見之對治而趣入無常等行相。(彼雖證知無常之智，但並非即說明證悟無我)

  ③唯證自乘，而遠離圓滿方便慧之善攝持。

  ④不具備二取之四種分別與斷除彼等之對治。

(3)從四方面觀緣四諦

諸菩薩之諸順決擇分，係自我行相之執取法，如同觀緣四諦實有法。

對於圓滿修習道乃以善巧方便之力從不同方面觀緣四諦。

  ①從因方面：於忍位中品階段。(三業、相、剎土清淨)

  ②從果方面：於世第一法下品階段。(正定作用任運轉)

  ③從二諦本質方面：於忍位下品階段。(勝義無，名言中有)

  ④從法性行相方面：於其餘九階段。

    於等持中觀緣法性之行相，以及於後得位從本質、因、果三方面而觀緣。安立各個階段，乃是依據所化相近之思惟，而非觀緣全部。

(4)觀緣空性之修所得

①在順解脫分，雖有觀緣無常與苦之修所得，及觀修不淨等之修所得，但無觀緣空性之修所得智。

②在觀緣空性時，

　❶由聞思慧觀緣，否定諦實戲論之空性，只顯現境之總相，但對於境及有境之形相卻極為粗略，且似不相關。

　❷由修慧觀緣，境、有境之粗略相消失，而清晰顯現。

　　由此產生空性之概念，可稱為「法性現見」，但並非無分別現見。

③從等持於奢摩他上，藉由對空義之審察力，引生身心之輕安，即是得毗缽舍那。

　此中若無空義審察力之止觀雙運則與資糧道及外道相同。

　證悟如是空性之止觀雙運產生初始，稱為「生出加行道煖位」。此時以領納力尚能確認境及有境，但於獲得忍位時，則不能如是確認二者。

④對於加行道四位，從所取無自性形成下中上三品現見，以及能取無自性圓滿現見方面，難以區分其差異，因為於等持中乃將能取所取一切法匯集一起，而平等攝持於諦實空，且彼等法性之概念於清楚明白顯現上，亦無差別之故。

　加行道前二位，斷除所取實執之力逐漸向上增勝後，於產生加行道忍時，亦令所取俱生實執現起之粗糙能力衰損，故從等持出定時，色等所取諸法如鏡中影像顯現般之共相乃清明出現。產生世第一法之際，能取亦是以觀修之力如是顯現。次第如是行進，亦是由於對能取與所取斷除實執之難易故。

　《大乘莊嚴經論》教授品(卷七)

　　[諸義悉是光　由見唯心故　得斷所執亂　是則住於忍]

　　[所執亂雖斷　尚餘能執故　斷此復速證　無間三摩提]

　　　此中菩薩若見諸義悉是光，非心光外別有異見。爾時得所執亂滅，此見即是菩薩忍位。

　　　此中菩薩為斷能執亂故，復速證無間三摩提。問有何義故此三摩提名無間。答由能執亂滅時爾時入無間，故受此名。此入無間即是菩薩世間第一法位。

*2 本性空

本性依法界成立，將法界性說為本性。

法界即如來法身，如來法身即佛內自證智境界，此境界具常樂我淨四種功德。

法界即佛內自證智境界，因此依法界來成立本性，即是依法身、法智來成立。故本性可理解為法身性、法智性、法界性。此性雖不可用言說詮釋，但在言說上則將此本性方便施設為空性。諸法是在如來法身(法界)上，依法身功德之隨緣自顯現，成立識境。(如水中月，月影自性只能說是水性；鏡中影像，其自性只能說是鏡性)。依如來法身而顯現之一切法，雖由緣生，但其自性只能說是如來法身之本性，不能以緣生為自性。一切緣起諸法自性，實以本性為自性，將此本性施設為空，即是一切諸法自性空。此非說是依緣起來成立空，而是究竟說依本性來成立空。

*3 由於通達諸法無相，故內心不依靠色法等之相。並非以勝解作意印持諸相，而是通過真實作意(相作意)而無想(不遍知)。

勝解作意：假想觀，名言比量。修者隨其所欲於諸事相，增益作意。

真實作意：真實觀，離言現觀。(自相作意、共相作意、真如作意)

以自相、共相、真如相如理思惟諸法作意，不離現實身心世界之如理觀察。

*4 資糧道以聞慧和思慧為主，加行道則屬於修慧，以修空觀為主。在加行道雖對空性及諸法無生之真諦已有覺受，但還是在凡夫地，離不開分別念，還是比量見，與見道之現量見不同，但為見道之因。

四加行只能分別將各自之分別念削弱，但加行道本身也是分別念，不能完全斷除。四加行之宗旨，不管在那個階段，都是修習般若波羅蜜多。修習中對於所取對境及能取之有境都要遠離一切邊見戲論。行者在資糧道抉擇諸法無自性修持，從而獲得在所取無實上之最初明相，即是煖位，明相增上為頂位。最初產生能取無實的明相是忍位，增上為世第一法位。每位各有下中上三品。

*5 煖等四位之經與論

在大乘順決擇分上，就所緣、行相、因緣、攝持方面，說明勝於二乘處，

同時在見道上該斷的四種能取所取妄想分別上與煖等四位概念結合。

(1)煖位

在教授教誡上，以聞思修方式，生起信等善根，能引向解脫。

以無分別智火加熱的起點是煖位。

①下品煖 (弱煖位)

❶所緣：以四諦十六行相為所取境。

❷行相：對苦、集二諦不執著等。

1.緣苦諦行相

於隨順法愛上：

「色是常、是苦、是空、是無我；色是空、無願。」

不起著(執著)、住(受、滯留)、想(念、構想)。

2.緣集諦行相

不執著：

「色應該這樣被斷除，(我)應該斷除色」等等。

(1)聲聞把有造作相之物作為所取境，其<u>無常等相</u>對治我見。

菩薩把有無常相之物作為所取境，其<u>不執著等相</u>對治法見。

(2)此中善現以生起面說苦、集二諦，故不說「無相」。「無相」在大乘中是滅、道諦之相。對二乘說「無相」是以物之寂滅為相。大乘之修道是去除分別妄想之相，其滅諦以此為相。

(3)「執著」像障礙一樣，「不執著」像對治法一樣。

由不真實之妄想所生，對「有」、「無」的執著，就是障礙。此障礙之對治是兩種執著都無。若於<u>非心性</u>中看不到或領受不到「有」或「無」，即是障礙之對治。是故於法不住(受)、不想、不著。

3.緣滅諦、道諦行相

(1)無相解脫門

不執著：

「(我)應該這樣證悟寂滅(此即四諦行相)，應該以這方法(三十七道品等四諦資糧)證悟寂滅。(我)應該這樣修道，應該以這(方法)修道。」

此即是無相解脫門，有三種相：

1在染汙、清淨法中，執著應該修習或不應修習；

2在應修行及不應修行法中，分別此是布施等波羅蜜或此非布施等波羅蜜；

3在布施等波羅蜜及非布施等波羅蜜中，分別此是方便善巧與此非方便善巧。

菩薩若安住於法起想起著，即是隨順法愛，不知六波羅善巧方便，他精通三解脫門後，不入聲聞地獨覺地以及菩薩正性離生，即此法愛說名為生。

(2)滅諦無相

云何入菩薩正性離生？

菩薩不以內空性觀外空性，不以外空性觀內空性。

逐一地以所有空性，透過否定它們互相觀看的決定方式，消滅自性相。如是觀名入菩薩正性離生。

由於自性相的消滅，圓滿說明滅諦是無相。

(3)道諦無相

這樣學習的菩薩應該知道色，但不應該執著(不應將色想成「是什麼」)乃至應知十八佛不共法、菩提心等而不應該執著(不應將十八佛不共法、菩提心想成「是什麼」)。

如此的「沒有思惟」即是道諦上所執取境的特性，所謂「無相的道行」。

(4)如實知法而不應執

(若　問)如以筏舟渡河之譬喻，(證悟之人)不應執之前所依之道行(菩提心等)。

(善現答)因為這個心不是心(是心非心)，心的本性清淨故。(心本性空不可得)

1心性本淨

(舍利子)心本性清淨是什麼？

(善　現)心的本性(清淨)不與貪染結合(相應)，也不與貪染分離(不相應)，乃至與聲聞、獨覺心非合非離。

2心性本淨心無非心性

(問)此(本性清淨)心有非心性存在嗎？(不是心的心存在嗎？)

(1) 非心性不可得

非心性(性質不是心的)有、無皆不可得。

若非心性不存在，云何可問本性清淨心有無非心性？

(2) 非心性無壞無分別

非心性是什麼？

於一切法無變異、無分別，是名非心性。

(3) 萬法皆無變異無分別

如同心無變異、無分別，五蘊乃至無上菩提亦無變異、無分別。

以上所說是煖位取四境為境之行相。

❸因緣：在般若波羅蜜經中，廣說開示三乘法。在煖位若能學般若波羅蜜，即是證悟三乘的因。

❹攝取：有方便善巧以及善知識即是煖位之攝持。

②中品煖

❶所緣

我於色若增(生起)若減(消滅)不知(不見)不得(領受)乃至於諸佛及諸法真如若增若減不知不得。

❷行相

一切名字不存在，一切名字皆無所住亦非不住。

　1.增、減、知、得

　增即生起(產生)；減即消滅(毀滅)。

　知即觀見真實；得即領受勝解。

　2.此中說：

　遠離(vivikta)：為脫離煩惱而說，

　寂靜(śānta)：為實物是寂滅而說，

　不生(anutpāda)：為不自生而說，

　不顯現(aprādurbhāva)：為很難覺知，因為與彼岸沒有界限而說，

　無煩惱(asaṃkleśa)：為一切聖人遠離在前世中的得利而說，

　不清淨(avyavadāna)：為一切有情的不可領受而說，

　法界(dharmadhātu)：為作為一切聖法因而說，

　真如(tathathā)：為沒有其他狀態而說，

　實際(bhūtakoṭi)：為不顛倒的卓越而說，

　法的穩固(dharmasthititā)：為不被一切聖人所作而說。

　3.於此等諸名無所住亦非不住，以諸名不存在故。

　住指的是一種續流，不住指的是不一樣東西的續流。

③上品煖

任何假名菩薩乃至所謂佛法，不能以任何法、任何善根或任何存在不存在來解脫，就譬如所謂夢乃至幻化等不能以任何東西來解脫。如能如此修行，則心不退縮、害怕、沮喪，而將出離進入一切相智。

此上品煖位更接近見道。

(3.1.1)下品煖

	所　　　緣	行　　　相
論	四諦所依十六行相。	破除實有執著。
經	1.緣苦諦 　觀法愛。 　　(法愛：安住五蘊之行相而起想著。)	破實執。

五蘊之無常相(法待緣成)、 苦相(逼迫生苦)、 無我相(觀法無我)、 空相(能空無礙)、 無相相、無願相、寂靜 相、遠離相、不淨相。 2.緣集諦 　觀五蘊。 　　因相(因必生果)、集相(無明所集)、 　　生相(取妄而生)、緣相(報由業緣)。 3.緣滅諦 　觀內空乃至無性自性空。 　　滅相(諸蘊滅盡)、靜相(煩惱息靜)、 　　妙相(不著無患)、離相(離生滅法)。 4.緣道諦 　觀諸法、諸心(菩提心、無等等心、 　廣大心等)。 　　道相(通行無憂)、如相(真性真如)、 　　行相(趨向真如)、出相(永出三界)。	應斷色受想行識。 觀內空等入菩薩正性離生。 (生：安住諸法而起想著，即隨順法愛，名 　生。) 1.如實知諸法而不執。 　(五蘊乃至無上正等菩提一切法，無變異 　無分別。) 2.如實知諸心而不執。 　(心本性淨(空、不可得)，無變異無分別。)

(3.1.2)中品煖

	所　緣	行　相
論	離諸法真實聚散差別之四諦。 (對色等法以真實觀其聚不可得，以 假想觀其散不可得。)	離名安住，知無義安住。 (不住名、不住義。) (遠離對能詮名言之安住，故不耽著所詮 之自相共相。)
經	於菩薩名及般若波羅蜜多名。	諸名皆無所住亦非不住，(以二義無所有故)。

(3.1.3)上品煖

	所　緣	行　相
論	於(色乃至佛陀)一切法，皆名假立之 言說。	通達(善不善無記)諸法皆不可言說(言詮)
經	五蘊名、菩薩名及般若波羅蜜多名。	諸法名無處可說(不可言詮)。以諸法增減不可 知不可得，義無名無所住亦非不住故。

(2)頂位

　　頂位與煖位都是以四諦所執取的十六相為境。頂位與煖位同類，而從煖位生起。

　　①下品頂

　　❶所緣

　　　不應住於色上乃至不應住於一切法上。

以色空無色之本質，乃至一切法無法之本質。

❷行相

色之空性非色，但色也不在空性之外。法與法之空性相互同等。

「空性就是色，色就是空性。」前一句破常邊，後一句破斷邊。

1.緣苦諦

(1)所執取境沒有處所(asthāna) (心無行處)

當修行般若波羅蜜時，不住「色是無常乃至色是寂滅」之想法。

1作為色的無常，並無作為無常的本質故。

2此中處所，指的是取實物為境的領受，是心的依靠。

如果無處所(asthāna)指的是沒有處所，因為不存在，不用對治；

如果指的是那個不是處所，非是心現在所領受的(非心之所行處)。

(2)行相

「任何作為無常的空性，都不是作為無常的性質；但是身為無常的性質也不是在空性之外。」

在無常等的性質以及它們的空性，互相有同樣的相貌。(此為聲聞所無)

因為「空性就是作為無常的性質，作為無常的性質就是空性」，兩者相互容許彼此之性質。

此中無常指的是不存在，苦指的是不生。此二性質與空性互相有彼此之性質。

聲聞義：「與有為現象共同的特徵是無常的性質，與有漏現象共同的特徵是苦的性質。」

此義與「諸法共同的無常及苦的特徵與空性互相遍滿」互相牴觸。

或與「分別妄想的無常性是無常，其苦性是苦。」互相牴觸。

2.緣集諦

在所取境上以及在因、集、生、緣行相的基礎上，也應作同樣的解析。

3.緣滅諦

(1)所緣

真如等以無處所(asthāna)為所執取之境。

在修行般若波羅蜜時，不應住諸法真如乃至實際上。

因為真如是空無自性，唯但有名。

(2)行相

1任何真如的空性，都不是真如。

因為「空性就是真如，真如就是空性」；而與一切存在斷離的真如是世俗名。

2真如之外也沒有空性。

世俗名在勝義上是空，而在沒有任何其他情形的意義上是「真如」，

在邪見的對治法意義上是「空性」，在不分割意義上是「作為法的本質」，

在絕對的出離意義上是「在法方面的正性決定」，

「法界」、「實際」義已如前說。

4.緣道諦

(1)所緣

在不住、無內心造作意義上，是道諦所執取之境。

若住於色上，在色的內心造作(加行)上修行，而不是在般若波羅蜜上修行，則不能掌握(攝受)般若波羅蜜。

(2)行相

若色不能被掌握(不攝受)，對色的不掌握，它不是色(是非色)。

在否定色等的不掌握是色等的性質，此時菩薩行般若波羅蜜以本性空觀一切法，而心無行處，是名「無所攝受三摩地」，此為三摩地曼陀羅，此曼陀羅能引進大量三摩地。

如是乃至一切智智不應攝受，以十八空故。

②中品頂

一切智智非取相修得，諸取相皆是煩惱。

何等為相？色相、色無常相等，乃至一切三摩地門相。

菩薩於色相上修行時，分別這是無常、那是常，則不是在般若波羅蜜上修行。

❶所緣

於所緣境上不取相修，取相即是煩惱。

若以有相修般若波羅蜜，外道(勝軍梵志)就不會對教法有信心。

❷行相

非於內色觀一切智智，非於外色、非於內外色、亦非離色觀一切智智；

乃至不於諸法、不離諸法觀一切智智。

以若內、若外、若內外、若離內外，一切皆空不可得故。

於一切法不取相亦不思惟無相法，相、無相法皆不可得故。

應於一切法無所取著而修。

③上品頂

❶所緣

在般若波羅蜜的自性上審思，作為所執取的境：

1.哪一個是般若波羅蜜？　是色等五蘊、十二處、十八界？

2.這般若波羅蜜是誰的？　是我的或法的？

3.般若波羅蜜是什麼？　是物體、德性、作用或是種類？

4.「任何法不存在、不被領受」是為般若波羅蜜嗎？

❷行相

諸法無所有(不存在)、不可得(不被領受)，由內空故乃至由無性自性空故。

若修行般若波羅蜜，能審諦觀察諸所有法皆無所有不可得，心不沉沒、不驚恐。

由於這是不穩善根之頂端，故名頂。

(3.2.1)下品頂

	所　　緣	行　　相
論	[1]不安立諦 　　不住法以其無自性故。 [2]安立諦 　　不住法之無常等，以法 　　自性空故。 　　　(不住諸法若常若無常)	(不安立諦之)法與法性之自性為一。 (安立諦之)無常等與法性自性為一。
經	1.不住諸法。 2.不攝受諸法、般若波羅蜜 　多、乃至所成辦之一切智智。	以諸法、諸法性空故，法與空不一不異。 　(法非法空，法空非法，法不離空，空不離法， 　法即是空，空即是法。) 以本性空觀一切法時，心無行處(不由我我所執， 心住於法而作加行)，於諸法乃至一切智智不攝 受，以內空乃至無性自性空故。

(3.2.2)中品頂

	所　　緣	行　　相
論	**不執著諸法相。**(依法界本性)	**不見諸法有實相。**(諸法相非實)
經	一切法自相皆空，能取所取不可得 故。 不見所觀一切智智，不見能觀般 若，不見觀者、觀所依處及起觀時。	1.不取相修一切智智 　非於(非即)亦非離諸法而觀一切智智。 　於一切法不取相亦不思惟無相。 　　(相、無相皆不可得，諸法本性空不可取著 　　故。) 2.不於中間般涅槃 　雖於諸法若總若別皆無所取，然本願行未圓 　滿、本願證未成辦，故於中間不以不取一切 　相故而般涅槃。

(3.2.3)上品頂

	所　　緣	行　　相
論	**不見諸法相，不緣於色法等。**(依無自性)	**知諸法三輪皆無所得。** 　(相與無相皆無執無所得)
經	一切法自相皆空，能取所取不可得故。 不見所觀一切智智，不見能觀般若，不見觀 者、觀所依處及起觀時。	審諦觀察諸法皆無所有不可得，以內 空乃至無性自性空故。

(3)忍位

　①下品忍

　　❶所緣

　　　色離色自性、無性是色自性。

　　❷行相

　　　相之自性與自性之相同一無性。

自性離自性，相亦離相，自性亦離相，相亦離自性。(相指共同之形相，自性指不同的特殊性)

②中品忍

❶所緣

色不生也不出離(無生無成)，以色空故。(色等無生亦無涅槃)

❷行相

得身清淨、語清淨、意清淨、相清淨；常化生遊諸佛土，供養諸佛、嚴土熟生，直到成佛為止，常不離佛。

清淨涵蓋三種完全超越：

1.超越異熟果報：如如漸近(親近)一切智智，如是如是能得身清淨、語清淨、意清淨、相清淨。

2.超越惡趣因：如是如是不生貪等煩惱俱行之心。

3.超越捨斷：畢竟不墮母胎中，恆受化生離險惡道。(常受化生、不取涅槃)

③下品忍

❶所緣

不行色，不行色相。

1.若行色是行其相，若行色常無常等是行其相，則非行般若波羅蜜多。(在色上行時，非是在色相上行。)

2.若是作念：「我行般若，我是菩薩，如是行是行般若。」做如是分別，非行般若波羅蜜多。

❷行相

於諸法不住想勝解。

若住想勝解，則作加行，加行故，不能解脫。

1.色非色空，色空非色。(不一)

色不離空，空不離色，色即是空，空即是色。(非異)

2.於般若波羅蜜多，若取行，若取不行，若取亦行亦不行，若取非行非不行，若取不取，非行般若波羅蜜。

以般若波羅蜜自性不可得故。(以無性為自性)

(3.3.1)下品忍

	所　　　緣	行　　　相
論	色等法皆無自性。 (所顯相之自性與自性所顯之相，二者空性為一。)	色等法勝義無，而由名言假立為自性。
經	諸法自性即無性(空性)。 (印所取空)	1.如實知：法非法自性，法非法相。 2.如實知：法自性與法相同一無性。 (自性亦離自性，相亦離相，自性亦離相，　相亦離自性。)

(3.3.2)中品忍

	所　　緣	行　　相
論	色等無生死亦無涅槃。 (依自性不生，故無輪涅法。)	通達身語意三業清淨。 (如是修為三業、諸相及剎土之清淨因。)
經	諸法空故生及成辦俱不可得。 (認可能取空) (不生、不出(出離、成辦)。 色是空無色的自性，它被領受沒 有生，也沒有出離。)	如是學速成辦一切智智，以知諸法無生成故。 如是學，則便漸近一切智智，如是得身語意 相清淨，恆受化生離惡趣，從一佛土至一佛 土，當值諸佛、成熟有情、嚴淨佛土，乃至 證得無上菩提常不離佛。

(3.3.3)上品忍

	所　　緣	行　　相
論	四諦勝義無相。 (現見一切法無相，所取無自相無共 相。)	不依彼自性。(所取無相) 故知非勝解相(假想觀)，而是無想之智 (無相之智，真實觀)。
經	不行法不行法相。 不行五蘊、五蘊相，不行五蘊常無常 乃至遠離不遠離，不行其相；不行四 念住、四念住相；乃至不行十八佛不 共法，不行其相。 (若行諸法是行其相，而作有所得等分 別，是無方便善巧修。) (現見所取無相)	不取行不取不行。 於般若波羅蜜多都無所取而修不取行、 不行、亦行亦不行、非行非不行，於不 取亦不取。 以無自性故，般若波羅蜜多自性不可得。 (若住想勝解而作加行，由加行故不能解 脫，為無方便善巧修，諸有所作皆不能 成。) (印能取空)

(4)世第一法位

　①下品世第一法

　　❶所緣

　　執取的境是「諸法無生」、「首楞嚴」、「寶印」等三摩地，都是無上正確圓滿迅速覺悟的
因。

　　❷行相

　　這些三摩地的作用是三摩地的行相，這就是世第一法的行相。

　　復有餘無量三摩地，菩薩能於中修學。

　②中品世第一法

　　❶所緣

　　若菩薩安住如是三摩地，當知已為過去諸佛所授記，亦為現在十方諸佛所授記。此即中
品世第一法所執之境。

　　❷行相

　　菩薩雖住如是三摩地，而不見、不著此諸三摩地，

亦不念:「我已入此諸三摩地,我今入此諸三摩地,我當入此諸三摩地,唯我能入非餘所能。」

彼等尋思分別皆不起。

③上品世第一法

❶所緣

所執取境中三摩地與般若波羅蜜等相互有對方之性質。

般若波羅蜜不異三摩地,三摩地不異般若波羅蜜;菩薩摩訶薩不異般若波羅蜜及三摩地,以一切法性平等(不作分別)故。

❷行相

諸菩薩雖依一切法平等性證入如是如是等持,而於一切法平等性及諸等持不作想解,以一切法及諸等持、若菩薩摩訶薩、若般若波羅蜜皆無所有,無所有中分別想解無容起故。

此為世間第一,能引進無漏法故。

(3.4.1)下品世第一法

	所　　緣	行　　相
論	一切法性無生及健行等三摩地。 　(於世間依緣趣入正定。)	知彼正定作用任運而轉。 　(依誓願、福慧、法界之力任運而轉。)
經	1.恆住諸三摩地: 　於法無所取著三摩地(法無自性、無 　取無著)、 　健行三摩地、虛空藏三摩地等。 2.修學諸陀羅尼門。	1.恆住不捨諸三摩地,能速證無上正等菩提。 2.恆住修學諸陀羅尼門,亦能速證無上正等菩提。

(3.4.2)中品世第一法

	所　　緣	行　　相
論	授記:此等不現見事即是法性。	斷於證悟三摩地事上三輪之執著。 　(斷分別心)
經	若菩薩摩訶薩安住如是諸三摩地,此等不現見事為諸佛所授記。	1.證悟三摩地事,若斷三輪之執著則為佛所授記。 2.雖住如是三摩地,而不見不著,不起分別。

(3.4.3)上品世第一法

	所　　緣	行　　相
論	三輪之法性互為一性所差別之四諦。 　(能修三摩地、修者之菩薩與所修之般 　若波羅蜜多。)	知所修之三摩地後,至全無分別,即是成佛最勝方便之智。 　(外境諸法不存在,有境正定也不可分別, 　為成為修習見道之最勝方便。)
經	菩薩摩訶薩、般若波羅蜜多、三摩地無別。 　以一切法平等故。	若菩薩摩訶薩於入定時不起分別: 「是我依法平等性證入等持」,則雖依法平等性證入等持,而於一切法平等性及諸等持

(雙印能所二取空)	不作分別想解，以皆無所有，無所有中不起分別想解故。

*6 四種分別

四種分別即是煖等勝法所應斷者。

(1)所取分別

所取分二，緣雜染事者為苦、集諦所攝，緣其清淨對治者為滅、道諦所攝。

①雜染所取分別

❶緣總集(染汙無明)及總苦(有漏五蘊)。

❷緣別煩惱：執著名色(邪果)、執著常斷邊見(邪知)、於染淨法不知(不信)、於聖道不住(懈怠)。

❸緣執實之受用：緣異熟之三受及受之所依、緣受之苦而引發清淨。

②清淨所取分別

❶緣於所知

1.盡所有性攝：清淨諸蘊、生門(增上緣)、種性(因緣)、生緣(順逆緣起)。

2.如所有性攝：清淨所知(空性)。

❷緣於行持：緣諸波羅蜜多。

❸緣於本質：緣見道、修道、無學道者。

(2)能取分別

能取分二，緣九種實有補特伽羅(我執)及九種假有士夫(依諸我而施設)，而執著能受用(能取)者為實有者，即是此中之能取分別。

①實執能取分別

此為依我執而執著能受用(能取)者為實有之能取分別。

我執為此分別之所緣，我執有九種，故其能緣之分別亦有九種。

❶就執著相立

1.執自在性：　　　　執彼有自在性(vaśitva)，有自主權(adhikāra)者是我。

(處、非處)　　　　緣於此自在我而執此能受用(能取)者為實有。

❷就執著境立

[實有能取之總體]有三：

2.執一性：　　　　緣於自在之我是「一」之我執，而執此能受用(能取)者為實有。

(蘊)　　　　　　(於五取陰執為單一體之我)

3.執因性：　　　　緣於自在之我是「因」之我執，而執此能受用(能取)者為實有。

(界)　　　　　　(此世愛非愛果之因的善不善業，其因為我。眼等能生因性，其因為我。)

4.執見者、知者性：　緣於自在之我是「見者與知者」之我執，而執此能受用(能取)者為

(執受者(處)、作者　實有。

(生緣)性)　　　　(執我是見者、知者、受用者、(善惡業之)作者。)

[實有能取之別體]有五：

5.執染淨性：　　　　執取無明等雜染以及清淨者為自在之我，
　　(諦)　　　　　　以此為所緣，而執此能受用(能取)者為實有。

6.世間離欲我執：　　執世間道之離欲者為自在之我，
　　(執(無為有為)縛解　以此為所緣，而執此能受用(能取)者為實有。
　　性)

7.見道之我執：　　　執出世間見道為自在之我，
　　(執(乘)觀行者性)　以此為所緣，而執此能受用(能取)者為實有。

8.修道之我執：　　　執出世間修道為自在之我，
　　(執(乘)觀行者性)　以此為所緣，而執此能受用(能取)者為實有。

9.作用所依之我執：　執出世間道作用所依之力為自在之我，
　　(執增上性(根)、常　以此為所緣，而執此能受用(能取)者為實有。
　　住(世)性)

②假執能取分別

此為緣此諸我，施設假有士夫(蘊執乃至無學道執)為能取，而執著此能受用(能取)為實有之能取分別。

❶緣三總境

1.蘊執：緣於執蘊為假有士夫，而執著能受用(能取)者為實有。

2.界執：緣於執界為假有士夫，而執著能受用(能取)者為實有。

3.處執：緣於執處為假有士夫，而執著能受用(能取)者為實有。

❷緣六別境

4.緣起執：緣於執無明等之緣起為假有士夫，而執著能受用(能取)者為實有。

5.菩提分法執：緣於執菩提分法為假有士夫，而執著能受用(能取)者為實有。

6.見道執：緣於執見道為假有士夫，而執著能受用(能取)者為實有。

7.修道執：緣於執修道為假有士夫，而執著能受用(能取)者為實有。

8.勝進道執：緣於執勝進道為假有士夫，而執著能受用(能取)者為實有。

9.無學道執：緣於執無學道為假有士夫，而執著能受用(能取)者為實有。

*7 我執與對治

參考《中邊分別論》真實品第三 勝智真實 (記要 P.86~101)

　　《十八空論》

《中邊分別論》記要 P.86

勝智真實者，為對治十種我見故說。

(1)十種我見邪執

何者陰等處十種我見？

[一因及食者　作者及自在] (頌 3-15cd)

[增上義及常　垢染清淨依　觀者及縛解　此處生我見] (頌 3-16)

如是十種我邪執，於陰等諸法中起，為對治十種邪執，故說十種勝智。

何者十種我邪執？

①一執　　　　②因執　　　　　　③受者執　　　　　　④作者執

⑤自在執　　　⑥增上執　　　　⑦常住執　　　　　⑧染者淨者執

⑨觀者執　　　⑩縛解作者執

(2)十種勝智

云何十種勝智根本真實中得立？

三種性中五陰等諸法，如義道理被攝故。

云何得在三性中？

[分別種種色　法然色等三] (頌 3-17ab)

①色陰有三種：

❶分別色：色處分別性。

❷種類色：色處依他性種類。

云何名依他？

此立五法中體性不同故，立別種類名色。

❸法然色：色處真實性，色通相故。

②如色，受等諸陰亦如是，及界入諸法如是。

三性中應等被攝故，十種勝智真實根本真實中應知如是。

(十種勝智對治十種我執)

十種我執	十種對治
執一性	陰勝智
執因性	界勝智
執受者性	入勝智
執作者性	生緣勝智
執自在性	處非處勝智
執增上性	根勝智
執常住性	世勝智
執染淨性	諦勝智
執觀行者性	乘勝智
執縛解性	有為無為勝智

*8 無方便隨順法愛則為菩薩頂墮

菩薩若無方便善巧而行六波羅蜜，無方便善巧住三解脫門，則退墮聲聞獨覺地，不入菩薩正性
離生，如是名菩薩頂墮。

頂者法位，若住頂不墮，是名菩薩法位。

(1)順道法愛生

①多食不消喻

法愛，於無生法忍中無有利益，故名為「生」。譬如多食不消，若不療治，於身為患。菩薩
亦如是，初發心時貪愛法食，所謂無方便行諸善法，深心繫著，於無生法忍是則為生、為
病。

②滯藥成病喻

以著法愛故，於不生不滅亦生愛著。譬如必死之人，雖加諸藥，藥反成病；是菩薩於畢竟

3-63

空不生不滅法忍中而生愛著，反為其患。法愛於人天中為妙，於無生法忍為累。

一切法中之憶想分別，諸觀是非，隨法而愛，是名為「生」，不能任盛諸法實相水。

若與「生」相違，是名「菩薩熟」。

(2)事同名異

是一事，而名為「頂」、名為「位」、名為「不生」。

①頂

於柔順忍、無生忍中間所有法，名為「頂」。

住是頂，上直趣佛道，不復畏墮。譬如聲聞法中、煖、忍中間名為「頂法」。(已得頂者，智慧安隱，不畏墮，若垂近應得而失者，名為墮。)

②位

頂增長堅固，名為菩薩位。

③無生

入是位中，一切結使、魔民不能動搖，亦名「無生法忍」，異於「生」故。

❶生：愛等結使雜諸善法，名為「生」；無諸法實相智慧火，名為「生」。

❷無生：有諸法實相智慧火，名為「熟」；是人能信受諸佛實相智慧，名為「熟」。譬如熟瓶能盛受水，生坏瓶則爛壞。

❸無生法忍

依止生滅慧故得離顛倒，離生滅慧故不生不滅，是名「無生法」。能信、能受、能持故，名為「忍」。

(生滅慧，能離顛倒；離生滅慧，能入無生。)

(3)不入菩薩位，名菩薩法愛生

能拔一切無常等觀法，故名「位」，若不如是，是為順道法愛生。

*9 有方便善巧入菩薩正性離生位

(1)菩薩正性離生　　　　　　參考蔡耀明 〈由三乘施設論菩薩正性離生〉

①《阿含經》之正性離生觀

❶《阿含經》之正性離生觀

佛陀聲聞弟子隨順法教、生起淨信而漸次修行，乃至有四雙八輩入聖者之流：向須陀洹、得須陀洹、向斯陀含、得斯陀含、向阿那含、得阿那含、向阿羅漢、得阿羅漢。

1.向須陀洹(預流向)可分為隨信行與隨法行。

隨信行：對五蘊等法得以智慧思惟觀察分別忍(觀察忍)，

隨‧法行：對五蘊等法得以增上智慧思惟觀察忍(增上觀察忍)，

二者目標都是超昇、離生、越凡夫地、即生得須陀洹果。

其果德為：(1)入正性決定，(okkanto sammatta-niyāmaṃ)

(2)入善士地，(sappurise-bhūmiṃ okkanto)

(3)越異生地，(vītivatto puthujjana-bhūmiṃ)

(4)不造生三惡道業，

(5)當生現證須陀洹果前不中夭。

2.須陀洹果(預流果)

  (1)於三結(身見、戒取、疑)已斷已知，

  (2)不墮惡趣法，

  (3)決定正向於正覺(或必定正趣三菩提)，(niyato sambodhi-parāyana)

  (4)七有天人往生究竟苦邊。

預流向及預流果之特徵是「決定」(niyata, niyāma)(或譯為「離生」)。

指的是基於作業因果或緣起相續來說，由於蘊蓄之<u>根</u>與發用之<u>力</u>，必定帶出相應之<u>果</u>，故稱為決定。

❷阿毘達磨論書之正性離生觀

說一切有部將隨信行隨法行(須陀洹向)列為見道位，須陀洹乃至阿羅漢向列為修道位，阿羅漢為無學位。(《阿含經》或《尼柯耶經》似乎未言及「見道位」一詞，也未言及見道十五心或十六心剎那。)

  1.《順正理論》:「入正性離生，超越異生地」T29, P.399b

  2.《俱舍論》

    「由世第一法位，緊接著生起無漏的苦法智忍，此即名入正性離生，亦復名入正性決定。經說正性，所謂涅槃；或正性言因諸聖道。生謂煩惱，或根未熟。聖道能越，故名離生。能決趣涅槃、或決了諦相，故諸聖道得決定名。至此位中，說名為入。」正性(samyaktva)意指涅槃或聖道。離生(niyāma)意指超離煩惱或生澀轉趨淳熟；或譯為決定，乃取其確實有把握之意。正性離生意指在聖道上施加功用減除煩惱，已離生澀，以成熟步伐奔赴涅槃目標。T29, P.121b

    《俱舍論》說「能決定趣向涅槃」，而《阿含經》《尼柯耶經》則說「決定正向於正覺」。

  3.南傳《論事》正性決定(sammatta-niyāma)指行於聖道而決定趣向阿羅漢果。

②《大般若經》之正性離生觀

以菩薩行為背景，探討《大般若經》承繼《阿含經》&《尼柯耶經》之正性離生觀及菩薩之正性離生觀。

  ❶承繼《阿含經》等之正性離生觀

  以《阿含經》《尼柯耶經》之教為先決條件，以成就一切智智(無上正等正覺)為修學目標。以般若波羅蜜多統合一切菩提分法(含聲聞、獨覺、菩薩法等)，收攝為菩薩道行之要目，從五蘊乃至一切智智等。

  《大般若經》對諸法主要是站在修行之立場釋義：

    1.以般若空觀或三乘動態格局看待《阿含經》與《尼柯耶經》強調之法目。

    2.《大般若經》特重之法目，則指示其修證之程序。

  《大般若經》以修證為宗之風格，不重文字之釋義，而重一一法目修證程序的原理，以及相應之理路，與論書表現者大異其趣。

  1.三乘正性離生施設

    就修證面：施設三乘正性離生，即聲聞乘法正性離生、獨覺乘法正性離生、菩薩乘法正性離生。

就無修無證：徹證空性的境界，標示三乘性相皆不可得。

正性離生只標示在修行上所達之決定位，其內含取決於修行者之意向與善根等因素，故有三乘不同之正性離生。

2. 由自道入自乘正性離生

先於諸道遍學滿已，由自道得入自乘正性離生，由此可決定趣向自乘極果，如預流向得入正性離生，而趣入正性離生可得預流果乃至阿羅漢果。

3. 聲聞乘之四道四果

諸菩薩摩訶薩若起第八道，應成第八；若起具見道，應成預流；若起進修道，應成一來、不還；若起無學道，應成阿羅漢；若起獨覺道，應成獨覺。

❷菩薩正性離生觀

1. 遍學三乘教法與施設菩薩乘並行

為求圓滿菩薩行，修行者應遍學三乘教法。不遍學三乘教法，不能圓證所求之無上正等菩提。總攬三乘教法謂之菩薩摩訶薩道，收攝三乘教法之理為甚深般若波羅蜜多。

2. 《大般若經》之超越取向

「諸菩薩摩訶薩從初發心，勇猛精進修行六種波羅蜜多，以勝智見超過八地(謂淨觀地乃至獨覺地)，雖於如是所說八地皆遍修學，而能以勝智見超過，由道相智得入菩薩正性離生，已入菩薩正性離生，漸次復由一切相智，證得圓滿一切智智，永斷一切習氣相續。」 T7, P.349b, §49.12, P780

菩薩道行者遍學一切法，但不入聲聞獨覺地，進而能夠超越，以勝智見入菩薩正性離生。第八乃至阿羅漢、獨覺之證德與斷德即是菩薩摩訶薩忍。

菩薩摩訶薩遍修二乘教法，卻不取證二乘相應諸地；雖自身不取證，卻有能力教諸有情予以取證。經由自性空與自相空之證悟所得之知，即是勝智見，為般若波羅蜜多之方便善巧。知而不住，方能以勝智見超過預流果乃至獨覺菩提。

3. 學而不證

「當知諸菩薩摩訶薩雖能得預流果乃至獨覺菩提，而於其中不欲證住。所以者何？有二緣故。何等為二？一者彼果都無自性，能住所住俱不可得；二者於彼不生喜足，是故於中不欲證住。」

能現起諸聲聞獨覺果智，卻能不證實際，不住於任何聲聞獨覺果，乃至終能超而上之。以不受用諸聲聞獨覺果故，而又如實通達諸聲聞獨覺地法，便可一路直超，乃至鄰近無上正等菩提。

「我應觀法諸相皆空，不應作證，我為學故觀諸法空，不為證故觀諸法空，今是學時，非是證時。」

空性與空相的證悟是共通於三乘故，但般若波羅蜜多則屬般若大乘不共之法。若依空無相無願三解脫門取證，便證實際，從而滯留在聲聞獨覺地。與此相對的，若是圓滿般若波羅蜜多，則成就無上正等菩提。

4. 超越二乘趣向無上正等菩提之道

以無上正等菩提心為起點，以菩提正性離生為超越修作之第一道里程碑，以般若波羅

蜜多普攝一切無上菩提分法。《大般若經》藉超越二乘正性離生所成之決定力，進而超越二乘果，來顯現其圓證無上正等菩提為目標。

遍學三乘教法，菩薩乘以無所粘著之修作來超越由二乘正性離生往諸二乘果之軌道，同時闢出趣向無上正等菩提之道。二乘正性離生乃至二乘果並沒有被否定，只是被超越且被統攝在更高層次之理內。遍學三乘教法與施設菩薩乘並行不悖，且將統合在般若波羅蜜內。

③趣入菩薩正性離生

❶菩薩道之里程碑

菩薩道修學有二里程碑：

1.菩薩正性離生

以漸次修超越二乘相應諸地(淨觀地乃至獨覺地)證入菩薩正性離生。

2.菩薩不退轉地

以菩薩正性離生為前提修持，達到第二里程碑不退轉地，以此為基礎可達成熟有情、嚴淨佛土乃至證得無上正等菩提。

❷何謂菩薩正性離生？

指「處於淳熟之位，決定趣入無上正等菩提。」

其前提是遍修二乘法得二乘果智，而超越諸聲聞獨覺相應諸地。

離生指離諸法愛。

生即法愛，菩薩頂墮又稱為菩薩生。

菩薩若隨順法愛，將導至粘著於二乘相應諸地。

❸如何趣入

「菩薩摩訶薩修行般若波羅蜜多時，

「不見內空、不依內空而觀外空」，乃至

「不見無性自性空、不依無性自性空而觀自性空」。

作如此觀，名入菩薩正性離生。」

1.個別修法之熟練

要先熟練個別之觀法，如觀內空、觀外空等。

「不見內空、不依內空而觀外空」，即是要能同時現量趣入內空與外空。

個別觀法之熟練是趣入菩薩正性離生之先決條件。

2.組合式動態的觀修

將二十種空觀，一列一列前後相扣且遞換觀修，構成一動態之組合。

(1)積極趣求各種不同法目以增長善根，成就大菩提資糧。

(2)能以燭照緣起之般若空慧為基礎，以遞換持修一組一組之空觀為其具體之表現，如實了知事物無常與不可得，而無執取。能成就於空觀之各個切面(從內空乃至無性自性空)燭照之能力。

(3)訓練在不同法目上來回遷移觀修之能力。此種能力令行者自粘著中超脫，同時更積極引發超越之能力和勝知見。

❹超越二乘相應諸地

先以修學二乘教法為基礎，從不同切面之空觀遞換修持，練就超越之智見及能力，趣入菩薩正性離生，作為超越二乘相應諸地之第一道里程碑。以此種三乘之施設，將修道延續並引發超越，當入菩薩不退轉地。

④疾證無上正等菩提

「是菩薩摩訶薩亦於一切聲聞獨覺功德善根能攝能得，然於其中無住無著，以勝智見正觀察已，超過聲聞及獨覺地，趣入菩薩正性離生故，此菩薩摩訶薩眾無有一切功德善根而不攝得。」 T7, P.301a, §43,15, P.672

「諸菩薩摩訶薩從初發心修行六種波羅蜜多，住空無相無願之法，即能超過一切聲聞獨覺等地，能得菩薩不退轉地，能淨佛道。」 T7, P.13a, §2,1, P.24

「是菩薩摩訶薩安住靜慮波羅蜜多，修三十七菩提分法及道相智，皆令圓滿，用道相智攝受一切三摩地已，漸次修超淨觀地乃至獨覺地，證入菩薩正性離生，既入菩薩正性離生，修諸地行，圓滿佛地。」 T7, P.362bc, §63, P.808

「若菩薩摩訶薩不能修般若波羅蜜多，應不能超諸聲聞地及獨覺地；若不能超諸聲聞地及獨覺地，應不能入菩薩正性離生；若不能入菩薩正性離生，應不能起菩薩無生法忍；若不能起菩薩無生法忍，應不能發菩薩勝妙神通；若不能發菩薩勝妙神通，應不能嚴淨佛土、成熟有情；若不能嚴淨佛土、成熟有情，應不能證得一切智智；若不能證得一切智智，應不能轉妙法輪。」 T7, P.351c, §49,16, P.784

(2)不見空故不起空見

菩薩修行般若波羅蜜時，

「不見內空、不依內空而觀外空」，乃至「不見無性自性空、不依無性自性空而觀自性空。」作如是觀，名入菩薩正性離生。

此中內空中不見外空，外空中不見內空；外空不在內空中，諸法無來去相故。諸空不生不滅、無異相、無來去故，於各各中不住。

①各別觀修

各別觀修之熟練是趣入菩薩正性離生之先決條件。

❶六空體

1.不見內空；	2.不見外空；	3.不見內外空；
4.不見空空；	5.不見大空；	6.不見勝義空。

❷八空用

7.不見有為空；	8.不見無為空；	9.不見畢竟空；
10.不見無際空；	11.不見散無散空；	12.不見本性空；
13.不見自共相空；	14.不見一切法空。	

❸八空用所攝

15.不見不可得空。

❹二空用

16.不見無性空；	17.不見自性空。

❺六空體所攝

18.不見無性自性空。

②組合式觀修

❶內空中不見外空，外空中不見內空；

❷外空中不見內外空，內外空中不見外空；

❸內外空中不見空空，空空中不見內外空；

❹空空中不見大空，大空中不見空空；

❺大空中不見勝義空，勝義空中不見大空；

❻勝義空中不見有為空，有為空中不見勝義空；

❼有為空中不見無為空，無為空中不見有為空；

❽無為空中不見畢竟空，畢竟空中不見無為空；

❾畢竟空中不見無際空，無際空中不見畢竟空；

❿無際空中不見散無散空，散無散空中不見無際空；

⓫散無散空中不見本性空，本性空中不見散無散空；

⓬本性空中不見自共相空，自共相空中不見本性空；

⓭自共相空中不見一切法空，一切法空中不見自共相空；

⓮一切法空中不見不可得空，不可得空中不見一切法空；

⓯不可得空中不見無性空，無性空中不見不可得空；

⓰無性空中不見自性空，自性空中不見無性空；

⓱自性空中不見無性自性空，無性自性空中不見自性空。

(以<u>否定「互相觀看」</u>的決定方式。

如❶：不以內空性觀外空性，不以外空性觀內空性。由於<u>自性的相</u>消滅，說明滅諦是<u>無相</u>。)

(3)不執有故不起有見

①不執諸法有

菩薩行般若入菩薩位，不執(念)色是有，乃至十八佛不共法是有。

②不執三心故不起有見

❶菩提心等三心之差別

1.菩 提 心：菩薩初發心，緣無上道，我當作佛，是名菩提心。

2.無等等心：asamasama，諸佛名無等(諸有情、諸法無與等者)，是菩提心與佛相似，因似果故，名無等等心。或有說行六波羅蜜是無等等心。

3.廣 大 心：是心無事不行，不求恩惠，深固決定。或有說入方便心中名廣大心。

❷菩薩行般若，能如實知不應執此三心，以是心非心，本性淨故。(清淨為空之異名)

③別明「心性本淨」

❶心性本淨 (心性空寂不可得)

菩薩知心性常清淨。如虛空性常清淨，烟雲塵霧假來覆故蔽不淨；心亦如是，常自清淨，無明等諸煩惱客來覆蔽故以為不淨；除去煩惱，如本清淨。此清淨非行者所作，以畢竟空故。

❷「非心性」有無不可得 (離有、離無)

　　菩薩發菩提心深入深著故，雖聞心畢竟空、常清淨，猶憶想分別，取是無心相。

　　　故問：「無心相心是有、是無？」

　　　　答：是無心相中畢竟清淨，有無都不可得。(超越有無之概念)

　　　　　　若有，云何言無心相？若無，何以讚歎是無等等心當成佛道？

❸非心性(無心相)無變異無分別

　　諸法畢竟空，無變異(不壞)、無分別，是名非心性(無心相)。

❹諸法亦皆無變異無分別

　　如心無變異無分別，色乃至無上菩提亦皆無變異無分別。

　　　此中無上菩提雖是第一，亦從虛誑法邊生，故亦是空，無變異無分別。

(4)結

　以是故，行者當隨無上菩提相行，不應取相自高。

　以是故，離此空、有故，得入菩薩正性離生位。(不生空、有心)

*10 三乘當共學般若 (因緣)

(1)舍利子讚善現巧說

　善現巧說般若，是從佛心、佛口、佛法生，從法化生，受佛法分(取諸禪定、根、力、覺、道種種善法)，不受財分(依佛得供養)，於諸法中身自作證(得四不壞淨、得諸神通、滅盡定等著身中)，住無諍定(根本四禪中攝，常觀人心，不令人起諍)，如佛所說真實不虛。如是學，應知已住不退轉地，不離般若波羅蜜多。

(2)三乘當共學般若

　般若中諸法實相即是三乘人之無餘涅槃；般若中所說空解脫門義是三乘所共學；般若中廣說三乘相，是三乘人所應學。

*11 就空門破諸法顯般若

(1)就有情空以明般若

　前說「不見菩薩、不見菩薩名、不見般若波羅蜜、不見般若波羅蜜名。」

　此中說於菩薩及般若波羅蜜皆不知、不得。以不知、不得故不見，非是智慧力少故不見。

　從無始以來有情不可得，但以虛誑顛倒，凡夫隨是假名謂為有，今行般若波羅蜜，滅虛誑顛倒，了知其無，非本有今無。本有今無則墮斷滅。

(2)就法空以明般若

①就「非住非不住」求菩薩名不可得

❶總明諸法增減(集散)不可得

1.善現心悔因緣

　　諸法無增(集)減(散)，以不可得空故皆空。若義(法)無所有，則其名無所住亦非不住。若說「有菩薩，我為菩薩說般若波羅蜜」，則墮妄語罪，故心悔。

2.諸法之增減(集散)

(1)因緣和合名集

　　眼、色因緣生眼識，三事和合生眼觸，眼觸因緣生受、想、思等心所法。是中邪

憶念故，生諸煩惱罪業；若為正憶念，則生善法。善惡業受六道果報，從是身復種善惡業。如是展轉無窮，是名為集。餘根亦復如是。

(2)念念滅故、諸緣離故，名散

如是眼識等法，念念滅故、諸因緣離故，即是散。

(3)諸法之集散，生時無所從來，散時無所去，皆如幻化，但誑惑於眼。

3.明「不知不得」

(1)無來處故，集不可得；無去處故，散不可得。

(2)生無故，集不可得；滅無故，散不可得。

(3)畢竟空故，集不可得；業因緣不失故，散不可得。

(4)觀世間滅諦故，集不可得；觀世間集諦故，散不可得。

4.明無所住亦非不住

(一釋)

(1)名非住法中

因緣離散，即失名故。

名在法中住，法空故，名無住處。如車，由輪、輞、輻、轂等和合故有車名，若散，則失車名。車名非輪等中住，亦不離輪等中住。因緣散時無，何況因緣滅。色等五蘊和合故有有情名，若五蘊離散，名無住處。五蘊離散時尚無，何況無五蘊。

名一義多，不相即故。

菩薩名一，五蘊有五，一不作五、五不作一，一菩薩名不得五蘊中住。

(2)名非不住法中

若無和合假名，二諦並失。

若名因緣和合無，則世間語言眾事都滅；世諦無，則第一義諦亦無；二諦無，則諸法錯亂。

(二釋)

(1)名非住法中

若因緣法中有名，說火則燒口、說有則塞口，故名非住法中。

(2)名非不住法中

若名不在法中，說火不應生火想，求火亦可得水。

名義互不相離，其人立名，後人因名識事。

以是故名義非住非不住。

❷別明諸法增減(集散)不可得

1.五蘊、十二處、十八界、觸、受乃至如夢如響等亦如是，集散不可得。

2.遠離乃至諸佛、菩薩、聲聞僧集散亦不可得。

(1)遠離：身離(捨家閑居)、心離(離諸結使)；或說諸法離名、離自相。

(2)寂靜：淳善相寂滅惡事；或說觀世間諸法寂靜相如涅槃。

(3)不生不滅：諸法無生相，生不可得故；諸法本不生，今亦無滅。

(4)絕諸戲論：一切諸觀滅、言語道斷故。

(5)真如乃至法住：行者得真如、法性等名為集，失真如、法性名為散；如虛空雖無集
　　　　散，鑿戶牖名為集，塞故名為散。

善、不善乃至諸佛、菩薩、聲聞僧等之集散亦不可得。法無所有故，名都無所住亦非
不住。

②就「不可說」求菩薩名不可得　（無法可說為菩薩）

諸法因緣和合，假名菩薩，如是假名於一一法中不可說，於和合法中亦不可說。

❶於諸法不可說義

1.五蘊

菩薩非是五蘊、五蘊非是菩薩；

五蘊中無菩薩、菩薩中無五蘊；

五蘊不屬菩薩、菩薩不屬五蘊；

離五蘊無菩薩、離菩薩無五蘊。

如是菩薩名不可得，當知是空。

2.十二處乃至十八不共法亦如是。

3.如夢乃至如化

夢中有所見，皆是虛妄不可說，此夢中無有定法相，所謂五蘊、十二處、十八界，但
有誑心。

餘影、響、焰、化亦如是，但誑耳目。

4.如虛空

如虛空，一切法中不可說，無相故。

虛空與色相違故，不得說名為色；色盡處亦非虛空，更無別法故；而出入相是為身
業，並非虛空相。

若無相，則無法，以是故，虛空但有名字。菩薩名亦如是。

5.如四大

(1)地大無實

凡夫肉眼見微塵合成地，謂為實地；餘有天眼者，散此地，但見微塵；慧眼分別破
散此地，都不可得。又若隨觀而境轉，知法無定實，故知地大無實。

(2)餘三大亦如是

6.如五分法身

如四大為身不可得，身所作持戒等諸業，亦空不可得。

如戒等麁業尚空，何況禪定、智慧、解脫、解脫知見等而不空。

7.如三乘道果及三乘聖者

若戒等無漏五蘊空者，何況是因緣而得之聖道果而不空。

若聖道果空者，何況預流等乃至如來而不空。

❷無法可說為菩薩

以是故，菩薩名雖善非善法乃至有無法中出，但不名為善非善乃至不名為有無，以一切

諸法集散相不可得故。諸義無所有，諸名無所住亦非不住，菩薩名及般若名亦無處可說。若知空相如是，云何說名菩薩為說般若波羅蜜？

③若菩薩聞般若相義，心不驚悔，當知是菩薩已住不退轉地，以無所住方便而住。

(3)就不住說般若

①正明無住行

❶不住世出世法

菩薩欲行般若波羅蜜，不應色中住，乃至老死中亦不應住；四念住乃至十八不共法中不應住；不應六波羅蜜中住。

　1.諸法中不應住

　　(1)若著法愛心難遣，更不應住於諸法。

　　(2)入無相三昧，於一切法不取相而不入滅盡定。

　　(3)菩薩雖於諸法中不住(不取一切法相)，而能行菩薩道。(如鳥於虛空中，無所依而能高飛。)

　2.以空故無所住

　　色、色相自空；色空為非色，亦不離空有色；色即是空，空即是色。

　　如是，以空故無所住。

❷不住諸字、諸字所引神通

　1.諸字門

　　字門是空觀之法門，行者從字之不同範疇，相應般若波羅蜜，同時作為教化有情學習之項目。先依世俗諦說各字代表之句義，行者依其所教，於禪定中觀修任一字，若能得力，即從其句義所指入「不可得」境，得現觀第一義，此由字門入無字門。字門以字為媒介引領有情入「無字」，成為「空」門之手段。

　　菩薩聞一字，即入一切諸法不生、苦、無常等實相中。

　2.一字門、二字門等

　　一字一語者，如 bhū(地)；二字一語者，如 jala(水)；三字一語者，如 pānīya(水)等種種字門。(般若法門說四十二字門，詳見第九義(9.1.15)「四十二字陀羅尼門」及有關之參考資料。)

　3.字門之用

　　單獨之字本無義，但將字連結則有其意義。如 a、n、u、t、p、ā、d、a 連成 anutpāda 代表不生，誦持者聯想到「一切法本無不生」，本無自性，皆是因緣所生。以此方式達到總持一切法、一切義之修持功能，由此聯想有關字之義理，入般若波羅蜜門。字門主旨在於從一切文字通達超越名言之自證。

　　　如聞 a(阿)，即知諸法從本已來無生。

　　　如聞 duḥkha(頭佉)，一切法中苦相生，即是生大悲心。

　　　如聞 anitya(阿尼吒)，知一切法無常相，即時入道聖行。

　　　如是知諸字門義，不應住諸字。

　4.諸字所引神通亦如是，知一切法自性不生，故不著；但念一切相智，為度有情故。

❸不住無常、真如乃至三摩地門等聖行。

②有住行為失

不善法中不應住，以罪故；善法、無記法亦不應住，雖非罪，是生罪之因緣。菩薩以吾我心(我、我所執所纏擾)行般若，住色中著色，生色故作諸業(加行)，由加行故，不能攝受、不能修學、不能圓滿甚深般若，不能成辦一切智智。如是乃至一切陀羅尼門、三摩地門亦如是。

③無住行為得

❶不住因緣 (性空故不受，不受故不住)

不住因緣，所謂色是不受，若色不受則非色，性常空故。

若觀色是無常、苦等，能破欲著得解脫；

若雖觀無常等，猶著法生見，則應分別色相空，離見著。

乃至陀羅尼、三摩地門亦如是。

❷無受三昧

聲聞、獨覺雖於一切法不受故漏盡，但此中所說無受三昧不與二乘共。

1.二乘無受三昧，無廣大用，不利不深，亦不堅固。

2.二乘漏盡時，得諸法不受。菩薩久來知諸法不受，皆如無餘涅槃畢竟空，故說不與二乘共。

3.二乘雖有無受三昧，然有習氣、有障礙，不清淨(如摩訶迦葉聞菩薩伎樂而不安於座)。此二乘習氣，於菩薩則是煩惱。

4.此無受三昧，惟佛遍知；菩薩求佛道故，雖不能遍，而勝於二乘。

❸以十八空故不受

若人貴重此無受三昧則生著心。故說不攝受此三昧，亦不攝受色乃至一切智智。

此中以十八空之因緣故不受。

若取相著者，生諸結使。相者，指色乃至陀羅尼門、諸三昧門等之相，皆是煩惱根本。

若以十八空觀諸法皆空，無一微相可取，心無行處，是名無受。

④不取相修一切智智

《般若經》以種種因緣說法空，乃至無微相可取。人心疑怪不信，是理難見，以畢竟無相故。

此中，善現引證二乘中尚有法空，何況大乘行者而不信法空。以勝軍的因信得解一切智智來證明大乘的現觀。(勝軍 seuika(或譯先尼)，因信得解一切智智之外道。)

❶不取相修

不應取相修一切智智。

1.取著諸相，是為煩惱。

2.若取相修，則不生信解。

此中信解相者：

(1)於般若生淨信；

(2)以勝解力思惟觀察一切智智。不以相、非相為方便，皆不可取故。

勝軍信佛能令我得道，是名初信。而後，聞佛破無我，從本已來，常自無我；無我故，諸法無所屬，如幻如夢、虛誑不實，不可得取。得是信力已，入諸法實相，不受色乃至識是如去(我)。

❷二取不可得

以本性空悟入一切智智，不取諸法相，以諸相自性空，能取所取皆不可得故。

  1.不以得現觀、不得現觀而觀一切智智。

    (1)不見能觀之般若，不見觀者、觀處及觀時；

    (2)不見所觀之一切智智。

     此中現觀有由內得、外得、內外得、無智得及餘得者。

  2.不於諸法、不離諸法觀一切智智。

    此中諸法指內、外五蘊乃至一切陀羅尼門、三摩地門。

    若內、若外、若內外、若離內外，一切皆空不可得故。

❸種種因緣說無我

  1.破即蘊是我

    若五蘊即是我，則無別我。

    以(1)我是一，蘊是五，一不作五，五不作一，一多不相即故。

      (2)五蘊無常生滅相，五蘊是我亦應生滅，則失罪福。

      (3)五蘊從因緣和合生，不自在；我若爾，則何用我為，不自在故。

  2.破離蘊是我

    離五蘊亦不應有我，以無相故。若知、見、受等皆五蘊相，非是我相，智者云何說「離五蘊有我」？

  3.若說無蘊別有我，則是顛倒妄見分別。

  如是總總因緣知無我，「我」即是如去、如來。

❹若無我，則法無所屬

  諸法亦爾，皆同如去(我)；以無主故，法無所屬。

❺四處推求智慧皆無定相

  1.非內觀、外觀、內外觀、亦非無智觀能得

    梵志於四處求得道智慧，皆無定相。

    或以觀自身五蘊為內、觀他身為外、觀彼此為內外，此之三種智慧不能得道；無智慧亦不得道。

    或以內六入為內，外六入為外；或以能觀智為內，所觀處為外。

    如是諸觀皆有過罪。

    (1)內以智慧力故，而謂外諸法是常無常、有無等，並非外法有定相；若有定相，則無智用。

    (2)此智從外法因緣生，外法相不定故，智慧亦不定。如名為義故、義為名故，二事相待，若離義無名、離名無義。

    此中無量智是為得道方便，得指的是得聖道果。

2.非內、外、內外五蘊中見智慧，亦非離五蘊見智慧

實智慧不見於內五蘊中，不見於外五蘊中，亦不見內外五蘊中，亦不見離五蘊中。

3.著無常觀、離無常觀，皆不能得道

(1)以無常智觀五蘊無常，是智從因緣和合故有而不實。

若著觀者是為邪見，不著者能得道。若說無常相是實者，何故著此不能得道？以是故，一切內外不見定智慧。

(2)若離是無常等觀得道者，一切凡夫亦應得道，以是故說「離是智慧，亦無所得」。

❻梵志於諸法無所得，取捨不可得，智慧亦不念

1.於諸法中心得遠離，於智慧亦復遠離

梵志以是智慧，於諸法中心得遠離，於智慧亦復遠離；一切我見等取相邪見，一切皆滅，亦不從無智得。

2.不捨、不受

(1)諸法皆有助道力故不捨，諸法實相畢竟空故不受。

(2)諸結使煩惱，顛倒虛妄，故無所捨；但知諸法如實相，所謂無相，無憶念故。

是名菩薩不受、不捨波羅蜜，名為般若波羅蜜。

⑤菩薩般若波羅蜜

❶此岸彼岸不度

此彼岸不度故，世間即是涅槃相，涅槃相即是世間相；一相，所謂無相。

❷知空而不入涅槃(滅)

若如是知，應當滅；以未具足諸功德故不滅，大慈悲、本願力故不滅。

雖求佛道，於此法中亦無好醜相及受(取)捨相，以是故，非法亦非非法。

非法者，無法可得；亦非非法者，非法亦無。

有說：依真而言，無法可得名非法，依世諦言，非不有是法。

如是名：菩薩般若波羅蜜，一切相不受。

(4)就「思惟門」說般若

①何者是般若波羅蜜

❶般若是諸法實相

般若波羅蜜是諸法實相，不可破、不可壞；有佛無佛法相常住，非佛、菩薩、聲聞等所作。

❷般若是中道

1.離二邊

常是一邊，斷滅是一邊，離二邊行中道，是為般若波羅蜜。

常無常、苦樂、空實、我無我亦如是；色法無色法、可見法不可見法、有對無對、有為無為、有漏無漏、世間出世間法亦如是；無明無明盡、乃至老死老死盡；內六情外六塵、諸法有無亦如是；菩薩與六波羅蜜、佛與菩提亦如是；此般若波羅蜜此非般若波羅蜜亦如是，離是二邊行中道，是名般若波羅蜜。

2.離三門

離有、無、非有非無，不墮愚痴而能行善道，是為般若波羅蜜。

3.法無所有、不可得，為般若波羅蜜

(1)空無所有、無定相不可得

般若波羅蜜，空故無所有；常無常等諸觀，求覓無定相故不可得。

(2)不可取、不可受、不可著故

此中諸法不可取、不可受、不可著故說無所有。

(3)十八空故

以十八空故，說六波羅蜜是無所有、不可得。(諸空能破諸法故。)

②何故名般若波羅蜜

❶最上智慧

一切智慧中般若最為第一，如有情中佛為第一，諸法中涅槃為第一。

❷最為殊勝清淨

1.般若波羅蜜最為殊勝，畢竟清淨、無所著故，為饒益一切有情故。

(1)世俗巧便(博識文芸，仁智禮敬等)、離生智慧(離欲界乃至無所有處)等，皆罪垢不
淨欺誑智慧。

(2)二乘智慧雖漏盡、離我我所，無大慈悲，不能饒益一切。

2.般若波羅蜜為度一切有情故、為得佛道故殊勝。

3.(1)與智慧相應之受想行識、及(2)從智慧起之身口業、及(3)生住滅等不相應諸行，如是
等諸法和合，名為「波羅蜜」。

諸波羅蜜中，智慧多者名般若波羅蜜；念、定等多者名禪波羅蜜；餘波羅蜜義亦如是。

如是種種因緣，故名般若波羅蜜。

③般若波羅蜜屬誰

❶勝義諦無我，般若當屬誰

勝義中無知者、見者、得者，諸法無我、無我所相，諸法但空、因緣和合相續生。若爾，
般若波羅蜜當屬誰？

❷世諦說般若波羅蜜屬菩薩

1.不屬凡夫

凡夫法種種過罪不清淨故，不屬凡夫。

般若波羅蜜畢竟清淨，凡夫所不樂，如蠅樂處不淨，不好蓮花。或有凡夫雖復離
故，有吾我心，著離欲法故，不樂般若波羅蜜。

2.不屬二乘

二乘雖欲樂般若波羅蜜，無深慈悲故，大厭世間，一心向涅槃，故不能具足得般若波
羅蜜。

3.不屬佛

菩薩成佛時，般若波羅蜜轉名一切相智。

以是故，般若不屬佛、聲聞、獨覺、凡夫，但屬菩薩。

④明諸法無所有、不可得

般若波羅蜜即是無所有，易解故先說，次說布施等餘五波羅蜜，以其與般若波羅蜜同名、同事故。後續說五蘊乃至一切智智無所有、不可得。

如水中月，易明其空；天上月，難令無所有。

⑤若觀諸法無所有不可得，心無怖畏，當知是不離般若行

❶觀諸法實相不怖畏

菩薩若觀諸法實相不怖畏者，當知常不離般若波羅蜜，常不離者必有果報。

❷不離般若之因緣

常不離般若者，知色離色性，色中色無相，虛誑無所有。菩薩能如是知，不離實智慧，乃至實際亦如是。

⑥所得利益

❶速能成辦一切智智 (得四清淨不生惡心，常受化生)

菩薩能行如是無障礙道，速能成辦一切智智。

1.知諸法無生、無成故 (不生、不出)

菩薩知一切法無生、無成故能成辦。

以色空故，色生及成辦俱不可得；如是乃至實際空故，生及成辦亦不可得。

2.漸近一切智智，得四清淨、不生諸惡心、常得化身

(1)如是學，便能漸近一切智智；

(2)漸近一切智智故，得身、語、意、相四種清淨；

(心不生邪見煩惱戲論得心清淨；心清淨果報故得身清淨，三十二相、八十隨好莊嚴其身；得身語心清淨，破諸虛誑取相之法。)

(3)得四種清淨，常不生貪等諸惡心；

(4)常不生貪等惡心，受法性生身(不取涅槃)，所謂常得化生，不處胞胎。

❷遊諸佛國，供養諸佛、嚴土熟生，終不離佛

常能遊諸佛國，供養恭敬諸佛，又依本願成熟有情、嚴淨佛土；乃至證得無上菩提，常不離佛。

(以供養諸佛無厭及本願嚴土熟生未圓滿故，二事因緣不取涅槃，不離諸佛。)

*12 就無相門破諸法顯般若

(1)無方便行般若

①著外法而取相

❶行色是行其相

1.無方便觀色墮有相中

若菩薩無方便觀色，則墮相中；墮相中故，失般若波羅蜜行，以一切法空故，無相可取。

(1)此中隨機說法，為初學者說取相，為行道住解脫門者說無相。今行者取善相破不善相，後以無相相破善法相。若破不善而不破善相者，善即為患，生諸著故。

以無相破善法，無相亦自破，以無相為善法所攝故，如雹墮害穀，雹亦自消滅。

(2)一切法無相為實

如身，不淨充滿，九孔常流無有淨相，而人無明強以為淨，生煩惱作諸罪。如小兒於不淨物中，取淨相以為樂；如頗梨珠，隨前色變，自無定色。

諸法亦如是，無有定相，隨心為異。若以瞋心，見人為弊，以婬欲心見人為好，以憍慢心見人為卑賤，聞其德，還生敬心。如是憎愛，皆是虛妄憶想。若除虛誑相，亦無空相、無相相、無願相，以無所破故。

　　2.色從種種因緣和合而有，譬如水沫，如夢如幻，若菩薩於色中取相，即失般若波羅蜜，色性是無相相故。

❷行色常無常是行其相

　受是色相已，見色散壞磨滅，謂是無常，若見和合少許時住則謂為常有。

　　1.著色常

　　　菩薩若滅邊邪見，不觀為常住不壞之真實常，而以久住(住百歲乃至八萬劫)說為常，非是真實。

　　　菩薩若無方便善巧，不滅邊邪，觀色為真實常，而以草木零落但說為離合有時。

　　2.著色無常

　　　初發心菩薩以相續法壞名為無常，如人命盡、火燒草木、煎水消盡等。久行菩薩，能觀諸法念念生滅無常，一切有為法不過一念住。

　如是觀常、無常皆墮取相中，以色常、無常相皆不可得故。

❸行色遠離、寂靜

　若菩薩不見五蘊常、無常相，即知是五蘊離自相；若知五蘊離自相，即是寂靜如涅槃。若菩薩根鈍，不自覺法本無自相，心雖不著於五蘊，然轉復著於遠離、寂靜，於無相中而生著。

❹例餘三十七道品乃至十八佛不共法

　三十七道品乃至十八佛不共法，亦應如是隨義分別。

②著於內法、行法

❶若菩薩觀外諸法皆無相，而作是念「我是菩薩，我行般若波羅蜜」，以有我心殘(有所得)故，亦墮相中。

❷若菩薩能離此著相非道，行真淨無相之智，而作是念：「能如是內外清淨行，是為修行般若波羅蜜」，則亦墮相中，以不可著而著、不可取而取故。

③無方便之過失

　如是等菩薩行名為無方便，依止愛見、著善法故。

　如是菩薩雖有福德，然不得離生死；以雜行道故，尚不能得二乘果(二乘亦有無相方便)，何況無上菩提。

(2)有方便行般若

①不受不著之行

❶於外無所著故得

　於一切法不受不著，諸法和合因緣生，無自性故。

❷於內無所受故得

行般若時於般若波羅蜜都無所受(取)，行不受、不行亦不受、行不行亦不受、非行非不行亦不受，不受亦不受。

以一切法無性為自性，都無所受(取)、都無所著，不隨諸法行，不受諸法相，是名諸法無所取著三摩地。(無受三摩地)

②於諸三昧、陀羅尼無分別念行

❶依世俗諦說行諸三昧、陀羅尼得利益

1.疾得佛菩提

未近涅槃時，多有餘道；近涅槃時，唯有一道，所謂空、無相、無願；諸餘三摩地，皆入此三解脫門。譬如大城，多有諸門，皆得入城；又如眾川萬流皆歸於海。如是所餘無數三摩地門、陀羅尼門，若菩薩能於其中恆善修學，能令速證所求無上菩提。

2.得諸佛授記

若能行如是諸三摩地，十方諸佛皆與授記。

❷依勝義諦明諸三昧不念不知

1.菩薩雖得如是諸三摩地，實無諸憶想分別我心(不見不著)故；亦不念：「我已入、今入、當入此三摩地；唯我能入非餘所能」，以是心清淨微妙法不著故，諸佛授記。

2.舍利子問，善現答

問：菩薩住是三摩地，取是三摩地相，得授記耶？

答：不也！三事不異故。

般若不異三摩地，三摩地不異般若；般若不異菩薩、三摩地，菩薩、三摩地不異般若；般若、三摩地即是菩薩，菩薩即是般若、三摩地。

若三摩地、菩薩異者，諸佛授其記；不異故，則無授記。

問：若爾者，三摩地及一切法平等不異？

答：諸菩薩依諸法平等性，入是三摩地中，諸法無異。

3.如先所說；於諸三摩地不作憶想分別覺與不覺。

諸三摩地自性無所有故，菩薩不念不知。(不作想解)

(3)佛述成

佛以善現雖自未得是三摩地，而能善說菩薩微妙三摩地、陀羅尼，於般若波羅蜜中不念不著，是故讚言：「我說汝得無諍定第一，如我所讚不虛。」

(4)學般若以無所得為方便

①以無所得為方便學諸三昧

般若波羅蜜是空相，諸三昧則種種分別相，云何學諸三昧是學般若波羅蜜？

佛說：「如是等學般若波羅蜜，皆是以不可得為方便故。」

②明人法不可得，畢竟淨故

人空故，畢竟淨故，我乃至知者見者、預流乃至如來不可得。

法空故，畢竟淨故，蘊處界乃至十八佛不共法不可得。

此中畢竟淨指不出不生、不得不作等。

不出不生：因不起故不出，緣不起故不生，定生相不可得故，名為不出不生。

無得無作：不出不生故，名不可得；不可得故，名無作無起。

如是起作法，皆是虛誑；離如是相，名畢竟清淨。

③如法而學，實無所學

　❶於諸法無所學

　　菩薩以畢竟空學六波羅蜜乃至十八不共法，而實無所學，以諸法不如凡夫所著故。凡夫心中有無明、邪見等結使，所聞、所見、所知皆異法相，乃至聞佛說法，於聖道中、果報中皆著，染汙於道。

　❷凡夫著無所有

　　1.諸法無所有，不知即無明

　　　諸法無所有，凡夫於無所有處亦以為有，說名無明。

　　　凡夫不了達色無所有，乃至十八佛不共法亦無所有。

　　2.由無明故取著諸法

　　　凡夫以無明、愛故，起憶想分別，墮有無邊；不見不知色畢竟空無所有相，由分別故而生著，如是乃至蘊、處、界、因緣；或聞善法，所謂六波羅蜜乃至十八佛不共法，亦由分別而著。

　　　諸佛賢聖為凡夫說法，凡夫但著音聲，不取聖人意，不得實義，而於中生著。

　　3.取著所生過

　　　(1)不出三界，不能離二乘。

　　　(2)不信諸法空。

　　　(3)不信故不行、不住六波羅蜜乃至十八不共法。

　　　(4)著於諸法有性，失諸功德。

(5)雙明有無方便行及其得失

　①無方便行及其過失

　　若菩薩無方便善巧，分別執著六波羅蜜乃至十八佛不共法，於一切智、道相智、一切相智亦起執著，如是學，非學般若波羅蜜，不能成辦一切智智。

　②有方便行及其得益

　　若行般若時，不見般若波羅蜜、不見行者、不見緣法，不見亦不見，以入十八空故不見，非以無智故不見。以是因緣能得一切智智。

*13 就無願門破諸法顯般若

(1)菩薩應如幻士學諸法而無所得

　①如幻喻

　　❶諸法與幻不異

　　　1.幻士與菩薩無異

　　　　(1)雖說「諸法一相無分別」(諸法畢竟空無所有)，幻士與菩薩無異，而菩薩行諸功德得作佛；幻士無實，但誑人眼，不能作佛。

　　　　(2)幻士無心識，不能行功德，雖實不行，人見似行，亦名為行。

　　　　　如幻士以飲食財物布施、出家持戒、忍辱、精進、坐禪、說法等，無智人謂之為

行，不知是幻。

(3)「幻士與實菩薩皆行六度、成道、說法度眾，此二有何差別？」

善現以空慧觀三界五蘊皆空，心生厭離，然諸煩惱習故，雖能總相知諸法空，猶有所貴，不能觀佛法如幻無所有，故有此問。佛以「五蘊不異幻」譬喻說幻士與菩薩修行無異。

(此中幻士有色，又有喜、樂、憂、苦相，無智人見，謂為有受想行識，故以五蘊與幻士相比。)

2.五蘊與幻無異

佛譬喻欲令有情知五蘊虛誑如幻。

有情知幻是虛誑，而五蘊雖有，與幻無異。

(1)幻士色誑肉眼，能令生憂、喜、苦、樂；五蘊亦能誑慧眼，令生貪欲、瞋惱諸煩惱等。

(2)如幻，因少許咒術、物事、語言為本，能現種種事(城郭、廬觀等)；五蘊亦以先世少許無明因緣，有諸行、識、名色等種種，以是故說不異。

(3)如人見幻事生著心，廢其生業，幻滅時生悔；五蘊亦如是，先業因緣幻生今五蘊，受五欲、生貪瞋，無常壞時，心乃生悔：「我云何著是五蘊，失諸法實相？」。

故說幻與色等不異。

如是說諸法不異幻，幻不異諸法，諸法即是幻，幻即是諸法。

❷諸法不生不滅，但有名字，無所得

1.諸法與幻無異，不垢不淨、不生不滅，無所得

若不異，是色法即是空，入不生不滅法中；法若不生不滅，云何行般若能成辦一切智智？

2.諸法但有名字，不作業，無所得

五蘊虛誑，但以假名故，號為菩薩。是假名中，無業、無業因緣，無心、無心所法，無垢、無淨，畢竟空故。若能如是學般若，當得一切智智，以無所得故。

❸當如幻士學般若

如幻五蘊學般若波羅蜜，不能成辦一切智智。何以故？如幻五蘊以無性為自性，無性自性不可得故。(五蘊從先世業因緣、幻業出故，五蘊即如幻士無異。)

②舉夢等喻

❶餘夢等喻

如夢、如響、如光影、如像、如陽焰、如空花、如變化、如尋香城五蘊，亦如是，學般若波羅蜜，不能得一切智智，以此等五蘊以無性為自性，無性自性不可得故。

❷識即是六根，六根即是五蘊

1.約今生緣起說

(1)識即是六根

十二因緣中之識，其中亦有色、心所法，以未熟故，受「識」名。

從識生六入，識支及六入支皆有五蘊。色成故名五根，名成故名意根；六根不離

五蘊。以是故說識即是六根。

(2)六根即是五蘊

識是今身之本，有情於現在法中多錯。

此中名色未熟，未有所能，故不說；六根受苦樂，能生罪福，故說。

十二因緣中處處皆有五蘊，故說。

2.約假說遣情說

學者分別諸法相各異，離色法說識，離識法說色；欲破是諸見，令入畢竟空故，

識中雖無六根，而說「識即是六根」；六根中雖不具五蘊，而說「六根即是五蘊」。

3.約二世緣起說

先世但有心住六根，作種種憶想分別故，生今世六根五蘊身；從今世身起種種結使，

造後世六根、五蘊，如是等展轉。是故說「識即是六根，六根即是五蘊」。

③明諸法以十八空故不可得

如是一切皆由內空故不可得，乃至無性自性空故不可得。

(2)略說新趣大乘菩薩無方便、不得善知識，聞般若或生驚怖

新趣大乘菩薩，若內外因緣不具足，聞「無有菩薩行般若者，但空五蘊法亦不能行般若」，

其心將驚怖。

①內因緣不具足：無正憶念，無利智慧，於有情中無深悲心。

②外因緣不具足：不生中國土，不得聞般若波羅蜜，不得善知識能斷疑者。

(3)廣明有方便、善知識守護故，聞般若不生驚怖

①明有方便

❶相應一切智智心，觀諸法不可得

菩薩先但觀諸法空，心麁故生著；今憶想分別觀，如佛意：「於有情中起大悲，不著一

切法，於智慧無所礙，但欲度有情。」

以無常、空等種種觀諸法，亦不得是法。

❷慈悲為有情修六度

1.施度(說法度生)

如是觀諸法已，作是念：「我以是法度有情，令離顛倒。」

以是故不著、不見定實有一法，如藥治病。

二施中，以法施為大。

2.例餘五度

餘五波羅蜜亦如是隨義分別。

3.別明般若度，空有無礙

菩薩方便者，非十八空故令色空，不以是空相強令空故，色即是空；是色從本已來

常自空，色相空故，空即是色，乃至諸佛法亦如是。

②善知識守護

善知識者，教人令以是智慧迴向無上菩提。(菩薩先知無常、空等諸觀，今唯說迴向菩提。)

(4)廣明菩薩無方便、隨惡知識，聞般若而生驚怖

①無方便

　離一切智智相應心而行般若波羅蜜，取是般若波羅蜜定相；於五波羅蜜乃至諸佛法亦如是，如是無方便善巧，聞說甚深般若波羅蜜，其心驚怖。

②惡知識

　❶教離六度

　　惡知識者以種種因緣教令遠離；

　　　1.教人遠離六波羅蜜；　　　　　2.不信罪福報故教遠離；

　　　3.著般若波羅蜜故，言「諸法畢竟空，汝何所行？」

　　　4.讚歎小乘：「汝但自免老病死苦，有情何與汝事？」

　❷不為說魔罪魔事

　　惡知識者，不教弟子令覺知魔是佛賊。魔者欲界主，有大力勢，常憎行道者。佛威力大故，魔無所能，但能擾壞修行者。

　　　1.魔化作佛像教

　　　　(1)壞菩薩行六波羅蜜，　　　　　(2)讚歎、解說隨順聲聞所應學經法，

　　　　(3)說汝非真菩提心，不能成佛，　(4)說一切皆空，何用成佛？

　　　2.魔化作獨覺形像、和尚、阿闍梨身

　　　　(1)十方皆空，無佛菩薩及聲聞，云何欲作佛？

　　　　(2)教離菩薩道，入聲聞三解脫門取證。

　　　3.魔化作父母形像令為小果精進，勿為大覺。

　　　4.魔化作比丘形像

　　　　化作比丘形像，以有所得、取相憶念分別，說一切法可得。

　　如是等種種無量魔事，不教令覺知，是為惡知識。

　❸勸應遠離惡知識

　　惡知識以其無利益反而害人，故應遠離。

　　　賊能害今世一生，惡知識則世世害人；賊能奪財害命，惡知識則害法身慧命，奪佛法無量寶。

第一事

第4～8義

[丙三]所修之正行

[丁一]修行所依

【第 4 義】：大乘修行所依：自性住種性　4

〔義相〕：菩薩身中之法性，復作大乘修行之所依，即大乘修
行所依自性住種性之相。

〔界限〕：從大乘資糧道乃至十地最後心。

1.種性差別

[通達有六法，對治與斷除，彼等皆永盡，具智慧悲憫，](頌1-20)
[不共諸弟子，利他漸次行，智無功用轉，所依名種性。](頌1-21)

此由十三能依法之修行分為十三種法性，謂：

4.1.- 6.大乘四順決擇分及見、修二道；

是就修行自性分為六種智德。

4.7.就對治逆品，立能治修行；

4.8.就斷除逆品，立能斷修行；

4.9.就逆品盡分，立彼永盡解脫道之修行；

　　(逆品不可得，故斷彼等具生與滅之分別)

是就修行作用分三。

4.10.依八地增上，立雙破生死涅槃二邊之慧悲修行；

　　(由往昔之願及由施等善巧方便力故)

4.11.依九地增上，立不共聲聞弟子之修行；

4.12.依十地後得增上，立次第利他之修行；

(令入密意，置於三乘道之性相之利他次第)

4.13.依十地後心增上，立智無功用轉修行；

(直至輪迴為止，無相而任運成就，生利他之智故)

是就**界限增上**分四。

如是十三類菩薩身中，十三種修行之法性，即是大乘所依修行之種性(十三類法源之法界自性)，彼諸修行皆由緣彼法性升進故。

2.斷諍
(1)諍

[**法界無差別。種性不應異。**](頌1-22ab)

4.14.三乘種性不可分為各異，或一切三乘種性人，皆應通住三乘種性，以彼等法界無差別，法界即種性故。

(若唯空性為證悟聖法之因，具彼本體為無上佛陀教法之自性住佛性，三乘人應無差別。彼等從法界趣入因之本性，假立名言為種性。)

(2)答

[**由能依法異，故說彼差別。**](頌1-22cd)

4.15.所通達之法界雖無差別，然無不可分三類種性，及種性不可分別之過。以就**能依**三乘智德功能大小之別，而說**所依**法性之差別故，譬如**所依**同一瓦瓶，就**能依**蜜、糖等不同而分器皿之差別故。

[丁二]修行所緣

【第 5 義】：大乘修行所緣　5

〔義相〕：大乘修行斷增益處，即大乘修行所緣之相。

〔界限〕：通一切法。

[**所緣一切法，此復為善等，若世間所知，及諸出世間，**](頌1-23)
[**有漏無漏法，諸有為無為，若共弟子法，及佛不共法。**](頌1-24)

修行所依之所緣為何？

此中差別分十一種，謂：

5.1.- 3.善等，「等」取不善、無記。(沙門性等善、殺生等不善、無記之身業等)

5.4.此復有世間道所攝或所通達，謂五蘊。(與凡夫有關)

5.5.及諸出世道中，無漏四靜慮。(諸聖者所攝)

5.6.有漏法，謂五取蘊。(非我見對治之五取蘊)

5.7.無漏法，謂四念住。(對治見之四念住)

5.8.有為，謂道諦。(依恃因與緣之欲界等)

5.9.無為，謂滅諦。(不觀待因之空性)

5.10.共聲聞弟子法，謂四靜慮。(諸聖者心續中所生)

5.11.佛不共法，謂十力等。(正等覺佛陀心續中所生)

[丁三]修行所為

【第 6 義】：修行所為　6

〔義相〕：為何而修之究竟果，即大乘修行所為之相。

〔界限〕：唯在佛地。

[勝諸有情心，及斷智為三，當知此三大，自覺所為事。](頌1-25)

此中差別，分為三大：

6.1.勝出諸有情之大悲心等即是心大。

6.2.斷德究竟是能斷大。

6.3.智德究竟是能證大。

當知此三大即菩薩自覺之所為，以緣此果而修行故。

[丁四]修行自體
[戊一]披甲正行

【第 7 義】：披甲正行　7　(菩薩智)

〔義相〕：欲於布施等一一度中俱攝六度而修習，此廣大意
　　　　　樂所攝持之菩薩瑜伽，即披甲正行之相。(三智行相
　　　　　之對境為善法之依處，於圓滿證悟一切相等四種現觀上，以六波
　　　　　羅蜜為依持之所作，即是其正行。如是正行其自性性相，為披甲、
　　　　　趣入、資糧、定出。)

〔界限〕：從大乘資糧道乃至十地最後心。

[由彼等別別，皆攝施等六，故披甲修行，六六如經說。](頌1-26)

所謂披甲正行，如《經》所說，慈尊亦以六六而說：

(1.被大功德鎧)

7.1.- 6.以彼六種披甲正行，一一皆於施等之中攝六度故。

　　　(法施等行布施時，1.除聲聞作意、2.忍他不悅言語、3.生希求、4.專一(不雜他乘)、
　　　5.迴向無上正等覺等，依次以不可得之披甲行而行布施。餘六度亦同，故雖說六六
　　　共三十六類，但相同於布施等六度，故說披甲正行有六類。)(披甲正行以精進為體
　　　(自性)。六度披甲正行，一一各攝六度。)

[戊二]趣入正行

【第 8 義】：趣入正行　8

〔義相〕：大乘因果諸法，隨其所應，由精進加行為主而修之
　　　　　菩薩瑜伽，即趣入正行之相。

〔界限〕：從大乘加行道煖位乃至十地最後心。

[靜慮無色定，施等道慈等，成就無所得，三輪善清淨，](頌1-27)
[所為及六通，於一切相智，能趣入正行，當知升大乘。](頌1-28)

此差別有九：

(2.發趣大乘)

8.1.道之所依，謂靜慮及無色定。

8.2.能引究竟智德者，謂施等六度。

8.3.能引究竟斷德者，謂見道、修道、無學道、勝進道。

8.4.利他之方便，謂慈等四無量心。

8.5.清淨利他者，謂成就無所得。

(3.乘於大乘)

8.6.不同小乘者，謂於一切物三輪清淨。

8.7.轉諸善根令成三種所為義。

8.8.能速圓滿二種資糧者，謂六神通。

8.9.於果位，謂能趣入一切相智之正行。

當知此九趣入正行，能升進大乘也。(為大乘法增上之本性)

[丙三]所修之正行
[丁一]修行所依　　【第 4 義】：大乘修行所依 (自性住種性)

5.就菩薩摩訶薩說般若
(1)就「菩薩」說般若
①菩薩句義
❶無句義是菩薩句義

卷 411〈譬喻品 11〉:「第二分譬喻品第十一

爾時,具壽善現白佛言:「世尊!言菩薩者是何句義?」

佛告善現:

「無句義是菩薩句義。何以故?善現!菩提、薩埵二既不生,句於其
中理亦非有故,無句義是菩薩句義。」

(CBETA, T07, no. 220, p. 57, b[10-14])

sher phyin: v26, pp. 394[04-11]　《合論》:v50, pp. 424[03-10]

❷譬喻

1.如鳥跡等喻

4.1 順抉擇分中之煖位法性

卷 411〈譬喻品 11〉:

「善現當知!譬如空中鳥跡句義實無所有,菩薩句義亦復如是實無
所有;譬如夢境、幻事、陽焰、光影、水月、響聲、空花、變化
句義實無所有,菩薩句義亦復如是實無所有。」

(CBETA, T07, no. 220, p. 57, b[14-18])

sher phyin: v26, pp. 394[12]-395[01]　《合論》:v50, pp. 424[11]-425[04]

2.如真如、法性、實際等義實無所有

4.2 順抉擇分中之頂位法性

卷 411〈譬喻品 11〉:

「善現當知!如一切法真如句義實無所有,菩薩句義亦復如是實無
所有;如一切法法界、法性、不虛妄性、不變異性、法定、法住、
實際句義實無所有,菩薩句義亦復如是實無所有。」

(CBETA, T07, no. 220, p. 57, b[18-22])

sher phyin: v26, pp. 395[01-07]　《合論》:v50, pp. 425[05-14]

3.如幻士無五蘊乃至無十八佛不共法

4.3 順抉擇分中之忍位法性

卷 411〈譬喻品 11〉：

「善現當知！如幻士色句義實無所有，菩薩句義亦復如是實無所有；如幻士受、想、行、識句義實無所有，菩薩句義亦復如是實無所有。

「善現當知！如幻士眼處句義實無所有，菩薩句義亦復如是實無所有；如幻士耳、鼻、舌、身、意處句義實無所有，菩薩句義亦復如是實無所有。

「善現當知！如幻士色處句義實無所有，菩薩句義亦復如是實無所有；如幻士聲、香、味、觸、法處句義實無所有，菩薩句義亦復如是實無所有。

「善現當知！如幻士眼界句義實無所有，菩薩句義亦復如是實無所有；如幻士耳、鼻、舌、身、意界句義實無所有，菩薩句義亦復如是實無所有。

「善現當知！如幻士色界句義實無所有，菩薩句義亦復如是實無所有；如幻士聲、香、味、觸、法界句義實無所有，菩薩句義亦復如是實無所有。

「善現當知！如幻士眼識界句義實無所有，菩薩句義亦復如是實無所有；如幻士耳、鼻、舌、身、意識界句義實無所有，菩薩句義亦復如是實無所有。

「善現當知！如幻士眼觸句義實無所有，菩薩句義亦復如是實無所有；如幻士耳、鼻、舌、身、意觸句義實無所有，菩薩句義亦復如是實無所有。

「善現當知！如幻士眼觸為緣所生諸受句義實無所有，菩薩句義亦復如是實無所有；如幻士耳、鼻、舌、身、意觸為緣所生諸受句義實無所有，菩薩句義亦復如是實無所有。

「善現當知！如幻士無明句義實無所有，菩薩句義亦復如是實無所有；如幻士行、識、名色、六處、觸、受、愛、取、有、生、老死句義實無所有，菩薩句義亦復如是實無所有。」

(CBETA, T07, no. 220, p. 57, b^{22}-c^{23})

sher phyin:　v26, pp. 395^{07}-397^{07}　《合論》：v50, pp. 425^{15}-427^{16}

4.4 順抉擇分中之世第一位法性

卷411〈譬喻品11〉：

「善現當知！如幻士行內空句義實無所有，菩薩句義亦復如是實無
所有；如幻士行外空、內外空、空空、大空、勝義空、有為空、
無為空、畢竟空、無際空、散空、無變異空、本性空、自共相空、
一切法空、不可得空、無性空、自性空、無性自性空句義實無所
有，菩薩句義亦復如是實無所有。

「善現當知！如幻士行四念住句義實無所有，菩薩句義亦復如是實
無所有；如幻士行四正斷、四神足、五根、五力、七等覺支、八
聖道支句義實無所有，菩薩句義亦復如是實無所有。

「善現當知！如幻士乃至行佛十力句義實無所有，菩薩句義亦復如
是實無所有；如幻士行四無所畏、四無礙解、大慈、大悲、大喜、
大捨、十八佛不共法句義實無所有，菩薩句義亦復如是實無所
有。」

(CBETA, T07, no. 220, p. 57, c^{23}-p. 58, a^8)

sher phyin:　v26, pp. 397^{08}-398^{05}　《合論》：v50, pp. 427^{17}-428^{20}

4 如佛無五蘊乃至無十八不共法

4.5 見道位法性

卷411〈譬喻品11〉：

「復次，善現！如佛色句義實無所有，菩薩句義亦復如是實無所
有；如佛受、想、行、識句義實無所有，菩薩句義亦復如是實無
所有。如佛眼處句義實無所有，菩薩句義亦復如是實無所有；如
佛耳、鼻、舌、身、意處句義實無所有，菩薩句義亦復如是實無
所有。如佛色處句義實無所有，菩薩句義亦復如是實無所有；如
佛聲、香、味、觸、法處句義實無所有，菩薩句義亦復如是實無
所有。如佛眼界句義實無所有，菩薩句義亦復如是實無所有；如
佛耳、鼻、舌、身、意界句義實無所有，菩薩句義亦復如是實無
所有。如佛色界句義實無所有，菩薩句義亦復如是實無所有；如
佛聲、香、味、觸、法界句義實無所有，菩薩句義亦復如是實無
所有。如佛眼識界句義實無所有，菩薩句義亦復如是實無所有；
如佛耳、鼻、舌、身、意識界句義實無所有，菩薩句義亦復如是
實無所有。如佛眼觸句義實無所有，菩薩句義亦復如是實無所

有；如佛耳、鼻、舌、身、意觸句義實無所有，菩薩句義亦復如是實無所有。如佛眼觸為緣所生諸受句義實無所有，菩薩句義亦復如是實無所有；如佛耳、鼻、舌、身、意觸為緣所生諸受句義實無所有，菩薩句義亦復如是實無所有。如佛無明句義實無所有，菩薩句義亦復如是實無所有；如佛行、識、名色、六處、觸、受、愛、取、有、生、老死句義實無所有，菩薩句義亦復如是實無所有。如佛行內空句義實無所有，菩薩句義亦復如是實無所有；如佛行外空、內外空、空空、大空、勝義空、有為空、無為空、畢竟空、無際空、散無散空、本性空、自共相空、一切法空、不可得空、無性空、自性空、無性自性空句義實無所有，菩薩句義亦復如是實無所有。如佛行四念住句義實無所有，菩薩句義亦復如是實無所有；如佛行四正斷、四神足、五根、五力、七等覺支、八聖道支句義實無所有，菩薩句義亦復如是實無所有。乃至如佛行佛十力句義實無所有，菩薩句義亦復如是實無所有；如佛行四無所畏、四無礙解、大慈、大悲、大喜、大捨、十八佛不共法句義實無所有，菩薩句義亦復如是實無所有。

5.如有為性、無為性中互無

「復次，善現！如有為界中無為界句義實無所有，無為界中有為界句義亦實無所有，菩薩句義亦復如是實無所有；」

(CBETA, T07, no. 220, p. 58, a^9-b^23)

sher phyin: v26, pp. 398^05-403^15 《合論》: v50, pp. 429^01-430^16

6.如無生滅乃至無染淨義實無所有

4.6 修道位法性

卷 411〈譬喻品 11〉：

「如無生無滅、無作無為、無成無壞、無得無捨、無染無淨句義實無所有，菩薩句義亦復如是實無所有。」

時，具壽善現白佛言：

「世尊！如何法無生無滅、無作無為、無成無壞、無得無捨、無染無淨句義實無所有，菩薩句義亦復如是實無所有耶？」

佛告善現：

「如色乃至識無生無滅、無作無為、無成無壞、無得無捨、無染無淨句義實無所有，菩薩句義亦復如是實無所有；如眼處乃至意處無生無滅、無作無為、無成無壞、無得無捨、

無染無淨句義實無所有，菩薩句義亦復如是實無所有；如色處乃至法處無生無滅、無作無為、無成無壞、無得無捨、無染無淨句義實無所有，菩薩句義亦復如是實無所有；如眼界乃至意界無生無滅、無作無為、無成無壞、無得無捨、無染無淨句義實無所有，菩薩句義亦復如是實無所有；如色界乃至法界無生無滅、無作無為、無成無壞、無得無捨、無染無淨句義實無所有，菩薩句義亦復如是實無所有；如眼識界乃至意識界無生無滅、無作無為、無成無壞、無得無捨、無染無淨句義實無所有，菩薩句義亦復如是實無所有；如眼觸乃至意觸無生無滅、無作無為、無成無壞、無得無捨、無染無淨句義實無所有，菩薩句義亦復如是實無所有；如眼觸為緣所生諸受乃至意觸為緣所生諸受無生無滅、無作無為、無成無壞、無得無捨、無染無淨句義實無所有，菩薩句義亦復如是實無所有；如無明乃至老死無生無滅、無作無為、無成無壞、無得無捨、無染無淨句義實無所有，菩薩句義亦復如是實無所有；如四念住乃至八聖道支無生無滅、無作無為、無成無壞、無得無捨、無染無淨句義實無所有，菩薩句義亦復如是實無所有；如是乃至如佛十力乃至十八佛不共法無生無滅、無作無為、無成無壞、無得無捨、無染無淨句義實無所有，菩薩句義亦復如是實無所有。

7.三十七道品乃至佛功德畢竟淨不可得、我乃至見者不可得

「復次，善現！如四念住乃至八聖道支畢竟淨句義實無所有，菩薩句義亦復如是實無所有；如是乃至如佛十力乃至十八佛不共法畢竟淨句義實無所有，菩薩句義亦復如是實無所有；如我乃至見者句義實無所有，無容有故，菩薩句義亦復如是實無所有。」

(CBETA, T07, no. 220, p. 58, b^{23}-p. 59, a^6)

sher phyin:　v26, pp. 403^{15}-406^{21}　　《合論》：v50, pp. 430^{17}-434^{13}

8.日出時無有闇冥

4.7 能治修行之法性

卷 411〈譬喻品 11〉：

「如日出時闇冥句義實無所有，菩薩句義亦復如是實無所有。」

(CBETA, T07, no. 220, p. 59, a$^{6-8}$)

sher phyin: v26, pp. 406^{21}-407^{03} 《合論》: v50, pp. 434$^{14-18}$

9.劫盡時都無所有

4.8 能斷修行之法性

卷 411〈譬喻品 11〉:

「如劫盡時諸行句義實無所有,菩薩句義亦復如是實無所有。」

(CBETA, T07, no. 220, p. 59, a$^{8-9}$)

sher phyin: v26, pp. 407$^{04-07}$ 《合論》: v50, pp. 434^{19}-435^{04}

10.依佛五分法身為喻

4.9 解脫道修行之法性

卷 411〈譬喻品 11〉:

「如諸如來、應、正等覺淨戒蘊中惡戒句義實無所有,菩薩句義
亦復如是實無所有;如諸如來、應、正等覺靜定蘊中亂心句義
實無所有,菩薩句義亦復如是實無所有;如諸如來、應、正等
覺明慧蘊中惡慧句義實無所有,菩薩句義亦復如是實無所有;
如諸如來、應、正等覺解脫蘊中繫縛句義實無所有,菩薩句義
亦復如是實無所有;如諸如來、應、正等覺解脫智見蘊中非解
脫智見句義實無所有,菩薩句義亦復如是實無所有。」

(CBETA, T07, no. 220, p. 59, a$^{9-19}$)

sher phyin: v26, pp. 407^{07}-408^{07} 《合論》: v50, pp. 435^{05}-436^{09}

11.如佛光中餘光不現為喻

4.10 依八地增上立雙破輪寂二邊之慧悲修行

卷 411〈譬喻品 11〉:

「如日月等大光明中諸闇句義實無所有,菩薩句義亦復如是實無
所有。」

(CBETA, T07, no. 220, p. 59, a$^{19-21}$)

sher phyin: v26, pp. 408$^{07-10}$ 《合論》: v50, pp. 436$^{10-14}$

4.11 依九地增上立不共聲聞弟子之修行

卷 411〈譬喻品 11〉:「如佛光中一切日月星寶火藥」

(CBETA, T07, no. 220, p. 59, a^{21})

sher phyin: v26, pp. 408$^{10-13}$ 《合論》: v50, pp. 436^{15}-437^{01}

4.12 依十地後得增上立次第利他之行

卷 411〈譬喻品 11〉：

「及諸天等光明句義實無所有，菩薩句義亦復如是實無所有。」

(CBETA, T07, no. 220, p. 59, a$^{21-23}$)

sher phyin: v26, pp. 408$^{14-20}$ 《合論》：v50, pp. 437$^{02-10}$

❸於諸法無相無著中當勤修學

4.13 依十地後心增上立智無功用轉修行

卷 411〈譬喻品 11〉：

「何以故？善現！若菩提、若薩埵、若菩薩句義，如是一切皆非相應非不相應，無色、無見、無對、一相，所謂無相。善現！諸菩薩摩訶薩於一切法，皆非實有，無著無礙，當勤修學，應正覺知。」*1

(CBETA, T07, no. 220, p. 59, a$^{23-27}$)

sher phyin: v26, pp. 408^{21}-409^{12} 《合論》：v50, pp. 437^{11}-438^{05}

[丁二]修行所緣　　【第 5 義】：大乘修行所緣

②廣說一切法入不二門，無礙不動，是名菩薩義
　❶總說一切法應學應知
　　卷411〈譬喻品11〉：「具壽善現即白佛言：
　　「諸菩薩摩訶薩於何等一切法，皆非實有，無著無礙，當勤修學？諸
　　　菩薩摩訶薩云何於一切法應正覺知？」
　　佛告善現：
　　「一切法者，謂善法非善法、有記法無記法、世間法出世間法、有漏
　　　法無漏法、有為法無為法、共法不共法。善現！諸菩薩摩訶薩於如
　　　是等一切法性無著無礙，當勤修學；諸菩薩摩訶薩於一切法實無所
　　　有，應正覺知。」
　　(CBETA, T07, no. 220, p. 59, a^{27}-b^6)
　　sher phyin：　v26, pp. 409^{13}-410^{05}　　《合論》：v50, pp. 438$^{06-19}$
　❷別辨
　　1.善不善法

5.1 善
5.2 不善

　　卷411〈譬喻品11〉：「具壽善現復白佛言：「何等名為世間善法？」
　　佛告善現：
　　「世間善法者，謂孝順父母、供養沙門婆羅門、敬事師長，施性福
　　　業事、戒性福業事、修性福業事，供侍病者俱行福、方便善巧俱
　　　行福，世間十善業道，若膖脹想、膿爛想、青瘀想、異赤想、變
　　　壞想、啄噉想、離散想、骸骨想、焚燒想，若世間四靜慮、四無
　　　量、四無色定，若佛隨念、法隨念、僧隨念、戒隨念、捨隨念、
　　　天隨念、寂靜隨念、入出息隨念、身隨念、死隨念。善現！此等
　　　名為世間善法。」
　　(CBETA, T07, no. 220, p. 59, b$^{6-16}$)
　　sher phyin：　v26, pp. 410^{05}-411^{04}　　《合論》：v50, pp. 438^{20}-439^{20}
　　「具壽善現復白佛言：「何等名為不善法？」
　　佛告善現：
　　「不善法者，謂害生命、不與取、欲邪行，虛誑語、離間語、麁惡
　　　語、雜穢語，貪欲、瞋恚、邪見及忿恨、覆惱、諂誑、矯害、嫉、

慳、慢等。善現！此等名為不善法。」

(CBETA, T07, no. 220, p. 59, b^{16-20})

sher phyin:　v26, pp. 411^{04-12}　《合論》：v50, pp. 440^{01-10}

2.無記法

5.3 無記

卷 411〈譬喻品 11〉：「具壽善現復白佛言：「何等名為無記法？」

佛告善現：

「謂無記身業、無記語業、無記意業、無記四大種、無記五根、無記五蘊、無記十二處、無記十八界、無記異熟法。善現！此等名為無記法。」

(CBETA, T07, no. 220, p. 59, b^{22-26})

sher phyin:　v26, pp. 411^{12-20}　《合論》：v50, pp. 440^{11-18}

3.世間、出世間法

5.4 世間道 (五蘊)
5.5 出世間道 (無漏四靜慮)

卷 411〈譬喻品 11〉：「具壽善現復白佛言：「何等名為世間法？」

佛告善現：

「謂世間五蘊、十二處、十八界，十業道，四靜慮、四無量、四無色定，十二支緣起法。善現！此等名為世間法。」

(CBETA, T07, no. 220, p. 59, b^{26-29})

sher phyin:　v26, pp. 411^{20}-412^{06}　《合論》：v50, pp. 440^{19}-441^{06}

「具壽善現復白佛言：「何等名為出世間法？」

佛告善現：

「謂出世間四念住、四正斷、四神足、五根、五力、七等覺支、八聖道支，空、無相、無願解脫門，未知當知根、已知根、具知根，有尋有伺三摩地、無尋唯伺三摩地、無尋無伺三摩地，若明、若解脫，若念、若正知、若如理作意，若八解脫、若九次第定，若內空、外空、內外空、空空、大空、勝義空、有為空、無為空、畢竟空、無際空、散無散空、本性空、自共相空、一切法空、不可得空、無性空、自性空、無性自性空，若佛十力、四無所畏、四無礙解、十八佛不共法。善現！此等名為出世間法。」

(CBETA, T07, no. 220, p. 59, b^{29}-c^{12})

sher phyin: v26, pp. 412^{06}-415^{07} 《合論》：v50, pp. 441^{07}-444^{07}

4.有漏法、無漏法

5.6 有漏法 (五取蘊)

5.7 無漏法 (四念住)

卷 411〈譬喻品 11〉：「具壽善現復白佛言：「何等名為有漏法？」

佛告善現：

「謂墮三界，若五蘊、十二處、十八界，若四靜慮、四無量、四無色定。善現！此等名為有漏法。」

(CBETA, T07, no. 220, p. 59, c$^{12-15}$)

sher phyin: v26, pp. 415$^{07-13}$ 《合論》：v50, pp. 444$^{08-12}$

「具壽善現復白佛言：「何等名為無漏法？」

佛告善現：「謂四念住乃至十八佛不共法。善現！此等名為無漏法。」

(CBETA, T07, no. 220, p. 59, c$^{15-17}$)

sher phyin: v26, pp. 415^{13}-416^{03} 《合論》：v50, pp. 444^{13}-445^{01}

5.有為法、無為法

5.8 有為 (道諦)

5.9 無為 (滅諦)

卷 411〈譬喻品 11〉：「具壽善現復白佛言：「何等名為有為法？」

佛告善現：

「謂三界繫法，若五蘊，若四靜慮、四無量、四無色定，若四念住乃至十八佛不共法。善現！此等名為有為法。」

(CBETA, T07, no. 220, p. 59, c$^{17-21}$)

sher phyin: v26, pp. 416$^{03-09}$ 《合論》：v50, pp. 445$^{02-08}$

「具壽善現復白佛言：「何等名為無為法？」

佛告善現：

「若法無生、無滅、無住、無異，若貪盡、瞋盡、癡盡，若真如、法界、法性、不虛妄性、不變異性、平等性、離生性、法定、法住、實際。善現！此等名為無為法。」

(CBETA, T07, no. 220, p. 59, c$^{21-25}$)

sher phyin: v26, pp. 416$^{09-16}$ 《合論》：v50, pp. 445$^{09-16}$

6.共法、不共法

5.10 共聲聞弟子法

5.11 佛不共法 (十力等)

卷 411〈譬喻品 11〉:「具壽善現復白佛言:「何等名為共法?」

佛告善現:

「謂世間四靜慮、四無量、四無色定、五神通。善現!此等名為共
　　法,共異生故。」

(CBETA, T07, no. 220, p. 59, c²⁵⁻²⁸)

sher phyin: v26, pp. 416¹⁷⁻²¹ 《合論》:v50, pp. 445.¹⁷-446⁰³

「具壽善現復白佛言:「何等名為不共法?」

佛告善現:

「謂四念住乃至十八佛不共法。善現!此等名為不共法,不共異生
　　故。

❸不執著諸法、知諸法不二相是名菩薩義

「善現!諸菩薩摩訶薩修行般若波羅蜜多時,於如是等自相空法不
　　應執著,以一切法無分別故。善現!諸菩薩摩訶薩修行般若波羅
　　蜜多時,於一切法以無二為方便,應正覺知,以一切法皆無動故。
　　善現!於一切法無二、無動是菩薩句義,無分別、無執著是菩薩
　　句義。以是故,無句義是菩薩句義。」*1

(CBETA, T07, no. 220, p. 59, c²⁸-p. 60, a⁸)

sher phyin: v26, pp. 416²¹-417⁰⁹ 《合論》:v50, pp. 446⁰⁴⁻¹³

[丁三]修行所為　　【第 6 義】：修行所為

(2)明摩訶薩義

①佛以「有情眾中為上首」為摩訶薩

❶菩薩為有情眾之上首

6.1 勝出諸有情之大悲心等即是心大

卷 411〈譬喻品 11〉：「爾時，具壽善現白佛言：

「世尊！何緣菩薩復名摩訶薩？」

佛告善現：「由是菩薩於大有情眾中當為上首故，復名摩訶薩。」

善現白言：「何等名為大有情眾，菩薩於中當為上首？」

佛告善現：

「謂住種姓、第八、預流、一來、不還、阿羅漢、獨覺，及從初發心
乃至不退轉地菩薩摩訶薩，如是皆名大有情眾。菩薩於此大有情眾
中當為上首故，復名摩訶薩。」

❷菩薩以八心為有情眾之上首

1.金剛喻心

具壽善現復白佛言：「如是菩薩何緣能於大有情眾當為上首？」

佛告善現：

「由是菩薩已發堅固金剛喻心定不退壞，是故能於大有情眾當為上
首。」

善現復言：「何謂菩薩金剛喻心？」

(1)菩薩生五心化他

佛告善現：

「若菩薩摩訶薩發如是心：『1我今當被大功德鎧，無邊生死大曠
野中，為諸有情破壞一切煩惱怨敵。我當普為一切有情枯竭無
邊生死大海。2我當棄捨一切身財為諸有情作大饒益。3我當
等心利益安樂一切有情。4我當普令諸有情類遊三乘道趣般涅
槃。5我當雖以三乘濟度一切有情，而都不見有一有情得滅度
者。

(2)菩薩生五心自行

1我當覺了一切法性無生無滅、無淨無染。2我當純以一切智
智相應作意修行六種波羅蜜多。3我當修學於一切法，通達究
竟遍入妙智。4我當通達一切法相一理趣門。我當通達一切法

相二理趣門。我當通達一切法相多理趣門。₅我當修學種種妙智，達諸法性引勝功德。』善現！是謂菩薩金剛喻心。若菩薩摩訶薩以無所得而為方便安住此心，決定能於大有情眾當為上首。

(3)代諸有情受苦，有情度盡，方證菩提

「復次，善現！諸菩薩摩訶薩發如是心：『一切地獄、傍生、鬼界及人、天中，諸有情類所受苦惱，我當代受令彼安樂。』諸菩薩摩訶薩發如是心：『我為饒益一有情故，經於無量百千俱胝那庾多劫，受諸地獄種種重苦，無數方便教化令得無餘涅槃。如是次第普為饒益一切有情，為彼一一各經無量百千俱胝那庾多劫，受諸地獄種種重苦，一一各以無數方便教化令得無餘涅槃。作是事已，自種善根，復經無量百千俱胝那庾多劫，圓滿修集菩提資糧，然後方證所求無上正等菩提。』善現！如是誓願亦名菩薩金剛喻心。若菩薩摩訶薩以無所得而為方便安住此心，決定能於大有情眾當為上首。

2.勝心大心

「復次，善現！諸菩薩摩訶薩恒常發起勝心大心，由此心故，決定能於大有情眾當為上首。」

具壽善現白言：「世尊！何謂菩薩勝心大心？」

佛告善現：

「諸菩薩摩訶薩發如是心：『我應從初發心乃至證得一切智智，定當不起貪欲、瞋恚、愚癡、忿恨、覆惱、諂誑、嫉慳、矯害、見慢等心，亦定不起趣求聲聞、獨覺地心。』是為菩薩勝心大心。若菩薩摩訶薩以無所得而為方便安住此心，決定能於大有情眾當為上首。

3.不傾動心

「復次，善現！諸菩薩摩訶薩發起決定不傾動心，由此心故，決定能於大有情眾當為上首。」

具壽善現白言：「世尊！何謂菩薩不傾動心？」

佛告善現：

「諸菩薩摩訶薩發如是心：『我應當依一切智智相應作意，修習發起一切所修、所作事業而無憍逸。』善現！是謂菩薩不傾動心。若菩薩摩訶薩以無所得而為方便安住此心，決定能於大有情眾當

為上首。

4.真利樂心

「復次,善現!諸菩薩摩訶薩普於一切諸有情類,平等發起真利樂心,由此心故,決定能於大有情眾當為上首。」

具壽善現白言:「世尊!何謂菩薩真利樂心?」

佛告善現:

「諸菩薩摩訶薩發如是心:『我當決定窮未來際,利益安樂一切有情,為作歸依、洲渚、舍宅,常不捨離。』善現!是謂菩薩真利樂心。若菩薩摩訶薩以無所得而為方便安住此心,決定能於大有情眾當為上首。

5.愛樂欣喜心

「復次,善現!諸菩薩摩訶薩修行般若波羅蜜多,常勤精進愛法、樂法、欣法、憙法,由此因緣,決定能於大有情眾當為上首。」

具壽善現白言:

「世尊!何等為法?云何菩薩摩訶薩修行般若波羅蜜多時,常於此法愛樂欣喜?」

佛告善現:

「所言法者,謂色非色皆無自性,都不可得,不可破壞,不可分別,是名為法。言愛法者,謂於此法起欲希求;言樂法者,謂於此法稱讚功德;言欣法者,謂於此法歡喜信受;言憙法者,謂於此法慕多修習親近愛重。善現!若菩薩摩訶薩修行般若波羅蜜多時,以無所得而為方便,常能如是愛法、樂法、欣法、憙法而不憍舉,決定能於大有情眾當為上首。

6.住十八空心　7.住四念住乃至十八佛不共法心

「復次,善現!若菩薩摩訶薩修行般若波羅蜜多,以無所得而為方便,安住內空乃至無性自性空,修四念住乃至十八佛不共法,是菩薩摩訶薩決定能於大有情眾當為上首。

8.住諸三摩地心

「復次,善現!若菩薩摩訶薩修行般若波羅蜜多,以無所得而為方便,住金剛喻三摩地,乃至住無著無為無染解脫如虛空三摩地,是菩薩摩訶薩由此因緣,決定能於大有情眾當為上首。

「善現!由如是等種種因緣,諸菩薩摩訶薩決定能於大有情眾當為上首,是故菩薩復名摩訶薩。」*2

(CBETA, T07, no. 220, p. 60, a⁹-p. 61, a¹¹)

sher phyin:　v26, pp. 417⁰⁹-423⁰²　《合論》: v50, pp. 446¹⁴-452¹⁰

②舍利子以「方便善巧斷諸見而為說法」為摩訶薩

6.2 斷德究竟是能斷大

卷411〈斷諸見品12〉:「第二分斷諸見品第十二

爾時,舍利子白佛言:

「世尊!我亦樂以智慧辯才,說諸菩薩由此義故名摩訶薩。」

佛告舍利子:「隨汝意說。」

❶令斷我見、有情等見

舍利子言:

「世尊!以諸菩薩方便善巧,能為有情宣說法要,令斷我見、有情見、
命者見、生者見、養者見、士夫見、補特伽羅見、意生見、儒童見、
作者見、受者見、知者見、見者見,由此義故名摩訶薩。」

❷令斷邪見

「世尊!以諸菩薩方便善巧,能為有情宣說法要,令斷常見、斷見、
有見、無見,由此義故名摩訶薩。」

❸令斷法見

「世尊!以諸菩薩方便善巧,能為有情宣說法要,令斷蘊見、處見、
界見、諦見、緣起見,由此義故名摩訶薩。」

「世尊!以諸菩薩方便善巧,能為有情宣說法要,令斷四念住見乃至
十八佛不共法見,由此義故名摩訶薩。以諸菩薩方便善巧,能為有
情宣說法要,令斷成熟有情見、嚴淨佛土見、菩薩見、如來見、菩
提見、涅槃見、轉法輪見,由此義故名摩訶薩。」

「世尊!以諸菩薩方便善巧,能為有情以無所得而為方便,宣說永斷
一切見法,由此義故名摩訶薩。」

❹有方便善巧、無方便善巧之得失

時,具壽善現問舍利子言:

「若菩薩摩訶薩能為有情,以無所得而為方便,宣說永斷諸見法要,
何因何緣有諸菩薩,自有所得而為方便,起蘊見、處見、界見、諦
見、緣起見、四念住見乃至十八佛不共法見,及成熟有情見、嚴淨
佛土見、菩薩見、如來見、菩提見、涅槃見、轉法輪見耶?」

舍利子言:

「若菩薩摩訶薩修行般若波羅蜜多時,無方便善巧者,以有所得而為

方便，發起蘊見乃至轉法輪見，是菩薩摩訶薩無方便善巧故，決定不能以無所得而為方便，為諸有情宣說永斷諸見法要。若菩薩摩訶薩修行般若波羅蜜多時，有方便善巧者，能為有情以無所得而為方便，宣說永斷諸見法要，是菩薩摩訶薩決定不起蘊等諸見。」*3

(CBETA, T07, no. 220, p. 61, a^{12}-b^{16})

sher phyin: v26, pp. 423^{02}-425^{09} 《合論》：v50, pp. 452^{11}-454^{21}

③善現以「三心不念不著」為摩訶薩

6.3 智德究竟是能證大

卷411〈斷諸見品12〉：「爾時，具壽善現白佛言：

「世尊！我亦樂以智慧辯才，說諸菩薩由此義故名摩訶薩。」

佛告善現：「隨汝意說。」

❶發菩提心、無等等心、不共二乘心，而不取著

善現白言：

「世尊！以諸菩薩為欲證得一切智智，發菩提心、無等等心、不共聲聞獨覺等心，於如是心亦不取著，由此義故名摩訶薩。何以故？世尊！以一切智智心是真無漏不墮三界，求一切智智心亦是無漏不墮三界，於如是心不應取著，是故菩薩名摩訶薩。」

時，舍利子問善現言：「云何菩薩摩訶薩無等等心、不共聲聞獨覺等心？」

善現答言：

「諸菩薩摩訶薩從初發心，不見少法有生有滅、有減有增、有染有淨。舍利子！若不見少法有生有滅、有減有增、有染有淨，亦不見有聲聞心、獨覺心、菩薩心、如來心。舍利子！是名菩薩摩訶薩無等等心、不共聲聞獨覺等心，諸菩薩摩訶薩於如是心亦不取著。」

❷諸心諸法無漏、不繫、不著

1.諸心不應取著，以無心性故

時，舍利子問善現言：

「若菩薩摩訶薩於如是心不應取著，則於一切聲聞、獨覺、異生等心亦不應取著，及於色、受、想、行、識心乃至十八佛不共法心亦不應取著。何以故？如是諸心無心性故。」

善現答言：「如是！如是！誠如所說。」

2.五蘊乃至十八不共法亦不應取著

時，舍利子問善現言：

「若一切心無心性故不應取著，則色、受、想、行、識亦無色、受、
想、行、識性不應取著，乃至十八佛不共法亦無十八佛不共法性
不應取著。」

善現答言：「如是！如是！誠如所說。」

3.諸心無漏不墮三界，本性空故

舍利子言：

「若一切智智心是真無漏不墮三界，則一切愚夫異生、聲聞、獨覺
等心，亦應是真無漏不墮三界。何以故？如是諸心皆本性空故。」

善現答言：「如是！如是！誠如所說。」

4.五蘊乃至十八不共法亦無漏不墮三界，本性空故

舍利子言：

「若如是心本性空故，是真無漏不墮三界，則色、受、想、行、識
乃至十八佛不共法，亦應是真無漏不墮三界。何以故？如是諸法
皆本性空故。」

善現答言：「如是！如是！誠如所說。」

❸凡夫、二乘、菩薩、如來心色等法平等無差別

舍利子言：

「若心色等法無心色等性故不應取著，則一切法皆應平等都無差別。」

善現答言：「如是！如是！誠如所說。」

舍利子言：「若一切法等無差別，云何如來說心色等有種種異？」

善現答言：「此是如來隨世俗說，非隨勝義。」

舍利子言：

「若諸異生、聲聞、獨覺、菩薩、如來心色等法，皆是無漏不墮三界，
則諸異生及諸聖者、菩薩、如來應無差別。」

善現答言：「如是！如是！誠如所說。」

舍利子言：「若諸凡聖、菩薩、如來無差別者，云何佛說凡聖大小有
種種異？」

善現答言：

「此亦如來依世俗說不依勝義。

❹以無所得為方便所起三心不恃不執、色等諸法無取無著，名摩訶薩

舍利子！諸菩薩摩訶薩修行般若波羅蜜多時，以無所得為方便故，
於所發起大菩提心、無等等心、不共聲聞獨覺等心不恃不執，於色
非色乃至十八佛不共法無取無著，由此義故名摩訶薩。」*4

(CBETA, T07, no. 220, p. 61, b^{17}-p. 62, a^7)

sher phyin: v26, pp. 425^{10}-429^{20} 《合論》: v50, pp. 455^{01}-459^{13}

[丁四]修行自體
[戊一]披甲正行　　【第 7 義】：披甲正行

④滿慈子以三事明摩訶薩

卷 411〈六到彼岸品 13〉：「第二分六到彼岸品第十三之一

爾時，滿慈子白佛言：

「世尊！我亦樂以智慧辯才，說諸菩薩由此義故名摩訶薩。」

佛告滿慈子：「隨汝意說。」

滿慈子言：

「世尊！以諸菩薩普為利樂一切有情，1.被大功德鎧故，2.發趣大乘故，
　3.乘大乘故，名摩訶薩。」

❶依「被大功德鎧」明摩訶薩

時，舍利子問滿慈子言：「云何菩薩摩訶薩普為利樂一切有情被大功
德鎧？」

　1.心無分別，普度有情名大功德鎧

　滿慈子言：

「舍利子！諸菩薩摩訶薩修行布施波羅蜜多時，不為利樂少分有情
修行布施波羅蜜多，普為利樂一切有情修行布施波羅蜜多。諸菩
薩摩訶薩修行淨戒波羅蜜多時，不為利樂少分有情修行淨戒波羅
蜜多，普為利樂一切有情修行淨戒波羅蜜多。諸菩薩摩訶薩修行
安忍波羅蜜多時，不為利樂少分有情修行安忍波羅蜜多，普為利
樂一切有情修行安忍波羅蜜多。諸菩薩摩訶薩修行精進波羅蜜多
時，不為利樂少分有情修行精進波羅蜜多，普為利樂一切有情修
行精進波羅蜜多。諸菩薩摩訶薩修行靜慮波羅蜜多時，不為利樂
少分有情修行靜慮波羅蜜多，普為利樂一切有情修行靜慮波羅蜜
多。諸菩薩摩訶薩修行般若波羅蜜多時，不為利樂少分有情修行
般若波羅蜜多，普為利樂一切有情修行般若波羅蜜多。舍利子！
是為菩薩摩訶薩普為利樂一切有情被大功德鎧。

「復次，舍利子！諸菩薩摩訶薩被大功德鎧，利樂有情不為分限，
不作是念：『我當拔濟爾所有情令入無餘般涅槃界，爾所有情不
令其入；我當拔濟爾所有情令住無上正等菩提，爾所有情不令其
住。』然諸菩薩摩訶薩普為拔濟一切有情，令入無餘般涅槃界及
住無上正等菩提。舍利子！是為菩薩摩訶薩普為利樂一切有情被

大功德鎧。

2.自具六度，亦令他行

「復次，舍利子！諸菩薩摩訶薩作如是念：『我當自圓滿布施波羅
蜜多，亦令一切有情圓滿布施波羅蜜多。我當自圓滿淨戒波羅蜜
多，亦令一切有情圓滿淨戒波羅蜜多。我當自圓滿安忍波羅蜜
多，亦令一切有情圓滿安忍波羅蜜多。我當自圓滿精進波羅蜜
多，亦令一切有情圓滿精進波羅蜜多。我當自圓滿靜慮波羅蜜
多，亦令一切有情圓滿靜慮波羅蜜多。我當自圓滿般若波羅蜜
多，亦令一切有情圓滿般若波羅蜜多。』諸菩薩摩訶薩作如是念：
『我當自依如是六種波羅蜜多，安住內空乃至無性自性空，修行
四念住乃至十八佛不共法。亦令一切有情依此六種波羅蜜多，安
住內空乃至無性自性空，修行四念住乃至十八佛不共法。』諸菩
薩摩訶薩作如是念：『我當自依如是六種波羅蜜多，速證無上正
等菩提，入無餘依般涅槃界。亦令一切有情，依此六種波羅蜜多，
速證無上正等菩提，入無餘依般涅槃界。』舍利子！是為菩薩摩
訶薩普為利樂一切有情被大功德鎧。」

(CBETA, T07, no. 220, p. 62, a^8-c^3)

sher phyin: v26, pp. 429^{20}-432^{13} 《合論》: v50, pp. 459^{14}-461^{15}

3.於一行中，具攝餘行

(1)布施度攝六

7.1 布施

卷 412〈六到彼岸品 13〉：「第二分六到彼岸品第十三之二

「復次，舍利子！諸菩薩摩訶薩修行布施波羅蜜多時，以一切智
智相應作意，而修布施波羅蜜多。持此善根，以無所得而為方
便，與一切有情同共迴向一切智智，於布施時，都無所悋。舍
利子！是為菩薩摩訶薩修行布施波羅蜜多時，所被布施波羅蜜
多大功德鎧。

「復次，舍利子！諸菩薩摩訶薩修行布施波羅蜜多時，以一切智
智相應作意，而修布施波羅蜜多。持此善根，以無所得而為方
便，與一切有情同共迴向一切智智，於布施時，不起聲聞、獨
覺作意。舍利子！是為菩薩摩訶薩修行布施波羅蜜多時，所被
淨戒波羅蜜多大功德鎧。

「復次，舍利子！諸菩薩摩訶薩修行布施波羅蜜多時，以一切智

智相應作意，而修布施波羅蜜多。持此善根，以無所得而為方便，與一切有情同共迴向一切智智，於布施時，信忍欲樂修布施法。舍利子！是為菩薩摩訶薩修行布施波羅蜜多時，所被安忍波羅蜜多大功德鎧。

「復次，舍利子！諸菩薩摩訶薩修行布施波羅蜜多時，以一切智智相應作意，而修布施波羅蜜多。持此善根，以無所得而為方便，與一切有情同共迴向一切智智，於布施時，精進勇猛不捨加行。舍利子！是為菩薩摩訶薩修行布施波羅蜜多時，所被精進波羅蜜多大功德鎧。

「復次，舍利子！諸菩薩摩訶薩修行布施波羅蜜多時，以一切智智相應作意，而修布施波羅蜜多。持此善根，以無所得而為方便，與一切有情同共迴向一切智智，於布施時，一心趣向一切智智，究竟利樂一切有情，不雜聲聞、獨覺作意。舍利子！是為菩薩摩訶薩修行布施波羅蜜多時，所被靜慮波羅蜜多大功德鎧。

「復次，舍利子！諸菩薩摩訶薩修行布施波羅蜜多時，以一切智智相應作意，而修布施波羅蜜多。持此善根，以無所得而為方便，與一切有情同共迴向一切智智，於布施時，住如幻想，不得施者、受者、施物、施所得果。舍利子！是為菩薩摩訶薩修行布施波羅蜜多時，所被般若波羅蜜多大功德鎧。

「舍利子！如是菩薩摩訶薩修行布施波羅蜜多時，具被六種波羅蜜多大功德鎧。舍利子！若菩薩摩訶薩以一切智智相應作意，修行布施波羅蜜多時，於六波羅蜜多相不取不得，當知是菩薩摩訶薩被大功德鎧。」

(CBETA, T07, no. 220, p. 62, c^{11}-p. 63, a^{26})

sher phyin：　v26, pp. 432^{14}-434^{18}　　《合論》：v50, pp. 461^{16}-463^{16}

(2)淨戒度攝六

7.2 持戒

卷 412〈六到彼岸品 13〉：

「復次，舍利子！諸菩薩摩訶薩修行淨戒波羅蜜多時，以一切智智相應作意，而修淨戒波羅蜜多。持此善根，以無所得而為方便，與一切有情同共迴向一切智智，修淨戒時，於諸所有都無慳悋。舍利子！是為菩薩摩訶薩修行淨戒波羅蜜多時，所被布

施波羅蜜多大功德鎧。

「復次，舍利子！諸菩薩摩訶薩修行淨戒波羅蜜多時，以一切智智相應作意，而修淨戒波羅蜜多。持此善根，以無所得而為方便，與一切有情同共迴向一切智智，修淨戒時，於諸聲聞及獨覺地尚不趣求，況異生地！舍利子！是為菩薩摩訶薩修行淨戒波羅蜜多時，所被淨戒波羅蜜多大功德鎧。

「復次，舍利子！諸菩薩摩訶薩修行淨戒波羅蜜多時，以一切智智相應作意，而修淨戒波羅蜜多。持此善根，以無所得而為方便，與一切有情同共迴向一切智智，修淨戒時，於淨戒法信忍欲樂。舍利子！是為菩薩摩訶薩修行淨戒波羅蜜多時，所被安忍波羅蜜多大功德鎧。

「復次，舍利子！諸菩薩摩訶薩修行淨戒波羅蜜多時，以一切智智相應作意，而修淨戒波羅蜜多。持此善根，以無所得而為方便，與一切有情同共迴向一切智智，修淨戒時，精進勇猛不捨加行。舍利子！是為菩薩摩訶薩修行淨戒波羅蜜多時，所被精進波羅蜜多大功德鎧。

「復次，舍利子！諸菩薩摩訶薩修行淨戒波羅蜜多時，以一切智智相應作意，而修淨戒波羅蜜多。持此善根，以無所得而為方便，與一切有情同共迴向一切智智，修淨戒時，純以大悲而為上首，尚不間雜二乘作意，況異生心！舍利子！是為菩薩摩訶薩修行淨戒波羅蜜多時，所被靜慮波羅蜜多大功德鎧。

「復次，舍利子！諸菩薩摩訶薩修行淨戒波羅蜜多時，以一切智智相應作意，而修淨戒波羅蜜多。持此善根，以無所得而為方便，與一切有情同共迴向一切智智，修淨戒時，於一切法住如幻想，於淨戒行無恃無得，本性空故。舍利子！是為菩薩摩訶薩修行淨戒波羅蜜多時，所被般若波羅蜜多大功德鎧。

「舍利子！如是菩薩摩訶薩修行淨戒波羅蜜多時，具被六種波羅蜜多大功德鎧。舍利子！若菩薩摩訶薩以一切智智相應作意，修行淨戒波羅蜜多時，於六波羅蜜多相不取不得，當知是菩薩摩訶薩被大功德鎧。」

(CBETA, T07, no. 220, p. 63, a^{27}-c^{13})

sher phyin: v26, pp. 434^{18}-436^{19} 《合論》: v50, pp. 463^{17}-465^{16}

(3)安忍度攝六

7.3 安忍

卷 412〈六到彼岸品 13〉：

「復次，舍利子！諸菩薩摩訶薩修行安忍波羅蜜多時，以一切智智相應作意，而修安忍波羅蜜多。持此善根，以無所得而為方便，與一切有情同共迴向一切智智，修安忍時，為成安忍於身命等無所戀著。舍利子！是為菩薩摩訶薩修行安忍波羅蜜多時，所被布施波羅蜜多大功德鎧。

「復次，舍利子！諸菩薩摩訶薩修行安忍波羅蜜多時，以一切智智相應作意，而修安忍波羅蜜多。持此善根，以無所得而為方便，與一切有情同共迴向一切智智，修安忍時，不雜聲聞及獨覺等下劣作意。舍利子！是為菩薩摩訶薩修行安忍波羅蜜多時，所被淨戒波羅蜜多大功德鎧。

「復次，舍利子！諸菩薩摩訶薩修行安忍波羅蜜多時，以一切智智相應作意，而修安忍波羅蜜多。持此善根，以無所得而為方便，與一切有情同共迴向一切智智，修安忍時，於安忍法信忍欲樂。舍利子！是為菩薩摩訶薩修行安忍波羅蜜多時，所被安忍波羅蜜多大功德鎧。

「復次，舍利子！諸菩薩摩訶薩修行安忍波羅蜜多時，以一切智智相應作意，而修安忍波羅蜜多。持此善根，以無所得而為方便，與一切有情同共迴向一切智智，修安忍時，精進勇猛不捨加行。舍利子！是為菩薩摩訶薩修行安忍波羅蜜多時，所被精進波羅蜜多大功德鎧。

「復次，舍利子！諸菩薩摩訶薩修行安忍波羅蜜多時，以一切智智相應作意，而修安忍波羅蜜多。持此善根，以無所得而為方便，與一切有情同共迴向一切智智，修安忍時，攝心一境，雖遇眾苦而心無亂。舍利子！是為菩薩摩訶薩修行安忍波羅蜜多時，所被靜慮波羅蜜多大功德鎧。

「復次，舍利子！諸菩薩摩訶薩修行安忍波羅蜜多時，以一切智智相應作意，而修安忍波羅蜜多。持此善根，以無所得而為方便，與一切有情同共迴向一切智智，修安忍時，住如幻想，為集佛法成熟有情，觀諸法空不執怨害。舍利子！是為菩薩摩訶薩修行安忍波羅蜜多時，所被般若波羅蜜多大功德鎧。

「舍利子！如是菩薩摩訶薩修行安忍波羅蜜多時，具被六種波羅

蜜多大功德鎧。舍利子！若菩薩摩訶薩以一切智智相應作意，修行安忍波羅蜜多時，於六波羅蜜多相不取不得，當知是菩薩摩訶薩被大功德鎧。」

(CBETA, T07, no. 220, p. 63, c^{14}-p. 64, a^{29})

sher phyin: v26, pp. 436^{19}-438^{20} 《合論》: v50, pp. 465^{17}-467^{15}

(4)精進度攝六

7.4 精進

卷 412〈六到彼岸品 13〉：

「復次，舍利子！諸菩薩摩訶薩修行精進波羅蜜多時，以一切智智相應作意，而修精進波羅蜜多。持此善根，以無所得而為方便，與一切有情同共迴向一切智智，修精進時，能勤修學難行施行。舍利子！是為菩薩摩訶薩修行精進波羅蜜多時，所被布施波羅蜜多大功德鎧。

「復次，舍利子！諸菩薩摩訶薩修行精進波羅蜜多時，以一切智智相應作意，而修精進波羅蜜多。持此善根，以無所得而為方便，與一切有情同共迴向一切智智，修精進時，勤護淨戒終無毀犯。舍利子！是為菩薩摩訶薩修行精進波羅蜜多時，所被淨戒波羅蜜多大功德鎧。

「復次，舍利子！諸菩薩摩訶薩修行精進波羅蜜多時，以一切智智相應作意，而修精進波羅蜜多。持此善根，以無所得而為方便，與一切有情同共迴向一切智智，修精進時，能勤修學難行忍行。舍利子！是為菩薩摩訶薩修行精進波羅蜜多時，所被安忍波羅蜜多大功德鎧。

「復次，舍利子！諸菩薩摩訶薩修行精進波羅蜜多時，以一切智智相應作意，而修精進波羅蜜多。持此善根，以無所得而為方便，與一切有情同共迴向一切智智，修精進時，能勤修學有益苦行。舍利子！是為菩薩摩訶薩修行精進波羅蜜多時，所被精進波羅蜜多大功德鎧。

「復次，舍利子！諸菩薩摩訶薩修行精進波羅蜜多時，以一切智智相應作意，而修精進波羅蜜多。持此善根，以無所得而為方便，與一切有情同共迴向一切智智，修精進時，能勤修學靜慮等至。舍利子！是為菩薩摩訶薩修行精進波羅蜜多時，所被靜慮波羅蜜多大功德鎧。

「復次，舍利子！諸菩薩摩訶薩修行精進波羅蜜多時，以一切智智相應作意，而修精進波羅蜜多。持此善根，以無所得而為方便，與一切有情同共迴向一切智智，修精進時，能勤修學無取著慧。舍利子！是為菩薩摩訶薩修行精進波羅蜜多時，所被般若波羅蜜多大功德鎧。

「舍利子！如是菩薩摩訶薩修行精進波羅蜜多時，具被六種波羅蜜多大功德鎧。舍利子！若菩薩摩訶薩以一切智智相應作意，修行精進波羅蜜多時，於六波羅蜜多相不取不著，當知是菩薩摩訶薩被大功德鎧。」

(CBETA, T07, no. 220, p. 64, b^1-c^{14})

sher phyin: v26, pp. 438.^{20}-441.^{04}　《合論》：v50, pp. 467^{16}-469^{19}

(5)靜慮度攝六

7.5 禪定

卷 412〈六到彼岸品 13〉：

「復次，舍利子！諸菩薩摩訶薩修行靜慮波羅蜜多時，以一切智智相應作意，而修靜慮波羅蜜多。持此善根，以無所得而為方便，與一切有情同共迴向一切智智，修靜慮時，靜心行施，亂心慳恪不復現前。舍利子！是為菩薩摩訶薩修行靜慮波羅蜜多時，所被布施波羅蜜多大功德鎧。

「復次，舍利子！諸菩薩摩訶薩修行靜慮波羅蜜多時，以一切智智相應作意，而修靜慮波羅蜜多。持此善根，以無所得而為方便，與一切有情同共迴向一切智智，修靜慮時，定心護戒，令諸惡戒不復現前。舍利子！是為菩薩摩訶薩修行靜慮波羅蜜多時，所被淨戒波羅蜜多大功德鎧。

「復次，舍利子！諸菩薩摩訶薩修行靜慮波羅蜜多時，以一切智智相應作意，而修靜慮波羅蜜多。持此善根，以無所得而為方便，與一切有情同共迴向一切智智，修靜慮時，住慈悲定，而修安忍不惱有情。舍利子！是為菩薩摩訶薩修行靜慮波羅蜜多時，所被安忍波羅蜜多大功德鎧。

「復次，舍利子！諸菩薩摩訶薩修行靜慮波羅蜜多時，以一切智智相應作意，而修靜慮波羅蜜多。持此善根，以無所得而為方便，與一切有情同共迴向一切智智，修靜慮時，安住淨定，勤修功德，離諸懈怠。舍利子！是為菩薩摩訶薩修行靜慮波羅蜜

多時，所被精進波羅蜜多大功德鎧。

「復次，舍利子！諸菩薩摩訶薩修行靜慮波羅蜜多時，以一切智智相應作意，而修靜慮波羅蜜多。持此善根，以無所得而為方便，與一切有情同共迴向一切智智，修靜慮時，依靜慮等引發勝定，離擾亂心。舍利子！是為菩薩摩訶薩修行靜慮波羅蜜多時，所被靜慮波羅蜜多大功德鎧。

「復次，舍利子！諸菩薩摩訶薩修行靜慮波羅蜜多時，以一切智智相應作意，而修靜慮波羅蜜多。持此善根，以無所得而為方便，與一切有情同共迴向一切智智，修靜慮時，依靜慮等引發勝慧，離惡慧心。舍利子！是為菩薩摩訶薩修行靜慮波羅蜜多時，所被般若波羅蜜多大功德鎧。

「舍利子！如是菩薩摩訶薩修行靜慮波羅蜜多時，具被六種波羅蜜多大功德鎧。舍利子！若菩薩摩訶薩以一切智智相應作意，修行靜慮波羅蜜多時，於六波羅蜜多相不取不得，當知是菩薩摩訶薩被大功德鎧。」

(CBETA, T07, no. 220, p. 64, c^{14}-p. 65, a^{29})

sher phyin:　v26, pp. 441^{04}-443^{14}　《合論》: v50, pp. 469^{20}-472^{08}

(6)般若度攝六

7.6 智慧

卷 412〈六到彼岸品 13〉：

「復次，舍利子！諸菩薩摩訶薩修行般若波羅蜜多時，以一切智智相應作意，而修般若波羅蜜多。持此善根，以無所得而為方便，與一切有情同共迴向一切智智，修般若時，雖施一切，而能不見施、受者、物。舍利子！是為菩薩摩訶薩修行般若波羅蜜多時，所被布施波羅蜜多大功德鎧。

「復次，舍利子！諸菩薩摩訶薩修行般若波羅蜜多時，以一切智智相應作意，而修般若波羅蜜多。持此善根，以無所得而為方便，與一切有情同共迴向一切智智，修般若時，雖護淨戒，而都不見持犯差別。舍利子！是為菩薩摩訶薩修行般若波羅蜜多時，所被淨戒波羅蜜多大功德鎧。

「復次，舍利子！諸菩薩摩訶薩修行般若波羅蜜多時，以一切智智相應作意，而修般若波羅蜜多。持此善根，以無所得而為方便，與一切有情同共迴向一切智智，修般若時，依勝空慧而修

安忍，不見能忍、所忍等事。舍利子！是為菩薩摩訶薩修行般若波羅蜜多時，所被安忍波羅蜜多大功德鎧。

「復次，舍利子！諸菩薩摩訶薩修行般若波羅蜜多時，以一切智智相應作意，而修般若波羅蜜多。持此善根，以無所得而為方便，與一切有情同共迴向一切智智，修般若時，雖觀諸法皆畢竟空，而以大悲勤修善法。舍利子！是為菩薩摩訶薩修行般若波羅蜜多時，所被精進波羅蜜多大功德鎧。

「復次，舍利子！諸菩薩摩訶薩修行般若波羅蜜多時，以一切智智相應作意，而修般若波羅蜜多，持此善根，以無所得而為方便，與一切有情同共迴向一切智智。修般若時，雖修勝定，而觀定境皆畢竟空。舍利子！是為菩薩摩訶薩修行般若波羅蜜多時，所被靜慮波羅蜜多大功德鎧。

「復次，舍利子！諸菩薩摩訶薩修行般若波羅蜜多時，以一切智智相應作意，而修般若波羅蜜多。持此善根，以無所得而為方便，與一切有情同共迴向一切智智。修般若時，觀一切法、一切有情及一切行皆如幻等，而修種種無取著慧。舍利子！是為菩薩摩訶薩修行般若波羅蜜多時，所被般若波羅蜜多大功德鎧。

「舍利子！如是菩薩摩訶薩修行般若波羅蜜多時，具被六種波羅蜜多大功德鎧。舍利子！若菩薩摩訶薩以一切智智相應作意，修行般若波羅蜜多時，於六波羅蜜多相不取不得，當知是菩薩摩訶薩被大功德鎧。

「舍利子！如是名為諸菩薩摩訶薩普為利樂一切有情被大功德鎧。舍利子！諸菩薩摩訶薩安住一一波羅蜜多，皆修六種波羅蜜多令得圓滿，是故名被大功德鎧。

(7)靜慮度方便善巧攝般若度

「復次，舍利子！諸菩薩摩訶薩雖得靜慮、無量、無色而不味著，亦不隨彼勢力受生，亦不為彼勢力所引。舍利子！是為菩薩摩訶薩修行靜慮波羅蜜多時，所被方便善巧般若波羅蜜多大功德鎧。

「復次，舍利子！諸菩薩摩訶薩雖得靜慮、無量、無色，住遠離見、寂靜見、空無相無願見而不證實際，不入聲聞及獨覺地，超勝一切聲聞、獨覺。舍利子！是為菩薩摩訶薩修行靜慮波羅

蜜多時，所被方便善巧般若波羅蜜多大功德鎧。

「舍利子！由諸菩薩普為利樂一切有情，被如是等大功德鎧故，復名摩訶薩。

(8)十方諸佛歡喜讚歎

「舍利子！如是普為利樂有情被大功德鎧菩薩摩訶薩，普為十方殑伽沙等諸佛世界一切如來、應、正等覺處大眾中歡喜讚歎，作如是言：『某方某世界中有某名菩薩摩訶薩，普為利樂一切有情被大功德鎧，嚴淨佛土、成熟有情，遊戲神通作所應作。』如是展轉聲遍十方，人、天等聞皆大歡喜，咸作是言：『是菩薩摩訶薩不久當證所求無上正等菩提，令諸有情皆獲利樂。』」

*5 (CBETA, T07, no. 220, p. 65, a^{29}-p. 66, a^{11})

sher phyin: v26, pp. 443^{14}-447^{13} 《合論》: v50, pp. 472^{09}-476^{04}

[戊二]趣入正行　　【第 8 義】：趣入正行

❷依「發趣大乘」明摩訶薩

8.1 道之所依謂靜慮及無色定

卷 412〈六到彼岸品 13〉：「爾時，舍利子問滿慈子言：

「云何菩薩摩訶薩普為利樂諸有情故發趣大乘？」

1.約靜慮波羅蜜說發趣大乘

(1)修諸定，以無所得為方便迴向一切智智

滿慈子言：

「舍利子！諸菩薩摩訶薩普為利樂一切有情，被六波羅蜜多大功
德鎧已，復為利樂諸有情故，離欲惡不善法，有尋有伺，離生
喜樂，入初靜慮具足住，廣說乃至斷樂斷苦，無喜憂沒，不苦
不樂，捨念清淨，入第四靜慮具足住。復依靜慮起慈俱心，行
相廣大，無二無量，無怨、無害、無恨、無惱，遍滿善修，勝
解周普，充溢十方，盡虛空窮法界，慈心勝解具足而住；起悲、
喜、捨俱心行相勝解，亦復如是。依此加行，復超一切色想，
滅有對想，不思惟種種想，入無邊空，空無邊處具足住；廣說
乃至超一切無所有處，入非想非非想處具足住。舍利子！是菩
薩摩訶薩持此靜慮、無量、無色，以無所得而為方便，與一切
有情同共迴向一切智智。舍利子！是為菩薩摩訶薩普為利樂諸
有情故發趣大乘。」

(CBETA, T07, no. 220, p. 66, a$^{12-29}$)

sher phyin:　v26, pp. 447^{13}-448^{20}　《合論》：v50, pp. 476^{05}-478^{01}

(2)依止靜慮度攝六度

8.2 能引究竟智德者謂施等六度

卷 412〈六到彼岸品 13〉：

「復次，舍利子！諸菩薩摩訶薩普為利樂諸有情故，先自安住如
是靜慮、無量、無色，於入、住、出諸行、相、狀善分別知。
得自在已復作是念：『我今當以一切智智相應作意，大悲為首，
為斷一切有情諸煩惱故，說諸靜慮、無量、無色，分別開示令
善了知諸定愛味、過患、出離，及入、住、出諸行、相、狀。』
舍利子！是為菩薩摩訶薩依止靜慮波羅蜜多，修行布施波羅蜜

多，普為利樂諸有情故發趣大乘。

「若菩薩摩訶薩以一切智智相應作意，大悲為首，說諸靜慮、無量、無色時，不為聲聞、獨覺等心之所間雜。舍利子！是為菩薩摩訶薩依止靜慮波羅蜜多，修行淨戒波羅蜜多，普為利樂諸有情故發趣大乘。

「若菩薩摩訶薩以一切智智相應作意，大悲為首，說諸靜慮、無量、無色時，於如是法信忍欲樂。舍利子！是為菩薩摩訶薩依止靜慮波羅蜜多，修行安忍波羅蜜多，普為利樂諸有情故發趣大乘。

「若菩薩摩訶薩以一切智智相應作意，大悲為首，修諸靜慮、無量、無色時，以自善根為有情故，迴求無上正等菩提，於諸善根勤修不息。舍利子！是為菩薩摩訶薩依止靜慮波羅蜜多，修行精進波羅蜜多，普為利樂諸有情故發趣大乘。

「若菩薩摩訶薩以一切智智相應作意，大悲為首，依諸靜慮、無量、無色，引發殊勝等至、等持、解脫、勝處、遍處等定，於入、住、出皆得自在，不墮聲聞、獨覺等地。舍利子！是為菩薩摩訶薩依止靜慮波羅蜜多，修行靜慮波羅蜜多，普為利樂諸有情故發趣大乘。

「若菩薩摩訶薩以一切智智相應作意，大悲為首，修諸靜慮、無量、無色時，於諸靜慮、無量、無色及靜慮支，以無常、苦、無我行相及空、無相、無願行相，如實觀察不捨大悲，不墮聲聞及獨覺地。舍利子！是為菩薩摩訶薩依止靜慮波羅蜜多，修行般若波羅蜜多，普為利樂諸有情故發趣大乘。」

(CBETA, T07, no. 220, p. 66, b[1]-c[6])

sher phyin: v26, pp. 448[20]-451[19] 《合論》：v50, pp. 478[02]-479[19]

2.約三十七道品乃至十八不共法，說發趣大乘

8.3 能引究竟斷德謂見道、修道、無學道、勝進道

卷412〈六到彼岸品13〉：

「復次，舍利子！若菩薩摩訶薩以一切智智相應作意，大悲為首，修一切種四念住乃至八聖道支，修一切種三解脫門，乃至修一切種如來十力乃至十八佛不共法，以無所得而為方便，與一切有情同共迴向一切智智。舍利子！是為菩薩摩訶薩普為利樂諸有情故發趣大乘。」

(CBETA, T07, no. 220, p. 67, a[12-19])

sher phyin: v26, pp. 451[20]-452[11] 《合論》: v50, pp. 479[20]-480[08]

3.依止四無量修六度

8.4 利他之方便謂慈等四無量心

卷412〈六到彼岸品 13〉：

「復次，舍利子！若菩薩摩訶薩以一切智智相應作意，大悲為首，
修慈定時作如是念：『我當賑濟一切有情皆令得樂。』修悲定時
作如是念：『我當救拔一切有情皆令離苦。』修喜定時作如是念：
『我當讚勵一切有情皆令解脫。』修捨定時作如是念：『我當等
益一切有情皆令盡漏。』舍利子！是為菩薩摩訶薩依止無量，修
行布施波羅蜜多，普為利樂諸有情故發趣大乘。

「若菩薩摩訶薩以一切智智相應作意，大悲為首，於四無量入、住、
出時，終不趣求聲聞、獨覺，唯求無上正等菩提。舍利子！是為
菩薩摩訶薩依止無量，修行淨戒波羅蜜多，普為利樂諸有情故發
趣大乘。

「若菩薩摩訶薩以一切智智相應作意，大悲為首，於四無量入、住、
出時，不雜聲聞、獨覺作意，唯於無上正等菩提信忍欲樂。舍利
子！是為菩薩摩訶薩依止無量，修行安忍波羅蜜多，普為利樂諸
有情故發趣大乘。

「若菩薩摩訶薩以一切智智相應作意，大悲為首，於四無量入、住、
出時，勤斷諸惡勤修諸善，求趣菩提曾無暫捨。舍利子！是為菩
薩摩訶薩依止無量，修行精進波羅蜜多，普為利樂諸有情故發趣
大乘。

「若菩薩摩訶薩以一切智智相應作意，大悲為首，於四無量入、住、
出時，引發種種等持、等至，能於其中得大自在，不為彼定之所
引奪，亦不隨彼勢力受生。舍利子！是為菩薩摩訶薩依止無量，
修行靜慮波羅蜜多，普為利樂諸有情故發趣大乘。

「若菩薩摩訶薩以一切智智相應作意，大悲為首，於四無量入、住、
出時，以無常、苦、無我行相及空、無相、無願行相，如實觀察
不捨大悲，不墮聲聞及獨覺地。舍利子！是為菩薩摩訶薩依止無
量，修行般若波羅蜜多，普為利樂諸有情故發趣大乘。

「舍利子！諸菩薩摩訶薩依如是等方便善巧，修習六種波羅蜜多，
普為利樂諸有情故發趣大乘。」

(CBETA, T07, no. 220, p. 66, c⁷-p. 67, a¹²)

sher phyin: v26, pp. 452¹¹-454¹² 《合論》: v50, pp. 480⁰⁹-483⁰⁴

4.約十八空，明發趣大乘

8.5 清淨利他者謂成就無所得

卷 412〈六到彼岸品 13〉：

「復次，舍利子！若菩薩摩訶薩以一切智智相應作意，大悲為首，
無所得為方便，起內空智，乃至起無性自性空智，以無所得而為
方便，與一切有情同共迴向一切智智。舍利子！是為菩薩摩訶薩
普為利樂諸有情故發趣大乘。

5.約離二邊智，明發趣大乘

「若菩薩摩訶薩以一切智智相應作意，大悲為首，無所得為方便，
於一切法發起非亂非定妙智、非常非無常妙智、非樂非苦妙智、
非我非無我妙智、非淨非不淨妙智、非空非不空妙智、非有相非
無相妙智、非有願非無願妙智、非寂靜非不寂靜妙智、非遠離非
不遠離妙智，以無所得而為方便，與一切有情同共迴向一切智
智。舍利子！是為菩薩摩訶薩普為利樂諸有情故發趣大乘。

「若菩薩摩訶薩以一切智智相應作意，大悲為首，無所得為方便，
智不行過去、未來、現在，非不知三世法；智不行欲、色、無色
界，非不知三界法；智不行善、不善、無記，非不知三性法；智
不行世間、出世間，非不知世間、出世間法；智不行有為、無為，
非不知有為、無為法；智不行有漏、無漏，非不知有漏、無漏法，
智以無所得而為方便，與一切有情同共迴向一切智智。舍利子！
是為菩薩摩訶薩普為利樂諸有情故發趣大乘。

「舍利子！以諸菩薩由如是等方便善巧，普為利樂諸有情故發趣大
乘，故復名摩訶薩。

6.十方諸佛歡喜讚歎

「舍利子！如是普為利樂有情發趣大乘菩薩摩訶薩，普為十方殑伽
沙等諸佛世界一切如來、應、正等覺處大眾中歡喜讚嘆，作如是
言：『某方某世界中有某名菩薩摩訶薩，普為利樂一切有情發趣
大乘，嚴淨佛土、成熟有情，遊戲神通作所應作。』如是展轉聲
遍十方，人、天等聞皆大歡喜，咸作是言：『是菩薩摩訶薩不久
當證所求無上正等菩提，令諸有情皆獲利樂。』」*5

(CBETA, T07, no. 220, p. 67, a¹⁹-b²³)

sher phyin: v26, pp. 454[12]-456[06] 《合論》: v50, pp. 483[05]-484[20]

❸依「乘於大乘」明摩訶薩

8.6 不同小乘者謂於一切物三輪清淨

卷 412〈乘大乘品 14〉:「第二分乘大乘品第十四

爾時,舍利子問滿慈子言:「云何菩薩摩訶薩普為利樂諸有情故乘於大乘?」

1.自利乘

(1)修行六度,三輪體空

滿慈子言:

「舍利子!若菩薩摩訶薩修行般若波羅蜜多時,以一切智智相應作意,大悲為首,用無所得而為方便,雖乘布施波羅蜜多而不得布施波羅蜜多,不得施者、受者、施物及所遮法;雖乘淨戒波羅蜜多而不得淨戒波羅蜜多,不得持戒及犯戒者并所遮法;雖乘安忍波羅蜜多而不得安忍波羅蜜多,不得能忍及所忍境并所遮法;雖乘精進波羅蜜多而不得精進波羅蜜多,不得精進及懈怠者并所遮法;雖乘靜慮波羅蜜多而不得靜慮波羅蜜多,不得修定及散亂者,不得定境及所遮法;雖乘般若波羅蜜多而不得般若波羅蜜多,不得修慧及愚癡者,不得善、不善、無記法,不得世間、出世間法,不得有為、無為法,不得有漏、無漏法及所遮法。舍利子!是為菩薩摩訶薩普為利樂諸有情故乘於大乘。」

(CBETA, T07, no. 220, p. 67, b[24]-c[13])

sher phyin: v26, pp. 456[06]-457[05] 《合論》: v50, pp. 485[01-17]

(2)修諸妙行,修亦不得

8.7 轉諸善根令成三種所為義

卷 412〈乘大乘品 14〉:

「復次,舍利子!若菩薩摩訶薩以一切智智相應作意,大悲為首,用無所得而為方便,為遣修故修四念住乃至八聖道支,修三解脫門,如是乃至修佛十力乃至十八佛不共法。舍利子!是為菩薩摩訶薩普為利樂諸有情故乘於大乘。

(3)我、法不可得

「復次,舍利子!若菩薩摩訶薩以一切智智相應作意,大悲為

首,用無所得而為方便,如實觀察菩薩摩訶薩但有假名、施設、言說,菩提及薩埵俱不可得故;色乃至識但有假名、施設、言說,不可得故;眼乃至意但有假名、施設、言說,不可得故;色乃至法但有假名、施設、言說,不可得故;眼識界乃至意識界但有假名、施設、言說,不可得故;四念住乃至八聖道支但有假名、施設、言說,不可得故;內空乃至無性自性空但有假名、施設、言說,不可得故;廣說乃至如來十力乃至十八佛不共法但有假名、施設、言說,不可得故;真如、法界、法性、法定、法住、實際但有假名、施設、言說,不可得故;能覺、所覺但有假名、施設、言說,不可得故;諸佛無上正等菩提但有假名、施設、言說,不可得故。舍利子!是為菩薩摩訶薩普為利樂諸有情故乘於大乘。」

(CBETA, T07, no. 220, p. 67, c^{13}-p. 68, a^6)

sher phyin: v26, pp. 457^{05}-460^{14} 《合論》: v50, pp. 485^{18}-488^{10}

2.利他乘:具足神通,成熟有情

8.8 能速圓滿二種資糧者謂六神通

卷 412〈乘大乘品 14〉:

「復次,舍利子!若菩薩摩訶薩以一切智智相應作意,大悲為首,用無所得而為方便,從初發心乃至證得一切智智,常修圓滿不退神通,成熟有情、嚴淨佛土,從一佛國至一佛國,供養恭敬、尊重讚歎諸佛世尊,於諸佛所聽受大乘相應妙法,既聽受已,如理思惟、精勤修學。舍利子!是為菩薩摩訶薩普為利樂諸有情故乘於大乘。

「舍利子!是菩薩摩訶薩雖乘大乘,從一佛國至一佛國,供養恭敬、尊重讚歎諸佛世尊,於諸佛所聽受妙法,成熟有情、嚴淨佛土,而心都無佛土等想。舍利子!是菩薩摩訶薩住不二地,觀諸有情應以何身而得度者,即便現受如是之身。舍利子!是菩薩摩訶薩乃至證得一切智智,隨所生處常不遠離大乘正法。」

(CBETA, T07, no. 220, p. 68, a$^{6-20}$)

sher phyin: v26, pp. 460^{14}-461^{10} 《合論》: v50, pp. 488^{11}-489^{07}

8.9 果位謂能趣入一切相智之正行

卷 412〈乘大乘品 14〉:

「舍利子！是菩薩摩訶薩不久當得一切智智，為天、人等轉正法
　輪，如是法輪，聲聞、獨覺、天、魔、梵等所不能轉。舍利子！
　以諸菩薩普為利樂諸有情故，乘於大乘故復名摩訶薩。

「舍利子！如是普為利樂有情乘於大乘菩薩摩訶薩，普為十方殑伽
　沙等諸佛世界一切如來、應、正等覺處大眾中歡喜讚歎，作如是
　言：『某方某世界中某名菩薩摩訶薩，普為利樂一切有情乘於大
　乘，不久當得一切智智，為天、人等轉正法輪，其輪世間諸聲聞
　等皆不能轉。』如是展轉聲遍十方，人、天等聞皆大歡喜，咸作
　是言：『是菩薩摩訶薩不久當得一切智智，轉妙法輪度無量眾。』」
　*5

(CBETA, T07, no. 220, p. 68, a^{20}-b^{4})

sher phyin:　v26, pp. 461^{10}-462^{12}　　《合論》: v50, pp. 489^{08}-490^{12}

註解：

*1 就「菩薩」說般若

(1)菩薩句義

　①無句義是菩薩句義　(法說)

　　❶菩薩假名無實

　　　菩薩字從本已來畢竟空，但於五蘊數中假名菩薩。假名無實，但從諸法數和合為名，而有情以假名為實。

　　❷無句義是菩薩句義

　　　1.菩薩於無上菩提中無我、無我所

　　　　此中無上菩提無處所，亦無我無名。無依止處即是法空，無我名者，即是無得道者。菩提、薩埵二既不生，句於其中理亦非有，無句義是菩薩句義。

　　　2.眾字成語，眾語成句，四句為偈。

　　　　「菩」「提」二字和合，名為菩提，即無上智慧。「薩埵」為有情或名大心。為無上智慧故，出大心，名為「菩提薩埵」；欲願令有情行無上道名「菩提薩埵」。「菩提」「薩埵」二語和合故名為「義」(artha)。

　②譬喻

　　❶鳥跡等喻

　　　鳥飛虛空，無有足跡，菩薩句義亦如是，行諸法無依止著處，故言「無菩薩句義」。如夢、幻事、陽焰等句義實無所有，菩薩句義亦如是。

　　❷真如、法性、實際等無有定義。

　　❸如幻士無五蘊乃至無十八佛不共法等法

　　　如佛無五蘊乃至無十八佛不共法等法。

　　❹如有為法中無無為法，無為法中無有為法。

　　　如無生無滅、無作無為、無成無壞、無得無捨、無染無淨義，實無所有。

　　❺如三十七道品乃至佛功德無清淨相，若著此等法，即是結使。

　　　如我乃至見者淨相不可得。(種種求覓我相不可得，是名我淨；勝義中無淨無不淨。)

　　❻如日出時無有黑闇。

　　　如劫盡時都無一切物。

　　❼如依佛五分法身為喻。(如佛五蘊，戒中破戒都不可得。)

　　❽如佛光中餘光不現為喻。(菩薩句義，入般若波羅蜜智慧光中則不見。)

　　　因是譬喻，教諸菩薩當學一切法不取相，無所得故。

(2)廣說諸法入不二門，無礙不動，是名菩薩義。

　①應學應知一切法

　　❶善、不善法

　　　世間善法者，知有罪福報，有今世後世，有世間涅槃，有佛等諸賢聖及諸法實相證，所謂孝順父母乃至十隨念。

　　　此中沙門指出家求道人、婆羅門指在家學問人。三福業事指布施、持戒、修定類之福業

事。方便善巧俱行福指懺悔、隨喜，請佛久住轉法輪，行空不著空而能行諸善之方便善巧。

❷記、無記法

善、不善法為記法。無記法指威儀心、工巧心、變化心及其所起之身口業；除善不善五蘊，餘五蘊及虛空、非<u>數緣滅</u>(非擇滅無為)等。(善惡之心所法，其數許多，謂之為數法。緣智慧數斷煩惱所得之盡滅，為數緣滅，即是涅槃。此中所說僅依見能生之緣，而諸法歸於盡滅，是為非數緣滅。)

❸世間、出世間法

世間法指蘊處界、十善道、四靜慮、四無量、四無色定、緣起支等。

出世間法指三十七道品、三解脫門、三無漏根、三三摩地、明(三明)、解脫(有為、無為)、念(十念)、正知(十一智)、如理作意(隨諸法實相觀)、八解脫、九次第定、十八空、佛十力等功德。

❹有漏、無漏法

有漏法者，蘊處界、四靜慮等。

無漏法者，非世間，四念住乃至十八佛不共法等。

❺有為、無為法

1.有為法有生、住、滅三相。三界繫乃至四念住乃至十八佛不共法，雖為無漏法，以是作法故，是為有為法。(十八佛不共法通有為、無為。)

2.與有為相違，為無為法。又如滅三毒等煩惱，五蘊等不次第相續，又真如、法相、法性、法住、實際等，皆是無為法。

3.凡夫以肉眼分別色，聖人所知色實相如涅槃。凡夫所知色，名為色，是色入如中，更不生不滅。

4.有為雖是五蘊，而有十二處、十八界、十二因緣等名；無為法虛空、非擇滅、擇滅三種，而有真如、法相、法性、實際等名。

❻共、不共法

共法者，凡夫、聖人之生處、入定處，共故，名為共法。

不共法者，四念住乃至十八佛不共法。

②不執著諸法、知諸法不二相是名菩薩義

於一切法無分別、無執著是菩薩句義；於一切法無二、無動是菩薩句義。

菩薩修行般若波羅蜜時，

❶於如是等自相空法不應執著，以一切法無分別故；

❷於一切法以無二為方便，應正覺知，以一切法皆無動故。

菩薩分別知此諸法各各相，皆從因緣和合生故無性，無性故自性空。菩薩住是無障礙法中不動，以不二入法門，如一切法不動故。

*2 佛以「有情眾中之上首」為摩訶薩

(1)菩薩為有情眾之上首

菩薩於大有情眾中為上首故，復名摩訶薩。

①摩訶薩名

摩訶者大，薩埵或言心，或言有情。

是菩薩於世間諸有情中第一最上，故名為大；又發心為無上道，欲度一切有情，是名為大，故名摩訶薩。

②大有情眾

指除佛以外，餘一切賢聖。

❶性地：是聖人性中生，此地從煖位乃至世第一法位。

❷八人：(八忍)名見諦道，十五心中行，八忍中住，故名八人。

忍智二事能斷、能證，見諦道中多用見忍，忍功大故，智隨於忍。

❸~❼預流、一來、不還、阿羅漢、獨覺。

❽初發心菩薩：隨無上菩提相發心，了知諸法實相及心相，破諸煩惱故，得無生法忍。此中菩薩雖住諸結使，聞佛功德，發大悲心憐愍有情，我當作佛。

❾不退轉地菩薩：菩薩有授記，入法位、得無生法忍者，名不退轉。

如是等有情眾為上首，故名摩訶薩。

(2)菩薩以八心為有情之上首。

①金剛喻心

菩薩發大心，受一切苦，心堅如金剛不動。

結使煩惱不能動；惡有情、魔來，不信受其語，諸有迫害，心亦不變異；有人來乞頭髓手足，盡能與之，若無厭足更瞋恚罵詈，其心亦忍而不動。

❶生五心化他

1.我當普為一切有情破壞煩惱怨敵,枯竭無邊生死大海；　2.我當捨一切身財饒益有情；

3.我當等心利益一切有情；　　　　　　　　4.我當普令有情遊三乘道趣般涅槃；

5.我不見有一有情得度者。

❷生五心自行

1.我當覺了諸法性無生無滅；

2.我當以一切智智相應作意修六度；

3.我當修學一切法；

4.我當知諸法一相所謂畢竟空，觀諸法如無餘涅槃相，離諸憶想分別；

5.我當知諸法二相、三相乃至無量相門，通達明了。

❸有情度盡方證菩提

諸有情所受苦惱，我當代受令彼安樂，我當以無數方便教化令得無餘涅槃。作是事已，自種善根，圓滿修集菩提資糧，然後方證無上菩提。

若菩薩以無所得為方便安住此心，決定能於大有情眾當為上首。

②勝心大心：定當不起貪等諸煩惱心，亦定不起趣求聲聞、獨覺地心。

③不傾動心：依一切智智相應作意，修習發起一切所修、所作事業而無憍逸。

④真利樂心：利益安樂有情，為作歸依、洲渚、舍宅，常不捨離。

⑤愛樂欣喜心：常精進愛法(欲求)、樂法(常行三解脫門)、欣喜法(信受喜好)。

法者無自性不可得(無法可著可取)，不可破壞分別(不破諸法實相)。

　⑥住十八空心、⑦住四念住乃至十八佛不共法心

　　以無所得為方便，安住十八空，修四念住乃至十八佛不共法。

　⑧住諸三摩地心。

　　由如是種種因緣，菩薩能於大有情眾當為上首，故菩薩復名摩訶薩。

*3 舍利子以「方便善巧斷諸見而為說法」為摩訶薩

　無始世界來，人習於三種見。

　(1)人見：我見乃至知者見者見；佛見、菩薩見等；

　(2)邪見：有、無，常、斷見等；

　(3)法見：蘊處界諦緣起見，四念住乃至十八佛不共法見，嚴土熟生見、菩提涅槃見、轉法輪見。

　若無方便善巧行般若波羅蜜，觀色求定相，取色一切相，生色見；若有方便善巧，菩薩雖觀色，
　不生妄見，而能斷諸見。

*4 善現以「三心不念不著」為摩訶薩

　(1)於菩提心、無等等心、不共二乘心無取著

　　菩薩欲證一切智智，發菩提心、無等等心、不共聲聞獨覺等心，於如是心不取著，故名摩訶
　　薩。

　　①一切智智心是真無漏不繫(不墮三界)，求一切智智心亦如是，以是因緣故，名摩訶薩。

　　②從初發心，不見有法定相，若生若滅、若減若增、若染若淨。是心畢竟空，無有心相非心
　　　相，諸相畢竟清淨故。以是故，無聲聞心、獨覺心、菩薩心、菩提心、如來心。

　　　菩薩於如是等心不取著，是名摩訶薩。

　(2)諸心及諸法無漏、不繫、不著

　　①不應取著

　　　❶若菩薩於如是心不應取著，則於聲聞、獨覺、異生心亦不應取著，於五蘊乃至十八佛不
　　　　共法心亦不應取著，以諸心無心性故。

　　　❷若諸心無心性故不應取著，則五蘊亦無五蘊性不應取著，如是乃至十八佛不共法亦無十
　　　　八佛不共法性不應取著。

　　②無漏、不繫(不墮三界)

　　　❶若一切智智心是真無漏不繫，則凡夫、聲聞、獨覺等心，亦應是真無漏不繫，以諸心皆
　　　　本性空故。

　　　❷若如是心本性空故，是真無漏不繫，則五蘊乃至十八佛不共法，亦應是真無漏不繫，以
　　　　諸法皆本性空故。

　　③煩惱實相與性空心相無異，凡夫說是垢是淨，聖人修無相智慧，無所分別；若為憐愍有情
　　　而有所說，但心無所著。

　(3)凡夫乃至如來，心色等法平等無差別

　　　心色等法無心色等性，故不應取著，則一切法皆應平等都無差別。若諸凡夫、聲聞、獨覺、
　　　菩薩、如來心色等法，皆是無漏不繫，則諸凡夫及諸聖者、菩薩、如來應無差別。

　(4)菩薩行般若波羅蜜時，以無所得為方便能觀諸法性常空，不可得空，畢竟清淨，於菩提心、

無等等心、不共聲聞獨覺等諸心不恃不持(不念不著有諸心)，於色等諸法亦無取無著，能疾
至無上菩提，由此義故名摩訶薩。

*5 滿慈子以三事明摩訶薩

菩薩為利樂一切有情，1.被大功德鎧，2.發趣大乘，3.乘大乘，故名摩訶薩。

此中摩訶薩指的是人大莊嚴，欲破魔及煩惱賊，行六波羅蜜，以善根功德自莊嚴，如同披功
德甲，無量劫來久住生死，集諸福慧資糧；是人於三乘中發趣大乘，發心行六波羅蜜；所乘
的是大乘。

(1)依「披大功德鎧」(大莊嚴)明摩訶薩

①唯菩薩得「披大功德鎧」名

❶菩薩心無分別，普為利益一切有情，不為分限。

❷菩薩自行六波羅蜜，亦令他行。

❸於一行中具攝餘行

菩薩為度有情、為得無上菩提，廣行諸善根功德，略說為行六波羅蜜。

1.布施度攝六

(1)行布施時生布施

若菩薩為一切智智行布施波羅蜜，其福德共一切有情，以此福德迴向無上菩提。

此迴向指於此福德但為度有情故求佛法，不求人王、天王、世間禪定樂，乃至涅
槃樂亦不求。

如是等相，是名布施波羅蜜大功德鎧。

(2)行布施時生淨戒

行布施時，若見諸獨覺、阿羅漢現大神通，得漏盡，入涅槃，於中不貪不著，一心
修佛道，是名布施波羅蜜生淨戒波羅蜜。

(3)行布施時生安忍

布施時，於惡口、刀杖、強乞等不瞋不悔，入諸法相中畢竟空，是名布施生安忍波
羅蜜。

(4)行布施生精進

行布施時，和合財物、守護施彼，身心不懈不息，是名布施生精進波羅蜜。

(5)行布施生靜慮

布施時，一心念佛，不令聲聞獨覺心入，因是布施即入禪定，是名布施生靜慮波羅
蜜。

(6)行布施生般若

布施時，住是幻想，不得施者、受者、施物、施所得果，因緣和合生故無自性。

有情空無受者、無施者，法空故無財物。是名布施生般若波羅蜜。

若菩薩為一切智智故，不取諸波羅蜜相，而能行諸波羅蜜，是名菩薩大功德鎧(大莊嚴)。

2.例餘五度

餘五波羅蜜，亦應如是隨義說。

②十方諸佛歡喜讚歎

如是普為利樂有情披大功德鎧菩薩摩訶薩，普為十方諸佛處大眾歡喜讚歎。

(2)依「發趣大乘」明摩訶薩

　①約靜慮波羅蜜說

　　菩薩普為利益有情，披六波羅蜜大功德鎧已，入四靜慮、四無量、四空定等，以無所得為方便，與一切有情同共迴向一切智智，是為為利益有情發趣大乘。此中若但行四無量心等不名發趣大乘，要與六波羅蜜和合故，名為發趣大乘。

　②約三十七道品乃至十八不共法說

　　信行者觀無常、苦，或但觀無常，或但觀苦；

　　法行者觀空、無我，或但觀空，或但觀無我。

　　而菩薩為度一切有情，一切法門皆修皆學。

　③約十八空說

　　發大乘者，以十八空破十八種法，亦捨是十八種空慧。

　④約離二邊智說

　　❶非亂非定智：菩薩觀諸法常定，亦不取定相。

　　❷非正非倒智：菩薩畏墮常、樂、我、淨四顛倒，亦不觀無常等。

　　❸非行非不行智

　　　菩薩不行亦非不知三世法、三界法、世間出世間法、有為無為法、有漏無漏法等，以無所得為方便，與有情同共迴向一切智智，是為發趣大乘。

　　　1.不行三世、三界，亦非不知

　　　　菩薩於三世、三界智中，不觀、不行、不取相，知法皆虛妄而不墮無明。

　　　2.不行世間出世間、有為無為、有漏無漏，亦非不知

　　　　(1)非智者：空故，無定相故，畢竟清淨故。

　　　　(2)非不智者：觀無常、苦、空等入般若波羅蜜中故。

　　　　(3)非不行：不行者遮見、斷法愛、離依止故。

(3)依「乘於大乘」明摩訶薩

　①自利乘

　　❶修六度，三輪體空

　　　菩薩若行布施等，而不能破我相，是名披大功德鎧。

　　　若能破我相，入有情空而未入法空，是名發趣大乘。

　　　若因有情空入法空中，行布施等，不見施者、受者、施物三事，能如是者，是名乘於大乘。

　　　餘波羅蜜亦如是。(此大乘，名畢竟清淨六波羅蜜。)

　　❷修諸妙行，修亦不得

　　　菩薩以不雜心，離諸煩惱及二乘意，為一切智智故，修行四念住，修相亦不可得，畢竟清淨故，是名乘於大乘。

　　　如是乃至十八佛不共法亦如是。

　　❸通達我、法皆不可得

菩薩知一切法皆假名，於假名和合中復有假名。一切世間、出世間皆是假名，是名乘於大乘。

②利他乘：具足神通、成熟有情

❶趣大乘相

菩薩發趣大乘，具足神通；具足神通故，成熟有情，從一佛國至一佛國；所經諸國，雨七寶蓮花供養諸佛，拔三惡道有情。變身無數，各各至諸佛前，聽受大乘法化；從諸佛前，發趣大乘。

❷常乘大乘無休息

乘此大乘，從一佛國至一佛國，成熟有情，嚴淨佛土；不生有情相、不取佛國相。住不二地中，隨諸有情所應度者而化度之，為有情故受身，常乘大乘無休息。

❸成佛轉法輪

是菩薩得成佛轉法輪，諸聲聞獨覺所不能轉，何況凡夫。十方諸佛歡喜讚歎。

如是相，名為乘於大乘。

國家圖書館出版品預行編目資料

二萬五千頌般若經合論記要(一) / 李森田 記要, -- 初版 -- 臺北
市：蘭臺出版社, 2024.08
　　冊；　公分. -- （佛教研究叢書；15）
　　ISBN：978-626-97527-9-9（全套：平裝）

　　1.CST: 般若部

221.4　　　　　　　　　　　　　　　　　113005547

佛教研究叢書15

二萬五千頌般若經合論記要（一）

作　　　者：李森田 記要
總　　　編：張加君
編　　　輯：柯惠真
主　　　編：盧瑞容
美　　　編：凌玉琳
校　　　對：施麗蘭、林宜利、楊容容、沈彥伶
封面設計：陳勁宏
出　版　者：蘭臺出版社
發　　　行：蘭臺出版社
地　　　址：台北市中正區重慶南路1段121號8樓之14
電　　　話：（02）2331-1675或（02）2331-1691
傳　　　真：（02）2382-6225
E－MAIL：books5w@gmail.com或books5w@yahoo.com.tw
網路書店：http://5w.com.tw/
　　　　　　https://www.pcstore.com.tw/yesbooks/
　　　　　　https://shopee.tw/books5w
　　　　　　博客來網路書店、博客思網路書店
　　　　　　三民書局、金石堂書店
經　　　銷：聯合發行股份有限公司
電　　　話：（02）2917-8022 傳真：（02）2915-7212
劃撥戶名：蘭臺出版社　　　　　　　　帳號：18995335
香港代理：香港聯合零售有限公司
電　　　話：（852）2150-2100　　　傳真：（852）2356-0735
出版日期：2024年 8 月　初版
定　　　價：套書 新臺幣 6,800 元整（平裝）
ISBN：978-626-97527-9-9